本书编委会

当代道教研究 第四辑

道教文化自信与道德重建

丁常云 主编

上海三联书店

总 序

《当代道教研究》是由上海市浦东道教文化研究所出版的系列研究丛书。它以当代道教作为主要研究对象。预定每年出版一册，每册约 30 万字。

上海市浦东道教文化研究所，是在上海市浦东新区民宗办的关怀下，经过上海市道教协会批准同意，由浦东新区道教协会发起组织并且直接领导的道教研究机构。浦东道教文化研究所的研究人员主要由道教界从事学术研究的知识分子，学术界对于道教有兴趣、有研究的知识分子以及各界关心道教教理、斋醮科仪、慈善活动和文学艺术的有识之士组成。浦东道教文化研究所，由中国道教协会咨议委员会副主席、浦东新区道教协会会长、上海太清宫住持丁常云道长领衔。下设有顾问委员会、学术委员会、图书资料室、办公室等机构。丁常云道长长期主持《上海道教》杂志的主编工作，发表过很多有关当代道教研究的著述，对于当代道教现状及其发展趋势等有许多真知灼见。参与研究所目前学术研究活动的还有：中国道教协会文化研究所的张兴发博士，上海社会科学院宗教研究所原所长陈耀庭研究员、复旦大学郑土有教授、华东师范大学李似珍教授、上海社会科学院哲学研究所白照杰博士、上海社会科学院宗教研究

所龙飞俊博士、上海宗教文化研究中心祝逸雯博士，以及毕业于四川大学道教与宗教文化研究所的沈岚硕士等。

浦东道教文化研究所，作为一个由道教界主办成立的道教研究所。其建所宗旨就是在宗教信仰自由政策的指引下，坚持爱国爱教的道教“中国化”的研究方向，遵守国家法律法规，遵守道门清规戒律，以“实事求是”的态度研究道教的历史和现状，研究道教包含的社会、思想、文化、艺术、科技等各种要素，整理道教文化遗产，发扬道教优良传统，广泛团结社会上一切同情道教、热爱道教、关心道教的各界人士，联合海内外一切道教界和学术界的高道大德，为推动当代道教的发展和革新，为保护和弘扬中华传统文化，为实现中华民族伟大复兴的中国梦而奋斗。

当代道教指的是现代中国人信仰的一种民族宗教。它产生于中国本土，植根于中国传统文化，并且已经传播于某些少数民族之中，还被华人移居带到了海外。道教存在已经有几千年，而且至今仍保持着旺盛的生命力。在本丛书中的当代道教，其形态可以是精研思辨的道家哲学，也可以是精研修炼的道家仙学，也可以是在庙观殿堂中无数信众烧香念经、崇敬礼拜的道教。正是因为有这样丰富的形态及其历史变化，中国传统文化之一脉的道家和道教才得以传承和发展，并对历代中国社会和民众以及中国历史文化乃至当代社会保持着深入而持久的影响力。

《当代道教研究》就是一本以当代道教实体及其所包含的丰富内容为研究对象的丛书。它不限制研究对象的学科分类，不限制道教门派和地域的区别，不约束各种研究方法的采用和发挥，只要求能够秉承实事求是和严肃而负责的研究态度，只要求尊重而不伤害道教徒的宗教感情，无论是与当代道教有关的研究课题，还是当代道教徒信仰和关心的内容，只要是有利于当代道教健康发展有用的课题，都可以研究，其成果也理应获得选择在本丛书中发表的机会。

近代上海道教曾经有过《扬善》半月刊和《仙道月报》，它们对于近代中国道教的发展产生过深远的影响。改革开放以来，在贯彻和执行宗教信仰自由政策的感召之下，上海道教界创办了《上海道教》杂志，至今已经历时三十余年，在海内外、在宗教界和学术界都有良好的声誉。上海道教创办上海道教学院，坚持培养不同层次的道士和皈依信徒，涌现出一批批道教迫切需要的人才，并最终走上了道教组织的各级领导岗位。如今，由上海道教界自己创办研究机构，发表道教界自己的道教研究成果，无疑表现了上海道教界对道家和道教文化的自觉上升到了一个新的高度。浦东道教文化研究所的成立和本丛书的问世和发行，必将有利于提高上海道教徒的信仰水平，有助于上海道教在教义建设、组织建设和社会活动能力等方面的健康发展，并且终将对于中华传统文化的现代化、中华民族的现代化、中华大家庭的现代化发挥积极作用，并为中国参与人类命运共同体的建设事业贡献道教自身的力量。对于这些目标的实现，正是创办和出版本丛书的企望。

陈耀庭

上海社科院宗教研究所原所长

序　言

党的十八大以来，习近平总书记从中国特色社会主义事业全局的高度，对“文化自信”作出许多深刻阐述。在文艺工作座谈会上讲话时指出：“增强文化自觉和文化自信，是坚定道路自信、理论自信、制度自信的题中应有之义。”① 在哲学社会科学工作座谈会上讲话时指出：“我们说要坚定中国特色社会主义道路自信、理论自信、制度自信，说到底是要坚定文化自信。文化自信是更基本、更深沉、更持久的力量。”② 在庆祝中国共产党成立 95 周年大会上又指出：“文化自信，是更基础、更广泛、更深厚的自信。”强调：“坚持不忘初心、继续前进，就要坚持中国特色社会主义道路自信、理论自信、制度自信、文化自信。”③ 在党的十九大报告中，习近平总书记再次强调指出：“文化是一个国家、一个民族的灵魂。文化兴国运兴，文化强民族强。没有高度的文化自信，没有文化的繁荣兴盛，就没有

① 习近平：在文艺工作座谈会上的讲话，2014 年 10 月 14 日，新华网。

② 习近平：在哲学社会科学工作座谈会上的讲话，2016 年 05 月 18 日，新华社。

③ 习近平：在庆祝中国共产党成立 95 周年大会上的讲话，2016 年 07 月 1 日，新华社。

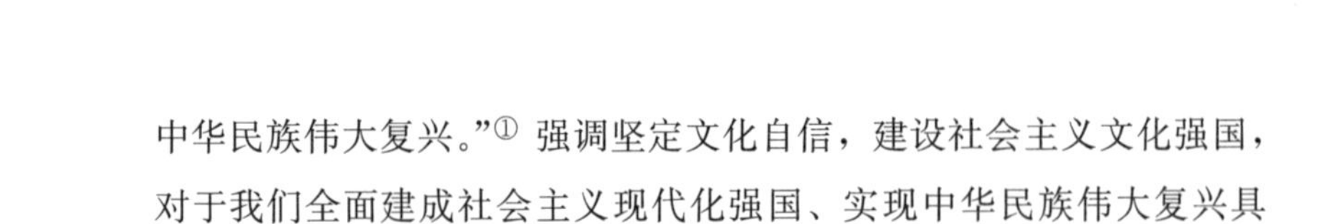

中华民族伟大复兴。”[①] 强调坚定文化自信，建设社会主义文化强国，对于我们全面建成社会主义现代化强国、实现中华民族伟大复兴具有十分重要的时代意义。

所谓“文化自信”，就是指一个民族、一个国家以及一个政党对自身文化价值的充分肯定和积极践行，并对其文化的生命力持有的坚定信心。坚定文化自信，充分体现了中国共产党高度的文化自觉和文化担当，凸显出中国特色社会主义的文化根基、文化价值和文化理想。文化自信之所以更基础、更广泛、更深厚，就在于文化具有极强的渗透性、持久性，像空气一样无处不在、无时不有，能够以无形的意识、无形的观念，深刻影响有形的存在、有形的现实，深刻作用于社会发展和文明进步。为此，习近平总书记在山西考察时指出：“要充分挖掘和利用丰富多彩的历史文化、红色文化资源加强文化建设，坚持不懈开展社会主义核心价值观宣传教育，深入挖掘优秀传统文化，引导广大干部群众提升道德情操、树立良好风尚、增强文化自信。”[②] 这就需要大力弘扬优秀传统文化，不断增强文化自信，积极服务当代社会。因为，“高度的文化自信，不仅关系到文化自身的繁荣兴盛，而且决定着一个国家、一个民族的前途命运”。[③]

中国文化史上，道教是真正土生土长的本民族宗教，它以鲜明的中国特色，长期影响着民族文化心理、风俗习惯、科学技术以及社会政治生活的各个领域。正因为如此，鲁迅才说“中国根柢全在

---

①《党的十九大报告》，学习出版社、党建读物出版社，2017 年，第 32 页。

② 习近平：《在山西考察时的讲话》，2020 年 5 月 12 日，新华网。

③《党的十九大报告学习辅导百问》，学习出版社、党建读物出版社，2017 年，第 122 页。

道教”。[1] 表明道教文化在中华文化中的重要地位。从宗教的社会功能看，宗教的显著特点就是“劝人为善”，倡导“诸恶莫作，众善奉行”。道教与其他宗教相比，蕴含着更加丰富的伦理道德思想，其社会教化功能也更加明显。坚持“道教文化自信”，就是要大力弘扬道教伦理道德，积极服务当代社会。

道教是一种伦理道德型宗教，他重视自律修持，深信天道承负，倡导“诸恶莫作，众善奉行”。长期以来，道教的道德伦理对中华民族传统美德的形成有着重要的影响。如老子的虚怀若谷、宽容谦逊的思想，恬淡素朴、助人为乐、反对争名夺利的思想等。正是这种道德思想的阐扬，形成了中华民族开阔的道德文化襟怀，使中华民族古老的道德文化能够经久不衰。道教的道德文化是一种宗教性的道德伦理，它是在传统道德和世俗伦理的基础上逐步形成和发展起来的。一般来说，道教的道德伦理要比世俗性道德伦理来得严格，要求也更高。道教的道德文化主要集中体现在对于“尊道贵德”的倡导和对于“行善积德”的规劝，以及对于“寡欲不争”的持守。这种道德伦理和劝善思想，是社会伦理道德和精神文明建设的重要内容，也是道教道德文化服务当代社会的重要内容。

道教“尊道贵德”的道德伦理，强调个人道德品质和内在修养，是一种积极向善的社会道德人生观，也是提高公民道德素质的重要内容。所谓“尊道贵德”，就是指对于“道”和“德”的一种遵从和奉行。道教尊“道”为最高信仰，并教导人们学道、修道、行道、弘道。至于“贵德”，道教以得道为“德”。宋徽宗御注《西升经》称：“道之在我者为德”。“德”是道之功，道之用，道之现。道生万物，不自持以为功，生而不有，长而不宰，完全自然无为。道教强

① 鲁迅：《鲁迅全集》第9卷，人民出版社，1958年，第285页。

调“以德为基”，认为修道者必须要具有高尚的品德，有了高尚的品德才有可能得道。这就是说，修道的先决条件就是立德，立德要在日常生活中不断积累功德，其关键在于提高自我道德修养，遵守“道”的法则，保持内在修持和外在行为一致，以清静无为、柔弱不争、慈悲宽容、淡薄名利的心态为人处世。这种品德修养有利于公民道德素质的提升，自然也有利于现代社会道德伦理建设。

道教“行善积德”的道德伦理，强调的是劝善伦理，是一种道德式的说教，可以促进社会人心向善，促进社会公民道德素质提高。道教的劝善思想主要体现在《太上感应篇》中，它以“天人感应”和“因果报应”立论，以儒家道德规范和道教规戒为立身处世的准则，以“道”为伦理思想的最高标准，以劝善、行善为根本目标，阐述了诸多道德伦理思想。一方面，从“积善之家，必有余庆；积不善之家，必有余殃”的思想出发，指出“祸福无门，唯人自召；善恶之报，如影随形”。告诫世人，只有积善才能成福，积恶必成灾祸。另一方面，又明确指出：世间种种善报皆由积善而得，所谓善行有善报，这是天道的福善。从正确积极引导人们从善去恶，对信教者来说更是要求严格自律，不断加强道德修养。要做到这一点，就必须要有高尚的道德情操和良好的思想修养。这些内容，实际上都是人们精神生活和品德修养的重要内容，对于提升民众的道德修养具有积极的推动作用。

道教“寡欲不争”的道德伦理，强调的是一种心灵环保理念，是人类社会身心健康和品德修养的天然保鲜剂。现代社会中，人们诸多烦恼和灾祸都是来自于过多的“欲望”，有的人因贪色而沉湎于花天酒地，甚至于出入色情场所；有的人因贪财而贪污受贿，甚至于杀人抢劫；有的人因贪欲过多而走上犯罪道路，既害了自身与家庭，又危害了社会与他人。所有犯罪分子在其入狱后，都会翻然悔悟，这是由于自己“贪欲”所造成的，是缺乏正确人生观的结果。道教主张“寡欲不争”。《道德经》，明确提出了“少私寡欲”的思想，所谓“寡欲”，就是要求人们淡泊名利和物欲，始终保持“清虚自守、淡泊自持”的精神境界。所谓“不争”，就是要求人们不要过于争名夺利，是道教徒对待社会人生的基本态度。《道德经》称：“上善若水，水善利万物而不争，处众人之所恶，故几于道。”明确提出“不争”，主张“处下”，要求人们“报怨以德”。《太平经》也指出：“故天者，乃道之真，道之纲，道之信，道之所因缘而行也；地者，乃德之长，德之纪。德之所以因缘而止也。故能常为万物之母也，常忍辱居其下，不自言劳苦也。”明确提倡“忍辱居下，受辱不怨”的思想境界。当代道教伦理建设，要在端正社会风气、培育健康心态等方面发挥积极作用。一方面，要很好的传承道教“寡欲不争”的伦理思想，发挥其时代价值，制约人类过度欲望，促进人类社会心灵环保。另一方面，要善用道教伦理净化人们的心灵，培育人们的精神品质和人格修养，促进人类身心健康、幸福和谐，从而发挥道教伦理在和谐社会建设中的特殊作用。

道教的这些传统美德，是道教徒道德、人格修养的自我完善，也是一种道德操守的自我修持，对于当前增强个人品德、家庭美德、职业道德和社会公德都有十分重要的借鉴作用，对于引导民众和道教信徒自觉遵守社会公德、自觉履行家庭责任和社会担当，对于推动全社会形成讲文明、树新风、重诚信、作奉献的良好风尚，都将起到十分重要的积极作用。因此，我们要大力弘扬道教传统美德，为提高公民道德素质和助力现代社会道德建设作出新贡献。

当代社会，提出社会道德重建问题，这是时代发展的新课题。进入新世纪以来，人们的道德观念、道德意识发生巨大变化，社会面临道德选择时出现了道德失范的认知与行为，这就需要依据时代

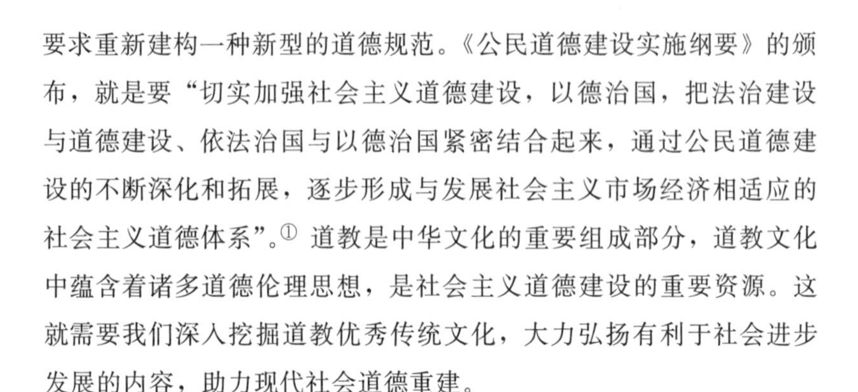

要求重新建构一种新型的道德规范。《公民道德建设实施纲要》的颁布，就是要“切实加强社会主义道德建设，以德治国，把法治建设与道德建设、依法治国与以德治国紧密结合起来，通过公民道德建设的不断深化和拓展，逐步形成与发展社会主义市场经济相适应的社会主义道德体系”。[①] 道教是中华文化的重要组成部分，道教文化中蕴含着诸多道德伦理思想，是社会主义道德建设的重要资源。这就需要我们深入挖掘道教优秀传统文化，大力弘扬有利于社会进步发展的内容，助力现代社会道德重建。

本辑选题为“道教文化自信与道德重建”，这是当代道教发展进程中重要的时代课题，涉及道教文化与社会道德的诸多问题。本辑内容共分三章，分别为道教文化自信的基础、道教蕴含的优秀文化、道教文化助力道德重建。

其一，道教文化自信的基础。在漫长的历史发展进程中，道教对我国的政治、经济、哲学、文学、艺术、音乐、天文、地理、化学、医学、药物学、养生学、气功学以及民族习俗、民族心理、民族性格和民族凝聚力的形成与发展等各个方面，都曾产生过深刻而久远的影响。道教历史表明，古老的道教对人类社会的贡献是巨大的，影响也是深远的，甚至在世界文明史上也留下了光辉的业绩。所谓“道教文化自信”，就是指对历史的、传统的道教优秀文化的一种肯定与信奉。文化是道教传承的载体，是道教徒与信教群众的精神家园，更是道教长存不衰的重要根基。同时，道教文化自信还要从传统道教文化中了解过去、把握现在，并包含对道教文化未来发展前景的自信。

本章所收录的文章，从道教文化自信出发，在充分肯定道教文

① 《公民道德建设实施纲要》，学习出版社，2001 年版，第 3 页。

化自信的基础上，客观分析了道教文化的根基与内涵，探索研究道教传统文化及其现代启示。一方面，道教在中华传统文化中占有十分重要的地位，对中国社会和民众生活的影响是巨大的。陈耀庭教授的《道教与中华民族信仰文化的建构》，阐述了中华民族信仰文化的特点，以及道教在信仰文化系统构成中的作用等，提出许多新观点与新思考。钟国发教授的《道教在中华文化中的地位与功能》，分析了道教在中华文化史中的重要地位，强调指出了道教对中华文明发展所作出的重要贡献。另一方面，道教与古代科技关系十分紧密，在中国科学技术史上，道教科学曾起到过举足轻重的作用，它不仅对古代科技发展有过多重影响，而且对现代科技创新也有重大启示作用。李似珍教授的《道教对宇宙奥秘探索的历史性贡献》，阐述了道门中人对以“道”为核心的宇宙自然规律加以探究，在宇宙演化、天地构成、天人关系等方面，所提出的诸多真知灼见，以及所积累的天文、历法知识，在中国社会产生深远的影响。姜生教授的《道教科学观在科技史中的价值》，分析了道教在长期发展过程中，通过持续不断地探索自然和人体奥秘，在一定程度上推动和实施了科学传播，堪称世界宗教史上一大奇特现象。再次，道教文化是中国传统文化的重要组成部分，道教对中国社会的影响也是多方面的，涉及到民族文化心理、风俗习惯、科学技术及社会政治经济生活的广泛领域。郑土有教授的《道教生命观与中国人的理想追求》，从道教的生命观出发，分析了道教生命观与中国的地理环境、人文环境之间的关系，阐述了道教生命观对中国人的影响。张兴发的《道教神学观的思想史价值》，通过对神学经典的考察，追寻道教神学观思想的发展史，探索道教神学观思想的发展脉络及其丰富内涵，指出道教神学观的思想史在社会、文化、人生等方面的价值。张永宏博士的《道教伦理观与中国社会治理》，分析了道教伦理观的历史演化过

程及其主要内容，指出道教伦理在当代中国加强和创新社会治理、打造共建共治共享的社会治理格局方面发挥积极作用。这是坚持道教中国化方向、促进道教与社会主义社会相适应的具体表现与实践探索。郑土有教授的《道教民俗文化与中国人的日常生活》，指出道教与中国民众的生活关系极为密切，从一个人的生老病死、价值观念到社区的节庆活动、邻里相处，无不受到道教或隐或显的影响，构成了中国人生活中的有机组成部分。通过本章相关内容的研究与思考，分析道教文化自信的基本内涵、历史经验与教训，为当代道教文化建设与发展提供了理论依据和思想启迪。

其二，道教蕴含的优秀文化。道教是在祖国神州大地的怀抱中诞生，为中华传统文化的乳汁养育而成，承载着中华民族的优秀文化，见证着中华五千年的文明历史，成为中华传统文化的重要组成部分。道教崇尚“道法自然、贵生乐生”，主张“尊道贵德、抱朴守真”，倡导“齐同慈爱、济世利人”。在处理人与自然、人与社会的关系以及人的身心修养、道德建构等方面有着深邃的智慧，传承着中国人特有的价值观和民族精神。其中，既有内涵深厚的道德文化、丰富宽广的慈善文化，又有深邃睿智的养生文化、自然智慧的生态文化等，所有这些都是人类社会宝贵的文化资源。

本章所收录文章，从道教传统文化出发，客观分析了道教蕴含的优秀文化思想及其时代价值，强调指出要深入挖掘道教文化内涵，积极传承道教文化思想，大力弘扬道教文化精神，以优秀的道教文化服务社会主义新时代。道教文化博大精深，是中华传统文化宝贵的精神财富。丁常云道长的《道教文化是人类文明的瑰宝》，探析了道教与中华文化相互渗透、相互影响，又相互融合的过程，指出道教文化具有独特的思想内涵和优秀的文化资源，特别是道教文化中所蕴含的道德文化、养生文化和生态智慧等，皆具有十分重要的时代价值。道教是“贵生”的宗教，历来就珍惜重视生命，追求养生长寿。千百年来，经过历代道教徒的不懈努力，积累了一套完整的养生理念和方法，形成了独具特色的“道医文化”，弥足珍贵。盖建民教授的《道教传统医学下的养生文化》，就是从道教传统医学思想出发，探析了道教的养生文化，并提出道教医家的信仰疗法和各种自然疗法等，皆具有十分重要的现实意义。道教文化蕴含着丰富的管理思想，是传统社会管理中不可或缺的文化资源。杨玉辉教授的《道教传统文化中的管理思想》，立足道教传统管理思想，探析了道教遵从以道为本、以法为依、以术为用的管理原则，对于当代社会管理具有重要的启迪作用。道教文化蕴含着丰富的生态思想，是十分珍贵的道教生态文化资源。归潇峰道长的《道教生态文化中的环保理念》，针对现代社会所出现的生态危机问题，探析了道教独特的生态伦理与生态智慧，为人类社会生态文明建设提供一种新思考和新实践。道教戒律是规范和约束道教徒言行举止的规戒条文，其中所蕴含的诸多伦理思想具有十分重要的时代价值。丁常云道长的《道教传统戒律中的伦理思想》，客观分析了道教传统戒律中所蕴含的诸多道德伦理思想，涉及到人与人、人与自然、人与社会等方面，包括生命伦理、个人伦理、家庭伦理、社会伦理和生态伦理等，是现代社会道德伦理建设的重要内容，对于促进社会稳定、端正社会风气，皆具有十分重要的积极作用。王群韬博士的《道教伦理思想的法制精神》，从道教的伦理思想出发，通过对道教伦理思想的法治精神进行考察和研究，指出这种法治精神对于培育和践行社会主义核心价值观、增强中华民族的文化自信，皆具有重要的理论价值与现实意义。道教劝善思想是慈善文化的重要内容，具有积极的现实意义。张欣博士的《道教劝善书中的慈善文化》，分析了道教劝善书中的劝善思想，对于促进社会主义道德体系建设，推动社会主义慈

善事业的发展皆具有重要的时代价值。道教文学艺术丰富多彩，影响广泛而深远。贾利涛博士的《道教文化与中国浪漫主义文学》，探析了道教文化与中国浪漫主义文学的关系，分别从文学思想、文学创作等方面进行研究，指出道教文化对于构筑起全民的想象力体系，推动中国浪漫主义文学的传承和播布，形成富有民族特色的浪漫主义文学传统作出了重要贡献。黄景春教授的《道教文化与中国志怪小说》，通过对道教志怪小说的形成与发展研究，指出道教志怪小说就是中国文学的独特类型，对中国古代小说的叙事模式产生很大影响，在中国文学史上具有重要地位。沈岚硕士的《道教壁画及其艺术价值》，通过对道教壁画的分析研究，阐述了道教壁画所特有的艺术价值。作为中国历史文化遗产中的宝贵财富，对我国绘画艺术产生了积极影响。道教信仰对中国民俗的影响是十分久远的，其信仰特点也是非常鲜明的。陈耀庭教授的《道教信仰文化与中国民俗节日》，通过对中外部分民俗节日的信仰内容、历史形成和各地历时流传的比较研究，说明中国民俗节日具有丰富的中华信仰文化的内容，以及与西方信仰文化有着的不同特点，具有一定的现实意义。道教虽然是汉民族的宗教，但是对少数民族也有诸多影响。蔡林波教授的《道教科仪文化对瑶族度戒仪式的影响》，通过对瑶族度戒仪式的分析研究，指出其仪式程序中所蕴含的诸多道教思想、科仪因素，具有浓厚的道教文化色彩，表明道教文化在瑶族仪式中所产生的深刻影响。洞天福地是道教所特有的神仙洞府，其中蕴含着十分丰富的信仰文化内涵。宇汝松教授的《道教洞天福地的文化意蕴》，通过对道教洞天福地的考察研究，指出洞天福地将道教的神仙世界落实到人间的名山洞府，并为其注入深厚的道教人文内涵，使其成为道教真正的人间仙境，这其中所蕴含的文化意蕴是十分丰富的。通过本章相关内容的研究与思考，探析了道教所蕴含的诸多优秀文化，对于促进中华文化的繁荣发展和重塑道教文化自信皆具有重要的现实意义。

其三，道教文化助力道德重建。当前，我国社会繁荣稳定，经济持续发展，人民生活水平得到了极大的提高，中国人民多年来憧憬的国富民安的景象，已经成为现实。但是，我们也要注意到，在改革开放、实行市场经济给社会带来经济繁荣和思想解放的新局面的同时，由于我国社会从计划经济到市场经济体制的转轨，引起人们的思想观念、组织体制、生活方式、人际关系、道德意识等多方面的变化。社会上有些人，逐渐滋长了拜金主义、享乐主义、极端名利思想。这些社会消极因素，不仅影响和破坏了社会的稳定，干扰着和谐社会建设，而且还直接影响着当代社会的健康发展。这就需要我们大力弘扬道教优秀文化，助力社会道德重建。道教文化根植于中国民众生活之中，“内化于心，外化于行”。鲁迅先生说：“中国根柢全在于道教”。这就表明，道教对中国社会的影响是广泛而深远的。道教文化内容丰富，涉及到道德文化、和谐文化、养生文化、慈善文化、生态文化等等，这些文化涵盖了社会各个方面，是当代社会道德建设宝贵的文化资源。

本章所收录的文章，分别从道教生态文明、社会和谐、社会公德、社会伦理、社会诚信、职业道德、家庭美德、社会公益等方面进行了探索研究，旨在挖掘弘扬道教优秀文化，为当代社会道德重建助力添彩。丁常云道长的《道教文化与生态文明建设》，探析了道教文化中所蕴含的诸多生态伦理思想，指出这是一种具有中国特色的生态伦理精神，是当代社会环境保护重要的文化资源。同时，还积极倡导善用道教生态伦理，不断增强环境保护的责任意识，不断提升环境保护的自觉行动，全力推进新时代生态文明建设，为努力化解全球范围的生态危机，继续传承道教生态文化的时代担当。何

春生道长的《道教文化与社会和谐建设》，指出道教倡导的人与人、人与家庭、人与社会、人与自然之间的和谐，以及所形成的和谐文化思想，是和谐社会建设宝贵的文化资源，对于促进当代社会家庭和谐、社会和谐、自然和谐皆有着重要的借鉴作用。冯静武教授的《道教文化与社会公德建设》，从道教文化的“道德”资源出发，阐述了道教文化对社会公德的深刻影响，以及对于新时代的社会公德建设有重要的启示意义。丁常云道长的《道教教育与社会伦理建设》，从道教教育的功用出发，考察了道教院校教育、宫观教育和道徒的形象教育等，肯定了道教教育对于当代社会伦理秩序建设具有不可替代的积极作用。俞俊骅道长的《道教文化与社会诚信建设》，针对当代社会诚信缺乏问题，指出道教诚信观对于当代社会的影响和教化功能，特别是对于社会主义精神文明建设和社会主义核心价值观的培育皆具有重要的积极作用。张欣博士的《道教文化与职业道德建设》，从道教的伦理思想出发，指出当代社会职业道德建设，需要从道教知行观、道教律己观、道教人本思想中汲取智慧。同时，还指出当代道教要提高服务社会能力，发挥教化引导作用，积极推动社会主义职业道德建设。李宏利博士的《道教文化与家庭美德建设》，从道教伦理观念出发，论述了道教文化与家庭美德的关系，进而阐述道德文化在家庭美德塑造中的积极作用。侯程道长的《道教文化与社会公益慈善建设》，探析了道教文化中所蕴含着丰富的慈善思想，对中国慈善伦理思想产生过独特而又深远的影响。指出在当今时代，道教慈善对于社会公益慈善的引领，以及对社会公益慈善事业的健康发展仍然大有裨益。尹志华教授的《道教文化与人类命运共同体意识》，分析了道教文化中所蕴含的诸多共同体意识，指出在各国相互依存、休戚与共的当今世界，对于人们树立“命运共同体”意识，可以提供重要的文化支撑。通过本章相关内容的研究，探析了道教传统文化的丰富内涵，对于增强道教文化自信、助力社会道德重建具有重要的积极作用。

通过本辑“道教文化自信与道德重建”的研究，我们清楚地看到，当代道教必须要进一步传承道教优秀文化，重建道教“文化自信”，积极阐扬道教思想精华，赋予新的时代精神，增添新的时代内涵，发挥其应有的时代价值。

首先，要重建道教的道德文化自信。在传统道教文化中，蕴含着丰富的伦理思想和道德规范，潜移默化地影响着中国人的行为方式和生活习俗，不仅在传统中国社会中发挥过重要的积极作用，而且对于现代和谐社会构建仍具有重要的启示作用。因此，善用道教道德文化，服务社会和谐建设，自然是社会道德重建的应有之义。

其次，要重建道教的生态文化自信。道教生态文化，实际上就是一种环保文化，是道教对人类社会生态环境的一种保护。中国道教历来就十分重视对于自然环境的保护，在其教理教义中就包含着“崇尚和谐、尊重自然、尊重生命”等理念和智慧，积累了诸多宝贵的生态文化资源，对于推进生态文明建设和化解全球生态危机，皆具有十分重要的时代价值。因此，善用道教生态文化，加强社会生态文明建设，自然也是社会道德重建的应有之义。

再次，要重建道教的慈善文化自信。道教是关爱社会的宗教，有着悠久的慈善传统，道教典籍中就蕴涵着十分丰富的慈善文化。道教的慈善文化根植于中华文化传统和道教伦理之中，有着更加深厚的精神动因。因此，善用道教慈善文化，积极为社会公益事业作贡献，自然也是社会道德重建的应有之义。

责任呼唤担当，使命引领未来。面对新时代，我们要顺势而为，更要有所作为，有担当有使命。习近平总书记在十九大报告中指出，在全党开展“不忘初心、牢记使命”的主题教育，强调的就是勇于

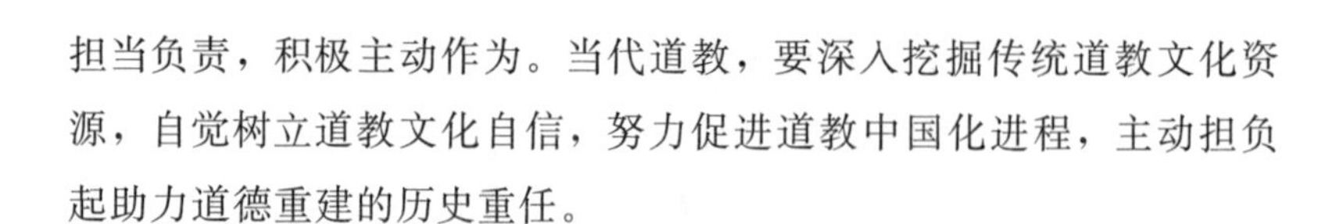
担当负责，积极主动作为。当代道教，要深入挖掘传统道教文化资源，自觉树立道教文化自信，努力促进道教中国化进程，主动担负起助力道德重建的历史重任。

丁常云
中国道教协会咨议委员会副主席

目　录

第三章　道教文化助力道德重建

第一章
道教文化自信的基础

道教与中华民族信仰文化的建构

陈耀庭*

摘　要： 本文用系统论的方法，剖析了信仰、文化、文化系统，信仰系统以及中华文化系统的内容，及其各要素间的联系，批评了西方和百年前中国部分文化人对于中国人没有信仰的误解或者蓄意诬蔑，指出中国人有自己特色的信仰和信仰文化，阐述了中华民族信仰文化的特点，以及道教在信仰文化系统构成中的作用和流变，指出中华民族信仰文化系统至今仍保持影响力，并将长期存在。

关键词： 信仰；信仰文化系统；中华文化；信仰系统的要素；史前史时期；中华信仰系统的形成和演变；中华民族信仰文化系统的长期性

一、中国人有没有信仰

20世纪中国实行改革开放政策以后，中国的学术研究出现了百花齐放、百家争鸣的局面，也才有了认真而科学的宗教学研究。80年代初，我在同国外一些道教研究学者的交流过程中，还曾经为

---

* 陈耀庭，上海社会科学院宗教研究所原研究员。

"道教徒"这个词的翻译有过讨论和斟酌。我们将"道教徒",翻译作 Taoist Believer。某些外国学者听到,常常会摇头,表示不满意,因为他们认为中国人对道教的信仰,够不上是一种信仰。道教信徒不能译作 Belief 或者 believe in。因为,外国学者的心目中,信仰的含义是专一的,也就是,宗教信仰只能是信仰专一的神灵,信仰专一神的神学教义,而道教不是这样的宗教。道教的神有很多,道教的经典也不像基督教那样只有一部圣经。在西方的学者们看来,不专一,就不是信仰,至少不是纯洁的信仰。中外学者对于这个问题的争论,就是对宗教信仰含义的不同理解和不同标准。只有一神教才是宗教。只有信仰单一的上帝的才是 Belief 或者 believe in。道教这样一种有多神,有多种经典的宗教,不能被认为是宗教。因此道教徒不能称作 Belief 或者 believe in。

西方学者的中国人有没有信仰或者有没有宗教的看法,是以他们的信仰和宗教的标准作为标尺的。这样的看法,在 20 世纪上半叶,也影响到了一些中国学者。他们也持有和西方学者同样的看法和说法。例如梁漱溟就认为"宗教"是个"西洋"的概念,中国人只有祭天和祭祀祖先家族,因此,中国的宗教只有缺乏团体形式的宗教,他称其为"伦理教"。①

随着四十年来西方很多宗教学和道教研究著作被介绍到了中国,我们可以发现,西方一些宗教学者和道教研究学者对于这种不将东方宗教视作宗教信仰的看法,已经有所改变。麦克斯·缪勒是公认的宗教学科的奠基人,他的《宗教学导论》是宗教学的开山之作。他反对狭隘的宗教观,反对将宗教区分为"真正的宗教"和"虚假

① 参见张志刚《"中国无宗教论"反思》,《北京大学学报(哲学社会科学版)》第 50 卷 3 期,第 5 页,2013 年 5 月。李华伟《杨庆堃宗教社会学思想与梁启超"中国无宗教论"》,《学术界》,第 234 期,第 108 页,2017 年 11 月。

的宗教”的区分，反对“天启的宗教”和“自然的宗教”的区分。他开始对东西方的宗教进行学术比较研究。发表了对于印度《梨俱吠陀》和中国宗教的研究成果。其后，百年中，西方学术界对于世界各宗教的研究积累了相当多的成果，那种陈旧的坚持贬低东方宗教的著述逐渐减少。

近四十年里，对于道教及其信仰的看法已经有了变化。有关道教的不同层次的国际学术研讨会已经开了十多次。

1994年，日本出版了由野口铁郎、福井文雅、坂出祥伸、山田利明等教授主编的大型工具书《道教事典》，篇幅高达805页。

2000年美国波士顿大学科恩教授主编的《道教手册》出版，篇幅达950页。2004年由法国著名道教学者施博尔和傅飞岚主编的《道藏通考》三卷本出版，篇幅为三册，共1637页。2008年意大利学者法布里齐奥·普雷加迪奥主编的《道教百科全书》出版，篇幅达1551页。这样众多的研究专家和丰硕的研究成果，可以表明外国学者原来持有的认为道教不是宗教，中国人没有信仰的观点已经很少有人赞同了。

四十年来，中国的宗教学研究取得了极其丰硕的成果。四十年前，全国研究道教的专家数量连十个人也不到。如今道教研究人才辈出，不完全的统计至少有二百多人了。不同层次和不同地区举办道教研究会议年年不断。就道教研究的工具书，大型的至少就有很多种，例如：由中国道教协会、苏州道教协会编撰出版的《道教大辞典》，篇幅有1095页。由胡孚琛主编的《中华道教大辞典》，篇幅有2380页。由任继愈主编的《道藏提要》，篇幅有1599页。任继愈和卿希泰还先后主持编写和出版了多卷本《中国道教史》。卿希泰先生还修订原著，修订出版《中国道教通史》五卷本。所有这些使得我国学术界在国际宗教学研究或者道教学研究中都获得了一定的话语

权。特别是，对于中国道教的研究，无论研究家的人数和每年涌现的研究成果的数量和质量都已经领先于国际学术界，而且，这已经取得国际范围的公认。

因此，现在，已经很少有人再说，道教不是宗教，中国宗教不能算是宗教，道教不是信仰，中国人都没有信仰等这些说法了。在一些国际会议上，即使有人含沙射影地还流露这种观点，国际学术界也很少有人跟着附和了。

二、信仰是人类文化系统的一个子系统

信仰的含义有很多种解释。但是，不论人们怎么解释信仰，所有的解释都认为信仰是人的一种精神活动。精神信仰活动，有活动的本体即有信仰的人，有活动的对象即被人信仰的对象。不同的信仰，其信仰对象是各不相同的。

在各种信仰的解释中，比较普遍被认同的解释是，信仰是“对某人或某种主张、主义、宗教极度相信和尊敬，并且拿来作为自己行动的榜样或指南”。这里的信仰对象可以是信仰本体的人生目标，或者是信仰本体正在追求而尚未达到的一个标尺，或者是本信仰体为之终身努力奋斗、甚至可以为之牺牲一切的精神支柱。因此，信仰的意义，同人的信念、人的信奉和人的决心的意义相近或相关联。

从这一对信仰的解释来分析，人的信仰就是一个具有丰富而复杂的要素的信仰系统。因为，人的信仰的根柢在人的世界观、人生观、价值观和认识观。由于人的信仰内容包含着到人对于现实生活、未来远景以及逝去岁月，乃至未知世界的认知。因此，人的信仰系统决定着人的思想、认知、气质、风貌等精神要素乃至影响到信仰人的人际关系、物质文化活动、以及与各种制度文化相关的活动。

化自信的基础上，客观分析了道教文化的根基与内涵，探索研究道教传统文化及其现代启示。一方面，道教在中华传统文化中占有十分重要的地位，对中国社会和民众生活的影响是巨大的。陈耀庭教授的《道教与中华民族信仰文化的建构》，阐述了中华民族信仰文化的特点，以及道教在信仰文化系统构成中的作用等，提出许多新观点与新思考。钟国发教授的《道教在中华文化中的地位与功能》，分析了道教在中华文化史中的重要地位，强调指出了道教对中华文明发展所作出的重要贡献。另一方面，道教与古代科技关系十分紧密，在中国科学技术史上，道教科学曾起到过举足轻重的作用，它不仅对古代科技发展有过多重影响，而且对现代科技创新也有重大启示作用。李似珍教授的《道教对宇宙奥秘探索的历史性贡献》，阐述了道门中人对以“道”为核心的宇宙自然规律加以探究，在宇宙演化、天地构成、天人关系等方面，所提出的诸多真知灼见，以及所积累的天文、历法知识，在中国社会产生深远的影响。姜生教授的《道教科学观在科技史中的价值》，分析了道教在长期发展过程中，通过持续不断地探索自然和人体奥秘，在一定程度上推动和实施了科学传播，堪称世界宗教史上一大奇特现象。再次，道教文化是中国传统文化的重要组成部分，道教对中国社会的影响也是多方面的，涉及到民族文化心理、风俗习惯、科学技术及社会政治经济生活的广泛领域。郑土有教授的《道教生命观与中国人的理想追求》，从道教的生命观出发，分析了道教生命观与中国的地理环境、人文环境之间的关系，阐述了道教生命观对中国人的影响。张兴发的《道教神学观的思想史价值》，通过对神学经典的考察，追寻道教神学观思想的发展史，探索道教神学观思想的发展脉络及其丰富内涵，指出道教神学观的思想史在社会、文化、人生等方面的价值。张永宏博士的《道教伦理观与中国社会治理》，分析了道教伦理观的历史演化过

程及其主要内容，指出道教伦理在当代中国加强和创新社会治理、打造共建共治共享的社会治理格局方面发挥积极作用。这是坚持道教中国化方向、促进道教与社会主义社会相适应的具体表现与实践探索。郑土有教授的《道教民俗文化与中国人的日常生活》，指出道教与中国民众的生活关系极为密切，从一个人的生老病死、价值观念到社区的节庆活动、邻里相处，无不受到道教或隐或显的影响，构成了中国人生活中的有机组成部分。通过本章相关内容的研究与思考，分析道教文化自信的基本内涵、历史经验与教训，为当代道教文化建设与发展提供了理论依据和思想启迪。

其二，道教蕴含的优秀文化。道教是在祖国神州大地的怀抱中诞生，为中华传统文化的乳汁养育而成，承载着中华民族的优秀文化，见证着中华五千年的文明历史，成为中华传统文化的重要组成部分。道教崇尚“道法自然、贵生乐生”，主张“尊道贵德、抱朴守真”，倡导“齐同慈爱、济世利人”。在处理人与自然、人与社会的关系以及人的身心修养、道德建构等方面有着深邃的智慧，传承着中国人特有的价值观和民族精神。其中，既有内涵深厚的道德文化、丰富宽广的慈善文化，又有深邃睿智的养生文化、自然智慧的生态文化等，所有这些都是人类社会宝贵的文化资源。

本章所收录文章，从道教传统文化出发，客观分析了道教蕴含的优秀文化思想及其时代价值，强调指出要深入挖掘道教文化内涵，积极传承道教文化思想，大力弘扬道教文化精神，以优秀的道教文化服务社会主义新时代。道教文化博大精深，是中华传统文化宝贵的精神财富。丁常云道长的《道教文化是人类文明的瑰宝》，探析了道教与中华文化相互渗透、相互影响，又相互融合的过程，指出道教文化具有独特的思想内涵和优秀的文化资源，特别是道教文化中所蕴含的道德文化、养生文化和生态智慧等，皆具有十分重要的时代价值。道教是“贵生”的宗教，历来就珍惜重视生命，追求养生长寿。千百年来，经过历代道教徒的不懈努力，积累了一套完整的养生理念和方法，形成了独具特色的“道医文化”，弥足珍贵。盖建民教授的《道教传统医学下的养生文化》，就是从道教传统医学思想出发，探析了道教的养生文化，并提出道教医家的信仰疗法和各种自然疗法等，皆具有十分重要的现实意义。道教文化蕴含着丰富的管理思想，是传统社会管理中不可或缺的文化资源。杨玉辉教授的《道教传统文化中的管理思想》，立足道教传统管理思想，探析了道教遵从以道为本、以法为依、以术为用的管理原则，对于当代社会管理具有重要的启迪作用。道教文化蕴含着丰富的生态思想，是十分珍贵的道教生态文化资源。归潇峰道长的《道教生态文化中的环保理念》，针对现代社会所出现的生态危机问题，探析了道教独特的生态伦理与生态智慧，为人类社会生态文明建设提供一种新思考和新实践。道教戒律是规范和约束道教徒言行举止的规戒条文，其中所蕴含的诸多伦理思想具有十分重要的时代价值。丁常云道长的《道教传统戒律中的伦理思想》，客观分析了道教传统戒律中所蕴含的诸多道德伦理思想，涉及到人与人、人与自然、人与社会等方面，包括生命伦理、个人伦理、家庭伦理、社会伦理和生态伦理等，是现代社会道德伦理建设的重要内容，对于促进社会稳定、端正社会风气，皆具有十分重要的积极作用。王群韬博士的《道教伦理思想的法制精神》，从道教的伦理思想出发，通过对道教伦理思想的法治精神进行考察和研究，指出这种法治精神对于培育和践行社会主义核心价值观、增强中华民族的文化自信，皆具有重要的理论价值与现实意义。道教劝善思想是慈善文化的重要内容，具有积极的现实意义。张欣博士的《道教劝善书中的慈善文化》，分析了道教劝善书中的劝善思想，对于促进社会主义道德体系建设，推动社会主义慈

善事业的发展皆具有重要的时代价值。道教文学艺术丰富多彩，影响广泛而深远。贾利涛博士的《道教文化与中国浪漫主义文学》，探析了道教文化与中国浪漫主义文学的关系，分别从文学思想、文学创作等方面进行研究，指出道教文化对于构筑起全民的想象力体系，推动中国浪漫主义文学的传承和播布，形成富有民族特色的浪漫主义文学传统作出了重要贡献。黄景春教授的《道教文化与中国志怪小说》，通过对道教志怪小说的形成与发展研究，指出道教志怪小说就是中国文学的独特类型，对中国古代小说的叙事模式产生很大影响，在中国文学史上具有重要地位。沈岚硕士的《道教壁画及其艺术价值》，通过对道教壁画的分析研究，阐述了道教壁画所特有的艺术价值。作为中国历史文化遗产中的宝贵财富，对我国绘画艺术产生了积极影响。道教信仰对中国民俗的影响是十分久远的，其信仰特点也是非常鲜明的。陈耀庭教授的《道教信仰文化与中国民俗节日》，通过对中外部分民俗节日的信仰内容、历史形成和各地历时流传的比较研究，说明中国民俗节日具有丰富的中华信仰文化的内容，以及与西方信仰文化有着的不同特点，具有一定的现实意义。道教虽然是汉民族的宗教，但是对少数民族也有诸多影响。蔡林波教授的《道教科仪文化对瑶族度戒仪式的影响》，通过对瑶族度戒仪式的分析研究，指出其仪式程序中所蕴含的诸多道教思想、科仪因素，具有浓厚的道教文化色彩，表明道教文化在瑶族仪式中所产生的深刻影响。洞天福地是道教所特有的神仙洞府，其中蕴含着十分丰富的信仰文化内涵。宇汝松教授的《道教洞天福地的文化意蕴》，通过对道教洞天福地的考察研究，指出洞天福地将道教的神仙世界落实到人间的名山洞府，并为其注入深厚的道教人文内涵，使其成为道教真正的人间仙境，这其中所蕴含的文化意蕴是十分丰富的。通过本章相关内容的研究与思考，探析了道教所蕴含的诸多优秀文化，对于促进中华文化的繁荣发展和重塑道教文化自信皆具有重要的现实意义。

其三，道教文化助力道德重建。当前，我国社会繁荣稳定，经济持续发展，人民生活水平得到了极大的提高，中国人民多年来憧憬的国富民安的景象，已经成为现实。但是，我们也要注意到，在改革开放、实行市场经济给社会带来经济繁荣和思想解放的新局面的同时，由于我国社会从计划经济到市场经济体制的转轨，引起人们的思想观念、组织体制、生活方式、人际关系、道德意识等多方面的变化。社会上有些人，逐渐滋长了拜金主义、享乐主义、极端名利思想。这些社会消极因素，不仅影响和破坏了社会的稳定，干扰着和谐社会建设，而且还直接影响着当代社会的健康发展。这就需要我们大力弘扬道教优秀文化，助力社会道德重建。道教文化根植于中国民众生活之中，“内化于心，外化于行”。鲁迅先生说：“中国根柢全在于道教”。这就表明，道教对中国社会的影响是广泛而深远的。道教文化内容丰富，涉及到道德文化、和谐文化、养生文化、慈善文化、生态文化等等，这些文化涵盖了社会各个方面，是当代社会道德建设宝贵的文化资源。

本章所收录的文章，分别从道教生态文明、社会和谐、社会公德、社会伦理、社会诚信、职业道德、家庭美德、社会公益等方面进行了探索研究，旨在挖掘弘扬道教优秀文化，为当代社会道德重建助力添彩。丁常云道长的《道教文化与生态文明建设》，探析了道教文化中所蕴含的诸多生态伦理思想，指出这是一种具有中国特色的生态伦理精神，是当代社会环境保护重要的文化资源。同时，还积极倡导善用道教生态伦理，不断增强环境保护的责任意识，不断提升环境保护的自觉行动，全力推进新时代生态文明建设，为努力化解全球范围的生态危机，继续传承道教生态文化的时代担当。何

春生道长的《道教文化与社会和谐建设》，指出道教倡导的人与人、人与家庭、人与社会、人与自然之间的和谐，以及所形成的和谐文化思想，是和谐社会建设宝贵的文化资源，对于促进当代社会家庭和谐、社会和谐、自然和谐皆有着重要的借鉴作用。冯静武教授的《道教文化与社会公德建设》，从道教文化的“道德”资源出发，阐述了道教文化对社会公德的深刻影响，以及对于新时代的社会公德建设有重要的启示意义。丁常云道长的《道教教育与社会伦理建设》，从道教教育的功用出发，考察了道教院校教育、宫观教育和道徒的形象教育等，肯定了道教教育对于当代社会伦理秩序建设具有不可替代的积极作用。俞俊骅道长的《道教文化与社会诚信建设》，针对当代社会诚信缺乏问题，指出道教诚信观对于当代社会的影响和教化功能，特别是对于社会主义精神文明建设和社会主义核心价值观的培育皆具有重要的积极作用。张欣博士的《道教文化与职业道德建设》，从道教的伦理思想出发，指出当代社会职业道德建设，需要从道教知行观、道教律己观、道教人本思想中汲取智慧。同时，还指出当代道教要提高服务社会能力，发挥教化引导作用，积极推动社会主义职业道德建设。李宏利博士的《道教文化与家庭美德建设》，从道教伦理观念出发，论述了道教文化与家庭美德的关系，进而阐述道德文化在家庭美德塑造中的积极作用。侯程道长的《道教文化与社会公益慈善建设》，探析了道教文化中所蕴含着丰富的慈善思想，对中国慈善伦理思想产生过独特而又深远的影响。指出在当今时代，道教慈善对于社会公益慈善的引领，以及对社会公益慈善事业的健康发展仍然大有裨益。尹志华教授的《道教文化与人类命运共同体意识》，分析了道教文化中所蕴含的诸多共同体意识，指出在各国相互依存、休戚与共的当今世界，对于人们树立“命运共同体”意识，可以提供重要的文化支撑。通过本章相关内容的研究，探析了道教传统文化的丰富内涵，对于增强道教文化自信、助力社会道德重建具有重要的积极作用。

通过本辑“道教文化自信与道德重建”的研究，我们清楚地看到，当代道教必须要进一步传承道教优秀文化，重建道教“文化自信”，积极阐扬道教思想精华，赋予新的时代精神，增添新的时代内涵，发挥其应有的时代价值。

首先，要重建道教的道德文化自信。在传统道教文化中，蕴含着丰富的伦理思想和道德规范，潜移默化地影响着中国人的行为方式和生活习俗，不仅在传统中国社会中发挥过重要的积极作用，而且对于现代和谐社会构建仍具有重要的启示作用。因此，善用道教道德文化，服务社会和谐建设，自然是社会道德重建的应有之义。

其次，要重建道教的生态文化自信。道教生态文化，实际上就是一种环保文化，是道教对人类社会生态环境的一种保护。中国道教历来就十分重视对于自然环境的保护，在其教理教义中就包含着“崇尚和谐、尊重自然、尊重生命”等理念和智慧，积累了诸多宝贵的生态文化资源，对于推进生态文明建设和化解全球生态危机，皆具有十分重要的时代价值。因此，善用道教生态文化，加强社会生态文明建设，自然也是社会道德重建的应有之义。

再次，要重建道教的慈善文化自信。道教是关爱社会的宗教，有着悠久的慈善传统，道教典籍中就蕴涵着十分丰富的慈善文化。道教的慈善文化根植于中华文化传统和道教伦理之中，有着更加深厚的精神动因。因此，善用道教慈善文化，积极为社会公益事业作贡献，自然也是社会道德重建的应有之义。

责任呼唤担当，使命引领未来。面对新时代，我们要顺势而为，更要有所作为，有担当有使命。习近平总书记在十九大报告中指出，在全党开展“不忘初心、牢记使命”的主题教育，强调的就是勇于

担当负责，积极主动作为。当代道教，要深入挖掘传统道教文化资源，自觉树立道教文化自信，努力促进道教中国化进程，主动担负起助力道德重建的历史重任。

丁常云
中国道教协会咨议委员会副主席

目　录

第一章　道教文化自信的基础

第二章　道教蕴含的优秀文化

第三章　道教文化助力道德重建

第一章
道教文化自信的基础

道教与中华民族信仰文化的建构

陈耀庭*

摘　要：本文用系统论的方法，剖析了信仰、文化、文化系统，信仰系统以及中华文化系统的内容，及其各要素间的联系，批评了西方和百年前中国部分文化人对于中国人没有信仰的误解或者蓄意诬蔑，指出中国人有自己特色的信仰和信仰文化，阐述了中华民族信仰文化的特点，以及道教在信仰文化系统构成中的作用和流变，指出中华民族信仰文化系统至今仍保持影响力，并将长期存在。

关键词：信仰；信仰文化系统；中华文化；信仰系统的要素；史前史时期；中华信仰系统的形成和演变；中华民族信仰文化系统的长期性

一、中国人有没有信仰

20世纪中国实行改革开放政策以后，中国的学术研究出现了百花齐放、百家争鸣的局面，也才有了认真而科学的宗教学研究。80年代初，我在同国外一些道教研究学者的交流过程中，还曾经为

* 陈耀庭，上海社会科学院宗教研究所原研究员。

"道教徒"这个词的翻译有过讨论和斟酌。我们将"道教徒"，翻译作 Taoist Believer。某些外国学者听到，常常会摇头，表示不满意，因为他们认为中国人对道教的信仰，够不上是一种信仰。道教信徒不能译作 Belief 或者 believe in。因为，外国学者的心目中，信仰的含义是专一的，也就是，宗教信仰只能是信仰专一的神灵，信仰专一神的神学教义，而道教不是这样的宗教。道教的神有很多，道教的经典也不像基督教那样只有一部圣经。在西方的学者们看来，不专一，就不是信仰，至少不是纯洁的信仰。中外学者对于这个问题的争论，就是对宗教信仰含义的不同理解和不同标准。只有一神教才是宗教。只有信仰单一的上帝的才是 Belief 或者 believe in。道教这样一种有多神，有多种经典的宗教，不能被认为是宗教。因此道教徒不能称作 Belief 或者 believe in。

西方学者的中国人有没有信仰或者有没有宗教的看法，是以他们的信仰和宗教的标准作为标尺的。这样的看法，在 20 世纪上半叶，也影响到了一些中国学者。他们也持有和西方学者同样的看法和说法。例如梁漱溟就认为"宗教"是个"西洋"的概念，中国人只有祭天和祭祀祖先家族，因此，中国的宗教只有缺乏团体形式的宗教，他称其为"伦理教"。①

随着四十年来西方很多宗教学和道教研究著作被介绍到了中国，我们可以发现，西方一些宗教学者和道教研究学者对于这种不将东方宗教视作宗教信仰的看法，已经有所改变。麦克斯·缪勒是公认的宗教学科的奠基人，他的《宗教学导论》是宗教学的开山之作。他反对狭隘的宗教观，反对将宗教区分为"真正的宗教"和"虚假

① 参见张志刚《"中国无宗教论"反思》，《北京大学学报（哲学社会科学版）》第 50 卷 3 期，第 5 页，2013 年 5 月。李华伟《杨庆堃宗教社会学思想与梁启超"中国无宗教论"》，《学术界》，第 234 期，第 108 页，2017 年 11 月。

的宗教”的区分，反对“天启的宗教”和“自然的宗教”的区分。他开始对东西方的宗教进行学术比较研究。发表了对于印度《梨俱吠陀》和中国宗教的研究成果。其后，百年中，西方学术界对于世界各宗教的研究积累了相当多的成果，那种陈旧的坚持贬低东方宗教的著述逐渐减少。

近四十年里，对于道教及其信仰的看法已经有了变化。有关道教的不同层次的国际学术研讨会已经开了十多次。

1994 年，日本出版了由野口铁郎、福井文雅、坂出祥伸、山田利明等教授主编的大型工具书《道教事典》，篇幅高达 805 页。

2000 年美国波士顿大学科恩教授主编的《道教手册》出版，篇幅达 950 页。2004 年由法国著名道教学者施博尔和傅飞岚主编的《道藏通考》三卷本出版，篇幅为三册，共 1637 页。2008 年意大利学者法布里齐奥·普雷加迪奥主编的《道教百科全书》出版，篇幅达 1551 页。这样众多的研究专家和丰硕的研究成果，可以表明外国学者原来持有的认为道教不是宗教，中国人没有信仰的观点已经很少有人赞同了。

四十年来，中国的宗教学研究取得了极其丰硕的成果。四十年前，全国研究道教的专家数量连十个人也不到。如今道教研究人才辈出，不完全的统计至少有二百多人了。不同层次和不同地区举办道教研究会议年年不断。就道教研究的工具书，大型的至少就有很多种，例如：由中国道教协会、苏州道教协会编撰出版的《道教大辞典》，篇幅有 1095 页。由胡孚琛主编的《中华道教大辞典》，篇幅有 2380 页。由任继愈主编的《道藏提要》，篇幅有 1599 页。任继愈和卿希泰还先后主持编写和出版了多卷本《中国道教史》。卿希泰先生还修订原著，修订出版《中国道教通史》五卷本。所有这些使得我国学术界在国际宗教学研究或者道教学研究中都获得了一定的话语

权。特别是，对于中国道教的研究，无论研究家的人数和每年涌现的研究成果的数量和质量都已经领先于国际学术界，而且，这已经取得国际范围的公认。

因此，现在，已经很少有人再说，道教不是宗教，中国宗教不能算是宗教，道教不是信仰，中国人都没有信仰等这些说法了。在一些国际会议上，即使有人含沙射影地还流露这种观点，国际学术界也很少有人跟着附和了。

二、信仰是人类文化系统的一个子系统

信仰的含义有很多种解释。但是，不论人们怎么解释信仰，所有的解释都认为信仰是人的一种精神活动。精神信仰活动，有活动的本体即有信仰的人，有活动的对象即被人信仰的对象。不同的信仰，其信仰对象是各不相同的。

在各种信仰的解释中，比较普遍被认同的解释是，信仰是“对某人或某种主张、主义、宗教极度相信和尊敬，并且拿来作为自己行动的榜样或指南”。这里的信仰对象可以是信仰本体的人生目标，或者是信仰本体正在追求而尚未达到的一个标尺，或者是本信仰体为之终身努力奋斗、甚至可以为之牺牲一切的精神支柱。因此，信仰的意义，同人的信念、人的信奉和人的决心的意义相近或相关联。

从这一对信仰的解释来分析，人的信仰就是一个具有丰富而复杂的要素的信仰系统。因为，人的信仰的根柢在人的世界观、人生观、价值观和认识观。由于人的信仰内容包含着到人对于现实生活、未来远景以及逝去岁月，乃至未知世界的认知。因此，人的信仰系统决定着人的思想、认知、气质、风貌等精神要素乃至影响到信仰人的人际关系、物质文化活动、以及与各种制度文化相关的活动。

文化是人类物质生活和精神生活的总和。人的文化系统至少可以分为三大要素，即：物质文化、精神文化和制度文化。这三大要素又是文化的子系统。三个子系统里又包含着更多的子要素。物质文化系统包含很多子要素，例如：大家都熟知的要素，食文化、花文化、车文化、时装文化、建筑文化，等等。制度文化系统也包含很多子要素，例如：社会制度、国家制度，宪法和法律法规，以及法律的执行和检查等要素。信仰系统是人的精神文化系统的一个要素，因此，信仰系统属于人的精神文化系统的一个子系统。同时，信仰文化系统本身又包含着很多要素。从社会政治角度来分析，信仰系统的要素就有信仰社会主义共产主义的信仰要素，也有信仰资本决定一切的资本主义的信仰要素。从有否超自然力量存在的角度来分析，那就有信仰世上有神的有神论信仰要素，也有不信仰世上有神的无神论信仰要素。宗教信仰则是有神论信仰要素的子要素。宗教尽管是属于精神文化的要素，但是，这个精神文化又体现在具有无数信徒的组织形式上，因此，宗教要素既有精神文化的特点，又具有制度文化的特点。宗教要素除了有教义经典，还有教会、教堂、庙宇、道观等物质文化的成分，而且具有一定的经济力量，从这个意义上说，宗教又不仅仅是一种精神文化和制度文化，宗教这个要素还包含有物质文化的特点。这些年来，西方某些学者鼓吹“信仰市场”，就是抓住宗教要素的物质文化的某些特点在做文章。把信仰商品化，美化西方世界的宗教文化侵略，美化宗教竞争，将侵略和腐蚀美化成为一种市场行为，麻痹被侵略国家人民的斗争意志。从多方面考察宗教文化的信仰要素特点，就可以理解宗教的复杂性，所以，漠视社会政治活动中，宗教应该占有的一席之地是错误的。同样，放任宗教参予社会不正当的政治生活，也必然会影响宗教文化的正常发展，甚至影响全社会的正常运作和发展。

在人类的历史上，有神论信仰有一个发生、发展和消亡的历史过程。当今世界上各种宗教都是形成于五千年以内，而在五千年以前，人类更是有一个漫长的史前史时期。考古学家认为，这个史前史时期长达 50 万年至 1.5 万年。在史前史时期，人类逐渐直立，并学会劳动生产，获得生存的机会。在史前史时期，没有文字，思维和作为思维的外壳的语言逐渐丰富和发达。人类有了万物有灵观念以及精灵崇拜、占卜文化、祭祀仪礼、神话传说、符咒方术等活动。这些就是信仰文化子系统的早期形态。

三、中国有神论信仰系统的形成和发展

中华文化中的信仰文化系统的萌芽和形成有一个漫长的历史过程。中国共产党中央委员会在 1982 年发布了《关于我国社会主义时期宗教问题的基本观点和基本政策》的文件。这个文件根据马克思主义基本理论，批判地吸收了中外对于宗教理论研究的成果，总结了中国共产党成立以来对于宗教问题的认识，以及宗教实际工作的历史经验教训，指出："宗教观念的最初产生，反映了在生产力水平极低配的情况下，原始人对自然现象的神秘感。进到阶级社会以后，宗教得以存在和发展的最深刻的社会根源，就在于人们受这种社会的盲目的异己力量的支配而无法摆脱，在于劳动者对于剥削制度所造成的巨大苦难的恐惧和绝望，在于剥削阶级需要利用宗教作为麻醉和控制群众的重要精神手段。"① 这里短短几句话，概括了宗教信仰发生发展的几十万年的历史。文件说的"宗教观念"，就是有神论信仰的意思。有神论信仰观念的产生有两个原因，一个就是社会

① 中共中央文献研究室综合研究组：《新时期宗教工作文献选编》，宗教文化出版社，1995 年，第 50 页。

“生产力水平极低配的情况下”，这就是说人的生存条件极端严酷。当时人的生活和生存不得不依赖天地和气候等自然环境。另一个原因就是“原始人对自然现象的神秘感”，这就是说，当时人对自然现象和社会现象的认识极其低下。在这样的历史条件下，人类自然希望获得超自然力量的可以依赖。这样一种超自然力量，就来自“万物”之“灵”。从这个意义上说，在史前史时期，中华文化的信仰文化发端于“万物有灵”。天地有灵，山水有灵。人的出生来源于“灵”，人的死亡归结于“灵”，人的生存依赖“灵”。这个“灵”就是有神论的“神”。

信仰系统中的有神论要素的形成和发展，是有一个过程的。史前时期有神论观念的出现是有历史的必然性的，因为它有深刻的社会根源和人的心理根源。对于史前史时期的人类学的研究，许多著作都说到，由于当时各地区所有人同样面对灾难，所有人面对的生存灾难也都是一样的，所有人对于自然界的认知程度和发展过程也都是同样的。因此，从世界范围来看，史前史时期的原始人的生存境遇、文化发展、信仰内容等等都是很相像的。

《牛津基督教史》在说到史前西方世界时，地中海沿岸都在罗马帝国的统治之下。罗马帝国有统一的制度和军队，但是，它包容了这个地区所有的各种文明。在这个时候基督教产生了，但是，“基督教进入的并不是一个空空如也的世界。当其兴起之时，人们头脑中已充塞着关于宇宙、宗教、罪、赏罚等种种观念，基督教不得不对付这一切，也不得不适应这一切。基督教不可能建立在处女地上，而必须将已经存在的各种思想作为材料构筑自己的体系”。[1] 这就是说，在史前史时期，人的头脑中的有神论思想，或者说是宗教观念，

① 威尔克：《基督教会史》，中国社会科学出版社，1991 年，第 3 页。

也是多种多样的。

法国安德烈·古昂的《史前宗教》一书中，以考古、神话和仪式为基本材料，将原始人的当时的宗教观念以及宗教行为列举为以下几种：兽骨崇拜、丧葬习俗、实物与典礼仪式、宗教艺术，以及旧石器时代宗教的雏形。

有神论信仰开始于历史学家常常称作的“史前史时期”。法国历史学家安德烈·勒鲁瓦·古昂称，“史前史是个模糊的术语，指的是从第一个直立人到文字的出现”，[①] 大致相当于考古学上的旧石器时代。从中国历史来看，这个史前史时期，大致包括从中华大地上第一位直立的祖先开始一直到公元前1300多年的甲骨文出现。如果从考古发现的北京周口店直立人骸骨年代测定算起，那么这个时期起码有2万年至50万年的漫长过程。中华文化包括其中的信仰文化就是在这样一个漫长的历史过程中逐渐形成和发展起来的。

四、道教在中华文化信仰系统中的作用和地位

第一，道教产生于中华文化的原始信仰之中。由卿希泰主编的《中国道教史》，在第一章开卷说道：中国古代宗教，从自发的原始宗教到人为的神学宗教，经过了长期的历史发展。以自然崇拜、鬼神崇拜和沟通人神意愿的巫术、占卜为主要内容的原始宗教，随着原始社会进入阶级社会，逐步演变为殷周时期对最高神“上帝”或“天”的崇拜；鬼魂崇拜发展为祖先崇拜；占卜巫术的情况，也有了文字的记录。鬼神崇拜的迷雾，笼罩着奴隶社会，宗教迷信观念，成为占统治地位的意识形态，并延续、影响到封建社会，以及道教的信仰和方术。

① 安德烈·勒鲁瓦·古昂：《史前宗教·导言》，上海文艺出版社，1990年，第1页。

道教是中国土生土长的宗教，是中国社会发展到汉代的历史产物。汉代是宗教勃兴的时代。儒学宗教化、道教诞生、佛教传入，都在汉代。这长期影响中国封建社会的儒释道三教陆续出现在汉代社会，绝不是偶然的。它表明了汉代社会有对宗教的急切需要，并具有产生宗教或引进外来宗教的适宜气候和土壤。就道教来说，当时崇尚黄老的社会思潮，与传统的鬼神崇拜、神仙思想、阴阳数术逐步合流，则为道教的形成，准备了必要的条件。①

这段话表明，卿希泰主编的《中国道教史》是站在宗教进化论的立场上看待原始宗教到道教形成的历史过程。也就是说，中国史前时期出现的中国古代宗教，主要包括自然崇拜、鬼神崇拜和巫术、占卜等。自发产生的原始信仰系统的有神论观念是多元的，其形式也是多样的。进化论的社会发展观认为，中国人的原始的宗教观念及其形式主要存在于原始社会和奴隶社会之中。进入封建社会以后，在社会生产力已经发展到一定规模，人的精神生活和认知水平出现了需要有系统化的有神论思想，并且引进了组织化宗教的形式以后，中国人的有神论思想才有可能逐渐系统化，其中一个子系统就是中国道教的系统的神学理论，与其相适应的就是这一神学理论的组织形式的道教也就出现了。

第二，道教是中华文化信仰系统的多元一体的要素之一。中华民族是一个多民族的共同体。中华文化是中华多民族的共同构建起来，因此其信仰系统也具有多元一体的特点。中华文化信仰系统的多元性，表现为：不同民族有不同民族特点的信仰，例如：汉族有道教、纳西族有东巴教、藏族有苯教、满族有萨满教等不同信仰。中

① 卿希泰：《中国道教史（修订本）》，第 1 册，四川人民出版社，1996 年，第 19 页。

华民族生活在960万平方公里的土地上，同一民族生活在不同地区的自然条件有很大的差别。不同地区的民众的同一信仰具有不同地域的地方特色。另外，中华文化不排斥外来文化，因此其信仰系统也不排斥外来信仰的传入，只是在不同历史时期以不同方式传入中国的外来信仰都有一个和中华文化融合的过程，不然外来文化或者被融化或者就自动中止传承。例如，印度传入的佛教发展成为汉地佛教、藏传佛教和南传佛教等。再如，在中华大地上多地传承的道教，在历史上根据地域特点演化出天师道、茅山道、净明道、全真道、武当道、闾山道等道派。多元一体的中华文化信仰系统中的各民族多元的信仰要素在“多元一体”格局的维系之下，在长期历史中，这一格局得到历朝历代的统治阶层的认可。因此，中华文化中的多元信仰的各要素，在两千年来一直保持着和谐相处的面貌。在中国土地上，没有出现过不同的有神论要素的战争。道教历史上虽然有过佛道之争的事件，不过，这类事件只是发生在局部地区的很短时间之内，兵刃之争从未出现过。

第三，道教的生存形式是宫观的组织化和散居的分散化长期并存。组织化和分散化并存的形式是由中华文化的多元一体决定的，同时也促使道教对中国社会民众始终保持着一定的影响力。宫观的组织化和散居的分散化，这两个概念是套用了杨庆堃《中国社会中的宗教：宗教的现代社会功能与其历史因素之研究》中提出的institutional religion和diffused religion。杨庆堃的著作，原著是英文版。该书中这两个英文词在中译本里翻译成“制度性宗教”和“分散性宗教”。考虑到道教的实际情况，如果将制度性宗教理解为指宫观道士和协会道士，将分散性宗教理解为指散居的道士，可能会产生误解，因为，制度可能被理解为道教教义传承、清规戒律和仪礼演绎的规定等，这些都是道教的制度，而且是宫观道士和散居道士都必须遵守的制度。所以，我这里保留分散性的说法，而把制度化宗教改称为“组织化宗教”，这里的组织包含了宫观组织和协会组织。在宫观组织中生活的道士，以及被组织在道教协会中的散居道士，同被组织在宫观和协会中参与各种道教活动的居士。近二十年来，非神职道士的普通信众参与道教各项有组织活动的情况，正在逐渐增多，大陆地区和港台地区，也包括海外道教之中都在增强道教信徒的组织观念，这个趋势不可忽视。应该承认，杨庆堃教授对中国宗教这一特点的研究，对于如何把握中国宗教包括道教在内的发展和变化，都是有积极意义的。

第四，道教神学转向个人的心性修炼，有助于道教成为维系中华社会的稳定力量。道教的神学思想是作为中华信仰系统要素之一的道教的核心，有一个发生和发展的过程。早期道教的神学思想，用日本学者神冢淑子的话来说，“是根据中国自古以来传统的各种观念——特别是气的思想、天的思想、关于天子统治天下的理念等——进行系统思索以后，一种体系化抽象的政治—宗教理论”，在这些理论中，还“看不到特定的宗教教团色彩”①。经过魏晋南北朝和唐宋，道教随着组织、制度、规戒和仪礼等逐渐完整，北方以全真道为代表的北方道教的神学思想融合儒家和佛学思想，逐渐转变成为以内丹修炼为修道主要内容。而南方以正一道为代表的南方道教则走向民间，以恢宏的道教科仪活动济度亡魂脱离地狱，抚慰人生之终结。于是道教教义思想从宗教理论转变为个人生命和精神内修理论，并在社会政治方面，融合儒家和佛教的伦理观，于是，道教和儒家、佛家一样成了维系中华社会和中华文化稳定发展的力量。

① 神冢淑子：《关于〈太平经〉的承负和太平理论》，《六朝道教思想の研究》，创文社，1999年，第329页。

第五，道教信仰系统将伴随道教长期存在。中国共产党中央委员会的《关于我国社会主义时期宗教问题的基本观点和基本政策》文件，对于中华文化信仰系统将长期存在有明确的表述："在社会主义社会中，随着剥削制度和剥削阶级的消灭，宗教存在的阶级根源已经基本消失。但是，由于人们意识的发展总是落后于社会存在，旧社会遗留下来的旧思想、旧习惯不可能在短期内彻底消除；由于社会生产力的极大提高，物质财富的极大丰富，高度的社会主义民主的建立，以及教育、文化、科学、技术的高度发达，还需要长久的奋斗过程；由于某些严重的天灾人祸所带来的种种困苦，还不可能在短期内彻底摆脱；由于还存在着一定范围的阶级斗争和复杂的国际环境，因而宗教在社会主义社会一部分人中的影响，也将不可避免地还会长期存在。"① 有关领导同志曾经语重心长地提醒我们，就是通过多年的持续努力，我们有朝一日变成了发达国家，宗教仍然可能是那时中国社会中的"普遍的社会现象"②。因此，中华文化的信仰系统仍将长期存在下去。道教在中华信仰系统中的整合作用、更新作用、稳定作用及其对于道教信徒的劝善作用、勉励作用、抚慰作用和济度作用，仍然要充分发挥出来，尽管这些作用的内容和形式会不断发生历史性的变化。

五、从袁隆平院士的挽联看中国文化二种信仰系统的影响力

2021 年 5 月 22 年，中国著名科学家、共和国勋章获得者、中国

① 中共中央文献研究室：《三中全会以来重要文献选编》，人民出版社，1982 年，第 1144 页。

② 中共中央文献研究室综合研究组：《新时期宗教工作文献选编》，宗教文化出版社，1995 年，第 283 页。

工程院院士袁隆平先生不幸逝世。中国和世界民众都沉痛悼念。中国湖南长沙更是出现了十里长街雨中为袁隆平院士送行的场面。

民间有很多百姓自发撰写的挽词和挽联，充分表露了中国普通百姓对袁院士的尊敬、热爱、痛惜以及祈愿他永远为民族建功立业的希望之情。

从这些挽联，人们可以明显感觉有两类。

一类是歌颂袁院士的丰功伟绩，他的业绩永远留存人世，造福人类。但是袁院士已经逝世，永远离开了我们。例如：

籼稻在田香万里；世无饥馑仗袁公。

上联指明袁公一生业绩所在，下联颂扬袁公事业赈济世人。这副对联，可以用于悼念袁公，也可以用于袁公在世时的厅堂。虽然袁公出于谦逊，肯定不会赞成“仗袁公”的说法。再如：

稻铸丰盈，院士长辞百年寿；志存高远，后人永记一世功。

上联写袁隆平院士在稻米育种方面做了丰功伟绩，高寿离世。下联说袁院士宏大志愿尚未完成，后代永远记得他的功绩。

这两条挽联，都是歌颂袁隆平一生的功业，哀悼袁隆平，并且怀念袁隆平。

另一类是歌颂袁院士的丰功伟绩，他的业绩永远留存人世，造福人类。但是袁院士虽然离开我们，却仍在另一个世界关怀我们，引导我们。例如：

神农下界，功德圆满今归位；国士体民，粮米丰盈众感恩。

上联写袁隆平原来就是天上的神仙神农氏，现在逝世，不过是功德圆满回到神仙世界，官复原职。下联是写这位下界的神仙，在人间当上了国家的名士，关怀民众百姓，让人间有足够的粮食，民众永远感谢他的恩典，怀念他在人世的一切。

四海同悲，一代神农乘鹤去；九州共祭，千秋院士化仙归。

上联写四海民众一同悲伤，袁隆平是当代神农氏，如今乘坐仙鹤而去。下联写祖国九州大地共同祭祀，千秋永生的院士袁隆平化作神仙，跨鹤而去。

这两条对联，都将袁隆平院士视作神仙，他是神仙转世。袁隆平的逝世，不过是回到神仙世界去了。如今袁隆平逝世了，人间到处祭祀纪念他，因为院士神仙回到神仙世界去了。可以猜想，这两条挽联是有道教思想的人，或者是受到神仙观念影响的中国人写的。

另外，还有一副对联：

为天下而作稻粱谋，米可活人，方知米粒如舍利；

在世间乃修神仙业，德堪载物，共敬德行似浮屠。

这副对联，将袁隆平院士歌颂为“浮屠”。浮屠，就是“佛陀”，“佛陀”就是“佛”，也就是老百姓嘴上说的“佛菩萨”。袁隆平一生贡献给了杂交稻，那稻米的米粒就像佛的舍利。所谓“舍利”就是佛的身体里的骨头。老百姓嘴上说的“舍利子”，指的就是佛身火化以后，躯体凝结成的有色颗粒。对联将稻米的米粒称作“舍利”，就是比喻稻米是袁隆平这位佛陀的心血。因此，可以猜想，这一条挽联是有佛教信仰的人撰写的。

我在本文结束时，说到袁隆平院士逝世时的两类挽联，以及分析这些不同挽联的反映出来的不同思想观念，就是要说明，当代中国人在对待人的去世这个事情上有两种不同的观念，而这种观念在中华民族信仰历史上已经存在有几千年了。经过几千年的发展和演化，中华民族信仰文化系统始终保持一种多元的状态。中华民族的信仰文化系统包含着丰富的信仰要素，这些要素作为中华民族生存的根本的组成部分，经过几千年的演进和变化，仍然维系着这个民族的生存和发展，并且还将继续存在下去，直到永远。

道教在中华文化中的地位与功能

钟国发*

摘　要：道家作为中华传统文化的源头，源远流长，积累丰厚，至轴心时代前后终于突破至于哲学境界，使得中华传统文化的基本特色稳固下来，定型为以和谐为最高价值原则的独特的文化模式。道教的形成及其包容性发展，则使中国不但创造了自己的高级宗教，而且消化改造了外来的高级宗教，进而将中外异源的高级宗教整合为多元互补的复杂宗教系统，从而使和谐稳定作为中华文明的文化基因，深入社会，普及雅俗。道教思想中关于文化变通及社会调整的内容，有利于中华文明的和谐稳定特色不至于蜕变为故步自封，堕入僵化、停滞之境。道教的自然哲学生发的生态智慧和环保理念，还为中华文明发展了较先进的农业和医药模式，从而保障了中华文明的长期稳定发展的物质基础和人力资源。

关键词：道教；文化模式；和谐稳定；文化变通；生态智慧

所谓道教，就是以“道”为最高信仰和崇拜对象的宗教。中国古人关于“道”的思想，起先是在文化精英中形成思想体系，称为

* 钟国发，上海社会科学院宗教研究所研究员。

“道家”，然后又逐渐形成具有群众性的宗教组织，通称为“道教”。南北朝以后，道家思想的主要载体就是道教，道家和道教逐渐融为一体，几乎没有区别。道教的思想基础，起初主要是道家思想，后来逐渐扩展至作为中国传统文化主干的儒、道互补结构，再扩展为普及雅俗的三教合一思潮。本文拟从中华传统文化模式的基本定型、长期和谐稳定发展、文化变通及社会调整、道教的生态智慧等四个方面，对道教在中华文化中的地位与功能试作概括的论述。

一、道家的丰厚积累和伟大突破使中华传统文化模式基本定型

文化人类学指出，文化既有时代性，又有民族性。各民族文化在性格气质（ethos）和世界观念（word view）上各有其特点。原始文化的精神气质特征只是略具雏形，须到轴心时代哲学突破以后，才能全面地形成一种始终一贯的心理态度，用以筛选文化因素并对这些因素加上自己独特的解释，从而保持一种持久稳定的价值系统整合性。轴心时代的伟大哲人以独特的敏感和智慧，感通了民族文化的深沉气脉，领悟了宇宙和人生的某种奥秘，通过创造性的阐释和建构，对民族文化精神以富于个性的方式进行提炼和升华，大大地促进了民族文化精神的成熟和定型。这种文化精神的基因，从此具有了极大的稳定性，将会一代代地复制下去。

华夏古代文化早就开始形成一种重血缘亲情、重协调和谐、重伦理道德、富于包容性的文化气质。华夏古代文化的这一特点，是客观环境条件与主观能动选择综合作用的结果，本人曾试作论述：

华夏古代文明奠定于中纬度地带东亚季风区内、黄河中下

游、黄土覆盖的大范围宜农平地。在东亚季风区内，这一中原平地以自然条件的某些相对优势成为发展中心，而东亚季风区外缘地带的高度屏蔽性，又使中原平地的中心地位长期稳定不可动摇。东亚季风区复杂多变的气候，复杂多样的地形地貌，以及由此派生的相对丰富的动植物资源，为华夏先民的生活实践提供了特别丰富的经验对象。中原地区某些相对严酷的自然条件，基本上没有超出居民的耐受能力和开发能力，可以成为居民文化发展的强有力的良性诱因。一些原始人群较好地适应了中原的环境，较好地开发利用了这一环境所提供的机会。他们从观察与比较开始，逐渐养成了注重分辨与把握特征的习惯，积累而形成了擅长感受多样性、变化性、相似性，以及长于联想、类推、直觉判断和辩证思维的能力倾向，并逐渐发展成为一种整体性思维的基本趋向。文字产生以后，这一整体性思维倾向又使华夏先民最终坚持以形表意，没有选择向表音文字发展的道路。而汉字平面二维图形整体性识别方式的完善化，又反过来巩固和强化了整体性思维倾向。早期农业时代黄土的易耕特性诱使华夏先民选择了集中力量发展农业的道路，形成足以自豪的农耕技术优势，以及相应的天象观测兴趣与数量计算能力，同时也培养了华夏先民勤劳刻苦、注重实践、精于工艺、善于创造的精神气质。早在原始时代末期，中原在重农型技术生态战略实践中创造的较高生产效率，就已经开始吸引周围原始族群踊跃进入，逐渐使中原成为当时全球最大的人口聚集区，亦即人类文化最大的实验、竞争、交流、组合的场所。通过处理复杂的群体关系的实践，华夏先民的整体性思维倾向获得丰富的社会人文经验的催化，开始形成重血缘亲情、重协调和谐、重伦理道德、富于包容性的文化气质。基于这种文化气质的强

大活力，同时为了抵御周边族群特别是西北游牧族群的侵扰，也为了抗御共同面对的自然灾害，华夏先民自然在政治上倾向于大联合、大统一的道路，较早就联成了大型的层序式政治体系。这一政治体系在夏代基本稳定下来，商、周继续发展，再经儒家的总结，遂使大一统方针成为一种极其稳固的政治文化传统。通过长期的富有挑战性的生产实践，以及实践经验在庞大人口和众多族群构成的高密度文化场中的交流、碰撞和优选，华夏族在生产知识和实用技术方面不断积累和提高，逐渐赶上继而又超过了全球其它较早起步发展的文明民族的水平，为华夏族思想家较早实现哲学突破提供了强有力的意识支援。①

这种以和谐稳定为特色的文化模式，使大一统成为一种极其稳固的政治文化传统。政治大一统有利于保证社会秩序，避免混乱。适当的秩序，是人类社会存在和发展的基本条件。在原始社会，基本秩序是通过自发形成的风俗习惯，被全体成员自愿地维护的。原始社会之后的各种社会，基本秩序则主要是凭借国家权力、通过强制的手段得以维护。轴心时代的社会分化及其后多民族帝国的建立，导致了国家与社会的二元对立结构。这些帝国为人类的创造活动提供了广阔的舞台，培育了辉煌的文化成果。但强大的帝国机构难免形成强烈的自然膨胀倾向，社会难以对其形成有效的制约，常常处于被吞噬的危险之中。而一但社会基础瓦解，立脚其上的帝国机构也就随之倾覆。轴心时代之后的各大世界帝国或迟或晚都倾覆了，并且一蹶不振，社会回到以民间社会组织力量为主导的相对分散化

① 钟国发:《神圣的突破——从世界文明视野看儒佛道三元一体格局的由来》，四川人民出版社，2003 年，第 733—735 页。

的状态。

世界古代帝国都没有逃过这种一蹶不振的宿命，只有中国成为例外。中国古代思想家很早就特别注意社会秩序的问题，他们把社会秩序的破坏称为“乱”，把社会的有序状态叫“治”，把最好的“治”叫“太平”；中国古代政治家的全部追求，都可以归结为避乱求治；最高统治者的理想，就是做“太平天子”。中世纪世界其他各大文明区域长期处于小国林立的状态，虽然某些地区依靠新的宗教及新的民族又创建过新的帝国，但有生命力的大帝国非常少见，有的名为帝国，却并无号令天下的集权体制，徒有虚名。只有在中华地区，强大的帝国一次又一次地兴起和发展，中原政治统一局面的维持成为常态。尽管从秦统一至清亡的两千多年里，汉语文化覆盖的中原范围内，保持真正稳定的统一局面的时间未必超过一半①，但就社会心理而言，即使处在政治分裂时代，仍始终坚持大一统帝国的政治理想，以分裂为反常，对统一孜孜以求。

民族文化模式的成熟与定型，有赖于哲学思想对文化特色的加工塑形。道家学说是被老子发展为成熟的哲学体系的，但道家学说的起源远在老子之前。《汉书·艺文志》认为：“道家者流，盖出于史官，历记成败存亡祸福古今之道，然后知秉要执本，清虚以自守，卑弱以自持，此君人南面之术也。”② 史官是中国古代统治者手下负责记录和管理文献资料的官员，是中国历史上最早的占有社会知识的文化精英。所以说，在哲学突破以前的中华早期文化中，成系统的学术流派只有道家。正如近代学者江瑔所说：“盖自黄帝以后，老子以前，上下二千年，唯道家之学扶舆磅礴，而无他家立足其间。

① 按照葛剑雄的计算，秦统一至清亡期间，统一时间占45%。见葛氏《统一与分裂——中国历史的启示》，商务印书馆，2013年，第65页。

② 班固：《汉书》卷三十，中华书局，1982年，第1732页。

然则是时舍道家之外殆无学之可言矣。”[1] 当时学术是被统治阶级垄断的，道家就是中华文明早期统治阶级垄断下的统一的官学。直到西周衰微导致文化权威的下移与流散，官学才逐渐转入民间。《史记·乐书》称：“幽、厉之后，周室微，陪臣执政，史不记时，君不告朔，故畴人子弟分散，或在诸夏，或在夷狄，是以其禨祥废而不统。”[2] 于是统一的道学分化、繁衍为诸子百家。道家是诸子百家的总源头。儒、道两家互相补充，形成其后华夏文化的主流。经过诸子百家的分别塑造与竞争、融合，华夏族的由“天地一体”“变化日新”的世界观，加上“以和谐为最高价值原则的价值观”，加上“重和谐、重整体、重直觉、重关系、重实用的思维方式”[3] 构成的独特文化模式，就基本定型了。

二、道教的雅俗兼收与中国社会长期稳定的发展

没有哲学滋润的文明是不成熟的。但是，光有哲学还不够，哲学离普通人的生活毕竟太远，所以有时靠宗教来弥补。迄今为止，人类伟大文明的发展，往往都有与其相应的伟大宗教传统作为支撑。在可以预见将来，这一规律显然不会改变。中华民族创造了伟大的中华文明，其中就包含着一个伟大的中国本土传统宗教文化。

所谓道教，就是以“道”为最高信仰和崇拜对象的宗教。春秋晚期，老子扬弃殷周天命观，从最高原理的角度提出“道”的观念，建立思辨哲学体系，标志着中国与印度、希腊差不多同时完成了哲

① 江琼：《读子卮言》，华东师范大学出版社，2012年，第64页。
② 司马迁：《史记》卷二十六，中华书局，1982年，第1258—1259页。
③ 张岱年、程宜山：《中国文化与文化论争》，中国人民大学出版社，1990年，第193、205、216页。

学的突破。老子的言论被后人编为《老子》（后又称《道德经》）。孔子稍后于老子，采纳“道”的观念，开创了人生哲学的新思路。老子的道论为后来的华夏高级宗教的神学建构提供了重要的思想资源，孔子的儒学也为传统宗教向内向超越型的高级宗教转化提供了基本思路。老子的道论和孔子的儒学，相反相成，由此形成的儒道互补结构，成为其后中华传统文化的主干（魏晋以来又有佛学加入）。不过，道教并不只是道家的衍生品。汤一介先生指出：

道教之称为“道教”并不仅仅因为它和“道家”有着密切的联系，而且也因为它是一种“道德教化”以“致太平”深受儒家思想影响的宗教。道教是中国传统思想儒道两家思想相结合的宗教。①

儒家曾经为古代中国社会的超稳定结构提供了主要的精神支持。帝国大一统的价值理念，就是儒教的基本教义之一。上联儒教理想、下联宗族组织的，就是强有力的士大夫群体。一个根深蒂固的儒教士大夫阶层的稳定存在和巨大影响，是传统中国时代的一个基本特征。与士大夫阶层相伴生且不可分割的，有两大体制，一个是与贵族世袭特权高度疏离直至完全分割的官僚体制，另一个是经由儒家仁爱精神改造的礼乐教化体制。儒教士大夫阶层作为一种知识精英，他们是帝国大一统的价值理念和社会实践的主要承当者。

但是，对于保持中国长期稳定的发展局面，只靠儒家还不够。轴心时代以后的中国传统文化主轴，是一个儒道互补的结构，道家超越现实的理想与儒家执着现实的精神形成互补的关系。儒之所短，往往就是道之所长。与儒家相比，道家比较不那么受等级观念的约束，比较关怀个体生命价值。在精英化的、偏重哲学和历史传统的儒教之外，社会需要有另一种文化传统的综合性载体，即比较大众

① 汤一介：《魏晋南北朝时期的道教》，陕西师范大学出版社，1988 年，第 72 页。

化、通俗化、偏重宗教祭祀的形式，这个重任确实只有道家最有资格担当。这种综合性载体在东汉初见端倪，以太平道和五斗米道为代表，至魏晋时期形成天师道。南北朝初，寇谦之在北方按照神仙道派的贵族化新思潮改造天师道；陆修静则在南方以神仙道派为主体整合各种民间道派，包括天师道；于是一种新的宗教臻于成熟，既以其超越性与儒教互补，又以其本土性与佛教相抗，从此赢得了帝国社会体制的完全接纳，并开始稳定地争得了“道教”的名号。儒佛道三教互补型格局从此成为古代中华主流文化的主干。于是，中国不但创造了自己的宗教，而且消化改造了外来的宗教，进而将中外异源的宗教整合为多元互补的复杂宗教系统。“正如中国古代政治、经济、文学艺术、科学技术的发展曾长期居于世界领先地位一样，中华传统宗教的发展也曾长期居于世界领先地位。”①

早期道教虽然接受了道家的超越精神，但实践上仍以现实取向为主，基调是积极入世，而不是消极遁世。太平道尊奉的《太平经》，追求的是“致太平”的现实理想，极力“劝善戒恶”，希望天下人皆成为“道德之士”，而其善恶标准仍然是儒教的“三纲六纪”之类。据《典略》(《三国志·张鲁传》注引）所记，五斗米道行事注重集体组织生活，置义舍、义米，禁杀、禁酒，管教之法有静室思过、请祷服罪、小过治道路除罪等，也是很现实的，除了有一些神秘主义和禁欲主义色彩以外，与儒教伦理并无太大区别。南北朝隋唐时代，为适应社会的贵族风尚，道教力求雅化，其伦理取向，是将入世与超世、集体秩序与个体发展结合起来，但超世和个体发展是主导的方面。在晚唐两宋道教俗化发展时期，一方面道教迎合

① 钟国发：《神圣的突破——从世界文明视野看儒佛道三元一体格局的由来》，四川人民出版社，2003年，第766—767页。

民间下层的实用功利倾向，对终极目标和伦理道德的关怀相对淡化；另一方面，道教伦理的重心重新向社会规范和集体秩序方向偏转，越来越明显地接受儒教的个人道德准则与社会伦理规范，逐渐冲淡了源自道家的特色。金元之际天下大乱，全真道全力投入丧乱时代的伦理重建，为极度混乱的社会注入了和谐的因素。其实全真道的社会政治思想并无超出儒佛道三教既有传统的新创造，他们只是融通三教，更加灵活。金元明清时期的儒、佛、道三教，伦理趋同，主旨无非是劝善戒恶，济世救人，也就是借助于神圣理想的吸引和神灵权威的监护，力图培养人们追求人格完善和精神超越的动力。①

唐宋以来的汉传佛教，受老庄道学的影响越来越深。儒释道"三教交融互摄，构成唐宋以来中国近一千多年来的文化总体"。② 现代中国佛教仍然需要进一步中国化，而随着这种中国化程度的深入，儒释道三教的交融互摄也就更加深入。我以为：

> 中国大陆现存的五大宗教中，只有道教是本土自生的。佛教、伊斯兰教、基督宗教（新教和天主教）都是异种文明的产物。天主教和新教（中国习称基督教）传入中国较晚，至今保持着强烈的异种文化色彩，离本土化的目标还相当远。佛教和伊斯兰教传入中国较早，都已本土化。但是中国伊斯兰教、藏传佛教、南传佛教都主要依存于某些少数民族的社会，而对作为中华文化主体民族的汉族没有多少影响。只有汉传佛教已成为中华传统宗教文化的重要代表，但汉传佛教的核心理念植根于印度文化，与中华文化传统核心理念仍不够充分契合，历史

① 参阅钟国发：《道家伦理杂谈三则》，中国道教协会道教文化研究所等主编：《道教与伦理道德建设》，北京，中国言实出版社，2004 年，第 219—231 页。

② 任继愈：《中国道教史・序》上海人民出版社，1990 年，第 1 页。

上只是中华传统宗教文化的副枝，现在也无法成为主干。儒教的可与帝国政治剥离的残余成分，基本上已被道教吸收。华夏民间信仰习俗的主导因素，也与道教一脉相承。因此，要找寻中华传统宗教文化的主要代表，只有道教当之无愧。所以鲁迅要说“中国根柢全在道教”。①

主流文化的三元一体格局，加上深入民间下层以道教思想为根柢的三教合一思潮，形成一种多元互补的复杂宗教系统，既有很大的凝聚力，能在中国巨型社会和复杂群体中有效地承担社会认同与群体整合功能，又有很大的灵活性，能针对社会日益增长的精神需求，较好地发挥心理平衡与情操陶冶的作用。于是，世俗统一君权对宗教的有效监控，信仰的多元化和相对宽容，宗教的相对人文化与世俗化，这些西欧文艺复兴和宗教改革所要解决的问题，中国古代就在很大程度上提前解决了。这提供了深厚的思想底蕴和广泛的社会基础，有力地保障了中国古代社会长期相对和谐稳定的政治局面及领先于世界的社会发展水平，也为当代中华文明的全面振兴，留下了丰富的精神资源。

三、道教思想特点与中华文明的文化变通、社会调整

事物的发展过程总是有曲折的。中华文化的发展虽然表现得远比世界上大多数文化更稳定，但也反复不断地经历过许多曲折坎坷，于是经常需要对传统文化作灵活的变通，对社会现状作适当的调整。作为中国传统文化互补的两大支柱，儒家和道家都重视事物发展过

① 钟国发：《道教改革与21中国社会转型》，中国社会科学院历史研究所中国思想史研究室主办：《中国哲学》，中国社会科学出版社，2013年，第445页。

程的变通与调整，儒家从社会发展实践入手，强调“穷则变，变则通，通则久”（《周易·系辞下》），而道家更重视从哲学规律入手，强调“反者道之动，弱者道之用。万物生于有，有生于无”（《老子·第四十章》）。显然，对变通与调整的认识，道家比儒家更加自觉和深入。可以说，儒家比较偏于理性、阳刚、繁芜，道家比较偏于感性、阴柔、质朴。儒家重视人文化成，强调依靠人为努力把社会文化朝前推进；道家重视返朴归真，希望丢掉一些过度文饰导致的弊端，不惜后退一步，走走曲线，找到新的出路。

“中国历史上，每当社会秩序混乱，出现比较严重的道德虚伪、人格异化问题时，总是有更多的人把目光转向道家的思想宝库，从中获得安慰、受到启发、吸取力量，从而对扭转世风起到一定的作用。”不但如此，“中国古代不少因为富于个性而较难适应社会的优秀人物，以及更加大量的尚未得意或得意之后又失意的士人，都在道家哲理中找到临时庇护所或最终安身立命的境界。”①

荀子之儒力倡礼法，形成秦朝大一统的盛况，但秦法的过于严苛导致二世而亡。汉惩秦弊，最初四代君主都推崇“黄老道学”，采取以老子道家思想为指导的休养生息政策，遂造成了中国的第一个盛世，即“文景之治”，为两汉帝国近四百年的灿烂局面作好了铺垫。

西汉中期以后独尊儒术，董仲舒被奉为儒学权威。西汉儒士满怀理想，对皇帝寄予厚望，努力争取朝廷的信任，以加入政权一展身手为莫大的荣耀；甚至西汉末年社会矛盾扑面而来时，儒生积极投身改革运动，浸润了儒学精神的皇家也努力配合，直到年幼的傀

① 钟国发：《道教参与中国社会现代建设的功能》，丁常云主编：《道教中国化研究》，上海三联书店，2020年，第367页。

偏皇帝向众望所归的王莽禅让君位时，皇族宗室虽不尽情愿，也没有多大的反抗。王莽的上台被认为儒教圣王理想最后实现的前奏，不料王莽食古不化，脱离实际，激发出一场社会灾难。灾难过后，人们从火热的理想回到冰冷的现实。东汉皇帝们已不再以圣王理想为己任，只求维护现实的权势。儒士一般也放低了目标，往往只不过利用儒教的大道理作追名逐利的工具，实际上抛弃了理想。一些坚持理想的正直之士激烈批判朝政的腐败，得到广大儒士的支持。志同道合者互相标榜，以儒教道统代表自居，招致皇权的猜忌，终于酿成桓、灵二帝时期的“党锢之祸”。儒士中的优秀分子因此遭到大规模的镇压、摧残、杀戮，儒教元气大伤。从此士人普遍对汉朝离心离德，对政治抱消极态度。士人们对以“三纲”（《白虎通义》语，指“君臣、父子、夫妇”三对关系）为中心的儒家纲常名教信心大减，一些人逐渐到儒教正统思想之外去探求出路，于是道家的思想宝库越来越受到社会上下的关注。

两汉自然灾害频发，而以东汉后期尤甚。天灾人祸交织，使“天人感应”神学难以自圆，儒教陷入严重的信任危机。反映于宗教思想，就表现为末世情绪重新蔓延。于是一些宗教家或多或少地跳出过于理性的儒教框架，继续西汉后期以来今文经学和谶纬所代表的魅化趋向，融汇道家的思想资源，阐发末世论与救世福音。《太平经》从儒教出发迈向儒道合创群众性新宗教的目标，民间黄老道则从道家出发也迈向了同一目标。

魏晋玄学则是一批先进的文化精英引入道家思想改造儒学的结果。道教重玄理论是玄学的一支。东晋时期的玄学主流企图克服有、无的对立，这正是重玄理论的逻辑起点。重玄理论正是以庄解老而又接通佛学般若中观思想的产物。重玄哲学在道教内的发展，使道教不复是原民间黄老道派粗陋不文的形态，而开始在精英文化圈独树一帜。道教重玄学越是发展，关注和参与道教发展的文化精英人士也就越多，道教在社会地位上与儒、佛两教的差距也就越是趋于缩小，道教与道家的区别也就不再那么明显，将二者视为一体的观念也就越来越普及了。

正是因为成功地创建了以重玄学为基本形式的相对完整的宗教哲学，道教才能在隋唐以来的正统思想舞台上稳占一席，而与儒教、佛教分庭抗礼，相反相成。

隋唐是古代中国的鼎盛时期，也是古代中国社会的巨大转折时期。在唐代中期开始的社会大变动中，商品经济取得突破性的发展，劳动者的人身依附性明显削弱，从一般百姓中分化出来的非世袭的新兴地主阶层逐渐取代了世袭性士族地主的社会主导地位，因而社会文化平民化成为一股强大的潮流。唐宋的社会转型大大提高了中华社会的流动性，增强了社会活力，但也增大了国家对社会的控制难度。儒家曾经为古代中国社会的超稳定结构提供了主要的精神支持，于是，在上层文化领域，儒学开始探索新的形式，以求重振儒教的活力，更有力地回应佛道两教的挑战。由中唐韩愈、李翱开其端，宋代程朱理学集其成，从南宋开始，儒学重新树立了在主流文化中对佛道两教的压倒优势，而民间三教合一思潮更成为社会主流。正如张尚仁所论：

> 宋元明时期，作为官方显学的理学家虽然发展了儒学，但为了弘扬和改造官方的董仲舒儒学，儒家学者也曾积极借鉴老子道家和中国佛教思想，由此产生了新形态的儒学。理学家们所探讨的“理”“气”“太极”“无极”“动静”等核心哲学概念均出于道家。在学界，官学代表之一王阳明（1472—1528）明确地说：“儒、佛、老、庄，皆吾之用，是谓之大道。”很多学

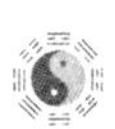

者也主张三教合一。林兆恩（1517—1598）认为，儒学为外王之学，佛、道为内圣之学，应三教合一，以儒教治世，道教治身，佛教治国。方以智（1611—1671）在《东西均·道艺》中说："教无谓三也，一而三，三而一也。"我们在思考传统文化时，还必须将思维领域从官学扩展到社会。宋元明时期的社会主流思潮并不是官方儒家而是儒道释三家合一。建立三教合一的宗教，影响最大的是道教全真道的创始人王重阳（1113—1170）。王重阳认为，不论是儒教的言"理"，佛教禅宗的言"性"，还是道教的修"命"，归根结底都是"道德性命之学"，都离不开"大道"，因此他决心创立一种融会贯通三教的"性命之道"即"全真道"。明朝末年，佛教复兴，有禅宗临济宗的云栖袾宏、紫阳真可、憨山德清和天台宗的藕益智旭四僧，融合中华传统文化中的道家和儒家思想及佛教各宗派的思想，主张三教合一，深受士大夫和平民的信仰，号称"明末四大高僧"。在总结传统文化时，不应偏颇于统治思想，而应兼顾社会思潮。①

正是因为有了道家感性、阴柔、质朴思想对儒家理性、阳刚、繁芜思想的补救作用，中华文化的进程才没有因为理性太过而脱离底层民众，没有因为阳刚太过而摧折难复，没有因为繁芜太过而遮蔽自然，才能够一而再、再而三地挫而复兴，历数千年而保持着中华文化模式的基本特色。

① 张尚仁：《道德经解析》，华夏出版社，2016 年，第 33—34 页。引文中"林兆恩（1517—1598）"张书误作"林北恩（1517—1590）"，王重阳之卒年"1170"张书误作"1569"。

四、道教的自然哲学与中华文明稳定发展的物质基础和人力资源

道教继承了道家的自然知识背景，其天地水三系列神灵体系则对应于宇宙要素（自然领域），儒教继承了儒家的社会知识背景，其天地人三系列神灵体系对应于国家要素（社会领域）。所以，中华文明尊重自然，爱护自然的优点，以及中国古代较高的生态智慧和环境保护理念，主要源于道教，尤其是道教中为了求长生而钻研方术的神仙家，对科学技术起到了重要的促进作用。我认为：

> 老子所说“人法地，地法天，天法道，道法自然”（《老子》二十五章），是道家自然哲学的总纲，也是道家价值观念的核心。这同样既是一种人格理想，也是一种通达矛盾关系的哲理性的大智慧。所谓“自然”，作为名词，就是指宇宙一切事物的总体；作为形容词，指“本来就是这样”的意思。既然宇宙一切事物说到底本来就是这样，那么人们归根到底就应该尊重这种状态，顺其自然，不因人的私利而妄加干预；人无私求，不妄动，不强作，就可以达到自由自在的精神境界。因此，“自然”即无为，亦即“无不为”。在这个透视宇宙的宏大问题上，道家比其他诸子学派看得穿，想得透；在道家道教的引领下，古代中华文明也比古代大多数文明看得穿，想得透，更加尊重自然，爱护自然。①

中国古代较高的生态智慧和环境保护理念，反映在高度发展的

① 钟国发：《道教参与中国社会现代建设的功能》，丁常云主编：《道教中国化研究》，上海三联书店，2020年，第365—366页。

精耕细作的有机农业体系上。约在公元前6世纪，中华农业已经开始采用分行栽培与中耕除草技术，比欧洲早了两千多年。《吕氏春秋》成书于公元前3世纪，其中的《上农》《任地》《辨土》《审时》四篇，是我国现存最古老的农学论文。《上农》提出了重视农业的理论和政策，《任地》《辨土》《审时》则围绕天地人三大务农要素，论述了耕地、整地、播种、定苗、中耕除草、收获以及农时等一整套具体的农业生产技术和原则，可见中国农业精耕细作的优良传统已经开始形成。

约成书于公元前1世纪后期的《氾胜之书》，正好是汉初在黄老思想指导下恢复和发展农业生产，积累了许多经验值得总结之际。此书仅存辑佚本，主要记载和总结了氾胜之在当时最先进的关中地区负责劝农工作的经验。其中第一次记载了区田法，这是少种多收、抗旱高产的综合性技术，典型地体现了中国传统农学精耕细作精神。它是对我国农业在铁犁牛耕基本普及条件下的农业技术一个具有划时代意义的新总结。

北魏贾思勰于公元6世纪写成的《齐民要术》，是世界上最古老而又保存得最完整的农学巨著。贾思勰为作此书，“采捃经传，爰及歌谣，询之老成，验之行事”（《齐民要术·序》），力求“顺天时，量地利，则用力少而成功多”（《齐民要术·种谷第三》），此书高度概括了中国古代农业耕种的精湛技艺，使中国农学第一次形成精耕细作的完整的结构体系。中国古代农业因此长期领先于世界，为中华民族的繁衍生息提供了基本保障。

中国古代诸子百家中，比较侧重自然界和生产知识的是道家。农家是道家从官学转入民间以后分化出的一支，《汉书·艺文志》称：“农家者流，盖出于农稷之官。播百谷，劝农桑，以足衣食，故八政一曰食，二曰货。孔子曰‘所重民食’，此其所长也。及鄙者为之，以为无所事圣王，欲使君臣并耕，悖上下之序。”① 班固是崇儒贬道的。他所谓“无所事圣王，欲使君臣并耕，悖上下之序”，正是道家对远古理想时代的想象。《汉书·艺文志》诸子部农家类所收九家百一十四篇，以《神农》二十篇居首，而神农就是东周以来诸子百家一致推崇的农业神和医药神，在民间神话以至道教神谱中都具有显赫地位。收有最古老的农学论文的《吕氏春秋》，就是一部以道家思想为基础的杂家著作。《氾胜之书》成书时，正好是汉初在黄老思想指导下恢复和发展农业生产，积累了许多经验值得总结之际。《齐民要术》中“采捃经传，爰及歌谣，询之老成，验之行事”“顺天时，量地利，则用力少而成功多”的说法，也洋溢着道家质朴自然的气息。中国古代农业生产的开展，儒家士大夫的组织领导功不可没。但中国古代农业技术的总结提炼，却是更多地受道家思想的影响。

中国古代的生态智慧和环境保护理念也反映在中国传统医学模式上。大约在东周秦汉时代，在中国古老的医学传统的基础上，以道家哲学思想为指南，形成了完整的理论体系和实践模式，于是中医学就诞生了。道教形成组织实体以后，许多道士精通中医，借医行道，形成道医合一的传统。与传统西医片面注重患者的生理症状不同，中医根据道家的形神合一观念，还要重视对患者的心理、社会致病因素的探求，适当采纳心理疗法。与传统西医偏重药物与手术的强力干预不同，中医根据道法自然的原理，早已广泛采用了自然疗法，重视饮食起居顺应自然，调适人体的自然功能。与传统西医片面强调单一因果不同，中医根据道教整体协调和矛盾转化的思维模式，在考虑综合因果的基础上，对患者进行整体诊断和辨症施

① 班固:《汉书》卷三十，中华书局，1982 年，第 1743 页。

治。中国人口长期在世界占据头号份额，历经社会动乱都能迅速恢复人口，这与中医的先进理念是分不开的。世界现代医学已经开始由单一的生物性模式向综合性的生物、心理、社会医学模式转变，可以从道教哲学传统和中医学传统中吸取不少养分。

从道教自然哲学生发的生态智慧和环境保护理念，养育出中国特色的有机农业体系和先进医学模式，使得古代中国人能够以相对较省的人力投入创造出相对丰饶的经济效益，较好地保障了中华文明稳定发展的物质基础和人力资源。中国古代文明较长时期领先于世界，与此大有关系。

道教对宇宙奥秘探索的历史性贡献

李似珍*

摘　要：道门中人继承老庄传统，对以“道”为核心的宇宙自然规律加以探究，在宇宙演化、天地构成、天人关系等方面，都提出许多真知灼见。《云笈七签》等书对宇宙天体的结构、演化、运行规律等方面的涉及，葛洪依托浑天说构建教派体系，都是这方面理解运用的体现。道门中人考察天象，以较为科学的星体分布知识，支持教理系统的构建，并使道教科仪获得理论依据。教派组织建设和修炼依托了“随天立历”、自行编制历法的传统，由此形成的历法知识，在中国社会产生深远的影响。

关键词：道；宇宙天体结构；二十八宿；北斗；科仪；旁通历

早在远古时期，中国人就开始大量自身所处的自然世界，这个自然世界除了大地、动物、植物之外，还包括天空、日月星辰及其与人类、大地共同构成的宇宙关系。道教的祖先老子依托对自然宇宙的认识，构建其他“道”的学说。这一思想开创了道教探讨宇宙奥秘的源头，也为几千年来道教中人依托宇宙观念构建教义、教法

* 李似珍，华东师范大学教授，浦东道教文化研究所副所长。

体系奠定了基础条件。在这样的思想引领下，道教中人形成了仰观天文、俯察地理，夜观星象等传统，并在此基础上形成了对天道思维模式、天体宇宙模型、星斗信仰、历法等方面的独特见解，融入道教自然观、宇宙论、神灵谱系构建、科仪仪式实施等各个方面，由此为道教文化增添丰富内容，也为中国传统科学文化添加了异彩。

一、以天地运度为求道证道出发点

道教以“道”为最高信仰，道门中人以求道、证道为修行目标。由此而言，神仙之道中的天道，与地道、人道一样，是常道的体现，所以也是教派中人探索的重要内容。元陈致虚《太上洞玄灵宝无量度人上品妙经注》中言：“天地运度，以道用言，则人之身得天地正中之炁头像天，足像地，故曰‘人身一小天地’。夫天地之造化生人生物，而人身之造化生佛生仙。……一上一下，仰观俯察可以赜其机，一始一终度数筹算可以得其理。”[①] 这里的意思为，天地造化了人与万物，而人通过修炼可以成仙成佛成圣，神道与天道、人道与天道是紧密联系在一起的，故神道、人道之理可以通过对天道的探索而获得，仰观俯察可以知晓天地之机，对天地周而复始的度量测算可以明其理。

道门中人对天道的认识，还是从老子的“道”论开始的。老子讲“道”，既是在解释万物的本原，也是在讲宇宙生成论。《道德经》第四十二章：“道生一，一生二，二生三，三生万物。万物负阴而抱阳，冲气以为和。”表述了“道”从“一”到“二”“三”，继而“万物”的生成过程，被认为是其宇宙生成论的表达。老子这里讲的道，

① 《太上洞玄灵宝无量度人上品妙经注》卷下，《道藏》第2册，文物出版社、上海书店、天津古籍出版社，1988年（下同），第462页。

是自然宇宙中真实的存在，它虽然被我们“视之不见”“听之不闻”，无法凭感官而感知，却“其中有物”“其中有象”，是一种真实的存在。《道德经》第二十五章云“域中有四大”即“道大、天大、地大，人亦大”。四大包括道，道在域中，说明老子没有道在天地宇宙时空之外的观念。因此，老子讲的“道”，是一种自因性的存在，它并非宇宙之外的神秘力量，而是如乾坤一样内在于宇宙之中，是宇宙本身的潜力和创造力的抽象表达。这样的认识，与《周易》中的宇宙论有相近之处，而与西方文化中的他因论有着很大的不同。

中国人对宇宙奥秘的追寻，除了天地的本质与起源，还涉及宇宙的演化、天地的构成和天人关系等方面。道教的先驱在这方面留下了许多真知灼见。如汉代道家经籍《淮南子》[1]，就在其《天文训》里描述了由“气”生成天地的过程：“天地未形，冯冯翼翼，洞洞属属，故曰大昭。道始于虚廓，虚廓生宇宙，宇宙生气，气有涯垠。清阳者薄靡而为天，重浊者凝滞而为地，清妙之合专易，重浊之凝竭难，故天先成而后地定。”这段话是说，在天地开辟之初，只有一种原始的物质，那就是“道”。由“道”而生出气，而气有清浊，并分为阴阳，由阴阳相互接触而生成不同物质的变化，这样就有了宇宙诸多现象的产生。这种对宇宙成因的具体解释，是建立在老子“道”论基础之上的。

《淮南子·俶真训》在引用《庄子·齐物论》“有始者，有未始有有始者，有未始有夫未始有有始者。有有者，有无者，有未始有有无者，有未始有夫未始有有无者”话时，给出了在宇宙论方向的

---

① 《淮南子》由西汉皇族淮南王刘安及其门客集体编撰而成。此书在继承先秦道家思想的基础上，糅合了阴阳、墨、法和一部分儒家思想，论述道体生化、治国用兵、人间祸福及天文地理等事。东汉班固在《汉书·艺文志》中将其归入“杂家”，但究其实质仍属道家典籍，是战国至汉初黄老道家理论体系的代表作。

引申。其文曰：

> 所谓有始者：繁愤未发，萌兆牙，未有形埒垠堮，无无蠕蠕，将欲生兴，而未成物类，有未始有有始者：天气始下，地气始上，阴阳错合，相与优游，竞畅于宇宙之间，被德含和，缤纷茏苁，欲与物接而未成兆征。有未始有夫未始有有始者：天含和而未降，地怀气而未扬，虚无寂寞，萧条霄雿，无有仿佛气遂，而大通冥冥者也。
>
> 有有者：言万物掺落，根茎枝叶，青葱苓茏，萑蔰炫煌，蠉飞蠕动，蚑行哙息，可切循耀把握而有数量。有无者：视之不见其形，听之不闻其声，扪之不可得也，望之不可极也，储与扈冶，浩浩瀚瀚，不可隐仪揆度而通光耀者。
>
> 有未始有有无者：包裹天地，陶冶万物，大通混冥，深闳广大，不可为外，析豪剖芒，不可为内，无环堵之宇，而生有无之根。
>
> 有未始有夫未始有有无者：天地未剖，阴阳未判，四时未分，万物未生，汪然平静，寂然清澄，莫见其形。若光耀之间于无有，退而自失也。

这里将《庄子》的原意引向了对宇宙起源的探讨，认为宇宙的演化可分成几大阶段：有始者，有未始有有始者，有未始有夫未始有有始者。在第一个阶段中，万物处于积聚状态，虽已呈现出萌发之兆，但还没有发展完善，没有最终形成。第二个阶段与第一个阶段相比，宇宙更加空灵透明，天地阴阳二气互相交合，宇宙中和气絪缊，处处酝酿着生化之机，但有形有质的物体还没有生化出来，只有生化的朕兆，而没有生命的形态。从这一阶段继续往前上溯，便进入宇宙创化的原初阶段，此时的宇宙虚无寂寥，萧条冷清，一片寂静。但这种寂静并不是死亡的寂静，而是蕴含着生化之机。对这三个阶段中的物质存在的状态，作者也分别进行了描述，描述了与上述三个阶段相对应的三种状态，其中第一阶段中，万物参差错落，青翠茂盛，可以捉摸度量，除了各种各样的物质之外，还有物质赖以存在的空间。这种空间“视之不见其形，听之不闻其声，们之不可得也，望之不可极也”，浩浩瀚瀚，漫无边际，各种各样的物质都在其间繁衍生息。在第二个阶段，物质与空间尚未分化，宇宙还处于混沌鸿濛的状态，它深宏广大，但却没有内外的区分。由第二阶段再向上追溯，就是所谓“有未始有夫未始有有无者”。此时“天地未剖，阴阳未判，四时未分，万物未生，汪然平静，寂然清澄，莫见其形”，宇宙万物处于最初的原始状态。

这一思想为以后的道教理论所吸纳，形成了有道教特色的学说，对后世产生很大的影响。如早期道教经典《太平经》[①]，就引入了这种以元气为始基，自然形成宇宙万物的观念，并在此基础上，提出了“太平气”的概念。其书《三合相通诀》中曰：“元气与自然太和之气相通，并力同心，时恍恍未有形也。三气凝，共生天地。天地与中和相通，并力同心，共生凡物。……此皆本之元气自然天地授命。凡事悉皆三相通，乃道可成也，共生和。”这里从宇宙论的角度解释了我们存在的这个世界，认为无论是发展过程，还是基本结构都是共生的。

《太平经·和三气兴帝王法》中曰：“元气有三名，太阳、太阴、中和。形体有三名，天、地、人。天有三名，日、月、星，北极为

① 《太平经》，又名《太平清领书》，是相传由神人授予方士于吉的东汉道教太平道典籍，成书于东汉中晚期，170卷。其书内容博大，涉及天地、阴阳、五行、干支、灾异、神仙等。

中也。地有三名。为山、川、平土。人有三名，父、母、子。治有三名，君、臣、民，欲太平也。”以元气分为阴、阳、中和三要素，与老子的“万物负阴而抱阳，冲气以为和”[①] 观念有相似之处。作者由此引申出对道通过元气生成万物、贯穿宇宙天地乃至万物、人类社会等方面的变化规律的总结。《太平经·占中不中诀》中认为：“元气恍惚自然，共凝成一，名为天也；分而生阴而成地，名为二也；因为上天下地，阴阳相合施生人，名为三也，三统共生。”这里在讲元气通过阴阳合施生成天地人的同时，论证了“三统共生”的观点。

《太平经·三合相通诀》中从正反两个方面对宇宙的共生特质加以了论证。指出：“三事常相通，并力同心，共治一职，共成一事，如不足一事便凶。故有阳乌阴，不能独生，治亦绝灭；有阴无阳，亦不能独生，治亦绝灭；有阴有阳而无和，不能传其类，亦绝灭。……故天法皆使三合乃成。故古者圣人深知天情，象之以相治。”天法、天情即事物之规律皆相通，只有使之“三光相通”“三合乃成”“并力同心”，才能发挥其正常作用，反之则会使世界陷入灾难与混乱。

《太平经》重新构筑了早期道教的“天人合一”思想，以老庄的道气阴阳学说出发，勾勒出“共生”的宇宙学说，由此构建出一个理想社会图景，提出了一套“无为而无不为”统治术。在东汉至唐代，《太平经》在道教中有重要地位，是汉末太平道的主要经典，被视为传达天命的谶书，构成道经“三洞四辅”中的太平部，辑入历代道藏，对道教思想的发展有深远的影响。如唐代道士钟离权《秘传正阳真人灵宝毕法》引述了道经《金诰》关于宇宙演化的论述，

① 《道德经》第四十二章。

认为宇宙开始于“太元”，此后经历“太始”“太无”“太虚”“太空”“太质”等演化阶段，以后又通过阴阳二气的相互作用和升降运动，使“天地行道，而万物生成”。[①] 唐代道书《混元八景真经》[②] 描述宇宙演化过程为：在天地开辟之前宇宙“只是虚无”，在虚无之中产生“景气”，“景气”演化成水，水火“二物交泰，各生积气，积气所生，阴阳相炼，其数满足，始结为混沌”。以后，阴阳相互作用使混沌分解，“便分积清之气为天，积浊之气为地”。

北宋张君房编纂的大型道教类书《云笈七签》，第二卷《混元混洞开辟劫运部》有《混元》《空洞》《混沌》《混洞》《劫运》《太上老君开天经》等，也有诸多的对宇宙生成、演化方面的论述。学术界认为其中至少有这样几种观点：一种是道生说，认为道是宇宙生化的本源，是天地造化的本始，是万物存在的本根。宇宙一切皆由道所创生，并为道所主宰。这一认识与道在道教义理教义中的地位相一致。一种是气化说，主张宇宙万物均由元气所产生。作者详细描述了气的“混元”“空洞”“混沌”的特性，并阐述了元气生化宇宙万物的过程。《云笈七签》第五十六卷《诸家气法部》中的《元气论》，亦从气化的角度讨论了宇宙的生成演化。一种是神创说，主要体现在第二卷《混元混洞开辟劫运部》中的《太上老君开天经》和第三卷《天尊老君名号历劫经略》中，都认为老子（太上老君）是最高的神，是创世主，其创造了自然世界和人类社会。学者陈林认为：《云笈七签》关于宇宙生化思想的三种学说表现为两种路向。一是从哲学上建构以“道”和“气”为本的宇宙生成论，力图对自然界和人类社会的产生和演化作出一个根本性的解释，从而为人的修道实

---

① 钟离权：《秘传正阳真人灵宝毕法》卷上，《道藏》第 28 册，文物出版社、上海书店、天津古籍出版社 1988 年版，下同。第 352 页。

②《混元八景真经》卷一，《道藏》第十一册，第 434 页。

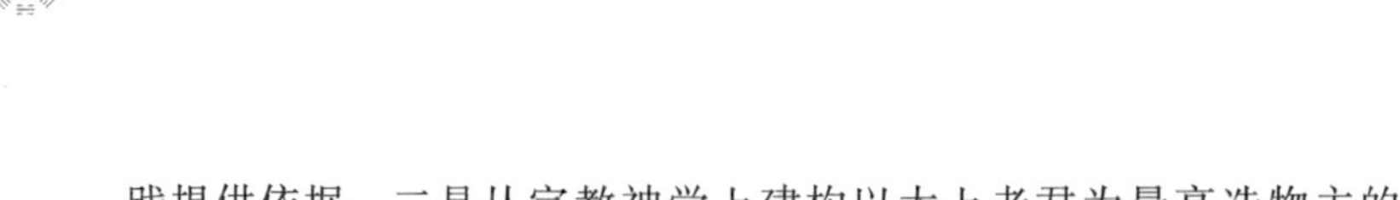

践提供依据。二是从宗教神学上建构以太上老君为最高造物主的创始思想，以彰显太上老君的主宰性、神圣性与超越性。[①] 类似融道教教义与宇宙理论于一体的道书，还可举出不少例子。

二、宇宙结构探究与道教教义铺陈

道门中人对天地宇宙的探究，不局限于对其中特质的把握，还对宇宙天体的结构、演化、运行规律等方面充满了好奇。早在道教先驱庄子那里，就已经呈现出这样的端倪。《庄子》外篇中至少有《天地》、《天道》、《天运》等篇，论及天地之道。其中《天运》提出了十几个有关天文宇宙的问题：

“天其运乎？地其处乎？日月其争于所乎？孰主张是？孰维纲是？孰居无事而推行是？意者其有机缄而不得已邪？意者其运转而不能自止邪？云者为雨乎？雨者为云乎？孰隆施是？孰居无事淫乐而劝是？风起北方，一西一东，有上彷徨，孰嘘吸是？孰居无事而披拂是？敢问何故？”

这些话的意思是，天是在运转的吗？地是静止在一处吗？日月争相照耀大地吗？谁在主宰着天地日月？谁在维持着他们7运转或者静处？谁安居无事推动着这一切？或者是天体系统本身有机关不得已的开闭？或者是天体系统自行运转而不能中止？云气是为着降雨吗？降雨是为着云气吗？又是谁在操纵着这一切？谁安居无事为寻求快乐而助长了它？风从北方吹来，忽东忽西，在上空中回旋，是谁在呼吸？是谁安居无所事事而挥动扇子？这里所涉及的是有关天体结构、宇宙运转等问题。这样的传统在汉末魏晋道教初创时期，

① 参见陈林：《〈云笈七签〉宇宙论思想探析》，《船山学刊》2013 年第 4 期，第 142 页。

就被继承了下来。北宋张君房《云笈七签》卷二《混元混洞开辟劫运部》的《混元》篇中，提出“古今之言天者一十八家”，都涉及天地的结构问题：

> 古今之言天者一十八家，爰考否臧，互有得失。则盖混天仪之述，有其言而亡其法矣。至如蒙庄《逍遥》之篇，王仲任《论衡》之说，《山海经》考其理舍，列御寇书其清浊，汉武王黄道，张衡铜仪，周髀之书，宣夜之学，昕天安天之旨，晁崇、姚信之流，义趣不同，师资各异。所以虞喜、虞耸、刘焯、葛洪，宋有承天，梁有祖恒，唐朝李淳风，皆有述作。庐江勾股之术，释氏俱舍之谭，或托寓词，或申浮说。若夫定两规之分次，明二道之运行，经纬不差，上下无爽者，惟浑天法耳。葛稚川言浑天之状，如鸡子卵中之黄。地乘天而中居，天乘气而外运，三百六十五度四分度之一，半出地上，半绕地下。二十八舍半隐半见。此乃符上清之奥旨，契玄象之明验矣。

这里梳理了自先秦而来的天地结构学说，认为早在《庄子》《论衡》《列子》《山海经》《周髀算经》及各种学者论著中，已经提出相关的不同理论，算起来至少有十八家之多。作者对这些内容都有所了解，并从道教教理的角度加以分析。结合《晋书》《宋书》《隋书》等正史中的“天文志”，可知内中涉及的天体结构学说至少有如下几家：

（一）盖天说。这是我国产生最为古老并最早形成体系的天体结构学说，基本上在战国时期走向成熟，在《周髀算经》中记载和保留了这一学说。远在人类社会的早期，人们根据直观感觉，认为天

在上旋转不已，地在下静止不动，由此逐渐产生了“天圆地方”的思想。到了商代后期或西周初期，在这个思想的基础上形成了“第一次盖天说”。

《周髀算经》卷上之一的开头，记载了周武王的弟弟周公和周朝大夫商高的对话，其中商高谈到“方属地，圆属天，天圆地方”。但是对于“天圆地方”的含义，后人却有不同的理解。据《晋书·天文志》所载“周髀家”的观点，“天圆如张盖，地方如棋局”，把天看作平面圆形，如张开的车盖，就如一张伞面一样；把地看作正方形的平面，就如棋盘一样。这种观点受到了人们的怀疑。正是在对“天圆地方”说的否定过程中，产生了“第二次盖天说”。《周髀算经》卷下中把“天圆地方”改述为“天象盖笠，地法覆盘”。《晋书·天文志》进一步阐述曰：“天地各中高外下。北极之下，为天地之中，其地最高，而滂沲四輣。三光隐映，以为昼夜。”这是说地和天一样都是拱形的。天穹有如一个扣在上面的斗笠，大地像一个倒扣于下的盘子；北极为最高的天地之中央，四面倾斜下垂；日月星辰在天穹上交替出没形成大地上的昼夜变化。

（二）宣夜说。宣夜说的历史渊源，可以上溯至战国时代的《庄子》。《庄子·逍遥游》中“天之苍苍其正色邪？其远而无所至极邪？”就用提问的方式表述了自己对宇宙无限的猜测。

《晋书·天文志》说：“宣夜之书亡，唯汉秘书郎郄萌记先师相传云，天了无质，仰而瞻之，高远无极，眼瞀精绝，故苍苍然也。譬之旁望远道之黄山而皆青，俯察千仞之深谷而幽黑。夫青非真色，而黑非有体也。日月众星，自然浮生虚空之中，其行其止皆须气焉。是以七曜（七曜指日、月及金、木、水、火、土五星）或逝或住，或顺或逆，伏见无常，进退不同，由乎无所根系，故各异也。故辰极常居其所，而北斗不与众星同没也；摄提、填星皆东行，日行一度；月行十三度。迟疾任情，其无所系着可知矣，若缀附天体，不得尔也。”

在这段史料中，它涉及的宣夜说内容至少有：1. 宣夜说起源很早，汉代郄萌（公元1世纪）只是记下了先师传投的东西。2. 宣夜说认为天是没有形体的无限空间，因无限高远才显出苍色。3. 以远方的黄色山脉看上去呈青色，千仞之深谷看上去呈黑色，实际上山并非青色，深谷并非有实体，以此证明苍天既无形体，也非苍色。4. 日月众星自然浮生虚空之中，依赖气的作用而运动或静止。5. 各天体运动状态不同，速度各异，是因为它们不是附缀在有形质的天上，而是飘浮在空中。这些看法承认天是没有形质的，天体各有自己的运动规律，宇宙是无限的空间。在近代科学诞生以后，依据万有引力定律和天体力学规律说明了天体的运动，证明了宣夜说的基本观点是正确的，然而在古代缺乏理论的证明，只能使它保留在思想领域，成为一种思辩的假说。随着时间的流逝，人们对宣夜说的观点也渐渐淡漠了。唐代天文学家李淳风，在他所著的《晋书·天文志》中保留了宣夜说的唯一资料，才使这一思想得以保存下来。

不论是中国古代的盖天说、浑天说，还是西方古代的地心说，乃至哥白尼的日心说，无不把天看作一个坚硬的球壳，星星都固定在这个球壳上。宣夜说否定这种看法，认为宇宙是无限的，宇宙中充满着气体，所有天体都在气体中漂浮运动。星辰日月的运动规律是由它们各自的特性所决定的，绝没有坚硬的天球或是什么本轮、均轮来束缚它们。这种宇宙无限的思想出现于两千多年前，是非常可贵的。

（三）浑天说。此说的代表作张衡《浑仪注》中说：“浑天如鸡子。天体圆如弹丸，地如卵中黄，孤居于天内，天大而地小。天表里有水，天之包地，犹壳之裹黄。天地各乘气而立，载水而浮。周

天三百六十五度又四分度之一，又中分之，则半一百八十二度八分度之五覆地上，半绕地下，故二十八宿半见半隐。其两端谓之南北极。北极乃天之中也，在正北，出地上三十六度。然则北极上规径七十二度，常见不隐。南极天地之中也，在正南，入地三十六度。南规七十二度常伏不见。两极相去一百八十二度强半。天转如车毂之运也，周旋无端，其形浑浑，故曰浑天。”认为天不是一个半球形，而是一整个圆球，地球在其中，就如鸡蛋黄在鸡蛋内部一样。不过“天球”不就是宇宙的界限，在它之外还有别的世界，即张衡所谓“过此而往者，未之或知也。未之或知者，宇宙之谓也。宇之表无极，宙之端无穷”。①

借助当时先进的观天仪——浑天仪和浑象，浑天家用精确的观测事实来论证相关的历法，形象地演示天体的运行，使得浑天说在中国古代天文领域占据了重要的地位。

（四）昕天论。创立者为三国时期的姚信。他认为人是万物之灵，也是天的象征，人和天之间有着极其相似的对应关系。地形立于下，天象运乎上，而人为灵虫，形最似天。“今人颐前侈临胸，而项不能覆背，近取诸身，故知天之体，南低入地，北则偏高也。又冬至极低，而天运近南，故日去人远，而斗去人近，北天气至，故冰寒也。夏至极起而天运近北，故斗去人远，日去人近，南天气至，故蒸热也。极之高时，日所行地中浅，故夜短；天去地高，故昼长也。极之低时，日所行地中深，故夜长；天去地下浅，故昼短也。然则天行寒依于浑，夏依于盖也。”②

这是受到当时“天人感应”论影响而形成的一种全新的宇宙结

① 张衡《灵宪》。

② 参见《晋书·天文志上》《宋书·天文志一》《隋书·天文志上》《御览》等。

构理论，对天体北高南低等见解加以了诠释。

（五）穹天论。此论可以看作盖天说的升级版本，创立者为三国时期会稽人虞耸。这个理论将盖天说和“天圆地方”的认知结合起来，认为天如蛋壳盖下，与海洋相接，而方形大地位于海洋的中间。天地之间充满了气，托住了天。穹天论也认为太阳落下不是到了地下，而是从头顶到了地平线，所以本质上没有突破到包地说。

（六）安天论。此论认为天有无限高，地有无限深；天地紧密相连，都能安然处之；日月星辰也不会掉落，都有自己的运行规律。其提出者虞喜是穹天论提出者虞耸的族孙，当在论说中受到了爷爷理念的影响。虞喜的“安天论”发展了宣夜说的宇宙无限思想，认为天高没有边际，地深无法勘测，天在上有安定的形态，地在下有静止的实体，天地彼此覆盖，形象相似，天圆地方的说法是不对的。日月星辰各自运行，有它们自己的规律，就像江海有潮汐，万物有行止一样。[①] 这些论述对纠正世人对宣夜说的误解、完善其中的思想观念，是有一定帮助的。

《云笈七签·混元》篇中，对上述六种主要的宇宙结构学说都有所论及，并提出这些说法“互有得失”，唯有葛稚川（葛洪）所言及的浑天说才“符上清之奥旨，契玄象之明验”。这段评论涉及了道教史上融宇宙结构理论于道教教义体系的一段史实。据魏晋时期的史书记载，道门中人一贯注重对天文治学的研习。如以左慈—葛玄—郑隐—葛洪为传承世系的葛氏道派为例，史称汉魏之际的庐江人左慈“兼通星气”[②]；郑隐“兼综九宫三棋，推步天文、河洛谶记，莫

① 参见唐房玄龄等：《晋书·天文志》，中华书局 1974 年，下同。
② 葛洪：《神仙传》卷五，丁福保：《道藏精华录》，浙江古籍出版社，1989 年，第 19 页。

不精研”[①]；葛玄与精通天文学的佛教徒支谦有史称之嫌[②]；葛洪岳父鲍靓也“学兼内外，明天文、河洛书”[③]；及至葛洪，更是道门中研习天文之学的集大成者。

葛洪虽在《抱朴子外篇·自叙》中称“不喜星书及算术……晚学风角、望气、三元、遁甲、六壬、太一之法，粗知其旨，又不研精”[④]，其实不过是自谦。对照《晋书·天文志》所记葛洪讥虞喜“安天论”言：“苟辰宿不丽于天，天为无用，便可言无，何必复云有之而不动乎？”是抓住了学说中缺陷要害的，故得到了《晋书·天文志》作者“稚川可谓知言之选”的高度评价。

葛洪有《枕中书》，详细记载了他对宇宙自然的看法：“《真书》曰：昔二仪未分，瞑涬鸿濛，未有成形，天地日月未具，状如鸡子，混沌玄黄，已有盘古真人，天地之精，自号元始天王，游乎其中。溟涬经四劫，天形如巨盖，上无所系，下无所根。天地之外，辽属无端，玄玄太空，无响无声。元气浩浩，如水之形，下无山岳，上无列星，积气坚刚，大柔服结。天地浮其中，展转无方。若无此气，天地不生。天者如龙，旋迴云中。……”[⑤]

葛洪在上述文字中将天地未生时的混沌之状描述为“状如鸡子”，并认为混沌之时便有“盘古真人”（“元始天王”）的存在，而后经过四个劫期，天地产生，浮于元气之中。这样的描述与浑天说对天地的理解基本一致，都是认为天为圆形包裹在地之外，地如鸡子一样飘荡在天之中，天地内外由“气”所充积。出于教理构建之

① 王明：《抱朴子内篇校释》卷十九，中华书局，1985 年，第 338 页。
② 参见僧祐：《出三藏记集》卷十三、敦煌文书《太上太极太虚上真人演太上灵宝威仪洞玄真一自然经诀上》等文。
③ 房玄龄等：《晋书·鲍靓传》。
④ 杨明照：《抱朴子外篇校笺》卷五十，中华书局 1997 年，第 656 页。
⑤《枕中记》现收入《原始上真众仙记》一书。见载《道藏》洞真部谱录类。

需要，葛洪在浑天学说基础上增加了“盘古真人”（“原始天王”）在开天辟地前的存在，将宇宙结构学说与道教创世说有机地结合了起来。这样的做法，对于道教教义体系的建设、道教自然观的成型，都是有其积极意义的。《云笈七签》作者之所以在论及宇宙结构学说时，独推葛洪的浑天说论断，其意义也在于此。

据道经记载，葛洪之前的道教组织以天师道为发展主流，葛洪活动的两晋时期，江南道团面临着信仰系统的完善、教派组织的重建等一系列问题。葛洪以“原始天王”取代“太上老君”的最高神灵地位，使其创造的道门教义有了一个新的神格依托。这对于道教教义的重新阐释是有帮助的。据陶弘景等道教学者记载，“原始天王”首先在上清经中引起重视。在早期上清派典籍《太上三天正法经》中就有“九天真王与原始天王，俱生于始炁之先”[①] 的说法。据学者王卡统计，在今《正统道藏》所收六朝上清经中，提到“原始天王”的就有约 20 种。[②] 以后“原始天王”又被灵宝派改造成在“元始天尊”之下的神灵，并在道教神灵体系演化等方面起到特殊的作用。

在不断吸收、转化同时代包括天文学在内的自然科学知识基础上构建的道教教义体系，显得内容丰富、体系丰满，很好地与儒、释各家的理论学说区别了开来。这样的做法对于教义的完善，对信众的说服力，都能起到很大的作用。所以，葛洪而来的融宇宙学说于教理的路数，一直在道门内得到延续与发扬。据学界考察，到了明清时期道门中人已经开始吸纳西学中的天文学观念与相关知识，将传统浑天说、黄赤二道说、南北二极说、日食说等学说加以重新

① 《太上三天正法经》，《道藏》第 28 册，第 406 页。

② 王卡：《原始天王与盘古氏开天辟地》，原载《世界宗教研究》1989 年第 3 期，后收入其著《道教经史论丛》，巴蜀书社，2007 年，第 73、81 页。

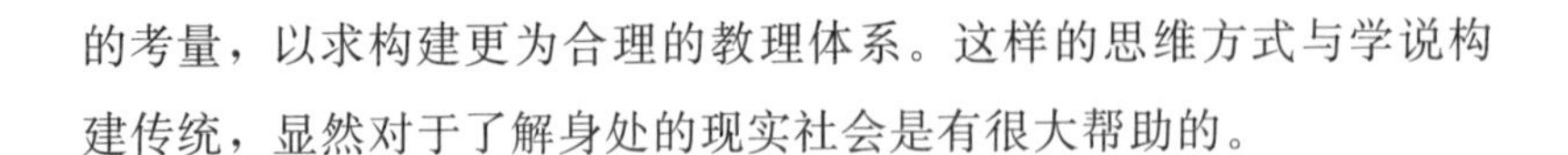
的考量，以求构建更为合理的教理体系。这样的思维方式与学说构建传统，显然对于了解身处的现实社会是有很大帮助的。

三、星辰崇拜与明人事、修科仪

中国古人对宇宙空间进行的思考，是建立在天象观测基础之上的，这是因为我们的先民是通过对日月星辰等天象的观察，来确定时间、方向及安排农业耕种等日常事宜的。英国著名科技史专家李约瑟在《中国科技史·天文学》中写道："从中国的天象记事可以看出，中国人在阿拉伯人以前，是全世界最坚毅、最精确的天文观测者。"道教中人对宇宙的探讨，也懂得这方面考察的意义。

《太平经》中载："内则不能究于天心，出则不能解天文、明地理，以占覆则不中，神灵不为其使，失其正路，遂从惑乱。"[①] 如果说明天道本质、知宇宙演化结构是有助于"究于天心"的话，那么观测天象等实践活动，则更多在"解天文、明地理"方面发挥作用，而这些都是役使神灵、保持正路的重要途径，不可或缺。道经中有不少从事"夜观星象"等活动的记载。如《楼观本起传》中记："楼观者，昔周康王大夫关令尹之故宅也。以结草为楼，观星望气，因以名楼观。此宫观所自始也。问道授经，此大教所由兴也。"[②] 此处以为，道教居处称"宫""观"，或许与"夜观星象"的传统有关。

汉高诱注《淮南子·天文训》曰："文者，象也。天先垂文，象日月五星及慧孛。"[③] 这里把天文的"文"解释为天空之现象，即天文学属于中的"天象"。同时也提出考察天象，主要针对于日、月、

① 王明：《太平经合校》，中华书局 2014 年，第 182 页。
②《终南山说经台历代真仙碑记》，《道藏》第 19 册，第 543 页。
③《淮南子》卷三，中华书局 1989 年影印本，第 26 页。

星辰的分布运行及日食、月食、彗星等变异现象。这也是道门中人考察天象的起点。宋道教丛书《云笈七签》中收《天地部》（卷二十一、二十二）、《日月星辰部》（卷二十三、二十四、二十五）等，都与对日月星辰的观察有关。其中《日月星辰部》共有约22400字，内收《总叙日月》《总说星》《二十八宿》《北斗九星职位总主》等，对先秦而来的天象观察知识做出充分的反映。从行文来看，如《总叙日月》曰："日，阳之精，德之长也。纵广二千三十里""月晖之围，纵广二千九百里，白银琉璃水精映其内城郭人民与日宫同有七宝浴池，八骞之林生乎内"。对考察日月的数字记录把握得较为准确。同卷中引《玄门宝海经》曰："阳精为日，阴精为月。分日月之精为星辰，纲者，连星也。纪者，缀星也。星形正圆如丸，不应似贯珠穿度，又不容作铃鼻相缀理，宜如破箭杆，还相合以成体。天地初成，无子举翅飞上，乃在华盖之下。左有北辰，右有北斗，星辰稍备，东西南北稍正。星辰共以真道要养万二千物，下及六畜、粪土、草木，皆被服其秘道要德而生长焉。"这里以较为科学的星体分布知识，支持了天道观念及相关的宇宙结构图式。类似的内容，在道经里可以找出许多。这说明天象观察始终是道门中的重要门类，它支撑起道教教理体系，自身也因此成为了"道藏精华"[①] 中的重要组成部分。

道门中人对星象的考察中，关注最多的当数二十八星宿和北斗星。我们不妨分别考察之。

（一）二十八星宿崇拜。二十八星宿，又称"二十八舍"或"二十八星""二十八宿"。它的名称完整出现于古代文献《吕氏春秋》

---

① 《四库全书总目提要·子部·释家类道家类提要》："类例既明，指归略备，纲条科格，无不兼该。道藏精华，亦大略具于是矣。"

《逸周书》《礼记》《淮南子》和《史记》中，形成年代在战国中期（公元前4世纪）。[①] 其主要意思是根据日月星辰的运行轨迹和位置，把黄道附近的星象划分为二十八组，以此作为观测天象参照物。因为它们环列在日、月、五星的四方，很像日、月、五星栖宿的场所，所以称作“宿”。二十八宿分为东南西北四方各分为七宿，即为“四象”《礼记·曲礼上》云：“行前朱鸟而后玄武，左青龙而右白虎。”孔颖达疏“朱鸟、玄武、青龙、白虎，四方宿名也”即是指此意。

汉代纬书《尚书考灵曜》云：“二十八宿，天元气，万物之精也。故东方角、亢、氐、房、心、尾、箕七宿，其形如龙，曰‘左青龙’。南方井、鬼、柳、星、张、翼、轸七宿，其形如鹑鸟，曰‘前朱雀’。西方奎、娄、胃、昴、毕、觜、参七宿，其形如虎，曰‘右白虎’。北方斗、牛、女、虚、危、室、壁七宿，其形如龟蛇，曰‘后玄武’。”指出四方七宿所包含的恒星名称。

早期道门中人即引入古人有关二十八星宿的说法，如《太平经》中有“禀命于天数，于是二十八宿，辗转相成”等句子；《度人经》中亦有“诸天日月，星宿璇玑”的说法，皆可为例。他们引入二十八星宿的观念，为教派建设与相应的活动增添了内涵。如《太平经》谓：“日月星辰皆持命，善者增加，恶者自退去，计过大小，自有法常。”（《大圣上章诀》）就是说，人的命数会被日月星宿掌管，星辰会根据人们的善恶来增减寿数。这样就把道教的长生延寿理想与星辰崇拜有机地结合了起来。顺应这样的教派理念，道教中人对二十八星宿等星辰的探究与崇奉绵延不断，以后教派众人还将“四象”逐渐人格化，使之有了封号，其中青龙号为“孟章神君”，白虎号为

① 参见夏鼐：《从宣化辽墓的星图论二十八宿和黄道十二宫》，《考古学报》1976年第2期。

“监兵神君”，朱雀号为“陵光神君”；玄武号为“执明神君”。

如《太上元始天尊说北帝伏魔神咒妙经》有云：“左青龙，名孟章。卯文。右白虎，名监兵。酉文。前朱雀，名陵光。午文。后玄武，名执明。子文。”此书据说由欧阳雯受传，成于南朝梁或唐处之时，离道教初创的汉末魏初相隔不远，可见也为道教的教义构建做出一份贡献。

自此之后，道士行法，有四象护卫。《道藏》中《北斗七元紫庭延生秘诀》称，左有青龙名孟章，右有白虎名监兵，前有朱雀名陵光，后有玄武名执明，建节持幢，负背钟鼓，在吾前后左右。这是将上述观念融入法术科仪中的体现。

二十八宿崇拜，在道教理念上的影响十分地广泛。如早期天师道在汉中曾组织教区，那里建设有二十四治。据《云笈七签》卷二十八引《张天师二十四治图》记载：“太上汉安二年正月七日中时下二十四治，上八中八下八，应天二十四无，合二十八宿，付天师张道陵，奉行布化”，各治“直以土坛，戴以草屋”为祭祀之所，“置男女官祭酒，统领三天正法，化民受户，以五斗米为信”。意为太上老君于汉安二年（143 年）正月七日把上八治、中八治、下八治等二十四治交给张道陵“奉行布化”。这二十四治即成为东汉时张道陵传播正一盟威道的二十四个地点。张天师立二十四治，“下则镇于民心，上乃参于星宿”。镇于民心，即《玄都律》中说“治者，性命魂神之所属也”；参于星宿，即以二十八宿分应各治。从以“治”为“性命魂神之所属”的思想，不难看出“治”乃是被作为拯救的手段而设立的。

建安元年（196 年），张道陵在当时首都洛阳的东北增设了冈氏治、白石治、钟茂治、具山治。前二十四治称作“正治”，后加的四治称作“别治”或“备治”，两者合共二十八治，其数目恰好对应天

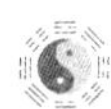

上二十八宿。此后，这一制度为张鲁所继承和发展：张鲁据汉中，“不置长吏，皆以祭酒为治，民夷便乐之”。天师道的二十四治逐渐成为教政合一的组织制度。随着天师道由西蜀向其他地方的迁徙，二十四治的组织形态与活动方式，也传播到中国的南北各地。

“二十四治”理论得到了寇谦之和陆修静的整改。到唐代，“治”逐渐演变成了后世道教的宫观组织，而“二十四治”的天文地理知识，则成为了道教独特的宗教地理观。在南方，陆修静在改革南方道教时曾作《陆先生道门科略》，对“治”进行了历史考察和现实改革，建立并完善道馆制度。这不仅使南方道教组织逐渐走向规范化，而且也为道教的宗教活动提供了比较稳定的场所。它是原始道教活动从隐秘的山林洞室，走向民间社会乃至产生巨大政治影响力这一过程的重要中间环节，而这种演变受到二十八宿有序排列、有运行变化之规律可循的认识启发，是毋庸置疑的。

（二）北斗崇拜。中国位于北半球，晚间在天空正北方向能看到七颗排列整齐的星星。因其排列形状像一个带长柄的“斗”，人们称之为“北斗七星”。道经《云笈七签》曾介绍它的情况：“北辰星者，众神之本也。凡星各有主宰，皆系于北辰。北辰者，北极不动之星也。”[①] 认为其与北极星构成北极星区，两者可并称为“指极星”。

《史记·天官书》认为北斗星“运于中央，临制四乡。分阴阳，建四时，均五行，移节度，定诸纪，皆系于斗”。[②] 人们可根据它来确定地上的空间位置、判断方位、指示方向，并对四时五行的判断起着重要的作用。《太平经》沿袭这样的说法，在提到一种“天谶格法”的法术时说：“东南为天斗纲，斗所指向，推四时，皆王受命。

---

① 《云笈七签》卷二十四《总说星》。
② 司马迁：《史记》，中华书局，1982 年，第 29 页。

西北属地，为斗魁所击者，死绝气，故少阴太阴，土使得王，胜其阳者，名为反天地，故多致乱也。”经文将东南方位与“斗纲”相应，视为王命所在；将西北方位与“斗魁”相连，可认为充满了死绝之气，是多乱之地。者养就把天上的星辰与地上的人事变化作了有机的联系。

早期道教，甚至在原始道教中，就已经有了北斗崇拜的内容。西汉时的《周易》，已经有“履行星步北斗”的内容。祷告北斗、祈求延生，在汉代时已经相当普遍。《汉天师世家》中亦有张陵之母“梦神人自北斗魁星中降……感而有娠”，遂生张陵的说法。三国时，吕蒙病危，孙权请道士打醮向北斗乞命。道教尊北斗星为“北斗七元星君”。其职能：上自天子，下及庶民，寿禄贫富，生死祸福，幽冥之事，皆属北斗总管。人若诚心礼拜，叩之必应”。

道教科仪中，拜斗（礼拜北斗）是道教独有一种为人消灾解厄，祈福延寿之科仪，称为“朝真礼斗”。礼斗科仪渊源甚早，始创于汉张道陵天师。据《北斗经》所载：在“永汉元年正月初七日，太上老君授天师北斗延生秘诀”。天师继之演教度厄而立拜斗之法。

古代道教，在名山宫观绝顶之处，通常设有祈禳星辰的斗坛，称为朝斗坛或礼斗坛。如，武夷山有礼斗坛，天台山有朝斗坛，太和山有礼斗台，茅山有朝斗庵，阁皂山有朝斗宫，罗浮山有朝斗坛等。道教认为，朝斗成功可以延寿。①

道门中人还将对二十八宿与北斗有机地结合起来，如早期天师道典《赤松子章历》曰：“祈北斗落死籍，南斗上生名，延寿无

① 参见丁常云：《北斗文化是中华传统文化的软实力》，《道教之音》2016 年 3 月 6 日。

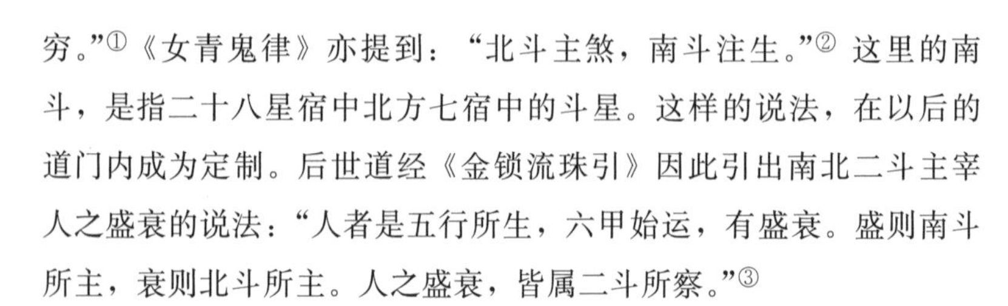

穷。”[①]《女青鬼律》亦提到：“北斗主煞，南斗注生。”[②] 这里的南斗，是指二十八星宿中北方七宿中的斗星。这样的说法，在以后的道门内成为定制。后世道经《金锁流珠引》因此引出南北二斗主宰人之盛衰的说法：“人者是五行所生，六甲始运，有盛衰。盛则南斗所主，衰则北斗所主。人之盛衰，皆属二斗所察。”[③]

东晋道教经籍《灵宝无量度人上品妙经》（简称《度人经》）曾提出五方星斗的主张，其卷一文本曰：“东斗主算，西斗记名，北斗落死，南斗上生，中斗大魁，总监众灵。”[④] 在此基础上，道门中又形成《五斗经》[⑤] 一书，形成对五方星斗崇拜而演化的经文。内中包括《太上玄灵北斗本命延生真经》《太上玄灵北斗本命长生妙经》《太上说南斗六司延寿度人妙经》《太上说东斗主算护命妙经》《太上说西斗记名护身妙经》《太上说中斗大魁保命妙经》等。各卷内容彼此关联，以阴阳五行思想为主导，阐扬五斗真灵，认为若能礼斗朝真，即可消灾解厄，得福增寿。也有学者因此反思“五斗米道”的“五斗”，是否与星辰信仰有内在的联系。[⑥] 可见星辰崇拜在道教教派中内容丰富，影响又相当深远。

四、历法探究的教理影响

“宇宙”的含义，本在于空间和时间两个方面。我国古人于此早有认识，如《尸子》中提出“四方上下曰宇，往古来今曰宙”。意思

---

① 《赤松子章历》，《道藏》第 11 册，第 204 页。

② 《道藏》第 18 册，第 242 页。

③ 《金锁流珠引》卷二十二，《道藏》第 20 册，第 456 页。

④ 《道藏》第 1 册，第 4 页。

⑤ 《五斗经》，大致成书于元代之前，作者不可考。收入《道藏》第 341 册。

⑥ 参见施秦生：《〈度人经〉“五斗”解诂》，《宗教学研究》2021 年第 1 期等。

为“宇”代表上下四方，即所有的空间；“宙”代表古往今来，即所有的时间。宇宙是由空间、时间、物质和能量所构成的统一体，是一切空间和时间的综合。一般理解的宇宙指我们所存在的一个时空连续系统，包括其间的所有物质、能量和事件，所以中国古人向来把对天文的考察与历法推究联系在一起。如前述之二十八宿，《后汉书·郡国志》注引皇甫谧《帝王世纪》云：“乃黄帝受命，始作舟车，以济不通。乃推分星次，以定律度。……凡天有十二次，日月之所躔也；地有十二分，王侯之所国也。故四方方七宿，四七二十八宿，合百八十二星。……凡中外官常明者百二十四，可名者三百二十，合二千五百星。微星之数，凡万一千五百二十里，万物所受，咸系命焉。此黄帝创制之大略也。”这里说明对包括二十八宿在内的各式星象观察，都是出于确定季节和月份需要，是为人们的生活、农耕等生产劳动等服务的。那么，自然就会将时空视为一种连续的系统，并与相关的物质、事件等加以有机的联系。

这样的思想，在早期道教那里就已经被接受。《太平经》等道经中已经论及，他们认为“天乃为人垂象作法，为帝王立教令，可仪以治，万不失一也”，所以“圣人制法，皆象天之心意也”。观察天象及其与四时、物候之间的变化，才能推测天意，从而做到“顺应天意”并“应天而行”。联系到自己所处的社会环境，《太平经》作者认为：“今天地开辟，淳风稍远，皇平气隐，灾厉横流。上皇之后，三五以来，兵疫水火，更互竞兴，皆由亿兆，心邪形伪，破坏五德，争任六情，肆凶逞暴，更相侵凌，尊卑长少，贵贱乱离。致二仪失序，七曜违经，三才变异，妖讹纷纶。神鬼交伤，人物凋丧，眚祸荐至，不悟不悛，万毒恣行，不可胜数。”现实社会乱象丛生，反映在天象上便是“二仪失序，七曜违经”；为使人们重新获得太平与清明，还是要回到远古的民风淳朴时代。为此，首先要在历法设

置上回到上古时代。敦煌遗书所出《太平经目录》中著录有《历术分别吉凶诀》，从篇名来看，应是讲述使用历术预测吉凶的方法，虽然于现存《太平经》中阙失，但还是可以推知《太平经》对历法与人事之间关系的确认。

《太平经》甲部中提出："星数之度，各有其理，未曾有移动，事辄相乘，无有复疑，皆知吉凶所起，故置历纪。"上古世人就是根据这样的原则制定出历法，并由此辨认吉凶，指导人事活动。要想从当今的乱世中摆脱出来，就要回顾历史，寻找合适的历法依据。《太平经》中有吸取春秋时期"三统历"的内容，据此做出的新解释也很有创意。如《三者为一家阳火数五诀》云："今甲子，天正也，以冬至，初还反本；乙丑，地正也，物以布根；丙寅，人正也，平旦人以兴起，开门就职。"① 这是在历法意义上，对三统匹配关系的新诠释。

道门中人有根据教派组织建设和修炼需要"随天立历"、自行编制历法的传统，《云笈七签》卷二十八中云："天师以建安元年正月七日出下四治，名备治，合前二十八宿也。星宿治随天立历，运设教劫。"② 这一传统使教内人士积极学习历法，有的成为了这方面的人才。如魏晋时期的陶弘景，曾在研制浑天象、著作《天文星经》《天仪说要》《七曜新旧术》之外，还撰写了《象历》《帝历年纪》等历法著作。后者在检校五十家历书异同基础上完成，有着历法史上的贡献。③ 隋代道士张宾、马赜、薛颐等，都因"洞晓星历"而受到

① 《太平经》卷119。

② 《道藏》第22册，第210页。

③ 陶弘景（456—536），字通明，自号华阳隐居，谥贞白先生，丹阳秣陵（今江苏南京）人。南朝齐、梁时道教学者、炼丹家、医药学家。

朝廷的重用。① 唐初傅仁均、李淳风等六任太史令都出自道门，至今受人称赞。宋元时期全真七子中的丘处机、郝大通等人精通天文星历，元代赵友钦《革象新书》中蕴含了丰富的天文物理思想。另外，道教中还有《赤松子章历》《元辰历》《开皇历》《戊寅元历》等，都曾被官方采用。

其中特别值得称道的是李淳风。在唐代颁布的十多部历书中，李淳风所制的《麟德历》被历家公认为其中的上乘好历。此历至少有二点独到之处：1. 进朔法的新历法思想。他针对定朔法算历的不足，提出朔的小余在日法的十分之三以上时，以翌日为朔日的思想，使所制的历法更为精密。2. "总法为母"的历法计算新思想，被阮元称赞为"运算省约，则此为最善，术家遵用，沿及宋元。而三统四分以来，章蔀纪元之法，于是尽废。斯立法巧捷，胜于古人之一大端也"。②

道书《金锁流珠引》中收有"二十八宿旁通历"，③ 托名隋炀帝大业十三年（615 年）太上老君下降终南山，令李淳风撰。其目的"为十二月三十日相配，则行旁通示人，算配本星，即视知盛衰"。科技史界学者李志超认为其特色是"以二十四气划分十二月，以二十八宿注日"，并根据历表所记内容回推天象，将历表行用年代上溯

① 张宾：隋代道士。北周武帝废佛时，为与佛僧辩论的道教人物代表。通历法，为隋朝改定新历。马赜：《册府元龟》卷 822《总录部·尚黄老》："马赜，河东汾阴人，少好玄言，去俗为道士，解天文律历。隋炀帝时，引入玉清观，每加恩礼，召令章醮。"薛颐：《旧唐书·薛颐传》："滑州人，大业中，为道士，解天文律历，尤晓杂占。炀帝引入道场，亟令章醮。武德中，追直秦府。……秦王乃授太史丞，累迁太史令。"

②《畴人传》卷 13，《历代天文律历志汇编》，中华书局 1976 年版，第 164 页。

③《金锁流珠引》卷 21《二十八宿旁通仰视命星明暗扶衰度厄法》，《道藏》第 20 册。

至东汉。[1] 关于此历的社会影响，他们认为："此历以天文星象注日，从而成为一种'天文历'，这对普及天文知识非常有利。"将这一历法略作改进设计，就可以成为一种方便人们记忆天文学内容的"天文教育历表"。[2] 因为较为通顺好记，这一历表在民间迅速流传。有盲人文学家卫朴加以改造后推出《奉元历》，而北宋的沈括又据此提出颇具创意的《十二气历》。

道教界学者盖建民在赞同李志超的观点基础上，提出：从道教天文思想的角度分析，可以看到"二十八宿旁通历"符合历法的基本概念，并带有鲜明的道教色彩，道门制作这一历法的目的是"仰视命星明暗，扶衰度厄"。提示其道教历法的特色。而用二十八宿注日的旁通历，在传播普及天文知识方面的贡献不可磨灭。

① 李志超、祝亚平：《道教文献中历法史料探讨》，《中国科技史料》第 17 卷第 1 期（1996 年），第 8 页。

② 李志超、祝亚平：《道教文献中历法史料探讨》，《中国科技史料》第 17 卷第 1 期（1996 年），第 14 页。

道教科学观在科技史中的价值

姜　生[*]　梁远东[**]

摘　要： 古代道教师徒门派传续不断的长生成仙的追求和种种实践，实有类科学组织的功能。在其教派性、组织性框架内，在特殊的观念生态和信仰结构的支撑下，这个宗教教团持续不断地探索自然和人身奥秘，从而创造和发展了丰富的科学成果，并在一定程度上推动和实施了科学传播，堪称世界宗教史上一大奇特现象。

关键词： 道教群体；类科学组织；道教的类科学组织功能；道教的科学传播组织功能

人类文明史上，科学发明创造乃是社会的产物。近代科学与工业文明的历史证明，科学进步有赖于社会中特定群体的组织化投入和推动；独栖荒岛的鲁滨逊并不能独自创造出来福枪，他的所有科技能力和装备包括每一支火柴，都来自他离开人类群体之前的获得，都是社会的产物。

研究表明，科学组织是科学发展和人类发展到一定历史阶段的

* 姜生，四川大学文化科技协同创新研发中心特聘教授。
** 梁远东，四川大学文化科技协同创新研发中心科研助理。

产物，科学发展中的自组织性，是由社会的自组织性所决定的，非为某一文化圈所特有。既然科学组织是一种社会产物，它就不可避免地受到特定的社会结构的制约，并依附于所在社会趋势而去，而不可能超出所在社会生态及时空局限，走独立的特殊道路——如某些研究者所暗示的欧洲式的皇家科学院式的发展道路。

波普尔说："我们的预期从而还有我们的理论，在历史上甚至可能先于我们的问题。但科学只能从问题开始。"① 这里有一个令人感兴趣的问题：是否可能在被视为科学之宿敌的宗教中，发现科学的宝藏？毕竟，宗教也是人类特有的社会组织方式；而历史上宗教（最古老的认知系统）总是难免要与科学（从宗教中独立而出的知识系统）发生交集；特别是，当我们的注意力转向道教，便会发现，古代道教师徒门派传续不断的长生不死的追求和种种实践，实有类似科学组织的功能。这个古老的宗教组织，不仅创造和发展了丰富的科学成果，而且这个组织在一定程度上具有推动和实施科学传播的功能，堪称世界宗教史上一大奇特现象。

道教虽非科学组织，古代道士亦不会承认自己是科学家，但道门千年不懈求索的问题却是：人如何才能通过自己的努力而不死？正是这个与科学共有的终极性问题，或曰终极关怀，成为驱使历代道教徒持续不断地探索自然和人身奥秘的根本动力，使道教产生和发展了丰富的科学成果。换言之，历代道教信仰者所追求的长生不死的理想虽然超验而难以实现，但是他们为这种理想而在自然和人身的仔细观察和研究付出许多是很科学的，正是这一信仰群体的大量付出推动着中国古代科技和医学、养生等各个领域的发展。为共

① 波普尔：《科学知识进化论：波普尔科学哲学选集》，纪树立编译，生活·读书·新知三联书店，1987年，第184页。

同的不死梦想所做的这些付出和努力，是以何种方式传承和发生作用的？以前的研究，对此往往点到为止，缺乏问题意识和纵深探索。

世间一般所言的道教，是指东汉末年以降形成的以修道成仙为信仰宗旨、以长生不死即身成仙（如正一道）或识心见性独全其真（如全真道）为终极理想的社会性宗教组织。固然，师徒相传、门派续香，是宗教群体世代传承其共同信仰的基本模式；然而比较特别的是，在道教历史上，道门师徒相传和道门续香，不仅在教内群体中担当承续信仰之功，而且在某种意义上扮演了科技与医药学群体探索者的角色。

某种程度上可以说，在一种相当特殊的观念生态和信仰结构的支撑下，在长期形成为一种相对稳定的类似科学组织的道教团体当中，古代科技获得了某种奇特的推进。尽管道教教团相对松散，微小集团众多，但是以长生成仙的宗教理想为核心所缔结的这个庞杂的社会组织，却长期存在和游动于历史的长河之中，跨越时空局限，拥有大量不同阶层、不同深度的信奉者和参与者；关键是他们有共同理想（长生不死），共同的宣言（如《道德经》《阴符经》等）和类似于章程的各种戒律，以保证整体的宗旨和目标朝向神仙不死。这种社会和文化生态，保障了古代道教能够不断地吸引许多向往神仙不死的民间人士加入道教教团，这使得对长生不死术的探索在道教中长期获得了深厚的社会基础和组织基础。

这种类科学组织的宗教群体在传统医学、养生学等诸多科学领域有突出贡献，与此相关的诸多科学技术领域也得到了一定程度的推动，尤其在实验精神及世代传承推进方面，体现尤为明显。

关于道教的实验精神，《庄子・大宗师》已申明“知有所待而后当”的思想逻辑。不经实践检验验证的“知”，无以证其真实可靠性；况道门延命不死仙术，世代所秘，后之道人即使歃血拜师得之

亦须特定的尝试和检验过程。

丹药服食是外丹道信仰的核心组成部分，然而历代不乏“丹毒”之说，从魏伯阳以白犬试丹，到北魏太祖拓跋硅以死罪者试服，已展现出某种重视“试验”的传统。这种认识是建立在道门群体的服丹效应观察之上的，其结论也是根据科学逻辑而非信仰逻辑所获得的。这种依从科学逻辑的观察，即如魏伯阳以丹试白犬之后放弃服丹的那个弟子；而按照信仰逻辑则会接受魏伯阳及弟子虞生共服丹药身现死形、尸解而仙——由此形成为汉唐外丹盛行期道门信仰主体。魏伯阳《周易参同契》被视为道教“万古丹经王”，因此，他和弟子的整个故事无疑成为其后道门对丹药认知的依据。唐末五代时期对外丹“丹毒”认识的深化，可以说是道门之科学实验组织特性的最好验证。葛洪作为炼丹术的躬行者，也极为看重实证，如《抱朴子内篇·祛惑》所言：“夫托之于空言，不如著之于行事之有征也。”而且，《抱朴子内篇》“金丹”“仙药”“黄白”等篇所载的丹方，在现代实验室中通过模拟实验，多数都能取得反应物。① 在此基础上，陶弘景明确提出了“真学之理”的认识理念，要求全面、准确、理性地把握各种知识材料；对客观世界和物质对象的认识以及知识的把握，应该达到一种“通衢”之理的阶段，并获得一种“通立定格”的统一、规范的知识逻辑形态。② 与此同时，道教炼丹家们在对金丹的“还炼”、毒性的认知和“伏毒”探索中，产生、延续和推进了某种早期化学的科学特征。③ 事实上，外丹体系内的实践者对

---

① 参见赵匡华主编：《中国古代化学史研究》，北京大学出版社，1985 年。

② 姜生、汤伟侠主编：《中国道教科学技术史·南北朝隋唐五代卷》，科学出版社，2010 年，第 70—72 页。

③ 参见姜生、汤伟侠主编：《中国道教科学技术史·汉魏两晋卷》《中国道教科学技术史·南北朝隋唐五代卷》的“炼丹术与化学篇”。

于所获得的知识乃力求加以实证化精细处理，而非局限于内在体验式的、模糊的定性层面。因此，早期道教的科学思维及知识描述方式体现出非常明显的分析性、精确化以及逻辑性的特征。[①] 南北朝至五代时期，道门对于药性和各种技术成效的辨别水平更加趋于现实和精细，发展了不盲从、重检验、严区别的科学方法。[②] 在这一历史背景下，道教开始寻求一种直探本质的思维模式——“重玄学”。它为道教内丹学由隐而显的发展提供了强大的形而上的认识论支持，为外丹转向内丹承担了承前启后的理论桥梁作用。需要指出的是，重玄学的直觉体系的宗旨仍是神仙信仰，然而它却为直觉认识意外地建构了一套较为完整、有效的科学认知体系。[③] 物理学家卡普拉对道教的直觉智慧十分赞赏，认为：“道家对直觉智慧和非理性知识感兴趣。道家认识到理性思维的有限性和相对性，……对自然的仔细观察，同强烈的神秘直觉相结合，使道家圣哲们获得了极深的洞见卓识，并为现代科学理论所证实。”[④]

关于道教群体对自然界的科学观察、研究乃至合理运用及改造，道教的地图学和洞窟建筑保护技术均是有力的佐证。道教早在汉魏时期便造作了《五岳真形图》，经笔者分析，真形图实有相当科学的地图属性。如东岳真形图内，泰山的山体、山峰、山谷、洞穴、河流水源、登山路线、物产等多项内容，均以地图符号或注记形式，

① 姜生、汤伟侠主编：《中国道教科学技术史·南北朝隋唐五代卷）》，第195页。

② 姜生、汤伟侠主编：《中国道教科学技术史·南北朝隋唐五代卷）》，第180—183页。

③ 姜生、汤伟侠主编：《中国道教科学技术史·汉魏两晋卷）》，科学出版社，2002年，第46、47页；《中国道教科学技术史·南北朝隋唐五代卷》，第179页。

④ Fritjof Capra, *The Tao of Physics: An Exploration of the Parallels Between Modern Physics and Eastern Mysticism*. Berkeley, CA: Shambhala Publications, Inc., 1975. pp. 113-114.

不同程度地得到近乎地理实际的技术表达，构成比较准确的泰山区域地形图，且具有近似等高线法的特点（图 1）。①

图 1 《洞玄灵宝五岳古本真形图》中的《洞元灵宝五岳真形图》之“东岳真形图”上地图信息的判断标注②

在道教洞窟建筑保护方面，古来道人在长期的探索中，形成了特有的思想和实践，依以择山、开凿和保护洞窟，其中呈现的某些道门特有技术，至今仍有重要价值。以宋德芳为代表的一批全真道学者，在其故乡莱州寒同山，以及太原龙山全真道石窟以及华山等地岩洞的保护中，探索和创造了即令今人亦颇不可思议的科技方法。寒同山神仙洞石窟群连同其依托的自然山体被作为一个整体来考虑保其坚固永久，其科技成就可总结为由“清、剔、破、通”等一系列具体方法，所构成的一劳永逸式的“生态干预式石窟建筑自然保护技术”，且其系统至今正常运行，堪谓奇迹（图 2)。③ 这种成就的

① 姜生：《东岳真形图的地图学研究》，《历史研究》2008 年第 6 期。

② 采自《中国道教科学技术史 · 南北朝隋唐五代卷》彩版图 31—19。

③ 姜生、王茹：《“进乎技矣”：莱州寒同山道教石窟之建造及生态干预保护技术》，《四川大学学报 · 哲学社会科学版》2016 年第 5 期。

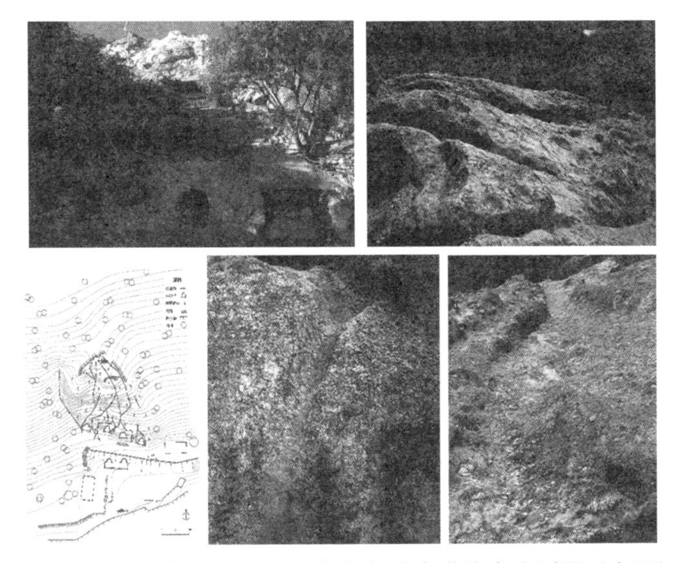

图 2　神仙洞石窟（左上），山体上部引水道分布实测图（左下），其余为顶部水道之例[①]

取得，绝非一时一人之能，而是道教群体组织共同智慧的结晶。

此外，出于神仙崇拜和道教科仪的需要两个方面的动力，道教群体对星象的关注与研究有着强烈的内在驱动力和一贯的传统。[②] 在中国天文学发展史上，几乎所有重要星象的观测发现与文献记载，都有道门人士的参与。道教学者留下不少颇具影响力的星象学著作，如《步天歌》《天文大象赋》《通占大象想历星记》《革象新书》等；其中一些道士学者还成为太史令或浑仪监丞，负责国家的天文历法事务。可以毫不夸张地说，道教群体是中国历史上除官方天文机构

① 姜生、王茹：《“进乎技矣”：莱州寒同山道教石窟之建造及生态干预保护技术》，《四川大学学报·哲学社会科学版》2016 年第 5 期封三彩版。

② 姜生、汤伟侠主编：《中国道教科学技术史·南北朝隋唐五代卷》，第 804 页。

之外，最为重要的一支天文学研究的组织力量，尤其在星象的观测与研究上，成绩更显突出。这些实践和认识成果，绝非一人一时之功，若非群体组织及其积累，何得如此大规模科学成果？

对于人自身的观察、理解和操作，是修道成仙信仰的基础，是道门承袭传统及历代发扬之昭著者，亦是道教群体组织之科学认知活动的聚焦点。战国盛行行气导引术，《庄子》记有“熊经鸟伸”之徒，马王堆汉墓出土有帛画“导引图”，皆先驱之类。汉晋间出现的诸如《老子铭》（东汉）、《参同契》（东汉）、《想尔注》（东汉）、《老子中经》（东汉）、《西升经》（汉魏）、《黄庭经》（汉晋）等道门重要著作，在汉代的气本体论宇宙观、生命观基础上，理解人体的生命构造与兴衰，而以战国以来的炼气术为其基本操作架构。这一时期，与行气修炼相结合的修仙思想形成，“存想丹田太一紫房”（《老子铭》）、“导引蓄气，历藏内视，过则失中，可以治疾”（《申鉴·俗嫌篇》）的存思内炼和治疾之术[①]、龙虎交媾结丹之术已经问世（见于汉墓与《参同契》）[②]，“我命在我”的道教基本思想特征亦已出现：“我命在我，不属天地。我不视不听不知，神不出身，与道同久。吾与天地分一气而治，自守根本也”（《西升经·我命章》）；金丹方术亦已行世，道人相信“我命在我不在天，还丹成金亿万年”（《抱朴子内篇·黄白》）。

例如《黄庭内景玉经》（东汉末年）所述的存思修炼法，指出人体“上有魂灵下关元，左为少阳右太阴”，涉及头部七窍及脑内构

---

① 汉墓画像中的某些歌舞图及“四灵在旁”类画像，正是此类存思修炼活动的图像表达，“歌舞”之目的在于“以歌太一”“以乐却灾”，“四灵在旁”则表示存思“坐忘”以复归混沌不死。姜生、冯渝杰：《汉画所见存思术考——兼论〈老子中经〉对汉画的文本化继承》，《复旦学报》2015 年第 2 期。

② 参姜生：《汉墓龙虎交媾图考——〈参同契〉和丹田说在汉代的形成》，《历史研究》2016 年第 4 期。

造："至道不烦决存真，泥丸百节皆有神。发神苍华字太元，脑神精根字泥丸，眼神明上字英玄，鼻神玉垄字灵坚，耳神空闲字幽田，舌神通命字正伦，齿神峭锋字罗千。一面之神宗泥丸，泥丸九真皆有房。方圆一寸处此中，同服紫衣飞罗裳。但思一部寿无穷，非各别住俱脑中。列位次坐向外方，所存在心自相当。"又须存思体内各部脏器："心神丹元字守灵，肺神皓华字虚成。肝神龙烟字含明，翳郁导烟主浊清。肾神玄冥字育婴，脾神常在字魂停。胆神龙曜字威明。六腑五藏神体精，皆在心内运天经。昼夜存之自长生。"继而论述肺心肝肾脾胆六部形状与功能，并宣称"仙人道士非有神，积精累气以为真"，依之而修，"呼吸元气以求仙，仙公公子已在前"，"太上微言致神仙，不死之道此真文"。汉晋之间《黄庭外景玉经》："老君闲居作七言，解说身形及诸神，上有黄庭下关元，后有幽阙前命门，呼吸庐间入丹田，玉池清水灌灵根，审能修之可长存……灵根坚固老不衰"，"作道优游深独居，扶养性命守虚无，恬淡自乐何思虑，羽翼已具正扶疏，长生久视乃飞去"。不难看出，《黄庭经》所谓存思修炼过程所涉人体构造及各部之神都非常具体周到，为此自然需要研究把握人体生命运行的内部图景。

在此之前，人体认知领域已经取得相当可观的进展。王莽时代已出现人体解剖观察。《汉书・王莽传》：天凤三年（公元 16 年）"翟义党王孙庆捕得，莽使太医、尚方与巧屠共刳剥之，量度五臧，以竹筳导其脉，知所终始，云可以治病"。事实上，人体构造的认识除了应对医学之用，同样为战国以来行气内炼之术所需。

更重要的是，对活人机体的观察，始终是道教人体"解剖"的最重要特质，其根本原因在于道门群体对"行气"与生命运行情态关系的千年不懈的追求和探索；从魏晋到明清，正是这样的认知，支撑了历代以"精气神"概括生命系统运行的道教生命观，和基于

这种生命观的庞大的神仙学说与实践体系。即使在外丹学说占据主导地位并盛行天下的时代，这种生命观同样是道教生命和神仙学说的思想基础。

模拟解剖学（内视解剖学）是一种模拟手段，是从中古繁琐的道教神学机体中逐渐发展形成的合理成分。《道藏》中较为系统的最早的人体解剖图见于五代道士烟萝子所著《内境图》（图 3），至此始有脏腑全图与图谱的出现，其基本功用在于内视五脏真神之类的存思修炼活动，为道门的内丹修炼逻辑提供了最基本的人体生理认识基础。烟萝子之后，俗间医家所存解剖图像，虽掠得烟萝子图中肉体形态图景，实已失其原有思想底蕴，遑论内丹修炼符号与注文；但道门文献所收此等图像中，内丹修炼符号和注文尚得保存。由此亦可窥见道门组织，尤其是与俗间医家相比，在技术传承层面不可或缺的作用。需要指出的是，古代道教解剖学所最终关注和指向的，并不是肉体的物理结构问题，而是基于脏器又超越脏器的、超乎脏器之上和在乎脏器之间的某种东西。[①]

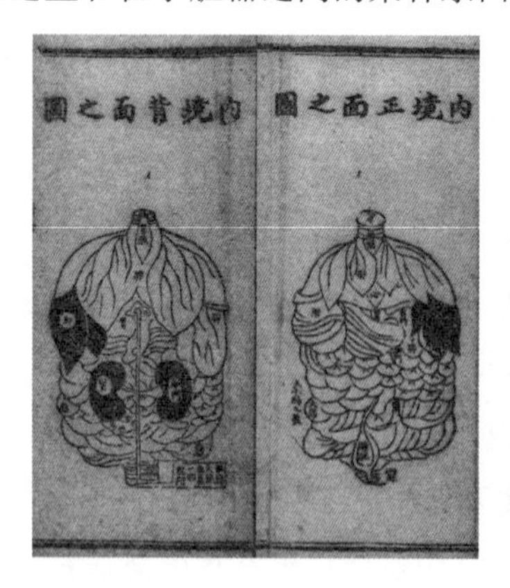

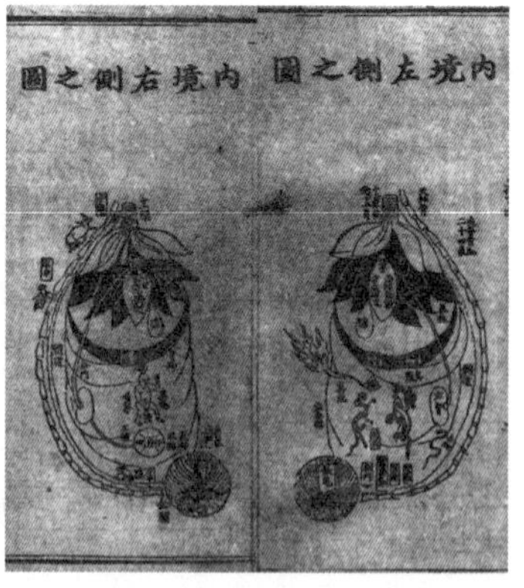

① 参见姜生、汤伟侠主编：《中国道教科学技术史 · 南北朝隋唐五代卷》，第 1088—1109 页。

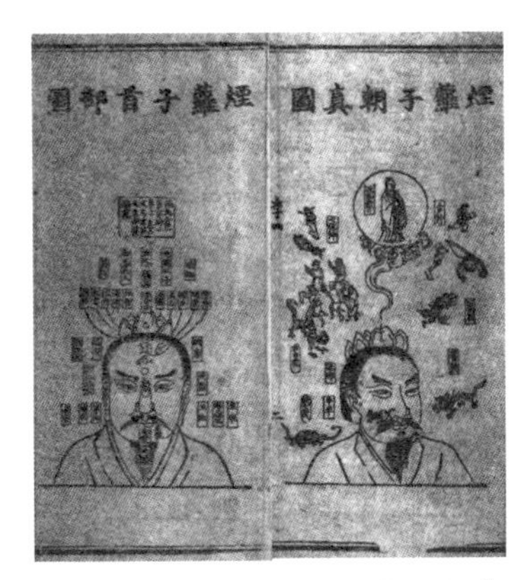

图 3　明版《正统道藏》本《烟萝子体壳歌》烟萝子图

基于“三尸”信仰的修仙逻辑，古代道教群体还发展出一套相当完整的人体寄生生物学，且达到“微虫说”之深度。从北朝《集验方》所集道门关于蛲虫“至细微、形如菜虫”的入微认识，到《太上除三尸九虫保生经》的“微虫”① 说，已形成一种由宏观渐向微观进行观察的细化进路，从而为其后（如宋代《无上玄元三天玉堂大法》）论治“传尸痨”（肺结核）对致病微生物（“虫”）的研究及应对，奠定了对肉眼不可见微生物走向近乎科学认识的思想基础。② 如《太上除三尸九虫保生经》所记：“蜣虫色黑，身外有微虫，周帀无数，细如菜子也，此群虫之主。为人皮肤疮疥、恶癣，头上白屑、甲虱，并阴疽湿痒、痔漏、鼠妳、白瘨，无所不作。蚀人牙齿蚛落，无故出血，臭气冲人，及脚下窝旋，顽痹大风，癞疮遍身，脓血尸臭，眉毛坠落，肉色渐加青黑，递相易人。父子绝骨肉之亲，

---

① 《道藏》第 18 册，第 701 页。

② 姜生：《道教与中国古代的寄生虫学》，《四川大学学报》2010 年第 4 期。

夫妻弃义合之体。故圣贤留其至药妙诀，使后人先沐浴斋戒，然后至服丹砂、水银、矾液、轻粉，杀三尸虫而免害及子孙形体，保其安康也。”这部道书还保存了精彩的九虫图（部分见图 4）。

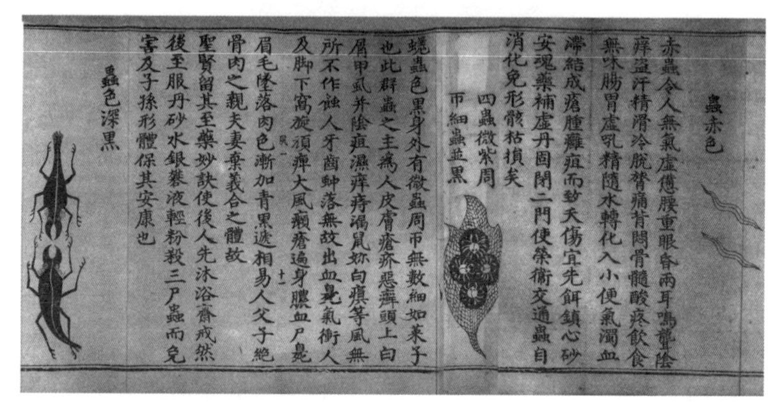

蟲赤色
赤蟲令人無氣虛憊腰重眼昏兩耳鳴聾陰
痒盜汗精滑冷脫背痛背悶骨髓酸疼飲食
無味腸胃虛乳精隨水轉化入小便氣濁血
滯結成瘡腫癰疽而致夭傷宜先餌鎮心砂
安魂藥補虛丹固閉二門使榮衛交通蟲自
消化免形骸枯損矣
四蟲微紫周
帀細蟲並黑
蟯蟲色黑身外有微蟲周帀無數細如菜子
也此群蟲之主為人皮膚瘡疥惡癬頭上白
屑甲風并陰疽濕痒痔漏鼠妳白癜等風無
所不作蝕人牙齒衄落無故出血是氣衝人
及脚下窩旋頑痺大風癩瘡遍身膿血尸蟲
眉毛墜落肉色漸加青黑遞相易人父子絕
骨肉之親夫妻棄義合之體故
聖賢留其至藥妙訣使後人先沐浴齋戒然
後至服丹砂水銀礬液輕粉殺三尸蟲而免
害及子孫形體保其安康也
蟲色深黑

图 4　明版《正统道藏》本《太上除三尸九虫保生经》书影

《无上玄元三天玉堂大法》的相关论述揭示了道士已经认识到结核病不仅可以传染，而且是由一种寄生虫或者说病原体引起。

需要指出的是，这些体系化认知绝非个体所能完成，道门组织及道士之间的世代传承积累在其中发挥着不可替代的作用。事实上，凡用于谋求生命延续、长生不死之术，在道教中都被奉为至秘之宝，都是在教派性、组织性的框架内依规传播，其试验和实践也是按照既定的规则进行。

科学是社会的产物，而科学的传播和发展同样是在社会性的作用下实现的。道教教派和群体在科学传播方面的组织特征及作用亦颇为突出。如根治天花的免疫医学——痘神天姥娘娘所传的人痘接种术，就诞生于中国的道教文化之中。种痘术源自峨眉山道教仙传，始载于清初朱纯嘏《痘疹定论》。该书说种痘乃源于宋真宗时峨眉山顶女神医“天姥娘娘”；徐大椿亦说：“种痘之法，此仙传也，有九善焉。”[①] 英人李约瑟断定传播种痘术者是一道士。[②] 据说传播种痘术的峨眉神医“此医非男子，乃女人也。传说生身于江南徐州之地，自幼吃斋念佛。长不婚嫁，亦不披剃，云游至四川峨眉山顶，盖茅庵而居焉。惟时有上桥、中桥、下桥三处女人好善者，俱皆皈依，吃斋念佛。后此现身说法，自出痘症，至一十二日回水结痂，乃命上、中、下三桥女人曰：‘此痘痂可种也。一岁之儿女，可用此痂三十粒，于净磁钟内，以柳木作杵，研此痂为细末，用洁净棉花些须，又用洁净之水，春秋温用，夏则凉用，冬月略带热些，摘三五点，入于钟内。干则又加几点，总以研匀，不干，捏成枣核样，以红丝线栓定，约有寸许则剪去其线，纳于男左女右之鼻孔内，线露在外，以防吸上。未满一岁之儿种六个时辰取出，若二三岁之儿，种十个时辰取出，即种十二个时辰足亦可。……此在人神而明之也。汝等依予之法，将汝自己之儿女种之，十可十全，百不失一。’遂如法种之，皆得痊愈。自是环峨眉山之东西南北，无不求其种痘，若有神明保护，人皆称为神医，所种之痘，称为神痘”。[③] 以痘神娘娘为首的道教信仰群体推动和实施了种痘术的传播。

按清代龙门派全真道痘科经典《禳痘疹全集》，信人将道师延请至家中作法，为儿童种痘并祈求痘神佑护。作法中，高功道士恭对瑶坛秉职上启诸神：“兹因信人〇为孩〇自生以来未沾痘疹，切虑天行布化，痘疮稠密，特延弟子于家舒坛，迎司痘之神祇，施种痘之

① 徐大椿：《医学源流论》卷下附“种痘说”。

② 李约瑟：《中国与免疫学的起源》，潘吉星主编：《李约瑟文集》，辽宁科学技术出版社，1986 年，第 1032 页。

③ 朱纯嘏：《痘疹定论》卷二“种痘论”。

妙方。”[①] 道师至民家，不仅设坛迎“司痘之神祇”，更重要的是要请道师种痘。而且上启诸神的表文中特别提到，信人为其孩儿请道士来，“按遗方而布种，依旧典以行持”[②]，祈求诸神予以佑护，“使厌秽以无干，令痘疹而清吉”。全真道士被延请至信人家中，不仅作法，且为小儿实施种痘。由此可见古代道士握秘术以济世而获民人接纳尊重之社会历史情景。

道门群体是如何推动科学认知的呢？在某种意义上，合理的思想构成理论显微镜[③]，——如《玉堂大法》中说“痨”是一种小“虫”所致）、理论望远镜（如汉晋道教的浑天说；《玄虚子仙志》说“天在外、地在内，人在其间”（图 5），这里的“天”与今天的宇宙

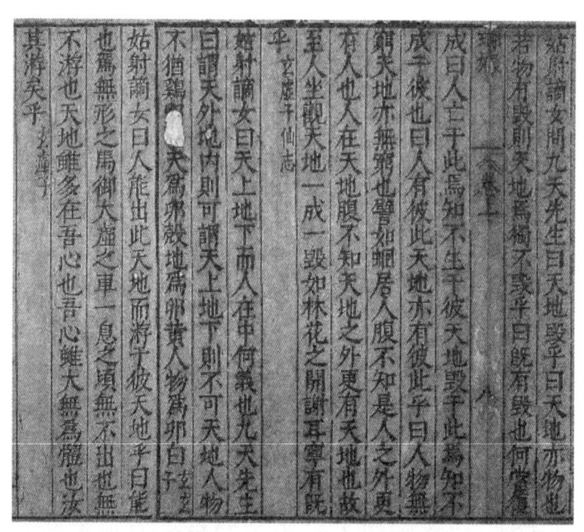
姑射謪女問九天先生曰天地毀乎曰天地亦物也
若物有毀則天地焉獨不毀乎曰既有毀也何嘗復
瑯嬛　卷上　八
成曰人亡于此焉知不生于彼天地毀于此焉知不
成于彼也曰人有彼此天地亦有彼此乎曰人物無
窮天地亦無窮也譬如蛔居人腹不知是人之外更
有人也人在天地腹不知天地之外更有天地也故
至人坐觀天地一成一毀如林花之開謝耳寧有既
乎　玄虛子仙志
姑射謪女曰天上地下而人在中何義也九天先生
曰謂天外地內則可謂天上地下則不可天地人物
不猶雞[illegible]天爲卵殼地爲卵黄人物爲卵白　玄玄子
姑射謪女曰人能出此天地而游于彼天地乎曰能
也爲無形之馬御大虛之車一息之頃無不出也無
不游也天地雖多在吾心也吾心雖大無爲體也汝
其游矣乎　玄虛子

图 5　《瑯嬛记》卷上，明万历曹学佺刻本

---

① 《藏外道书》第 13 册，第 423 页。

② 《藏外道书》第 13 册，第 425 页。

③ 一个大胆而合理的推测是，当时道门可能已经使用凸透镜甚或其组合，进行细微对象的观察活动。若然则应是道教在对“微虫”的观察实验方面取得诸多令人难以想象之成果的技术保障。姜生、汤伟侠主编：《中国道教科学技术史 · 南北朝隋唐五代卷》，第 1086—1087 页。

学意义上的天有相同的所指——以深入探索人体及宇宙的奥秘。事实证明，对复杂本体产生的现象及规律的认识，往往比对本体的认识，更重要或更有用——尤其对于那些不可知的部分问题、或难以迫近的复杂对象本质的认识，如中医对人体症候的认识和治疗，特别注意到人的生命及其过程的开放性，而西医对人体症候采取退而求其本的思路。

道教科技是科学的较古老形态，更具“原科学”特性。在与近现代科学相比较时，决不能以今非古，抱子以厌父。与此同时，还需看到，古代道门的这种“类科学组织功能”，不宜理解为道门人士有意识的宗旨化的社会化科学探索行为；其实质乃是历代信徒追求长生不死、即身成仙这一最高宗旨，信仰与科技、医学混融为用的产物。

明代中叶以后，伴随着类似资本主义模式的民间经济发展和所谓“实学”思潮的兴起，中国科学又开始复苏。晚明的 67 年间，出现了具有世界水平的 9 部科学著作[①]，科学成果诞生的频率之高和学科范围之广，都是空前的。且这时期有两个特点：一是在方法上，已自觉地开始注意考察、分类、实验和数据处理；二是开始体制化，隆庆二年（1568 年）在北京成立的“一体堂宅仁医会”，由 46 位名中医组成，有完整的宣言和章程，是世界上第一个科学社团，比英国皇家学会（1662 年）和法国皇家科学院（1666 年）都早。[②] 这些科学成果和科学社团，主要是基于传统科技和医学的发展而出现。

① 李时珍《本草纲目》(1578 年)，朱载堉《律学新说》(1584 年)，潘季训《河防一览》(1590 年)，程大位《算法统宗》（1592 年），屠本峻《闽中海错疏》（1596 年），徐光启《农政全书》（1633 年），宋应星《天工开物》（1637 年），徐霞客《徐霞客游记》(1640 年)，吴有性《瘟疫论》(1642 年)。

② 席泽宗：《科学史十论》，复旦大学出版社，2003 年，第 113 页。

然而这一良好势头并没有得到保持和发展，明廷腐败和清军入关，文明倒退，使中国科学的发展再次受到挫折。同时，作为汉人传统的道教遭遇清人一再抑制，乃至取消天师的真人之号，道教自身生存环境和信仰生态不断恶化，道门群体从事科学探索的社会基础渐为消解。

道教作为中国人的传统生活方式和意义系统，是人类历史上最为繁茂芜杂的文化遗产之一，也是科学史上最精彩的篇章之一。相对于这样巨大的文化宝藏，今人的所有研究，可能最多不过是穿其一径、折其一枝而已。吾辈只能图其一域，而难穷其美。与此同时，从任何角度对道教所进行的研究，都可能有其自身的意义、价值与学理上的合理性，尤其是考虑到近代以来以科学技术为主导的文化背景，必然推动人们探索这强大科技文明曾有的历史基础。基于此，我们认为，从不同角度对道教文化进行的研究和探讨，都具有不可替代的意义与合理性；其中，对历史上道教群体所具有的类科学组织功能的认知，显然是合理理解道教与中国古代科技发展关系、揭示中国古代科技发展动力的一个重要的全新维度，值得进一步予以探讨和揭示。

道教生命观与中国人的理想追求

郑土有*

摘　要: 中国人的人生理想追求可以说与道教有着极为密切的关系。道教生命观的核心是对人类生命奥秘的探索，希望超越人的生理、社会各方面的束缚，成为真正自由的人，同时又能满足人的各种享受欲望。道教生命观的理想植根于中国的沃土，与中国的自然环境、人文环境有密切的关系。道教的生命观源自于中国的生存环境和人文环境，是对中国人生命理想的提炼和升华。而道教形成以后，又进一步强化了这种理想，在生命价值的认识、人生理想追求等方面体现了鲜明的中国特色。

关键词: 道教；生命观

如果用一个字概括中国人所追求的理想人生的话，恐怕只有"福"字。"有福之人"是中国民众心目中的人生追求。怎样才能称为"有福之人"？早在《尚书·洪范》中就已经提出了"五福"的概念，分别是"一曰寿，二曰富，三曰康宁，四曰攸好德，五曰考终命"。"寿"即长寿，希望生命的时间久长，被列为五福之首；"富"

* 郑土有，复旦大学中国语言文学系教授、博士生导师。

即富贵、富足；“康宁”指健康安逸；“攸好德”意为从善如流，品德被人称道；“考终命”指善终，没有疾病困扰，没有夭折横死。《韩非子》卷六中说：“全寿富贵之谓福。”东汉《说文解字》中对福的释义是：“福者，备也。备者百顺之名也，无所不顺者之谓备。”也就是说，一个人没有缺憾，所需要的全部能得到，这才称为福。民间春联中常见的“人臻五福，花满三春”“三阳临吉地，五福萃华门”“五福临门”等，表达的都是这种心愿。中国人这种人生理想追求可以说与道教有着极为密切的关系。

一、道教的生命观

“重人贵生”是道教的重要思想主张，从《道德经》的“摄生”“贵生”、《庄子》的“保生”“尽年”，到《吕氏春秋》的“贵生重己”、《太平经》的“乐生”“重生”等主张，再到《周易参同契》《抱朴子》《度人经》《西升经》等道教经典，始终贯穿着“重人贵生”的思想。道教的生命观建立在此思想基础之上，主要体现为以下三方面的特征：

第一，追求生命的无限延长，乃至于长生不死、与天地共存亡。东晋葛洪在《抱朴子·对俗》中说：“仙人或升天，或住地，要于俱长生。”人与自然万物一样，有生长、衰老、死亡的过程，这是自然规律。但道教坚信“我命在我不在天”①，相信通过自身的努力可以打破这种规律，如《抱朴子·金丹》中所说：“元君者，大神仙之人也。能调和阴阳，役使鬼神风雨，骖驾九龙十二白虎，天下众仙皆

① 见葛洪：《抱朴子·黄白篇》：“我命在我不在天，还丹成金亿万年。”张伯端《悟真·绝句六十四首》：“药逢气类方成象，道在虚无合自然，一粒灵丹吞入腹，始知我命不由天。”《西升经》：“我命在我，不属天地。我不视不听不知，神不出身，与道同久。吾与天地分一气而治，自守根本也。”

隶焉，犹言本学道服丹之所致也，非自然也。”

长生不死并非自然而然之事，需要经过一个艰难的修炼环节，主要分为两种：一是服食法。此法源于战国，《山海经》中记载的不死民就是靠吃甘木而长生的。王充《论衡·道虚篇》中引当时人观点说：“闻为道者服金玉之精，食紫芝英，食精身轻，故能神仙”，“世或以辟谷不食为道术之人，谓王子乔之辈以不食谷，与恒人殊食，故与恒人殊寿，逾百度世，故为仙人”。服食还有分为两类：其一是食药物，如茯苓、首乌、人参、松子等，认为“服食药物，转身益气，延年度世”；其二是服食金银玉石，如刘向《列仙传》中赤松子服水玉、印疏服石髓等。葛洪《抱朴子·仙药》中引《玉经》说：“服金者寿如金，服玉者寿如玉也。”道家丹鼎派则在此基础上进一步发展，讲究炼丹、服丹药。如葛洪《抱朴子·金丹》中说：“虽呼吸导引，及服草木之药，可得延年，不免于死也；服神丹令人寿无穷已，与天地相毕，乘云驾龙，上下太清。”“长生之道，不在祭祀鬼神也，不在导引与屈伸也，升仙之要，在神丹也。”而炼丹所需的矿物质，如硫磺、丹砂、雄黄等都产于深山。修道之人炼丹之时需选择名山，沐浴斋戒，择日而行，砌炉立鼎，相传“黄帝铸鼎于荆山鼎湖，得道而仙，乘龙而上”（《淮南子·原道训》高诱注）。至今在中国的许多名山中仍遗存炼丹炉遗迹。如浙江省杭州市西湖之北宝石山西面的葛岭之上，据石碑记载，东晋葛洪云游至此，见其地林泉清秀，风景幽雅，盛产红色宝石，于是便在此辟地结庐，炼丹修道，为民治病，至今存有双钱泉、炼丹台、炼丹井之迹。正因为如此，古时修仙之人往往自称为“山人”。二是辟谷食气导引法。此法也源于战国时期，彭祖便以导引行气而著称。但当时认为导引只能长寿不能长生，如《庄子·刻意》中说：“吹呴呼引，吐故纳新，熊经鸟申，为寿而已矣。”道教发展了导引行气可以长生的理

论："食草者善走而愚，食肉者多力而悍，食谷者智而不寿，食气者神明而不死。"[1] 故欲修仙，必须不食五谷杂粮、肉蛋蔬菜等日常食物，否则这些食物在肠胃中留下渣滓，减短人的寿命。因气质轻而可使人长生不死、轻举飞升。

特征之二，强调天人合一，人与自然的和谐相处，同时也要符合社会伦理。《老子》第二十五章说："人法地，地法天，天法道，道法自然。"《庄子·达生》云："天地者，万物之父母也。"道教认为宇宙自然是大天地，人则是小天地。人和自然在本质上是相通的，故一切人事均应顺乎自然规律，达到人与自然的和谐。葛洪认为："命之修短，实由所值，受气结胎，各有星宿。……命属生星，则其人必好仙道。好仙道者，求之亦必得也。命属死星，则其人亦不信仙道。不信仙道，则亦不自修其事也。"[2] 道教的"天人合一"观念与儒家的"天人合一"在某种方面是相通的，因此魏晋以后道教吸收了儒家的忠孝思想，出现了因"忠孝"而成仙的故事，如葛洪在《抱朴子·对俗》表述的"欲求仙者，要当以忠孝、和顺、仁信为本，若德行不修，而但务方术，皆不得长生也。""欲长生者，必欲积善立功"（《微旨》），"人欲立地仙，当立三百善；欲立天仙，立千二百善，若有千一百九十九善，而忽复中行一恶，则尽失前善，乃当复更其善数耳。……积善事未满，虽服仙药，亦无益也，若不服仙药，并行好事，虽未便得仙，亦可无卒死之祸矣"。这种思想在民间影响很大，因为它符合民众朴实的好有好报、恶有恶报观念，民间流传因积善而成仙的故事极多。如吴郡人沈羲为民消灾治病，救济百姓，但不知服食药物。他的善行感动了神仙，一日迎他夫妇

① 葛洪：《抱朴子·杂应》。
② 葛洪：《抱朴子·塞难》。

升天，太上老君赐以神丹、仙枣及一符。之后又请他先回人间，替百姓治病，如果想上天，只要把符悬挂在竹竿上就有神仙迎他升天。[①]

特征之三，延长的生命是一种有质量的生命，不受疾病贫穷困扰，不再为了生计而疲于奔命，享受自由幸福的生活。为了达到这个目的，道教赋予了神仙各种各样的仙术。道教与其他宗教的不同之处在于它肯定现世生活。如《吕氏春秋·仲春纪》中说："古之得道者，生以长寿，声色滋味，能久乐之。"《抱朴子·对俗》中说得更清楚："求长生者，正惜今日之所欲耳。"虽然道教也构建了一个属于彼岸的世界——仙界，但仙界并不那么遥不可及，而是无所不在；神仙与常人一样有七情六欲，享受现世生活。但他们超越了常人的种种局限，能够更好地享受生活。《庄子》中描写："藐射之山，有神人居焉，肌肤若冰雪，绰约若处子，不食五谷，吸风饮露，乘云气，御飞龙，而游于四海之外，其神凝，使不疵疠，而年谷熟。"[②]这就是神仙的生活。例如，常人不能飞翔，但神仙具有飞行术，如葛洪在《神仙传·彭祖传》中说："仙人者，或竦身入云，无翅而飞；或驾龙乘云，或化为鸟兽，浮游青云……"赤松子能"随风雨上下"，骑龙鸣乘龙上天，王乔能变为凫鸟飞至皇宫等。[③] 无论哪种形式皆能浮游云际、来往无拘。神人可以"入火不焦，入水不濡"[④]，甚至"大泽焚而不能热，河汉涸而不能寒"[⑤]。如幼伯子"冬着单衣，暑着褥袴"[⑥]；王仲都能隆冬寒天袒衣绕昆明池环冰而驰不觉寒冷，

① 葛洪：《神仙传》卷三。
② 庄周：《庄子·逍遥游》。
③ 刘向：《列仙传》。
④ 刘安：《淮南子·原道训》。
⑤ 刘安：《淮南子·精神训》。
⑥ 刘向：《列仙传·幼伯子传》。

大暑天围炉火而坐不出汗。[1] 神仙可以驾驭自然界的一切，如招厨术，想吃什么就可以得到什么；还可以役使鬼神，“令雨师洒道，使风伯埽尘，电以为鞭策，雷以为车”[2]，“臣雷公，役夸父”[3]。所有这些仙术助力神仙过上自由自在的生活。

道教的生命观虽然带有强烈的理想色彩，但它的核心是对人类生命奥秘的探索，希望超越人的生理、社会各方面的束缚，成为真正自由的人，同时又能满足人的各种享受欲望。

二、道教生命观与中国的地理环境、人文环境

道教生命观的理想植根于中国的沃土，与中国的自然环境、人文环境有密切的关系。

就自然环境而言，中国大部分地区属于中等程度，条件既不好也不差。既不像希伯来民族所处的环境是一片茫茫的沙漠，他们常常竭尽全力，而收获甚微；也不像古埃及人的自然条件极为优越，尼罗河水的周期泛滥给两岸带来大片肥沃的黑土，在这些土地上耕种的埃及人花力少而收获多。《孟子·梁惠王》中说：“不违农时，谷不可胜食也；数罟不入洿池，鱼鳖不可胜食也；斧斤以时入山林，材木不可胜用也。”虽稍有理想化，但基本上反映了我国古人的生活：只要遵循自然规律，经过辛勤劳动，就能满足人们的基本生活所需。这样的自然环境，造就了中国人勇于面对现实、吃苦耐劳的性格。

在此自然条件下，中国很早就进入了农耕文明时期。例如，近

---

① 桓谭：《新论》，上海人民出版社，1977 年，第 54 页。
② 刘安：《淮南子·原道训》。
③ 刘安：《淮南子·俶真训》。

几年在浙江中部浦江及其周边地区发掘的上山文化遗址，距今一万年左右，已有水稻种植；浙江余姚河姆渡遗址，距今七八千年，水稻种植技术已经相当成熟，在第四文化层中出土了大量交相叠压的稻谷、稻秆、稻叶、谷壳，厚度一般在20—50厘米之间，最厚处堆积达1米以上。从堆积的面积和厚度折算，稻谷总量在百吨以上。[①] 农耕生产的显著特点是对经验的极度重要，只要不误“农时”就有收成，误了“农时”往往颗粒无收。而在文字普及之前，“经验”往往是口传相授、代代相传的，因此在族群中无论是从上一辈传授下来的经验，还是自身的实践经验，年长者都是最为丰富的，他们成了族群中的宝贝，慢慢就形成了尊老的习俗。

就人文环境而言，至周朝，中国的宗法家族制度基本确立。这种制度以男性血缘为纽带、以同居共财为主要特点，夫妻子女、全家老少居住一堂，过着男耕女织的和谐生活。其中，男性老者在家族中属于最尊者，享有最高的权利，于是周朝的尊老、敬老制度和风气盛行，如《礼记·王制》中记载：“凡养老，有虞氏以燕礼，夏后氏以飨礼，殷人以食礼，周人修而兼用之。五十养于乡，六十养于国，七十养于学，达于诸侯。”《礼记·月令》中说：“仲秋之月……是月也，养衰老，授几杖，行糜粥饮食。”

这三种情况相互叠加，逐渐就形成了中国人重现世轻来世、重视现实享受的观念，由此也滋生了注重寿命长短的生命观。至迟在周朝，祈寿的思潮就已相当盛行。从《诗经》《尚书》等文献资料以及彝器铭文中可以发现，在西周时期出现了一种祈寿的社会思潮。《诗经》中有16篇中涉及“寿”，如《风·终南》：“终南何有？有纪

① 参见浙江省文物管理委员会：《河姆渡遗址第一期发掘报告》，《考古学报》1978年第1期；《河姆渡遗址第二期发掘的主要收获》，《文物》1980年第5期。

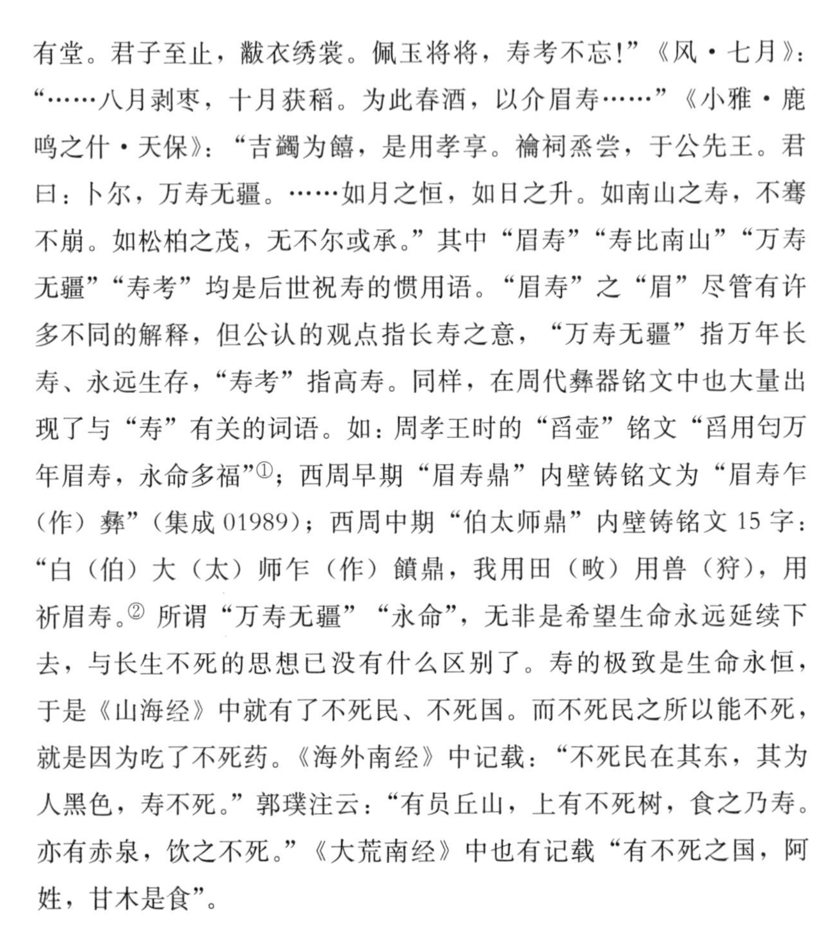
有堂。君子至止，黻衣绣裳。佩玉将将，寿考不忘!”《风·七月》：“……八月剥枣，十月获稻。为此春酒，以介眉寿……”《小雅·鹿鸣之什·天保》：“吉蠲为饎，是用孝享。禴祠烝尝，于公先王。君曰：卜尔，万寿无疆。……如月之恒，如日之升。如南山之寿，不骞不崩。如松柏之茂，无不尔或承。”其中“眉寿”“寿比南山”“万寿无疆”“寿考”均是后世祝寿的惯用语。“眉寿”之“眉”尽管有许多不同的解释，但公认的观点指长寿之意，“万寿无疆”指万年长寿、永远生存，“寿考”指高寿。同样，在周代彝器铭文中也大量出现了与“寿”有关的词语。如：周孝王时的“舀壶”铭文“舀用匄万年眉寿，永命多福”[①]；西周早期“眉寿鼎”内壁铸铭文为“眉寿乍（作）彝”（集成01989）；西周中期“伯太师鼎”内壁铸铭文15字：“白（伯）大（太）师乍（作）饋鼎，我用田（畋）用兽（狩），用祈眉寿。[②] 所谓“万寿无疆”“永命”，无非是希望生命永远延续下去，与长生不死的思想已没有什么区别了。寿的极致是生命永恒，于是《山海经》中就有了不死民、不死国。而不死民之所以能不死，就是因为吃了不死药。《海外南经》中记载：“不死民在其东，其为人黑色，寿不死。”郭璞注云：“有员丘山，上有不死树，食之乃寿。亦有赤泉，饮之不死。”《大荒南经》中也有记载“有不死之国，阿姓，甘木是食”。

道教的生命观正是建立在这基础之上的，是上述观念的升华和具象化。正如英国著名学者李约瑟所说，“长寿或长生不死的观念，或青春或永生的概念则只源于中国”，“从希腊作家的著作中就找不

① 郭沫若：《两周金文辞大系》，东京株式会社开明堂，昭和7年11月10日，第84页。

②《考古》1999年第4期，第18页图3。

到任何有关长生之药和永生的记述”。[①] 日本道教学者窪德忠也认为：“在地球上无限延长自己的生命。似乎可以认为现实的人使具有天生肉体的生命无限延长，并永享快乐的欲望导致了产生神仙说这一特异思想。这种思想在其它国家是没有的。”[②] 周朝以来的祈寿思潮导致了神仙学说的出现，促使了道教的形成。

三、道教生命观对中国人的影响

正是因为道教源自中国这方沃土，而一旦作为宗教进入信仰领域，也就很容易被中国人所接受，影响到中国人生活的方方面面。其生命观对中国人的人生理想影响尤其巨大。

首先，是体现在对生命价值的看法方面。衡量一个人生命价值的高低是什么？西方普遍的观念是生命的厚度高于生命的长度。罗马哲学家塞涅卡（Seneca）认为你是否活得长命不是重要的，重要的是你是否活得正确；蒙田也在他的名言中说：“生命的衡量标准，不是它的时间长短，而是你利用它的方式。”拜伦“宁愿轰轰烈烈短命而死，也不愿平平庸庸长久而活”的名句，成为了西方文化生命价值观的经典诠释。而中国人的观念正好与之截然相反，生命的价值并不在于生命的质量而是生命的长度，活得长寿的人才是有福气的人。这种观念可以说是中国社会普遍的认知。俗语说“当了皇帝还想当神仙”，做了皇帝可以说是轰轰烈烈了，但更在意的是当神仙，长命百岁，从秦始皇、汉武帝、唐太宗到宋神宗、元太祖、明世宗、清雍正，历朝的皇帝莫不如此，汉武帝得知方士说黄帝是铸鼎炼丹

① 李约瑟：《中国古代金丹术的医药化学特征及其方术的西传》，载《中华文史丛论》1979 年第 3 期。

② 窪德忠：《道教史》，萧坤华译，上海译文出版社，1987 年，第 55—56 页。

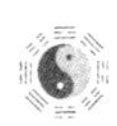

后成仙的，感叹“吾诚得如黄帝，吾视去妻子如脱履耳”[①]。道骨仙风的老人受到全社会的尊重，普通人见到老者经常问的是“您高寿多少？”很难说这两种生命观的价值孰高孰低。2019 年底以来肆虐全球的新冠肺炎疫情，中国人很自觉地遵守政府的号召，戴口罩、勤洗手，从个人的角度而言是保护了自身的身体健康，从国家的角度来说是使得疫情很快得到了控制；而不像西方一些国家的人拒绝戴口罩，甚至为此举行大规模的游行示威，其实就是这种生命观在日常生活中的具体呈现。

其次，是重视现世生活，享受和谐的家庭生活。俗语说“好死不如赖活着”，表面意思为痛痛快快地死去还不如病恹恹地活着，实际的意思则是活着总比死了好，只要活着，虽然活得很艰难甚至是绝望，但总是存在着“希望”！如果死了，什么“可能性”都不复存在了。对于这句俗语，我们也可以理解为中国人对生活的乐观态度和对现世生活的留恋。这也与道教的影响密切相关。基督教认为人类从始祖起就犯了罪，并在罪中受苦，只有信仰上帝及其儿子耶稣基督才能获救，死后才能升入天堂；佛教把现实人生断定为“无常”“无我”“苦”，“苦”的原因既不在超现实的梵天，也不在社会环境，而由每人自身的“惑”“业”所致。“惑”指贪、嗔、痴等烦恼，“业”指身、口、意等活动。“惑”“业”为因，造成生死不息之果；根据善恶行为，轮回报应。故摆脱痛苦之路，唯有依经、律、论三藏，修持戒、定、慧三学，彻底转变自己世俗欲望和认识，超出生死轮回范围，达到这种转变的最高目标叫作“涅槃”或“解脱”。伊斯兰教认为现世结束以后，就进入一个彼岸世界，也就是后世，在那里有天国和火狱。世界末日来临时，每个人都要接受末日的审判，

---

①《史记·封禅书》。

在现世顺从安拉的意志而行善的人，永享天国之幸福，违逆作恶的人则被打入火狱。现世与后世相比，现世是短暂的，后世则是永存的，它是人真正的和最终的归宿。几乎所有宗教都主张来世说，即人来到世上是短暂的，只有相信宗教所信奉的神灵，遵从神的旨意行事，死后才能进入天堂，永远享受幸福快乐。而道教是入世的宗教，不像其他宗教把现世生活当作一种苦难，而是肯定现世的生活，就像有些修道者，金丹炼成了，但他们不愿意进入仙界，而只服下半颗金丹成为地仙，继续留在人间生活。《太平广记》卷六十八《郭翰》中的织女甚至发出“天上哪有人间乐”的感慨，也是表明神仙羡慕人世间的生活。当然道教肯定现世生活的前提是修炼成仙，长生不老，拥有仙术。这也促使了中国社会敬老习俗的盛行，道教中的王母、寿星、八仙都成了人们祈寿的对象。如司马贞《通典·礼回》中记载：“寿星，盖南极老人星也。见则天下理安，故祠之，以祈福寿。”家中晚辈每年在长辈的生日这一天定期举行祝寿的仪式，为长辈消灾除病、祈求健康长寿，甚至出现借寿的做法。胡朴安在《中华全国风俗志》下篇卷三中，记载江苏地区的民间习俗：如果有人重病不起，求医吃药皆无效，家人和亲友便认为他寿数已到，为了挽救病者的生命，亲戚朋友中的一些最要好者密谋举行借寿活动。其办法是亲戚朋友中自愿借寿者悄悄相邀十人，然后一起到寺庙中烧香许愿、求神拜佛，表示各自愿意献出一年的寿命给生病者，祈求神灵延长病者的寿命，让病者痊愈，得以料理家中未处理完的事。如果病者真的从此好起来了，全家及借寿者还要到寺庙中谢神还愿；要是病者死了，借寿者也要到寺庙中烧香，向神灵说明病者没有接受他们的借寿，向神灵要回未曾献出的一年的寿命。子孝父（母）慈、儿孙绕膝是中国人所追求的理想生活。

第三，是重视养生，珍惜生命。道教“贵生”，历代高道为了修

炼，在长期的实践过程中逐渐孕育和形成了我国古代的化学、冶炼术、医药学、养生学、性学、本草学，形成了道教武术和气功。道教的修炼方法和实践虽然不可能帮助人类实现“长生不死”的愿望，但这种探索在本质上体现了人类追求健康长寿、打破自然力量束缚的愿望和追求，实际上是人类旨在提高生命力和健康长寿水平的努力和活动，对人类的身体健康确实是有帮助的。这种观念对中国民众的影响极大，养生学发达，各种健身活动五花八门，如源于道教阴阳太极学说的太极拳，成为了千百年来中国民众普遍喜爱的健身运动。今天中国普通民众的生活富裕了，最大的愿望就是能够健康长寿，现在风靡全国的广场舞就是明证。

总之，道教的生命观源自于中国的生存环境和人文环境，是对中国人生命理想的提炼和升华。而道教形成以后，又进一步强化了这种理想，在生命价值的认识、人生理想追求等方面体现了鲜明的中国特色。

道教神学观的思想史价值

张兴发*

摘　要：道教神学历经千百来的发展，形成了丰富的神学经典著作和神学思想史，通过对神学经典的考察，可以清晰地追寻出道教神学观思想的发展史，探索出道教神学观思想的发展脉络及其丰富内涵，进而总结出道教神学观的思想史在社会、文化、人生等方面的价值。

关键词：道教神学；神学观；思想史

一、道教神学的定义

对于道教神学这一概念的提出，陈耀庭教授在其专著《道教神学概论》中进行了总结，认为道教神学是道教有神论思想的全部内容。[①] 石衍丰在《浅谈道教神学与传统文化》一文中讨论道教神学与传统文化的关系；李远国在《三清、玉皇信仰考》《试论道教教义思

---

* 张兴发，中国人民大学博士，中国宗教学会理事，北京市道教协会副秘书长，北京居庸关长城城隍庙住持。

① 陈耀庭：《道教神学概论》，北京：宗教文化出版社，2016 年，第 13 页。

想中的三大特性》二文中从道教神仙谱系的角度探讨了道教的神学思想；卢国龙在《道教哲学》一书中将道教神学视为中国神学的继承。

尽管道教神学的概念屡次被提及，但是对这一概念进行定义者还不多。笔者在新版的《道教神仙信仰》一书专门探讨了这一问题，认为所谓道教神学指道教的神仙学说，包括神学和仙学。[1] 陈耀庭教授认为道教神学是道教有神论思想的全部内容，认为道教神学是以“道”和“德”为核心，以神为道德的体现，以天道、地道、人道和鬼神之道为四个基本要素组成的有神论的思想体系，[2] 并将道教神学分为道德神学、创世神学、神仙神学、社会神学、自然神学、灵魂神学、道士神学、经籍神学、斋醮神学、修炼神学、伦理神学、教团神学十二大类。[3] 当然这是从内容上分的，如果从身份上看还可分为教内神学和教外神学；从比较学研究上看，还可分为比较神学，诚然神学不是基督教的专利，任何宗教均有自己的神学，可以进行比较性研究。何建明教授认为道化为神即为道教神学，得道成仙即为道教仙学，称道教有云：“一气分为玄、元、宝三气”“一气化三清”等；在道教的发展历程中，自然也形成了一整套道家独有的神学体系。不仅有谱系完整、层次分明的修道传统、神灵系统，对整个道教的著名人物（仙）的典故也有着详尽的记载，如“广成长生”“龙伯钓鳌”“子晋登仙”“张仙打狗”等；在道教神学系统中，认为“神为道子，以气为母”，对人与神的关系则有“功德成神论”，认为人的功德积累到了一定的程度便自然会成为神，仙之修神之路亦是如此，而与之相反，若是功德不多反而作孽，则会引来恶鬼作恶，

① 张兴发：《道教神仙信仰》，宗教文化出版社，2020 年，第 15 页。
② 陈耀庭：《道教神学概论》，第 13—17 页。
③ 陈耀庭：《道教神学概论》，第 17—25 页。

重者甚至会带来严重的自然灾害等。最后还提到非命而死之人则会变为厉鬼为害于人间，非到其怨恨消解或是有人超度不可去也；道教以追求“道”为终极目的，自然免不了其独特的“仙学”的存在，认为“仙道贵生，鬼道贵终，生道合一”，即修仙的过程即是养生、修生的过程，长生往往便是得道者的象征，故有“道价”与“生价”等的说法；在修行的过程方面，讲求“我命在我不在天”“修内行外谓之仙”“清静无为即为道”，主张修道、修仙者内外结合，强调个体的主观能动性，又要契合“道”的本质，积善成仙，才能最终达到“仙道”，最后道教也依据功德将仙划分为了各个等级，即所谓的“仙品论”。[①] 二位教授的认识并不矛盾，最后的宗旨均落在了道德层面，无道不成仙，成仙并备德。

道教神学谈论是道教徒信仰神仙的问题，他主要从信仰的角度出发，从信仰的情感出发来讨论道教的神仙信仰，没有从学术的角度来探讨道教徒信仰神仙的内容。尽管如此，他也离不开宗教学术的视角，巧妙地运用了学术的方法来厘清道教神仙信仰的诸多问题，虽然没有形成学术研究的体系，但仍然有着道教自身独特的结构。

道教神仙信仰与道教神学的共同点在于均是探讨道教神仙及其信仰的问题，对道教神仙的核心“道”与“德”有着认同感，对于修道成仙和功德成神有着基本一致的观点，所以说二者的本质是一致的。

当然道教神仙信仰与道教神学也是有区别的，道教神仙信仰除了神仙知识的普及外，更注重研究道教信仰者的宗教情怀，努力弄清道教信仰者信仰神仙的心理，以及他们努力实践神仙信仰的艰苦

① 何建明：《道教的三维本体结构》，中国人民大学佛教与宗教理论研究所“宗教与当代社会系列讲座”，2017 年 4 月 12 日。

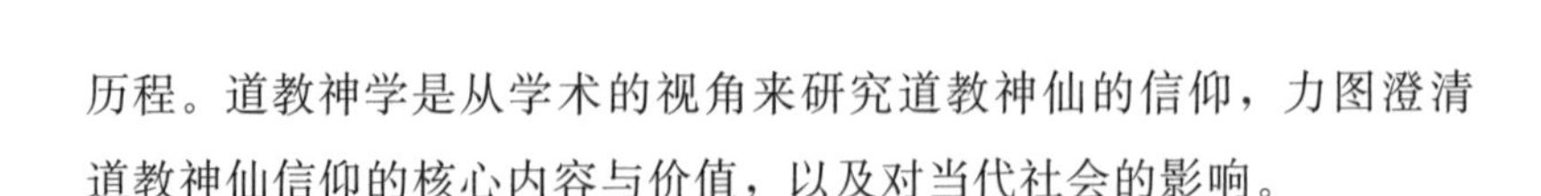

历程。道教神学是从学术的视角来研究道教神仙的信仰，力图澄清道教神仙信仰的核心内容与价值，以及对当代社会的影响。

二、道教神学观的思想发展史

道教神学思想渊远流长，影响深远。从远古的先民时期就在人们心目中蔓衍流传，最早见诸于文字的是“黄帝学道于崆峒，问道于广成子”自此神仙传说被人们广泛称载传颂。

先秦时期，《山海经》《老子》《庄子》《列子》等描述了许多有关神人、仙人、真人、至人的传说，使神学思想愈演愈盛。《山海经》说：有一座叫昆仑的大山，是天帝的下都，是百神所居住的地方。山上有状如羊且长着角的怪兽，有状如蜂且大如鸳鸯的鸟。有“状如棠，黄华赤实，其味如李而无核”的果树。有“状如葵，其味如葱”，吃了不疲劳的草。《大荒西经》中还说山中有神人名叫西王母，并称山中万物应有尽有。《海内西经》又说：昆仑山处于西北，有许多明兽、凤凰等珍商异兽生活在中间，有不死树和掌管不之药的巫彭等仙人。《山海经》还记述了中国古代传说中的帝王，如黄帝、女娲、伏羲、炎帝、少昊、颛顼、帝尧、帝舜、帝禹等。道教从道祖老子开始便有了神仙信仰的影子，老子曰：“道生一，一生二，二生三，三生万物。万物负阴而抱阳，冲气以为和。”“有物混成，先天地生。寂兮寥兮，独立而不改，周行而不殆，可以为天下母。吾不知其名，强名曰道。”生天、生地、生万物的“道”在老子的心目中有超越神仙的能力，某种程度上讲，是神仙的化身。《庄子·逍遥游》中说：在遥远的姑射山上，居住着一位神人，他的肌肤就像冰雪一样洁白，容态犹如处女一般柔美，不吃五谷，吸清风饮朝露，乘着云气，驾御着飞龙，遨游于四海之外，他的精神凝聚，使物不受灾害，谷物丰熟。《天地篇》中说：人在凡世活到一千岁就十分厌倦了，抛开凡世升仙而去；乘着白云到达神仙境地，任何忧患都不会侵扰他，身体常常没有疾病和伤害。《列子》则说：大海上有五座大山，一叫岱舆，二叫员峤，三叫方壶，四叫瀛洲，五叫蓬莱；每座山下方圆三万里，山顶平地九千里；山与山之间，相距七万里，彼此分列着；山上的楼台亭阁都是金玉建造的，飞鸟走兽毛色均纯净洁白，珍珠宝石树遍地丛生，丰盛美味的瓜果到处都是，吃了就可以长生；山上居住的都是仙圣一类的人，一早一晚，飞来飞去，相互交往，不可胜数。屈原《楚辞·远游》中更是一幅生动的神仙游乐图，其中列举的仙人有轩辕赤松、王乔、韩终等。在此神学思想的影响下，社会上出现了很多修仙隐士和神仙方士，他们继承了黄帝、老子、庄子的道家神仙学说，一方面追求修炼成仙，一方面宣传长生不死，被人们称为神仙家，促使得道成仙活动蔚然成风。

在神学思想的影响下，秦王嬴政一统天下后，自称始皇帝，追求长生不老之道，广慕天下方士，寻求长生不死之药。他曾封禅泰山，巡游海上，期望见到仙人，得到庇护，并派徐福率童男童女三千人入海寻找“三神山”。《史记·秦始皇本纪》说：“齐人徐市等上书，言海上有三神山，名曰蓬莱、方丈、瀛洲，仙人居之。请得斋戒，与童男童女求之，于是遣徐市发童男童女数千人，入海求仙人。”[1] 秦始皇希望通过徐福找到三神山得到不死之药，从而为历代帝王信奉神仙树立了榜样。

秦始皇求仙之举不得结果并没有使神仙信仰浪潮减弱，反而使宣扬神仙方术的方士队伍越来越壮大。如谷水给汉成帝上书云：“汉

① 张大可注释：《史记新注》，华文出版社，2000 年，第 118 页。

兴，新垣平，齐人少翁、公孙卿、栾大等皆以仙人黄冶、祭祀、事鬼、使物、入海求神、采药贵幸，赏赐累千金，……元鼎、元封之际，燕、齐之间方士瞋目扼腕，言有神仙祭祀致福之术者以万数。”[①]可见人数之多、气势之壮观，至汉武帝时更为兴盛。汉武帝生性喜好神秘事物，对得道成仙深为热衷，当时方士李少君以祠灶、谷道、却老方拜见他，深得他的喜爱。李少君说：“祠灶则致物，致物而丹砂可化为黄金，黄金成以为饮食器则益寿，益寿而海中蓬莱仙者可见，见之以封禅则不死，黄帝是也。臣尝游海上，见安期生，食巨枣，大如瓜。安期生仙者，通蓬莱中，合则见人，不合则隐。”[②] 汉武帝对李少君所言深信不疑，于是“亲祠灶，而遣方士入海求蓬莱安期生之属，而事化丹砂诸药齐为黄金矣”[③]。李少君仙逝后，汉武帝称他化去，即尸解成仙。继李少君后活跃于汉武帝身边的方士还有宽舒、薄诱、少翁、栾大、公孙卿等，他们有的建议祠太一，有的主张建立能与神灵相交感的宫殿。为此汉武帝命人修建了柏梁台、通天台、铜柱、承露盘、仙人掌等，以便迎接神仙下凡。这便是汉武帝时期神仙学思想的新特点：一是信奉神仙下凡，二是信奉帝王升天。可见到汉武帝时，方士们继续得到朝廷信任。李少翁、少君、栾大、公孙卿等都是皇帝宠信的人，他们说有方法得到仙药，能使人成仙登天，并向汉武帝传授节食、服药、炼丹、祀灶、封禅等方术，长达四十五年之久，进一步为道教神仙学思想推波助澜。

至此，经过秦皇汉武两次推动，使神仙学思想中的求仙活动和修道实践，在中国古代社会上造成了广泛的影响，成为了中华民族根深蒂固的传统观念，深入人心。此后，方士们还利用方术，大作

① 班固：《汉书》，中华书局，1999 年，第 1042 页。
② 班固：《汉书》，中华书局，1999 年，第 1012 页。
③ 班固：《汉书》，中华书局，1999 年，第 1012 页。

谶纬，将神仙方术杂揉谶纬引入到经学当中，从而得到了除帝王以外的诸侯大臣们的喜欢，如淮南王刘安、韩阳侯等，淮南王刘安当时“招致宾客方术之士数千人，作《内书》一篇，《外书》甚众，又有《中篇》八卷，言神仙黄白之术，亦有二十余万言”[1]。这些都是有关神仙方术的最早著作。由于统治者的支持与追求，逐渐使方仙思想盛行开来，方士们也进一步把神仙方术系统化和理论化，使神学思想不断丰富多彩。

东汉，作为“道”的缔造者老子已经被道教视为神并等同于道而被崇拜。东汉明帝、章帝时益州太守王阜《老子圣母碑》说：“老子者，道也。乃生于无形之先，起于太初之前，行于太素之元，浮游六虚，出入幽冥，观混合之未判，窥浊清之未分。”东汉顺帝时，张道陵创立道教教团，使道家、神仙家、炼养家、方士、隐士等找到了归属，使中国古老的神学得到了继承和发扬，也使道教神学思想体系得到了充实和发展。他著《老子想尔注》说：“一者，道也……一散形为气，聚则为太上老君，常治昆仑，或言虚无，或言自然，或言无名，皆同上耳。”这时追求长生成仙的方式也由原来侧重于求仙变成了全丹成仙之道（重于实践），出现了魏伯阳、葛洪、陶弘景等道教神仙家。东汉魏伯阳根据《周易》的阴阳原理，参合黄老自然之道，讲述炉火炼丹之事，著成《周易参同契》一书，成为“万古丹经王”。葛洪在“神仙必有，长生可致”理论的前提下，提出服食金丹可使人永远固形，达到不老不死，并提出人之死亡必有别的原因，让世人找出这个原因，去努力地加以克服。葛洪说：“若夫仙人，以药物养生，以术数延命，使内疾不生，外患不内。虽久视不死，而旧身不改，苟有其道，无以为难也。”（《抱朴子·论

① 班固：《汉书》，中华书局，1999年，第1652页。

仙》）这里葛洪不仅仅称“神仙有种”，而且说只要药物和术数的修炼，即可成为神仙。嵇康亦曰：“夫神仙虽不目视，然典籍所载。前史所传，转而论之，其必有矣。”（《养生论》）南朝梁道士陶弘景著作《真灵位业图》，将五百多位天神、地祇、仙真、人鬼按七个阶次有次序地排列起来。每一阶次都有中位、左位、右位、女真位、散位、地仙散位若干尊神统领本阶层的各路神仙。七个阶次的中位神为：第一上清虚皇道君，应号无始天尊，第二上清高圣太上玉晨玄皇大道君；第三太极金阙帝君，姓李，第四太清太上老君及上皇太上无上大道君，第五九宫上节，第六右禁郎定录真君中茅君，第七酆都北阴大帝。从而出现了道教史上第一个神谱，虽然并未完全系统化，但是为后来的道教神谱奠定了基础。其实这一阶段还存在一个各派所奉最高神不一致的问题，正一盟威之道、楼观道一直奉太上老君为最高神，而上清派、灵宝派则奉元始天尊、太上大道君（或称灵宝天尊）为最高神，这种情况也不利于道教的传播。后来一些道教徒将各派所奉的最高神融合在一起，组成了能够共同接收的最高神，这就是后来三位一体的道教最高神“三清”。陶弘景的《真灵位业图》即表现了这种倾向，其第一中位元始天尊之下，所列皆为天帝、道君、元君，并无地祇、人鬼，而第二中位玉晨大道君之下，则纳入了魏华存、许穆、许翩等上清派的创始人，第三中位金阙帝君之下，纳入了徐来勒、葛玄等灵宝派的创始人，第四中位太上老君之下，纳入以张道陵为代表的天师道的创始人。这样既解决了最高神的问题，又解决了派别之间的矛盾。实际上这四位尊神的名目和地位已经具备了“三清”的特征，实为“三清”的雏形。

隋唐时期，道教“玄学”已经发展成了“重玄之学”，加之道家老庄哲学和佛教思潮的影响，道教神学思想的内涵又发生了很大的变化。也就是说由原来追求肉体上的长生，逐渐转变成追求精神上的永恒，出现了成玄英、李荣、司马承祯一些高道。成玄英注疏《庄子》，认为形体对人来说并不重要，而是要从精神上去理解成仙，称“夫体道圣人，忘怀冥物，虽涉事有而不以为务，混迹尘俗，泊尔无心，岂措意存情，从于事物”“体道圣人，境智冥符，能所虚会，超兹四句，离彼百非，故得久视长生”“善摄生人，忘乎身相，即身无身，故无地之可死也”“相与忘生，复忘死，死生混一，故顺化无穷”。是说一旦忘记了生死，就超越了生死。李荣比成玄英更深入，认为不但要忘记形体，而且要忘记精神，做到物我两忘，如其解释老子“谷神”时称“能空其形神，丧于物我，出无根，气聚不以为生，入气穷，气散不以为死，不死不生，此谷神之义也”。然而道教传统上的修道成仙说又离不开形、炁、神，于是司马承祯说：“道有深力，徐易形神，形随道通，与神合一，谓之神人。神性虚融，体无变灭，形与道同，故无生死。隐则形同于神，显则神同于炁，所以蹈水火而无害，对日月而无影，存己在己，出入无间。”从而解决了神仙学说中形与神的问题，也就是说无形无神，是形神已与道同，与大道一体，融合于道炁之中。吴筠在《玄纲论》中称“道”是“虚无之系，造化之根，神明之本，天地之元。”十分明确地说道是宇宙的本原，天地万物的根本，天地是“道”产生并主宰的，人和万物也是由“道”诞生主宰的，化生天地万物的“道”又是“神明之本”，也是由“道”产生和主宰的。吴筠的这种观点是有依据的，早在汉代时，作为“道”的缔造者老子已经被道教视为神并等同于道而被崇拜。

唐中叶以后，典籍中便有了三清观和三清殿的记载。如徐铉著有《筠州清江县重修三清观记》，文说观为纪念吴猛和许逊二真君而建，始称草堂道院，开成（836—840）中，始诏赐号三清之观，自时厥后，又愈十纪，……建三清殿，造皇室之台，设待宾之区，敞

饭贤之室。此时唐代道教斋醮之神中也有了三清的神位，《茶香室丛钞》卷十四《三清》条云：“唐杨钜《翰林学士院旧规·道门青词例》云：谨稽首上启：虚无自然元始天尊、太上道君、太上老君、三清众圣。”① 唐杜光庭《道门科范大全集》卷四至卷六首列：“虚无自然元始天尊、无极大道太上大道君、大圣祖高上大道金阙玄元天皇大帝。”② 可见唐代中叶后三清尊神的地位最终确立了。与此同时，其余的神仙也在编定之中。在杜光庭所列的三清之后，所列之神为：玉皇、紫微大天帝、北斗九星君、三官、五帝、九府四司诸君、六十甲子本命星君、玄中大法师、三天大法师等。表明道教神仙谱系仍在编定之中。

宋元至明清，道教出现了一个新的派别——全真道，使道教神学思想又有了新的内容。全真道从心与性、性与命的角度出发，既强调修炼神仙，又追求超越神仙信仰，突出体现了全真道性命之主旨。全真道以心为本体，主张明心见性，再以性为神，以命为炁，主张性命双修。如全真南宗白玉蟾《海琼白真人语录》曰：“丹者心也，心者神也。阳神谓之阳丹，阴神谓之阴丹，其实皆内丹也。脱胎换骨，身外有身，聚则成形，散则成炁，此阳神也，一念情灵，魂识未散，如梦如影，其类乎鬼，此阴神也。”③ 又如王重阳说：“真性不乱，万缘不挂，不去不来，此是长生不死也。”④ 邱处机说：“吾宗所以不言长生者，非不长生，超之也。”⑤ 意思是说所谓的长生，就是在长生之外，而不在长生之内，即超乎长生，修炼之时，心中

① 俞樾：《茶香室丛钞》，中华书局，1986 年，第 303 页。
② 《道藏》第 31 册，第 766 页。
③ 彭耜编：《海琼白真人语录》，《道藏》第 33 册，第 115 页。
④ 王重阳：《重阳真人授丹阳真人二十四诀》，《道藏》第 25 册，第 807 页。
⑤ 丘处机：《长春祖师语录》，张兴发：《道教神仙信仰》，中国社会科学出版社，2001 年，第 11 页。

下念长生而自然能够长生。在修仙方法上提出道化神，神化气，气化形，是为顺生；精化气，气化神，神还虚，是为逆生；这便是从谭峭《化书》提出"神与道合，则道为我身"① 神仙思想的表现。在道教神仙谱系方面，由于斋醮的原因，促使道教神仙谱系最终定型。北宋的真宗、徽宗等都是十分有名的崇道皇帝，他们曾给神仙诸多封号。为了醮神的需要，曾命令道士和大臣整理道教斋醮科仪，道士王钦若就曾因此而著有《列宿万灵朝真图》《罗天大醮仪》等，林灵素亦曾"被旨修正一黄箓青醮科仪，编排三界圣位"② 的工作。南宋金允中《上清灵宝大法》中编制的黄箓大醮神名即根据他们的成果改成，其卷三十九所列三百六十分位神仙名单，按其性质、品第，可分为以下十一个等次：(1) 三清、四御；(2) 南极长生大帝、东极救苦天尊、木公道君、金母元君及三十二天帝；(3) 十太一、日月五星、北斗、二十八星宿；(4) 五帝、三官、四圣；(5) 历代传经著名法师；(6) 魔王、神王、仙官；(7) 五岳及丰都地府诸神，(8) 扶桑大帝及水府诸神；(9) 天枢院、驱邪院雷府等主宰及诸神；(10) 各种功曹、使者、金童、玉女、香官、吏役等；(11) 城隍、土地及所属神众。经过这样的整理后，十分庞杂的神仙队伍就较有系统了。自明清以后，由于道教教派发展缓慢，导致道教的神学思想开始由上层社会逐渐走向民间，进而得到了广大民众更深入的信仰。

近现代，由于道教仙学的兴起，使道教神仙修炼开始与现代自然科学相结合，道教神学思想又有了新的发展。仙学著名的代表者是道教大师陈撄宁，他在继承传统仙学的基础上，援引科学解释来改进仙学。他的学生张化生评价说："当兹生物学、生理学、生殖

① 谭峭：《化书》，《道藏》第 18 册，第 589 页。

② 赵道一撰：《历世真仙体道通鉴》，卢国龙整理，海南国际图书出版中心，1996 年，第 1201 页。

学、生态学、发生学、化学、物理学等大明之时，似宜适应新潮，将仙术建筑在科学的地平线上，俾唯心唯物之粗暴威权，消融翔洽于唯生的大化炉中，造成生平和乐的世界。”① 表明了他对待仙学与科学两者之间的态度。对于长生，他认为长生不是永生，而是对生命的延长，并直接说明“人生在世，有生就有死，有死必有生，古之称之为造化。有生为造，有死为化。而在修炼大道的人，偏要打破这个生死常规，做到长生久视，以与造化相抗衡。如果缺乏超群的毅力、深厚的道德、高远的智慧，结果定难实现”②。并自己发愿：“定要永久长住在这个世界上，改造此世界，方见得道家真实的力量比任何宗教为伟大。”③ 对于成仙，他认为“抽尽秽浊之躯，变得纯阳之体，累积长久，化形而仙”④ 至于修道成仙的方法，他创造了三元丹法，即天元丹法，亦称大丹，指清修，地元丹法，亦称神丹，指外丹，人元丹法，亦称金丹，指性命双修。进而言之，分为静功、动功、女丹修炼等等。在对待仙学与道教信仰的问题，他提出仙学可以与信仰分离，也就是说不信教的人也可以修炼仙学，从而使神仙信仰更有了广泛的空间。近年胡海牙、田诚阳分别编著《仙学指南》和《仙学详述》两本专门介绍陈撄宁仙学的书，更为仙学注入了新的力量。

三、道教神学观的思想史价值

道教神学观历经几千年的发展，不仅丰富了中华文化的内涵，

① 陈撄宁：《仙学解秘：道家养生秘库》，大连出版社，1991 年，第 529—530 页。
② 田诚阳：《仙学详述》，宗教文化出版社，1999 年，第 194 页。
③ 牟钟鉴：《长生成仙说的历史考察与现代诠释》，《上海道教》1999 年第 3 期，第 12—14 页。
④ 牟钟鉴：《长生成仙说的历史考察与现代诠释》，第 12—14 页。

而且对人类的精神世界产生了极其深远的影响，并且对道教建立信仰和社会发展产生了积极作用。

第一，道教神学观不仅奠定了道教的信仰基础，而且完善了道教神仙信仰理论体系。道教的根本信仰为道和德，道德的体现即是神仙。“道”是道教的最高信仰和教义理论，也是道教神仙的基本依据。神灵不具有道性，无从成其为道教神仙。道教视老子为道的体现和化身，如谢守灏《混元圣纪》曰：“太上老君者，大道之主宰，万教之宗元，出乎太元之先，起乎无极之源。”[①]《道教义枢》认为“道德一体”，二者方向一致。唐玄宗御注《道德经》说：“道之在我之谓德”“道生德育”。就是说道是内在的主宰，德是外在的表现，也就是说德是道的体现。质而言之，道衍化了神仙，神仙是道德的体现。在这一思想理论基础上，道教形成了自己了神仙谱系，构建了道德、修炼、斋醮、道士等神学理论。

第二，道教神学观产生了广泛而深远的社会功能。在神学思想的影响下，神仙信仰成为神学主要内容。因为修道成仙是道教徒终极追求的目标，神仙是道教徒修道成仙的榜样，神仙事迹是道教徒实现成仙的楷模。自此对人类社会产生了一些积极的有利的因素，这些因素主要表现在劝善、济世、稳定社会、民俗文化等方面。

在道教神学里，劝善始终是其重要内容和精神旨趣。如果我们对由神学而引起的神话进行根本剖析，便会发现其真正的内在价值——社会伦理教化功能。马林诺夫斯基在《文化论》一书中指出：“神话的功能就在于它能够用往事和前例来证明现存社会秩序的合理，并提供给现存社会以过去的道德价值的模式，社会关系的安排，以及巫术的信仰等。神话自有其另成一格的功能，这功能和传统与

① 《道藏》第17册，第780页。

信仰的性质，文化的绵续，老幼的关系，以及人类对于过去的态度等，都有密切的关系。其功能在于追溯到一种更高尚，更美满，更超自然的，和更有效的原始事件，作为社会传统的起源，而加强这种传统力量，并赋予它以更大的价值和地位。”[①] 考察中国漫长的神话史，我们不仅发现上述内容的正确性，而且发现神仙学有一种伦理载体的社会功能。主要是以抑恶扬善的形式，劝导世人以善为寿，修道成仙。首先，道教告诉世人神仙拥有一个永恒不灭的生命，神仙超越了自然和社会的束缚，生活于自由自在的空间。神仙所拥有的长生、不死、极乐的美好生命境界，从而激动了世人的向往之情。而所有的一切都是美好善良的象征，促使世人通过这种境界明白一个道理：只有在身心健康的情况下才能够学得神仙之道，才能够达到这种境界，才能够影响他人，积极向善。其次，道教认为通过主观上的修道过程，可以实现由凡而仙的转化，即得道成仙。仙境的美好，神仙的自由无不激励着世人去向往，而达到这种境界的前提则是得道成仙，得道是成仙的前提，修道是得道的前提，这个道即是老子的“长生、久视之道”[②]，前提是把行善作为成仙之因，把成仙作为成仙之果。《太上洞玄灵宝本行宿缘经》认为行善必得福报，福报的最高层次就是“飞仙”。

道教引导世人信仰神仙、与人为善的时候，产生的效应就是有利于社会，造福于人类，即济世贵生。道教通过济世贵生思想的宣传，积极劝导世人济世利物，积功累德，成为神仙，可见济世利物、积功累德是成仙的前提，也就是在这种思想指引下，道教神仙信仰有了济世的功能。自古以来，大凡成仙得道之士，在济世利物、积

---

① 马林洛夫斯基：《文化论》，费孝通等译，中国民间文化出版社，1987 年，第 73 页。

② 陈鼓应注译：《老子今注今译》，商务印书馆，2006 年，第 288 页。

功累德这个大前提下，不例外以下几个达仙途径：1. 救死扶伤，治病救人；2. 兴利除害，造福于民；3. 扬善施财，济贫拔苦。

人们在信仰神仙的过程中，相信善恶报应、行善积德和慈爱亲和等是修仙的基础，而这些思想恰恰是造成社会稳定的有利因素之一，是创造社会安定团结不容忽视的措施。道教认为天地间有司过之神，按照人犯错轻重进行惩罚，并予以计算，犯错少则灾难少，多则忧患重，人们都害怕它，因为一旦有错，刑祸就会接踵而来，吉庆就会随之而去，到了无法计算时就会夺人性命。还认为有三台北斗神君，在人头上录人罪恶，夺人记算，又有三尸神，在人身中，每到庚申日，就上诣天曹，言人罪过。[①] 这种夺人寿辰的报应观，显然对现实社会有一定的约束力。这是从反面来说的，从正面看，只要多行善功，广积阴德，诸恶莫作，一定舍得到福报。这就把人的行为好坏与人的幸福结合了起来，不仅有利于人心的净化，而且有利于社会的安定。

道教神仙信仰就是在民俗这种特定的环境中，与民俗水乳交融，相互影响，共同发展的。道教神仙信仰与民俗信仰是水乳交融的，道教信仰的神仙有些便是民俗神，如酆都大帝、华光大帝、五岳四渎、财神、门神、灶神、土地、城隍、文昌帝君、魁星、六十元辰、三尸神、钟馗等等。这些都是来源于民间信仰的神，道教将其纳入神系后，以他们形成的经典、教义、斋醮科仪又影响着民间宗教活动。因道教神仙信仰形成的民间祭神活动很多，如一般百姓之家，在新年之日，均要燃点爆竹，祭神祀祖，初二祭财神，初八祭八仙，初九拜玉皇大帝，十五祀天官，十九拜丘祖，二月初三祭文昌，十五祀太上老君，三月清明日道教为斋主做禳灾和度亡道场，四月初

①《道藏》第27册，第7—12页。

八祝碧霞元君生日，廿八日庆药王诞辰；五月初五祭祀张天师、钟馗之日；六月二十四祝关圣帝君和二郎神诞辰；七月七日庆北斗的生日，十五祭地官；八月礼祀太阴星君；九月九日祭斗姆元君和仙人费长房；十月十五祭水官；十一月廿二庆祝元始天尊诞辰；十二月廿三祀灶神，廿五迎玉皇大帝下凡界，卅日迎喜神。而因这些祭神活动形成的节日与道教联系甚密的有：祭财神、八仙节、上元节、燕九节、文昌会、清明节、药王会、端午节、城隍会、关圣会、太阳节、乞巧节、中元节、中秋节、九皇会、重阳节、下元节、冬至、祀灶、稽善恶、迎喜神等等。

第三，道教神学观产生了深厚的文化内涵。主要表现在道教的宇宙观和人生观上。道教的宇宙观与其信仰的“道”有密切联系，其理论架构于道教教祖老子所提出的“道生一，一生二，二生三，三生万物”① 道教就是根据这一理论确立其宇宙观，然后再根据这一理论去说明信仰神尊所涵的蕴义，并由此而逐渐完善自己的神仙理论。主要包括两个方面内容。第一，道教认为宇宙万物都是由道生化的，体现在道教最高尊神三清上。在老子看来，可以作为天地母亲的东西，不是别的，而是先天地生的“道”。这个“道”即是一，一就是元始天尊；由一生二，二就是灵宝天尊；由二生三，三就是道德天尊；三生万物即是万物的一个生化过程。也是一个从无到有的过程，如《道德经》第十四章说：“天下万物生于有，有生于无(道)。”② 直截了当地说就是“宇宙万物是由三清尊神创造的”。

神学体系的确立和神仙理论的系统化，给世人以追求目标，道教徒更是以追求神仙为人生之目标，这便是道教的人生观。包括两

① 陈鼓应注译：《老子今注今译》，商务印书馆，2006年，第233页。
② 陈鼓应注译：《老子今注今译》，第169页。

个方面的内容：一方面得道成仙是道教徒终生追求的目标；一方面神仙事迹是道教徒实现成仙得道的楷模。

总之，道教神学观对人们充实自己的人生价值，珍爱生命，正信正行有着十分重要的教育和启示作用；同时激发探索生命的奥秘、探求宇宙的秘密，提升了文学艺术的魅力；对修仙养生方法思想的继承和阐扬，丰富了当代医学的内涵，促进了人类健康事业的发展。可见，在科学倡明的今天，道教神学观仍然具有其积极的思想史价值。

道教伦理观与中国社会治理

张永宏[*]

摘　要：本文通过描述道教伦理观的历史演化过程，分析其主要内容，认为形而上层面的“道法自然”与形而下层面的“身国同治”构成了道教伦理观的核心思想。这一核心思想在传统社会乡土中国的社会管理中发挥重要作用，而且可以在当代中国加强和创新社会治理，打造共建共治共享的社会治理格局方面发挥积极作用。这是坚持道教中国化方向、促进道教与社会主义社会相适应的具体表现与实践探索。

关键词：道教伦理观；中国社会治理；道教中国化

一、道教伦理观的历史演化

道教伦理观的历史演化与道教史的关系非常密切。一般认为，道教是一种源生性的宗教，与琐罗亚斯德教、佛教、基督教、伊斯兰教等创生性宗教有所不同。创生性宗教的教主、经典、信仰、教

* 张永宏，哲学博士、博士后，北京体育大学中国武术学院讲师，海峡道教学院副院长兼教务长，浙江道教学院副教务长，厦门市易学研究会副秘书长。

团等宗教因素基本上是“一次性”地诞生，具有高度完密的制度化特征。而作为源生性的道教，宗教经典不是“一次性”诞生，而是历代均有道经问世，教团组织也呈现地域性特征，制度化建设不甚突出，属于弥散性宗教。东汉时期张道陵天师创立五斗米道，经典依据主要是《老子想尔注》，二十四治的教团组织除了发挥传教弘道暨地方自治以自我保护的作用之外，其实也受到制度化佛教的一定影响：正是由于高度制度化的佛教给弥散性的道教带来一定的生存压力，所以从五斗米道开始，道教的制度化建设才逐渐形成和完善起来。尽管制度化的道教在此后的历史演化进程中日益完备，然则在广大的民间社会，道教的弥散性色彩仍然非常强烈。在制度化道教与弥散性道教之间，形成了一种人类学意义上“大传统”与“小传统”的张力，而这种张力伴随了张道陵天师之后整个道教史的全过程。时至今日，弥散性色彩浓郁的民间道教一般被归入“民间信仰”的范围之内，这是基于现代中国行政管理与社会治理角度的政策安排，但制度化道教与弥散性道教的融合与统一将是一个大的历史演化趋势。

从文明传承的角度来理解道教的弥散性，我们会发现，道教的源头可以上溯到人文初祖轩辕黄帝，甚至于更早的伏羲老祖。从比较宗教学的角度而言，尽管基督教承认上帝分别与亚伯拉罕、摩西订约的史实，但是从耶稣开始，人类的救赎就只能是信仰基督。然则从道教的历史与信仰来看，不但完全接受从伏羲、黄帝到禹汤文武、再到老子、张道陵的完整历史，而且从信仰上也继承和赓传了这个谱系。在道教信仰中，不存在只能信仰祖天师才能得救的观念，信仰张道陵、老子、周文王、伏羲老祖、元始天尊均可得道，这是源生性道教的历史观与信仰特征。事实上，道教的伦理观，至少从发生学的视角看来，也遵从同样的轨迹。

尽管儒家因为保存、传承和研究“五经”（《诗经》《尚书》《礼经》《乐经》《易经》）而闻名于世，但是“五经”思想不为儒家所独有，这从文明传承的角度暨文化的源生性特征可以获得很好的解释。道教思想家老子对于周礼的研究相当深入，以至于孔夫子都不得不登门拜访，向老子请教有关周礼的学问。事实上，春秋战国时期的诸子百家，对于“五经”都非常熟悉。从这个意义上说，“五经”中的许多理念，都为道教伦理观所继承与发扬。

所谓“伦理观”，就是对人与人、人与社会相互关系等涉及到伦理问题的各种准则与道德的根本性看法与态度。所谓“道教伦理观”，则特指从道教信仰与观念的角度来看待人与人、人与社会相互关系的各种具有根本性的道德与准则。由于道教信仰与观念在不同历史时期呈现为不同样貌，故而也决定了道教伦理观的历史性演化。

老子《道德真经》问世之前，道教伦理观主要弥散于“五经”有关人伦世道的思想之中。当然，道教伦理观也弥漫于具体的实践主体——民众——的言行举止之中，然则由于这个时期的民众日常生活并未能够完整地被记录下来，故而这个时期道教伦理观主要以“五经”形式得以呈现。大致而言，敬畏天帝、崇尚集体、推重礼乐、家国一体、尊重民众是此一时期道教伦理观的主要内容。

从世界文明史的角度而言，作为轴心期代表东方思想觉醒的圣哲之一老子，其突出贡献就是对于此前文明的深刻反思。他能够从天帝、家国、民众、万物、灵肉等世间万有中抽象出“道”的概念，并用“自然”来对“道”进行规范和说明，通过不言而喻、不证自明的“自然而然”，给世界万事万物提供了本体论承诺。从此以后，道教伦理观获得了形下层面“身国同治”的内容与形上层面“道法自然”的含义。此后历代的道教伦理观，不外乎形上与形下两个面向的深化发展。

战国末、秦、汉初的黄老学，是道教在特殊时期的政治—学术融合体样态。这一样态在战国末期以田齐政权支持的稷下学派为代表，处于理论的构建与完善阶段。《黄帝四经·经法》开首就说“道生法”，法家集大成思想家韩非子著有《解老》《喻老》，非常推崇“君王南面之术”，以法治国，君无为而臣有为，成为秦法的重要特征。从哲学的角度说，秦法是黄老学在政治领域的实践，也是道教思想参与国家生活的重要尝试。反者道之动，汉初统治者积极吸取秦朝覆亡的历史教训，走向了治国理政的另一面：上自天子、下至庶民的全覆盖式的无为而治。总体而言，这一时期的道教伦理观主要表征为用“无为”的理念来治理国家：秦法强调君无为而臣有为，汉制恪守君臣庶民皆休养生息。

坐享前辈三代在黄老学治国理政思想指导下、经由无为而治与民休息所积累的巨大财富，从汉武帝开始，逐渐在政统上放弃黄老学，采用“罢黜百家，独尊儒术”的方略，积极有为，开疆拓土，在中华文明史上创立赫赫功绩，然则由于挥霍了社会财富，为汉代的衰落埋下了伏笔。在学术思想界，自汉武帝以后，尽管黄老学仍然产生巨大影响，但是儒学在积极吸取黄老学思想基础上更新迭代，在政统威权支持下，逐渐成为社会主流意识形态。黄老学更多转入民间社会，与弥散于底层的民间道教融合，蓄积力量，到东汉的太平道、五斗米道时期，终于再次走上历史舞台。这一时期的道教伦理观，受到儒学的深刻影响。然则，处于底层的民间道教，由于民众的生活状态比较凄惨，追求公平正义自律博爱的太平盛世理想一度成为道教的核心伦理诉求。当然，对于身体的关注，对于健康的重视，对于与道合真、长生久视、修炼成仙的追求，也是这一时期道教伦理观的重要体现，集中表现为李少君、阴长生等神仙家的活动与魏伯阳《周易参同契》为代表的丹鼎派思想与宗教行为。道教

"身国同治"伦理观处于一种分裂而互不统属的状态之中，这是当时的历史事件与社会环境所造成的伦理事实。

太平道黄巾起义的失败，以及五斗米道被曹魏政权招安，道教尝试通过自身努力以创建太平盛世的思路不再流行，"身国同治"伦理观更多表现为通过身体修炼以辅助国家治理：身体修炼、长生久视以羽化飞升成为道教伦理观的主流价值，劾神召鬼、斋醮科仪以辅助国家治理、社会教化，表现为道教伦理观的社会性功能（而不再是核心价值追求）。当然，在形上层面的"道法自然"理念，从战国末至魏晋时期，一直为道教伦理观提供本体论层面的支撑。

六朝以降，特别是唐宋时期，道教伦理观在"道法自然"与"身国同治"理念之下进行了更为细致化的理论思索与实践探索。在"道法自然"方面，发展出具有相当思辨水平的重玄学。重玄学"玄之又玄""双遣有无""坐忘玄冥"的理论成果，一方面繁荣了道教心学体系，给后世的道教色彩的性命之学提供理论支撑（这一学问体系在实践层面则倡导性命双修的伦理价值观），另一方面却在事实上消解了"身国同治"的伦理学基础。当然，高深的理论具有超前性，重玄学理论的落地生根，真正影响社会实践，仍然需要一个漫长的历史过程。但是，在这个过程中，由于新的历史遭遇给身处实践中的社会主体带来了新的障碍与烦恼，日常生活的人们（无论是上层人士，还是民间草根群体）不得不面对生产、人口、灾异、战乱等事由，厚今而薄古，重玄学理论真正发挥社会影响的可能性一直难以由潜在变成现实。事实上，唐宋时期社会实践层面的道教伦理观，仍然遵从"身国同治"的路径，而且随着唐宋变革所带来的城镇化繁荣与市民社会崛起，在国家治理与社会理想方面强化了道教伦理的重要性，劝善思想自南宋以来在民间社会产生重要影响。问世于宋代的《太上感应篇》《文昌帝君阴骘文》是集中反映道教伦理观的重要道经。道教劝善思想的社会影响，由于明清政权对于上层制度化宗教的严格控制，道教不得不深入民间、与儒释二教在社会底层融通互动，而不断在普罗大众中得以加强，对于当时的社会治理发挥一定作用。

明清以来民间社会的道教伦理观，其三教合一的特征愈发明显，事实上正在酝酿一股新的思潮，亦即超越六朝唐宋时期身心修炼为主、祝国佑民为辅的道教伦理观，而逐渐转化为劝善性质的社会治理为主、身国同治为辅的伦理诉求格局。这一个格局的形成见证了道教世俗化暨道教伦理观世俗化的过程，但也因为明末、尤其是清中期以后西方文化的强势侵入而戛然而止。以近代理性工具与科技精神为支撑的西方文化及其伦理观中断了道教伦理观基于自身规律的演变进程，科技精神所代表的自然观却给传统的道教“道法自然”伦理观带来新的阐释空间。这一阐释空间在尝试对道教进行巫术祛魅的同时，试图将道教的生命实践与自然科学嫁接起来，譬如道教生态伦理思想受到人们的高度重视，从而为道教及其伦理观的现代化转型带来发展契机。这一契机对于道教伦理观在当前时代适应中国社会治理创造了先决条件。

二、道教伦理观的主要内容

正如笔者前面所言，道教伦理观可以表征为形而上层面的“道法自然”与形而下层面的“身国同治”，这构成了道教伦理观的主要内容。

《道德真经》第二十五章说：“人法地，地法天，天法道，道法自然。”一般认为，“道”已经达到宇宙的最高层级，故而“自然”在逻辑上不能高于“道”，而毋宁看作是对于“道”的性质的一种表

述。“道性”的本质特征之一就是“自然”：自己如此，自然而然，不假外求。从这个意义上说，“道法自然”为道教伦理观提供了重要的理论支撑。

《道德真经》第四十二章说：“道生一，一生二，二生三，三生万物。万物负阴而抱阳，冲气以为和。”万事万物均由阴阳二气构成，阴阳二气呈现为一种“冲和”的状态，这是元气大化流行的必然结果，也是“道法自然”的本质规定性内在地决定了的宇宙演化轨迹与当下即是的存在状态。《老子想尔注》认为：“一散形为气，聚形为太上老君。”这就是说，道教神明（包括鬼神）均是元气所聚合，均是“道”的存在方式。很显然，这种理解为道教神学体系奠定理论基石。道教信仰的多元宗教追求包括与道合一、劾神召鬼、长生久视、羽化飞升、得道成仙等等，这些信仰追求均需信仰者妥善操作自身的精气神与宇宙元气之间的能量互动，同时还需要接受外在的天帝山川鬼神的监督。无论是精气神、宇宙元气，还是天帝山川鬼神，均是“道法自然”的具体呈现，均对道教伦理观产生深远影响。刘仲宇先生将之称作“内在自然与外在监督结合的伦理机制”。①

这种伦理机制，在不同时代的表现有所不同。即使在同一时代，也因不同地域不同道派及其领袖人物的气质特征差异而呈现为不同的样貌。譬如在唐代的道教发展中，成玄英、李荣一系的重玄学派更强调哲学思辨层面对于道教信仰者提出非常严苛的理论要求，而张万福、朱法满一系的斋醮派更重视仪式层面对于奉道者提出规诫性的伦理要求，对于孙思邈、张果一系的药物服食派而言，

① 刘仲宇：《道教伦理观的特点与内涵之讨论》，《中国道教》2019年第3期，第10页。

则更关注身体层面的伦理行为对于成就道果的重要作用。时至科学昌明的今日，来源于鬼神精怪信仰而提出的道教伦理诉求日益淡化，而基于“道法自然”的清静无为理念所推崇的绿色低碳理念、生态环保主义与可持续发展成为道教伦理观在当今时代最具有活力的思想要素，也是道教伦理观由此获得现代化转型的关键理论抓手之一。

追求长生久视、羽化成仙是道教修炼的重要目标之一，这种修炼对于身心提出相当苛刻的要求，主要体现在各种禁忌与诫规方面。然则，与此同时，道教信仰并不反对和排斥世俗社会，并未放弃个人对家庭、宗族、社会与国家的责任与义务。这种伦理要求一方面受到儒家学说的影响，另一方面更多来自道教对上古“五经”思想传统的继承与弘扬，当然，第三层面也与道教自身的信仰理念具有密切关系。刘仲宇先生将之称作“神圣追求与世俗规范合一的伦理内涵”[①]。

事实上，这一伦理内涵也体现了道教信仰中“身国同治”的理念。道教认为，修炼身体的方法与治理国家的原理具有同一性，这种同一性来自于形上层面的“道法自然”。“道法自然”的形上原则要求修炼身体与治理国家均采取清静无为的态度，正如《道德真经》所言，“载营魄抱一，能无离乎？专气致柔，能婴儿乎？涤除玄览，能无疵乎？”炼精化气的核心在于柔气抱一，“爱民治国，能无知乎？天门开阖，能无雌乎？明白四达，能无为乎？”治国理政的原则在于无为自正，这是大道自然的运行法则所呈现的伦理要求。

“身国同治”的另外一层含义体现则强调对于善德善行的追求。这是因为，奉道之士能够保有身体，呵护身心健康，乃是对于身体

① 刘仲宇：《道教伦理观的特点与内涵之讨论》，第12页。

的善，当然同时也是践行天道之善的表现。与此同时，如果能够在国家层面，在社会层面，表达对于民众的尊重与博爱，“圣人无常心，以百姓心为心。善者，吾善之；不善者，吾亦善之，德善。信者，吾信之；不信者，吾亦信之，德信”，这是对于社群的善，当然同时也是道教伦理观的重要内容。《灵宝无量度人上品妙经》所提倡的“仙道贵生，无量度人”精神，将“度人”与“仙道”结合起来。这种精神，在葛洪真人《抱朴子》那里得到某种程度的发扬。葛真人认为光是服食丹药，从事一些小道小术，“德行不修，而但务方术”，并不能实现长生久视的目的。必须要辅之以善行功德，久久积累，才能够成就道果，“人欲地仙，当立三百善；欲天仙，立千二百善”。葛洪真人甚至认为，“积善事未满，虽服仙药，亦无益也”。这就是说，积善修德成为修仙得道的必要条件。

《度人经》“仙道贵生，无量度人”所彰显的道教伦理精神，到了宋元明清以来，由于市民社会的崛起与繁荣暨道教世俗化的日益普及与深化，逐渐发展为影响深远的道教劝善思想及其社会运动。《太上感应篇》《功过格》《文昌帝君阴骘文》等善书，列举了日常生活中的种种事例，凡修桥补路、救死放生、舍药施水、赈济灾贫、敬老恤寡、捐衣施棺、敬惜字纸、崇文重教、敬兄信友、忠君爱国等等行为，以及更为广阔的心善、语善、行善，均会感应天格鬼神，带来很好的福报。当然，如果嫉妒贪嗔，为非作歹，“语恶、视恶、行恶，一日有三恶，三年天必降之祸”，也会造成非常严重的后果。道教伦理观劝善思想的突出，被刘仲宇先生概括为“自我圆满与劝人行善并行的伦理教化”①，对于传统社会乡土中国的道德建设与社会自治发挥重要作用，产生深远影响。

---

① 刘仲宇：《道教伦理观的特点与内涵之讨论》，第13页。

三、古代中国社会管理与当代中国社会治理

“社会管理”的主体，从历史上看，一般而言指的是政府。政府作为最重要的社会主体，在组织生产、调动资源、分配财富、维护秩序、保障安全等方面发挥关键作用。这种作用，基于古代社会普遍流行的身份制度与贵族统治的历史背景而言，其“统治”意味要远远大于“治理”意味。然则，随着人类实践的深入和社会分工的发展，社会协作更加普遍化，各种社会主体均得以壮大，在整体的社会生活中各自扮演重要角色，多元化的“社会治理”样态得以形成。这就是说，现代意义上的“治理”概念，更多涉及多元主体间的配合与协调，而不是“统治”概念下“一对多”的强力施压。从世界范围来看，由社会管理向社会治理的跃迁，表征了特定地域、特殊群体的社会协作程度暨文明程度的发达。概括地讲，社会治理指的是“多元社会主体共同参与的，旨在维护社会秩序、促进社会公平、协调社会关系、激发社会活力、推动社会进步的实践活动”①。这样一种实践活动，在当前时代的中国社会，更是突显了其存在的价值与意义。这不但是中国社会成熟发展的体现，而且也是成熟发展的当代中国社会对自身进一步发展的理性选择。尽管如此，在漫长的中国历史上，无论是社会管理的经验积累与思想总结，还是各种社会主体的实践探索与茁壮成长，均为今天中国社会治理提供了丰厚的思想资源。

中国传统社会非常重视基于血缘单位的家族治理。然则，殷商之前的社会历史透露我们一种更为原始、保守且闭塞、落后的“家族观”：非我族类，其心必异。周代统治者积极吸收殷商灭亡的教训，

---

① 魏礼群：《中国社会治理通论》，北京师范大学出版社，2019年，第5页。

通过分封制与宗法制，将家族血缘为纽带的社会模式及其管理方式推向全社会，通过繁复的媵嫁制度，将不同族群置于同一个血缘意识下的情感共同体之中。这种感情共同体在隆盛的礼乐氛围中得以潜移默化地塑造社会个体的心灵，同时也塑造了独具特色的宗族社会治理样态。任何一个家庭成员都能在家庭和宗族中找到自己的位置，并通过各种礼俗活动巩固自身的位置与角色，强化家庭/宗族内部与社群之间的意识认同。在家族内部形成泛伦理性的道德规劝，随着家国一体模式的扩延，而逐渐成为管理社会成员的固有模式。正如宋代哲学家张载《西铭》所说："乾称父，坤称母，予兹藐焉，乃混然中处""大君者，吾父母宗子；其大臣，宗子之家相也"。天地就是父母，君主就是族长，君主有责任维持正道，保爱天下苍生，尊高年，恤孤弱，这是因为"凡天下疲癃、残疾、惸独、鳏寡，皆吾兄弟之颠连而无告者也"，整个宇宙之间的万事万物存在着一种拟血缘的情感联系。通过这种情感联系，达到古代中国社会管理的目的。家国一体式的泛血缘社会模式成为古代中国重要的社会实践场域与思想表达载体。

纵观中国历史，主要由于地域空间限制与社会管理成本的考虑，国家机器的触角往往止步于县一级，县以下就是广阔的民间社会，而民间社会的治理模式往往基于血缘宗族，"体现血缘宗法的家训、族规、乡约在基层社会治理方面发挥了极为重要的作用"，[①] 这种乡土中国的基层治理具有高度的自治性。尽管如此，国家层面的社会管理通过技术性相当高的户籍制度（以及以后更为发达的保甲制度），得以与乡土中国的基层血缘宗族自治社会发生互动。其中，乡绅、仕绅在沟通国家与民间方面扮演重要角色。我们甚至可以说，乡绅阶层

① 魏礼群:《中国社会治理通论》，第 60 页。

的存在，维护了古代中国传统社会的秩序、公平、稳定与繁荣。

自唐宋以来，由于市镇经济的发展，具有近代化色彩的市民社会逐渐形成。市民社会的一个最大特征就是在血缘上互不统属的人群聚集于城市之中，相互之间发生各种有别于乡土血缘宗族社会的活动与关系。为了有效加强城镇社会管理，强化市民社会中不同人群的粘合度，在国家政权与社会实践的交互作用下，逐渐形成了颇具特色的行会组织。行会组织承担着服务政府的社会作用，体现着政府管理城镇商业的意志，同时也发挥了市民社会中商业组织的自治功能，并为明清以来从行会到商会的近代化转型奠定了坚实基础。①

清末民初，西学东渐，随着封建帝制被推翻和新旧民主主义革命的开展，旧有体制、利益集团、社会实体、思想观念等等均受到严重冲击，各种具有实验性质的社会治理模式开始涌现。其中，最为有名的是20世纪二三十年代中国多地发起的乡村建设运动。如果说这些运动尚且具有改良的色彩，则由中国共产党领导的土地革命，以更为磅礴的气势投入社会变革与治理的洪流之中。中华人民共和国成立之后，中国共产党发起和举行了许多次大小规模不等的社会运动，均可以视作积极探索社会治理的艰难尝试，有曲折，也有进步，有经验，也有教训。在这种艰难尝试中，高度组织化与国家主导的社会治理模式得到相当程度的发展。但是，这种社会治理模式明显脱离社会实际，严重挫败社会主体的存在意识，并最终内在地消解自身社会的存在基础。

改革开放以来，随着真理标准问题的大讨论，人们的思想极大解放，各种样态的社会生产与社会生活得到不同程度的鼓励，社会的多元化发展日益明显，“中国社会在阶层结构、就业结构、人口结

---

① 魏礼群:《中国社会治理通论》，第63—65页。

构、城乡结构等方面均发生了深刻变化”[1]。这些变化促进了政府社会管理职能的明确化，也为积极的社会治理模式的变革创造了条件。改革开放前三十年中国所取得的成就，中国社会的高度发展与总体繁荣，在某种意义上均取决于市场经济模式下政府社会管理职能的转变。政府主导、市场经济、社会参与成为现代中国社会治理的重要经验总结与发展基石。

党的十八大以来，中国特色社会主义进入新时代。党的十九大报告提出，要加强和创新社会治理，打造共建共治共享的社会治理格局。这一治理格局体现在国家层面，就需要在公共服务、收入分配、教育、就业、医疗、住房、社会保障、社会信用、社会心理服务、公共安全、社会组织、社会矛盾调处等方面做出符合实际和切合人民利益的创新与变革，在地方层面，则涉及到家庭、社区、农村、城市和网络空间等不同社会治理场域的精细化耕耘[2]，通过行政手段、经济手段、法律手段、教育手段、文化手段和科技手段等，实现当代中国社会的系统治理、依法治理、综合治理与源头治理，从而为社会治理现代化建设暨国家治理体系和治理能力现代化建设的早日完成而贡献力量。[3]

四、积极促进道教伦理观与中国社会治理相适应

在2016年全国宗教工作会议上，习近平总书记明确提出：要全面贯彻党的宗教工作基本方针，坚持我国宗教中国化方向，积极引导宗教与社会主义社会相适应，团结广大宗教界人士和信教群众为

---

① 魏礼群:《中国社会治理通论》，第84页。
② 魏礼群:《中国社会治理通论》，第6页。
③ 魏礼群:《中国社会治理通论》，第7页。

全面建成小康社会、实现中华民族伟大复兴的中国梦作出新贡献。积极促进道教伦理观与中国社会治理相适应，就是坚持道教中国化方向、引导道教与社会主义社会相适应的具体呈现。

（一）积极促进道教伦理观与中国社会治理相适应，可以呈现在国家层面的社会治理体系方面。

道教伦理观可以在加强社会组织体系方面产生积极的促进作用。这是因为道教伦理观中“道法自然”的理念非常契合社会组织的多元化发展。《道德真经》认为，“道”是一种“独立不改，周行不殆”的混成之物，强调“道”的自在性。自在而自然的“道”，落实于现实层面，对于社会管理者（尤其是政府主体）而言，就需要具有“我无为而民自化，我好静而民自正，我无事而民自富，我无欲而民自朴”的自觉意识。这对于我们实行政社分开、明晰社会主体各自的权责关系、规范化管理并进而提升社会组织的多元化发展、激发社会组织活力等方面，具有重要作用。

道教伦理观可以在加强环境安全体系方面产生积极的促进作用。道教伦理观“道法自然”的理念非常重视大自然运行与社会自身发展的规律性。社会分工、社会组织多元化发展就是“道法自然”理念的体现，与此同时，绿色环保、生态主义也体现了“道法自然”的精神。在社会治理的国家层面，除了需要发挥政府的主导作用之外，还需要调动多元社会组织的积极性与主动性，尤其是加强行政手段为主、统一监督管理和分级分部门监督管理相结合的环境监督管理体制建设，综合协调政府、市场、社会的权责界限，在中国特色社会主义“五位一体”总体布局和“四个全面”战略布局之下，逐步构建和完善协同共治的环境安全治理体系。①

① 魏礼群：《中国社会治理通论》，第 209 页。

道教伦理观可以在加强社会信用体系方面产生积极的促进作用。诚信是道教伦理观的重要内容，这是因为诚信不但是“道法自然”在人类个体心灵层面的具体呈现，而且也在“身国同治”语境下表征为社会层面的内在要求，诚如《道德真经》所言，“信者，吾信之；不信者，吾亦信之，德信”，在这里，“信”的内在要求甚至超越了社会层面“信”与“不信”的二元对立，而直趣“德信”的超越境界。这种对于诚信、信用的重视，对于构建当代中国社会信用体系所凭借的国家法律法规与社会公约具有重要辅助作用。

（二）积极促进道教伦理观与中国社会治理相适应，可以呈现在社会层面的社会治理场域方面。

道教伦理观对社会治理场域产生积极的促进作用，集中体现在《道德真经》“小国寡民”的社会思想之中。老子认为理想的社会形态是“小国寡民”，在这样的社会中，“使有什伯之器而不用，使民重死而不远徙”，人民的生活非常素朴简单，但是悠闲自在。

所谓“使有什伯之器而不用”，就是即使有高科技的发明创造也不予采用，具体展开来就是“虽有舟舆，无所乘之；虽有甲兵，无所陈之；使人复结绳而用之”。毫无疑问也毋庸讳言，这种思想表达很容易导致反对社会发展、主张原始复古的延伸性阐释。但是既然为思想阐释，则不妨从道教伦理观“道法自然”思想出发，将《道德真经》这句话理解作老子反对工具理性主义、反对唯科技论（甚至于极端的科技拜物教）以及反对过度的人为主义破坏整体宇宙自然的和谐，这对于我们思考中国城镇化发展、城市社区治理具有重要的启发意义。当前的社区治理主要着眼于社区管理、社区安全、社区公共服务、社区治理结构、社区文化建设、社区社会保障等技术性方面的操作，然则对于更具有基础性和整体性的社区生态及其绿色环保建设，缺少较为清晰的自觉与认识。道教伦理观基于

“道法自然”理念，高度弘扬个体存在的自足、自主与自洽特质，力图避免人的异化与物化，强调“役物而不役于物”，重视人与自然绿色和谐的重要性，对于社区治理的目标建设具有积极促进作用。

所谓“使民重死而不远徙”，就是强调民众对于所在区域和社会的认同感与心灵归属，具体展开来就是“甘其食，美其服，安其居，乐其俗。邻国相望，鸡犬之声相闻，民至老死不相往来”。毫无疑问也毋庸讳言，这种思想表达更多基于前工业时代的传统社会乡土中国的状况而言，然则却未尝不对当前时代的新农村建设、乡村振兴战略、乡村治理具有重要的启发意义。随着市场经济推进下的城镇化发展，中国乡村社会在土地利用、人口结构、基层政权、村风村貌等方面产生了许多问题，一个突出现象就是村民或者向往“灯红酒绿”的城市生活而鄙夷“落后野蛮”的农村生活（同时也想方设法走出农村，成为新晋“城里人”），或者因为没有能力在城市生存而麻木不仁地在农村过着混吃等死的无聊日子。归结其原因，缺乏对于乡土社会的认可是一个很重要的因素。道教伦理观所强调的对于所在区域和社会的认同感，以及更为深刻的“身国同治”思想，无疑对于乡村治理具有积极的促进作用。事实上，这种认同感和归属感，将个体自我与社区、社会、国家非常自然和谐地融通起来，对于城市社区治理、网络社会治理也具有重要价值和意义。

（三）积极促进道教伦理观与中国社会治理相适应，可以呈现在社会治理方式方面。

中国社会治理方式，概括而言，主要包括法治治理、道德治理、文化治理与科技治理。所谓“法治治理”，就是“依据体现人民意志、反映社会发展规律的国家法律进行社会治理，实现科学立法、

民主立法、依法立法，以良法促进发展、保障善治”[1]。尽管道教伦理观在现代法治层面的体现比较薄弱，往往基于鬼神权威与清规戒律进行一种宗教信仰式的律诫管控，但是基于社会组织多元化发展的现实，如果能够在道教社团内部与道教信众之间，尝试将宗教信仰式的律诫管控与现代法治治理结合起来，或者通过宗教信仰式的律诫管控以促进现代社会法治治理的道教组织内的推行，则也未尝不可以视作是道教伦理观对于法治治理方式的辅助作用所在。

所谓“道德治理”，就是一般所说的“德治”。德治是社会治理的重要方式。“中华传统道德中蕴含着丰富的道德成果，是人类文明发展的重要精神财富，也是当今道德治理的源头活水”[2]。道教伦理观强调道德主体的自律，无论是古代社会还是当前时代，均对法治产生有效支撑。宋元明清以来的劝善思想是道教伦理观世俗化的重要标志，同时也是道教伦理观“身国同治”思想在新时期的新发展。道教劝善思想至今仍然发挥作用，是当代中国社会治理中道德治理的重要组成部分，也是积极促进道教伦理观与中国社会治理相适应的重要手段。

所谓“文化治理”，就是通过文化的方式实现社会治理，提升社会治理现代化的能力与水平。道教伦理观是道教文化的重要内容之一，也是中华优秀传统文化的重要载体之一。道教伦理观所具有的思想理论、文化内涵、思维方式、历史经验等等，对于我们今天坚持文化自信、弘扬中国精神、完善社会治理具有重要促进作用。

所谓“科技治理”，就是“治理理论在科学、技术和经济、社会等领域的应用”，是将科学技术手段运用于社会治理的非常重要的方

① 魏礼群:《中国社会治理通论》，第313页。
② 魏礼群:《中国社会治理通论》，第325页。

式创新[1]。由于道教伦理观推崇“道法自然”精神，重视观察“天道”，由于历代道教徒试图通过掌握天道以劾神召鬼、控制风雨雷电、延长寿命乃至于突破人类的生命界限，故而在古代中国科技史上，道教占据突出地位。英国科技史家李约瑟认为，“道家思想体系……是一种哲学与宗教的出色而极其有趣的结合，同时包含着‘原始的’科学和方技……对于了解全部中国科学技术是极其重要的”[2]。从这个意义上说，道教伦理观及其在科技方面的思想成果对于将古今中外科技手段运用于社会治理方面具有一定积极意义。

然则，道教伦理观对于科技治理的更为重要的促进作用似乎还在于道教看待科技的方式与态度。在老子“小国寡民”的社会理想中，强调“虽有舟舆，无所乘之；虽有甲兵，无所乘之；使人复结绳而用之”，这并不是反对舟舆，不用甲兵，放弃文字与计算器，而是“无所乘之”，不去过度使用这些科技发明创造，避免对于发明创造的高度依赖，保持一种“役物而不役于物”的释然状态。这也就意味着，道教伦理观非但没有放弃科技治理的方式手段，而且超越了这个境界，留意科技治理方式对于现代中国社会治理的助益作用的同时，随时警惕其消极影响与负面作用，从而保持一种超脱与飒然的姿态，与此同时也为中国社会治理提供了一条“道进乎技”的超越道路。这是道教伦理观对于科技治理的重要提点作用。

五、结论

道教是中国土生土长的宗教，是中华优秀传统文化的重要载体。

---

① 魏礼群:《中国社会治理通论》，第 339 页。

② 李约瑟:《中国科学技术史》第二卷，科学出版社、上海古籍出版社，1990 年，第 33 页。

鲁迅先生认为，“中国根柢全在道教……以此读史，有许多问题可以迎刃而解”①。道教史伴随了中华文明史的全过程，而道教伦理观的历史演化与道教史关系密切。

道教伦理观的核心思想可以概括为形而上层面的“道法自然”与形而下层面的“身国同治”，然则这一思想体系在不同历史时期和社会境遇下表现为不同的理论特征。包括道教伦理观在内的中国传统价值观，在传统社会乡土中国的社会管理中发挥重要作用，而且其积极正面的思想理论与实践探索可以为当今时代中国社会治理建设提供重要智慧支持。

积极促进道教伦理观与中国社会治理相适应，可以具体呈现在国家层面的社会治理体系、社会层面的社会治理场域、社会治理方式等方面，由此为打造共建共治共享的社会治理格局发挥积极作用。这是坚持道教中国化方向、促进道教与社会主义社会相适应的具体表现与实践探索。

① 鲁迅:《鲁迅全集》第十一卷，人民文学出版社，1981年，第353页。

道教民俗文化与中国人的日常生活

郑土有*

摘　要：道教在中国特定的生存环境中发生、发展、壮大，与中国民众的生活关系极为密切，从一个人的生老病死、价值观念到社区的节庆活动、邻里相处，无不受到道教或隐或显的影响，构成了中国人生活中的有机组成部分。

关键词：道教；民俗；中国

一、道教与信仰生活

信仰是社会人生存的必要条件之一，没有信仰就会失去生存的信心和勇气，信仰也是维系社区和谐的重要元素。杨庆堃在《中国社会中的宗教》中把宗教区分为“制度型”和“扩散型”两种基本模式。前者为制度性的宗教，即有自己的神学体系、仪式、组织且独立于其它世俗社会组织之外的宗教；后者为扩散型的宗教，亦即民间信仰，主要特征为缺乏独立性，其信仰、礼拜仪式和职业人员密切地和一种或更多的非宗教的社会习俗融合在一起，以至于他们

* 郑土有，复旦大学中国语言文学系教授、博士生导师。

成为后者的一部分观念、仪式和结构，从而无法被界定为独立的存在。[①] 但其实在中国传统社会，两者是很难截然区分的，道教即是如此。道教作为中国唯一的本土制度化宗教，它与民众的日常生活信仰密不可分。

首先，道教神灵谱系几乎罗列了所有自古以来的信仰神灵，从原始自然崇拜的雷神电母、风伯雨师，到传说中修炼成仙的仙人，到各种各样的历史名人，而且不间断地将民间新产生的神灵罗列其中。当然道教对民间信仰神灵的“吸收”，并不是简单的“拿来主义”，而是进行符合道教原则的“改造”，并将他们安排在系统坐标的合理位置上。早期葛洪的《枕中书》、陶弘景的《真灵位业图》中是如此，即便是到了近代乃至现在，道教也呈现了极大的宽容性，这种情况在其他宗教中是很罕见的。

同时，道教的神灵也经常走出宫观，进入民众信仰的视野；民间造个小庙，供奉道教的大神，道教也不会干涉。最典型是八仙。八仙（汉钟离、铁拐李、张果老、吕洞宾、蓝采和、韩相子、何仙姑、曹国舅）最初可能产生于民间，但在中国民间产生广泛的影响，无疑得力于道教全真教，汉钟离奉为“正阳祖师”，为“北五祖”之一。吕洞宾奉为“纯阳演政警化孚佑帝君”，全真道奉为“五祖”之一，通称“吕祖”。八仙在成仙之前，虽然社会地位不同，身份不一，有的出身于官宦之家，有的是无家可归的乞丐。但成仙之后，都具有法力无边的仙术，有一颗助弱扶贫的善良之心，惩恶除邪的正义之气。所以民间百姓除了羡慕他们的长生不死和仙术外，更是希望他们能够伸张正义，帮助解决生活中遇到的困难，如疾病、冤屈等。正因为如此，民间相信吕洞宾在农历四月十四生日这天会化

---

① 杨庆堃：《中国社会中的宗教》，范丽珠译，上海人民出版社，2007 年。

身为乞丐、小贩，显迹到人间，点化世人，为民却病，所以全国各地的吕祖庙，这天香火往往特别旺盛，形成较大规模的庙会。苏州的神仙庙（正式观名叫福济观），旧时，四月十三夜至十四日，市民和四乡农民以及无锡、嘉兴、湖州和沪宁沿线各地人都要到神仙庙来“轧神仙”（轧即挤的意思），希望借到“仙气”，消灾祛病，益寿延年。届时人山人海，热闹非凡，形成了一年一度的盛大庙会。在“文革”期间，神仙庙被毁，原大殿处盖了五层住宅楼，但每逢农历四月十四日，香客仍向着这座楼房叩头膜拜。1989 年 5 月 18 日（农历四月十四日），还有女香客说她们看见“神仙”在楼房的玻璃窗上显现。近些年，“轧神仙”活动又逐渐兴盛起来，庙会的热闹程度仍不减当年。①

在浙江嘉善有一种拜斗会的民间信仰活动。拜斗会在白天进行，要悬挂一轴斗姆画，放上供品、香烛，设立斗坛，放上经书，四人一组，轮流上坛念经。到了夜间，称为群星拜斗。设一只缸，缸的四周，贴上红纸剪的二十八星宿像，缸上面放一只筛，筛上放“六凶六吉”的神马，缸里盛少许水，放一条黑鱼，使黑鱼能在缸里自由自在地游。主持斗会的人，踏八卦，拿掉筛，去看黑鱼的头尾，各对缸围上所贴的哪一个星宿，然后，根据黑鱼头尾所对的星宿名，从一本专门的书里查找，以“祥星”，预示所要祈求的事，如哪一年的运值如何、哪一年的农田、人口如何。一般以求个人命运和农田为主，参加斗会的全是男子。② 这项活动受道教的影响很明显。斗姆、二十八星宿的形象均源自道教。“斗姆”是道教尊奉的女神，传

① 参见金煦：《苏州民间“轧神仙”活动调查》，载《中国民间文化》第五集，学林出版社，1992 年。

② 参见金天麟：《浙江嘉善王家埭村“斋天”的调查》，载《民间文艺季刊》1990 年第 1 期。

说为北斗众星之母。据《玉清无上灵宝自然北斗本生真经》记载，斗姆原为龙汉年间周御王之妃，名紫光夫人，共生九子：天皇大帝、紫微大帝以及贪狼、巨门、禄存、文曲、廉贞、武曲、破军七星。道教宫观里常建斗姆室、斗姆阁。这就充分反映了道教与民众信仰之间的复杂关系。

二、道教与人生礼俗

道教贵生，重视生命。这也正是中国民众的理想追求，故道教影响到了中国人生活中的各个方面，生育、婚嫁、丧葬、寿诞中的许多习俗都源于道教，或者与道教有密切的关系。

中国民众信仰的送子娘娘，大多来自道门。如：

碧霞元君，全称“天仙圣母碧霞元君”，民间俗称“泰山娘娘”，相传是泰山神之女。我国北方地区民间信仰最盛。道教认为她应九炁以生，受玉帝之命，证位天仙，统摄岳府神兵，照察人间善恶。如《东岳碧霞宫碑》中说：“元君能为众生造福如其愿，贫者愿富，疾者愿安，耕者愿岁，贾者愿息，祈生者愿年，未子者愿嗣，子为亲愿，弟为兄愿，亲戚交厚，靡不交相愿，而神亦靡诚弗应。”因为她身居泰山，又称“泰山圣母”。因为碧霞元君在仙界的地位很高，直接把她当作送子娘娘似乎不合她的身份，故又在她身边配了一位专管赐子、生育的送生娘娘。几乎所有的碧霞祠（娘娘庙）都是主祀泰山娘娘、配祀送生娘娘，是北方地区妇女求子的主要场所。

慈航道人，在道经《元始天尊说灵感观音妙经》称她是“碧落洞天帝主”“圆通自在天尊”。其法力是“求福得福，求寿保寿，求嗣得男……”。明代徐道明编集的《历代神仙通鉴》记载：普陀洛迦潮音洞中有一女真，相传商王时修道于此，已得神通三昧，发愿欲普度世间男女。尝以丹药及甘露济人，南海人称之曰慈航大士。在道教宫观中，一般都塑有慈航道人的神像。

陈靖姑，又称陈进姑，尊称临水夫人、顺懿夫人、大奶夫人、顺天圣母，道教闾山派祖师。相传陈靖姑生于唐大历元年（766年）正月十五，父亲陈昌在朝廷官拜户部郎中。她小时即有灵性，十七岁时给隐居山中学道的哥哥送饭，半路遇见一个要饭的老婆婆，就把饭给老人吃了。老婆婆是个有道行的仙人，教给靖姑符箓之术。家乡发生蛇害，陈靖姑斩杀三条毒蛇，为民除害。后来皇后难产，分娩艰难，危在旦夕。陈靖姑运用法术到后宫，帮助皇后生下了太子，皇上封她为“都天镇国显应崇福顺意大奶夫人”，并在福建古田为其建庙。民间奉陈靖姑是“专保童男童女，催生护幼”之神，纷纷在各地建庙。

其他如张仙、金花娘娘、床公床婆也都与道教有关。

在传统的婚礼上，新郎、新娘互牵大红绸布进入婚堂，步入洞房。相传这一习俗与道教的月老有关。唐代李复言《续幽怪录》中记载了这样一则故事：唐代有个叫韦固的人，很小就成了孤儿。长大后，有一年路过宋城（今河南商丘县南），住到城里的南店。一天晚上，他碰到一个奇异的老人，正靠着一个布口袋坐着，在月光下翻着书。韦固问他看什么书，老人回答是天下人的婚姻之书。又问布袋中装了些什么，老人说是红绳子，用它系夫妇的脚，天底下的男女，不论是仇家冤家，不论是贫富相差悬殊，也不管是天南海北相差十万八千里，只要这红绳子一系，就必定会结为夫妻，想逃也逃不掉。韦固将信将疑，赶紧问自己将来的老婆是谁，老人翻书查了一下，说是店北头卖菜瞎老太太的小女儿，刚刚三岁。韦固一听，非常气愤，暗中派仆人去刺杀这个小女孩。仆人做贼心虚，未刺死女孩，只伤了她的眉心。韦固和仆人连夜逃跑了。过了十多年，韦

固当了兵，他勇武非常。刺史王泰看上了他，就把女儿许配给他，姑娘模样不错，就是眉间老是粘着贴花。韦固感到奇怪，问清缘由，原来此女就是自己过去所刺的幼女，王刺史抚养她长大，把她当作了亲闺女。韦固到此时才醒悟“天命”不可违，两人成亲后，相亲相爱，“所生子女皆显贵”。宋城县令听说后，就把韦固住过的客店改名为“定婚店”。这则故事流传很广，影响很大。明初刘兑的杂剧《月下老人定世间配偶》即演绎此故事。《红楼梦》第五十七回中，薛姨妈对黛玉、宝钗说：“自古道：‘千里姻缘一线牵’。管姻缘的有一位月下老儿，预先注定，暗里只用一根红丝，把这两个人的脚绊住，凭你两家哪怕隔着海呢，若有因缘的，终究有机会作成了夫妇。……若是月下老人不用红线拴的，再不能到一处。”道教很早就将月下老人归入仙班，建有月老祠、月老殿。

在中国人的传统祝寿场合，为男性祝寿悬挂寿星图，为女性祝寿悬挂麻姑献寿图，演八仙祝寿戏，几乎已成为惯例。对寿星的信仰与祭祀历史悠久，如《史记·封禅书》记载，秦并天下，“于社亳有……寿星祠”。道教创建后，寿星被尊为南极仙翁，成为掌管人间寿夭性命的天界神仙。唐代朝廷曾下令“所司特置寿星坛，宜祭老人星及角亢七宿”。在元杂剧《群仙祝寿》《南极登仙》《长生会》中都有南极仙翁的形象。麻姑最早出现在东晋葛洪《神仙传》中，其貌“年可十八九许，于顶中作髻，余发垂至腰。其衣有文章，而非锦绮，光彩耀目，不可名状”。但她自言“已见东海三为桑田”，还说现在的海水又浅于旧时一半，可见她的长寿。相传三月三日王母生日时，各路神仙都要前往贺寿，麻姑在绛珠河畔以灵芝酿酒，献于王母。流传有《麻姑献寿》戏和《麻姑献寿图》。明代吴元泰《八仙出处东游记传》第四十七回有“八仙蟠桃大会”的故事，其后出现了许多八仙庆寿戏。明代周宪王朱有燉在其《蟠桃会八仙庆寿》

自序中说："庆寿之词，于酒席中，伶人多以神仙传奇为寿。……故予制《蟠桃会八仙庆寿》传奇，以为庆寿佐樽之说，亦古人祝寿意耳。"由于神仙特殊的身份，以祈寿为目的的祝寿活动中，演神仙庆寿戏、张挂神仙祝寿图是最合适不过的了。

在丧葬活动中，道教的影响尤为显著。第一，中国人的阴间观念主要来自道教。"阴间"观念在"黄泉"的基础上发展而来。西汉以后，"黄泉"逐渐具体化到泰山，泰山成了治鬼之府，东岳神成了冥司之主。东汉墓中出土的镇墓券中，常有"生人属西长安，死属太山"的文字。至魏晋时期，泰山神已完全纳入道教系统之中。《古今图书集成·神异典》卷二二引《云笈七签》记载："泰山君领群神五千九百人，主治死生，百鬼之主帅也，血祀庙食所宗者也。世俗所奉鬼祠邪精之神而死者，皆归泰山受罪考焉。泰山君服青袍，戴苍碧七称之冠，佩通阳太平之印，乘青龙，从群官。""泰山主冥"的观念在魏晋六朝盛极一时，东岳神作为阴间之王的形象也越来越丰满。隋唐以来，虽然佛教的地狱王——地藏王、阎罗王的信仰逐渐流传开来，但终究是"舶来品"，阎罗王向无专庙（只有河南小韩村有一座阎罗王庙，主祭韩擒虎），或寄身于东岳庙，把他看成是东岳大帝的属下；或寄身于城隍庙，每于庙中另辟十王殿。东岳神的势力非但没有削弱，反而随着唐宋帝王加封为东岳大帝，庙宇遍及全国。明清以后，东岳主冥和阎王主冥二种信仰逐渐合流，二位冥主往往并存于东岳庙中。在中国民间观念中一直认为东岳大帝是阎罗王的上司。阴间的官大都由道教的神灵担任。它分为三个层次：最高层是东岳大帝及其属吏，相传有七十五司（或说七十二司），如速报司、福寿司等，各司其职，相当于人世间的中央政府；中层是城隍及其属吏，相当于省、市县级政府；最下层是土地及其属吏，相当于乡、村级政府。如发生案件，土地没有审案的权利，上报到城隍

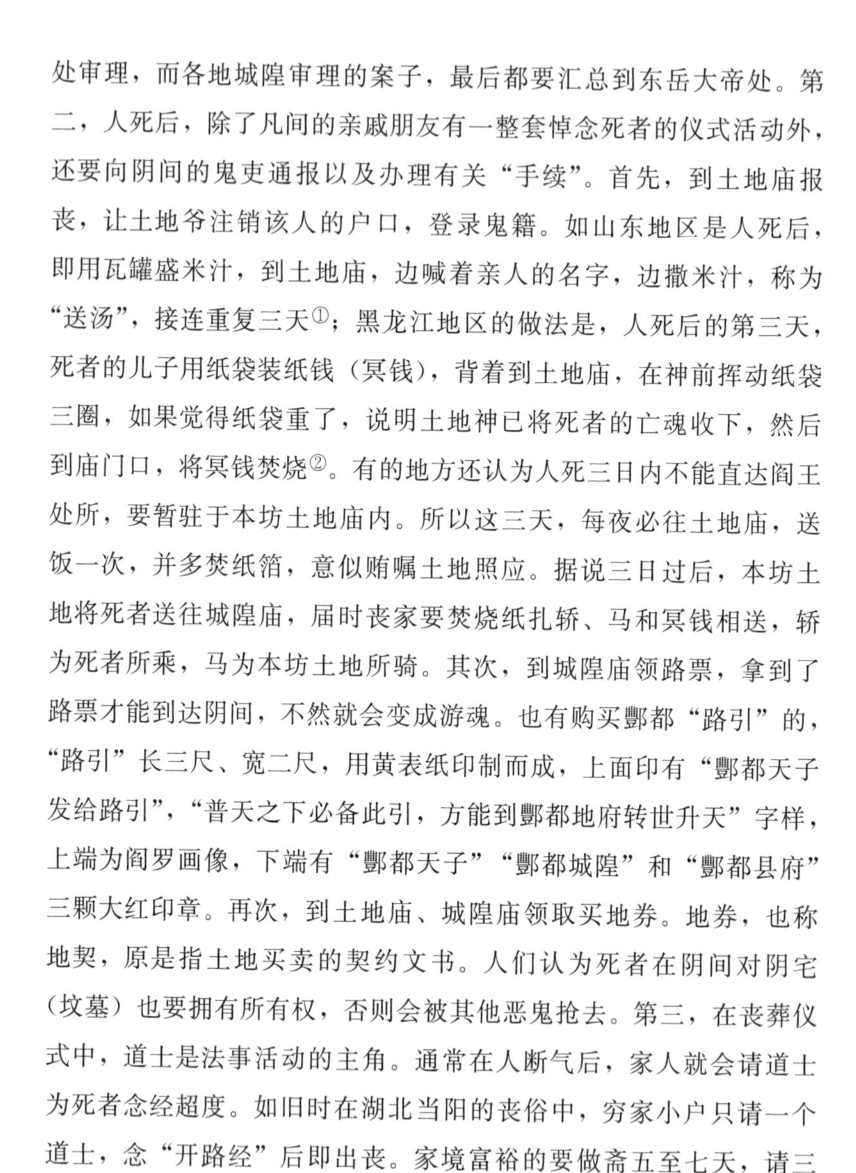
处审理，而各地城隍审理的案子，最后都要汇总到东岳大帝处。第二，人死后，除了凡间的亲戚朋友有一整套悼念死者的仪式活动外，还要向阴间的鬼吏通报以及办理有关“手续”。首先，到土地庙报丧，让土地爷注销该人的户口，登录鬼籍。如山东地区是人死后，即用瓦罐盛米汁，到土地庙，边喊着亲人的名字，边撒米汁，称为“送汤”，接连重复三天①；黑龙江地区的做法是，人死后的第三天，死者的儿子用纸袋装纸钱（冥钱），背着到土地庙，在神前挥动纸袋三圈，如果觉得纸袋重了，说明土地神已将死者的亡魂收下，然后到庙门口，将冥钱焚烧②。有的地方还认为人死三日内不能直达阎王处所，要暂驻于本坊土地庙内。所以这三天，每夜必往土地庙，送饭一次，并多焚纸箔，意似贿嘱土地照应。据说三日过后，本坊土地将死者送往城隍庙，届时丧家要焚烧纸扎轿、马和冥钱相送，轿为死者所乘，马为本坊土地所骑。其次，到城隍庙领路票，拿到了路票才能到达阴间，不然就会变成游魂。也有购买酆都“路引”的，“路引”长三尺、宽二尺，用黄表纸印制而成，上面印有“酆都天子发给路引”，“普天之下必备此引，方能到酆都地府转世升天”字样，上端为阎罗画像，下端有“酆都天子”“酆都城隍”和“酆都县府”三颗大红印章。再次，到土地庙、城隍庙领取买地券。地券，也称地契，原是指土地买卖的契约文书。人们认为死者在阴间对阴宅（坟墓）也要拥有所有权，否则会被其他恶鬼抢去。第三，在丧葬仪式中，道士是法事活动的主角。通常在人断气后，家人就会请道士为死者念经超度。如旧时在湖北当阳的丧俗中，穷家小户只请一个道士，念“开路经”后即出丧。家境富裕的要做斋五至七天，请三

①《中华全国风俗志》下篇卷二“山东”。

②《中华全国风俗志》下篇卷一“黑龙江”。

至五个道士念“开路经”“十殿科书”，为亡灵解罪。届时按死者的岁数，用青线系上筷子，挂于堂中。道士念一段经文，跪在堂前的孝子就抽去一根筷子，意为解去一年的罪过，名为“解结”。在丧葬习俗中，为死者消除生前所犯“罪孽”，以免进入阴间后“受苦受折磨”，是贯穿整个丧葬仪式的中心任务。

三、道教与节日文化

道教对中国节日文化的影响，主要体现在两方面：一是源自道教的一些纪念日逐渐成为了全国或部分地区的节日或庙会；二是传统节日活动中渗透了道教文化的因子，成为了其有机组成部分。

前者如正月初九“玉皇会”、正月十九“燕九节”、二月初二“土地诞”、二月十五“老君会”、三月初三“蟠桃会”、三月廿八“东岳会”、三月二十三“妈祖节”、四月十四“轧神仙”、五月十三“关帝会”等。

正月初九玉皇会。玉皇大帝是道教尊神，居四御之首，执掌天上枢机总政。道经记载，农历正月初九是玉皇圣诞。每年的这一天，各道观都要举行祝诞活动。这个原本是道教庆祝玉皇圣诞的活动影响渐大，逐渐成了一个民俗的节日，有些地方还形成了盛大的庙会活动。在湖北鄂东地区，正月初九的玉皇会，一般由地方组织出面，向各家各户募捐，然后由道观主持，举行盛大的祭祀活动，为玉皇祝寿，求他赐福。“玉皇会”期间，不仅有道士念经，还要赶庙会。这一天，人们除了到玉皇庙进香，观看道士进行的斋醮活动外，还可以买东西、走亲戚，观看各种民间艺术的表演。在福建、台湾等地，玉皇又被称作“天公”，正月初九的玉皇圣诞，在闽南话中又被叫做“天公生”。届时家家户户在正厅摆下祭坛，把八仙桌用长凳垫

高，称为“顶桌”，上面供奉玉皇大帝的神位，以及五果六斋、扎红绳的米线、清茶三杯。顶桌下有“小桌”，供奉天公的随从诸神，也摆设五牲、红龟果等供品。全家大小整肃衣冠，按长幼尊卑依次上香，行三跪九叩的大礼，然后烧金箔、放爆竹。据《山东民俗》一书介绍，在泰山极顶的玉皇庙，旧时每逢正月初九都要举行庙会。而山东昌邑县及其周围各县则有“玉皇演驾”大型民俗活动。民间传说昌邑县白家营是玉皇大帝的姥姥家，这里及周围一带特别崇信玉皇。为了向玉皇大帝还愿，从正月初一到十四常有“玉皇演驾”仪式。

正月十九“燕九节”。据《白云观志》记载：（正月）“十九日邱长春真人圣诞，即所谓燕九节也。每年正月一日至此日而止。本观乃邱祖开教之地，是日为重要之纪念期，而善士檀越均来观进香上供，俗传十八日夜神仙下降，故都下老弱男女，来赛彻夜，冀与神仙一晤……”久而久之，就形成了规模盛大的白云观庙会，时间为每年的正月初一至十九日，以开放时间长、香火旺、最具特色而享誉京城。[①] 相传十八日夜至十九日凌晨，邱真人要化装下凡，或化作缙绅，或化作乞丐，或化作其他凡人的样子，超度有缘者，所以十八日夜往往吸引众多的善男信女前来赴会，谓之“会神仙”。认为若是有缘遇到神仙，则能延年祛病、逢凶化吉。白云观庙会至 20 世纪 50 年代初期中断，80 年代后又有所恢复，近年且成为北京市著名的民俗活动。

二月初二“土地诞”。土地神虽然神位不高，但却是老百姓心目中最亲近的神灵，也是人们供奉最勤的神灵之一。通常在道观中皆有土地神的塑像，供信众祭奉。农历二月初二为土地神诞日。《清嘉

---

①《白云观志》卷二“白云观记事”，见《藏外道书》第 20 册。

录》卷三“土地公公生日”记载：“（二月）二日，为土地神诞，俗称土地公公。大小官廨，皆有其祠，官府谒祭，吏胥奉香火者，各牲乐以酬，村农亦家户壶浆，以祝神厘。”旧时浙江安吉有专门的土地会组织。过完年，土地会就开始筹集经费，先由会员交会费，再向社会集资。到了二月初二这天，在土地庙敬土地，一般供品要备齐“三荤”（鸡、鱼、肉）“三素”（果品、糕点类，多用粽子、团子和年糕三样），备齐酒壶、酒盅、筷子以及香烛、黄表（纸钱）等物品。香烛礼拜后，入会聚餐一次，组织者由会员轮流。[1]

二月十五“老君会”。在道教中，太上老君（太清道德天尊）是“三清”之一。供奉太上老君的宫观，最著名的是陕西周至县终南山的楼观台和四川成都的青羊宫。成都青羊宫一年一度的“老君会”（俗称花会）闻名四川。据记载，该庙会起源于唐宋，于每年农历二月十五日（俗传为老子诞日）举行。民间传说这一天诵《太上感应篇》一遍，就有十千万功德。届时，青羊宫内香烟缭绕，香客如潮。由于气候温暖，土地肥沃，雨水充沛，成都地区很早就成为盛产花木的地方，以海棠、梅花最为著名。老君庙会逐渐与花卉交易结合，除了祭祀老君外，又成了花农买卖花卉的集市，会期长达一个月至一个半月。每年的庙会，香客摩肩接踵，热闹非凡。

三月初三“蟠桃会”。道教创建时，吸收了汉代信仰盛行的西王母进入道教神系，并认为她是元始天王的女儿，葛洪《枕中书》中说，元始天王与太元圣母生扶桑大帝东王公，号曰元阳父。又生九光元女，号曰太真西王母。由于王母娘娘能使人长生，又能赐子，再加上《西游记》《东游记》《天仙配》等通俗小说、戏剧等广泛传

① 钟伟今、张建民、王季平：《湖州的土地崇拜》，载《浙江民俗大观》，当代中国出版社，1998年，第447—448页。

播，王母娘娘在我国家喻户晓、妇孺皆知。相传王母娘娘的诞日是农历三月初三，这一天仙界要为她举行盛大的祝寿活动。在供奉王母娘娘的庙宇中，这一天都要举行祭祀活动，为王母娘娘祝寿。旧时，北京东便门外桥南有一座蟠桃宫，原本叫太平宫，全名为“护国太平蟠桃宫”。庙虽不大，但香火很盛。每年农历三月初一至初五为王母寿诞而举行的庙会①，在北京城名气很大。

三月二十三“妈祖节”。妈祖，又称天妃、天后、天上圣母，是道教信奉的海神和航海保护神。《太上老君说天妃救苦灵验经》记载，天妃本是天上玉女下凡：“天尊曰：斗中有妙行玉女，于昔劫以来，修诸妙行，誓扬正化，广济众生，普令安乐，于是天尊乃令妙行玉女降生人间，救民疾苦，乃于甲申之岁三月二十三日辰时降生世间，生而通灵，长而神异，精修妙行，示大神通，救度生民，愿于一切含灵解厄消灾，扶难拔苦，功圆果满，白日上升。”天妃上天后，在天尊面前发愿保护舟船安全，救舟船于危难之中；保护买卖客商安全；驱逐邪祟；荡灭灾难；搜捕奸盗；收斩恶人；救民护国；释罪解愆；扶持产难母子安全；庇护良民免遭横逆；卫护风雨顺时等十五个誓言。② 正因为如此，所以，天妃成了人们尤其是船民的保护神。每年神诞日，北自渤海，南至广东、福建沿海，以及台湾的广大汉族渔民，都热烈欢度一年一度的“妈祖节”，庆祝妈祖的诞辰，祈求一年四季，渔业丰收，海上平安。福建莆田湄州岛上的妈祖祖庙，每年妈祖圣诞日要举行盛大的祭祀活动，届时香客云集，仅是从台湾前来进香的信众即数以万计。

三月廿八“东岳会”。东岳大帝是道教中掌管人间生死的尊神。

---

① 参见常人春：《老北京的风俗》，北京燕山出版社 1990 年，第 73 页。
②《道藏》第 11 册，第 409 页。

泰山脚下建有规模巨大的岱庙，自唐宋以来，每年农历三月廿八东岳大帝诞辰日，必有盛大的“东岳庙会”，已延续了一千多年。《水浒传》第七十四回写燕青和李逵到岱庙参加相扑竞赛，正值庙会，当时的景象是：“原来庙上好生热闹，不算一百二十行经商买卖，只客店也有一千四五百家，延接天下香客。”“那日烧香的人，真乃压肩叠背，偌大一个东岳庙，一涌便满了。屋脊梁上都是看的人。”随着东岳大帝影响的不断扩大，旧时全国各地大小城镇均建有东岳庙，在东岳大帝的诞日举行庙会极为普遍。无锡地区旧时农历三月是庙会集中的月份，城乡各地有十多处庙会。其中二十八日的惠山（东岳）庙会达到了最高潮。这一天，无锡城东南西北八位“老爷”（地方神）全部“出会”到惠山东岳庙朝拜东岳大帝，场面非常壮观。[①] 浙江余姚地区的东岳庙会也是当地最大的庙会之一。出会的仪仗与其他庙会大致相同，但有两项是特有的：一是判会。它是表演和扮饰相结合的民间舞蹈，有《调判官》《大小头鬼》舞等组成，属“鬼舞”；二是男吊。迎会时在神桌前或广场上表演：用三根长毛竹，扎成三脚架，从顶端悬挂白布两疋，绞成索状，表演者赤膊、赤脚，仅穿红短裤，在悬布上表演。[②]

四月十四“轧神仙”。相传吕洞宾的生日是农历四月十四，这一天他会化身为乞丐、小贩，显迹人间，点化世人，为民却病，所以吕祖庙这天的香火往往特别旺盛，形成较大规模的庙会。典型的如苏州的福济观，俗称神仙庙。据清同治《苏州府志》记载，建于宋淳熙年间，元、明、清各代都作过重修。山门正中有“吕祖庙”匾额，大殿正中为吕祖，左右两侧，一为柳大仙（俗称柳树精），一为

① 朱海容、钱舜娟：《江苏无锡拜香会活动》，载《中国民间文化》第五集。

② 参见邹松寿：《余姚庙会调查》，载《中国民间文化》第五集。

白髯祖师称白大仙，均为其弟子。最热闹的是四月十三夜至十四日的“轧神仙”活动。

四月十八“娘娘会”。碧霞元君是道教崇奉的女神之一，宋真宗时封为“天仙玉女碧霞元君”。主宰人间祸福，子嗣生育，风调雨顺，五谷丰登等事。《碧霞元君护国庇民普济保生妙经》称她是应九气以生，受玉皇大帝之命，证位天仙，统摄岳府神兵，照察人间善恶。民间则多称她为泰山娘娘，山东民众多称为“泰山奶奶”，相信她能为众生造福、消病禳灾，尤其是相信她有赐子的职能，能使不孕妇女怀孕生子，又能保护儿童健康成长，所以信仰的人非常多。早期碧霞元君的影响仅于泰山以及周围地区，以后随着她的名气渐大，全国各地都相继兴建了不少碧霞元君庙，尤其是北方地区。

相传农历四月十八日是碧霞元君的生日，娘娘庙（碧霞元君祠或宫）均要举行庆祝活动，逐渐形成庙会，以泰山娘娘庙会和北京妙峰山的娘娘庙会规模最大。据明万历二十一年《东岳碧霞宫碑》记载，自宋真宗大中祥符年间建造碧霞宫以来，泰山顶上的碧霞宫就逐渐形成了每年的庙会，近则数百里，远则数千里的香客纷纷赶来岱顶，人数达十多万，香客分布于山东、河南、河北、山西、陕西、安徽、江苏北部和关东地区的广阔区域。妙峰山娘娘庙会是北京香火最盛的庙会之一。从四月一日起即有陆续前来朝拜者，赶会的人“前可践后者之顶，后可见前者之足，自始迄终，继昼以夜，人无停趾，香无断烟……人烟辏，车马喧阗，夜间灯火之繁，灿如列宿”。[1] 旧时京津及华北各地到妙峰山进香者，大多自北京西直门或阜城门外雇车佣轿，直达妙峰山东麓的各村庄下榻，次日或徒步或租乘椅轿由几条小路登山。每年这段时间车水马龙，人声鼎沸，

① 参见《燕京岁时记》。

“千家开店迎宾客，万夫抬轿爬西山”，附近的村民一时都成了妙峰山庙会的积极参与者。

五月十三“关帝会”。关帝，即“关圣帝君”，俗称关公，三国时蜀国名将关羽。关公不仅被历代统治者推崇，是道教神系中驱邪降魔的大神，与华光帝君、赵公元帅、温琼元帅并称为道教“护法四元帅”。《道法会元》卷二五九、二六零中记载有馘魔关元帅秘法。相传关圣帝君的诞日是农历五月十三，在这前后全国各地都有大小规模不等的庙会活动。山西解州关帝庙会是中国所有关帝庙中最早形成庙会的，迄今已有一千多年的历史，在沟通晋、秦、豫三省的经济、文化交流方面都起了十分重要的作用。隋唐时期就有了雏形，起因是因朝野各地的官员、百姓纷纷慕名前来朝拜、祭祀，小商贩也从四面八方赶来做生意，客栈、酒店应运而生。①

后者如春节、元宵节、重阳节等。

春节是中华民族最盛大、最热闹的一个传统节日，又称“元旦”，民间俗称“过年”。春节虽然源于古代一年农事完毕后的酬神谢神活动，但春节所举行的仪式活动中有不少都有道教影响的影子。如“腊月二十四，掸尘扫房子”，每临春节，家家户户都要举行扫尘仪式，将室内外打扫干净迎接新年。扫尘起源于古代的驱除病疫仪式。《吕览注》称：“岁除日，击鼓驱病疫鬼，谓之逐除，亦曰傩。”后来，逐渐演变为年终的大扫除。宋人吴自牧《梦粱录》记载：“十二月尽……不论大小家，俱洒扫门间，去尘秽，净庭户……以祈新岁之安。”在民众观念中，扫尘固然有生活层面的卫生目的，但更主要的恐怕是为了防止家中物件成精怪。而这种精怪观念就与道教密

① 参见李玉竹：《解州古庙会》，山西运城地区地方志编纂委员会：《河东史志》1985年第1期。

切相关。初民相信自然万物也像人一样有灵魂、有情性，而且灵魂是不灭的，可以互相转换，可以脱离原来的形体而祸、福人类。《国语·鲁语下》云：“木石之怪曰夔魍魉，水之怪曰龙罔象。”这是中国人原始的精怪观念。道教形成后，将原始的精怪观念作了进一步的发展，认为生灵活得久的则可为怪，如葛洪在《抱朴子·对俗》中说：“万物之老者，其神悉能假托人形”，“猕猴八百岁变为猿，猿寿五百岁变为玃……虎及鹿兔，皆寿千岁，寿满五百岁者，其毛色白。熊寿五百岁者则能变化。狐狸豺狼，皆寿八百岁，满五百岁，则善变为人形。”任何生灵，只要经过一定的年限就可成精，就可变为人形。这是道教形成以后逐渐转变和强化的精怪观念。因此，民众为了防止家中物件因长时间不触动而成精怪，年终进行一次彻底的大扫除，无疑是必须的。又如“爆竹声中一岁除，春风送暖入屠苏”（王安石《元日》），燃放鞭炮，是春节期间不可缺少的。《荆楚岁时记》记载：“正月一日，是三元之日也，鸡鸣而起，先于庭前爆竹，以避山魈恶鬼。”说明在南北朝时期，至少在荆楚地区，燃放爆竹已经是过年的风俗习惯。但最初的爆竹，是直接将竹子放入火中燃烧而发出噼啪的声音。爆竹能够演变为今天的鞭炮，则得益于火药的发明。魏晋时期，道士在炼丹过程中，发现硝石、硫磺、木炭等混合在一起加热会引起爆炸，在无意之中发明了火药。后来，人们在新年燃放爆竹时，将火药装进竹筒里压紧，以引信点爆，一种全新的鞭炮就被制造出来了。到宋代，出现了用纸卷的筒子代替竹筒的充填火药的爆竹，并用麻茎将单个爆竹编成长串，称作“编炮”。周密在《武林旧事》中说，当时的炮仗，内藏药线，一经点燃，连爆百余响不绝。宋代还出现了专门制作炮仗的手工作坊，街头上还出现了卖鞭炮的摊位。此外，过年时喝屠苏酒、挂桃符、贴门神画等均与道教有一定的关联。

许多道教神仙成了春节期间人们祈福求吉利的对象。如经常张挂在中堂的年画福禄寿三星图，虽然都源自原始信仰中的星辰崇拜，但他们在民间社会产生如此广泛的影响，无疑得力于道教的宣传。正月初五所接的财神则几乎全部来自道教。赵公明是道教的财神。《三教源流搜神大全》卷三说赵公明“驱雷役电，唤雨呼风，除瘟翦疟，保病禳灾，元帅之功莫大焉。至如讼冤伸抑，公能使之解释公平，买卖求财，公能使之宜利和合”。张天师在炼丹时，向玉皇大帝奏请一位守护神。玉皇大帝便派遣了赵公明，并授于“正一玄坛元帅”。道教封他为“金龙如意正一龙虎玄坛真君之神”，故赵公明又称赵玄坛。在江浙一带，专门祭祀赵公明的玄坛庙至迟在元代就已出现，如上海嘉定的元坛祠；到了明代，正式的玄坛庙已普遍出现在江浙一带的各商业中心城市。近些年来，随着市场经济的发展，财神信仰遍及大江南北。

元宵节，又叫“上元节”，是道教上元天官的圣诞。在道教神系中，有三位尊神合称“三元大帝”，他们分别是上元天官、中元地官、下元水官。他们的圣诞分别为上元日、中元日、下元日，合称“三元日”。《三教源流搜神大全》卷一说：“三元日，三官考籍大千世界之内，十方国土之中，上至诸天神仙升临之籍，星宿照临国土分野之簿，中至人品考限之期，下至鱼龙变化、飞走万类养动生化之期，并俟三官集圣之日录奏，分别随业改形，随福受报，随劫转轮，随业生死，善恶随缘，无复差别。”天官赐福，地官赦罪，水官解厄。其中赐福天官最受欢迎，名声也最响亮，被奉为“福星”。过年的时候，民间常常张贴《天官赐福》年画，画面上的天官身穿红袍，峨冠金带，手中持有“天官赐福”的条幅。正月十五上元节是天官赐福之日，道观要烧香设醮，祈求天官赐福万民。人们张灯结彩，纷纷走出家门进行多种游乐活动，成为了一个盛大的民俗节日。

农历九月初九，为我国传统的重阳佳节。重阳节的起源和丰富的节日民俗，与道教有着千丝万缕的联系。据梁朝吴均《续齐谐记》记载：东汉时汝南有个名为桓景的人，拜一个叫费长房的道士学习道术。一天，费长房对桓景说："九月九日汝家当有灾厄，急宜去；令家人各制绛囊。盛茱萸，以系臂；登高、饮菊花酒，此祸可消。"桓景听了费长房的话后赶回家中，带领全家登上高山，手臂扎上装茱萸的红色布袋。傍晚，当桓景回到家中时，发现家中的鸡、鸭、猪、狗等均已暴毙。费长房告诉桓景说："这些家禽代你全家受祸了。"从此之后，民间相传登高可以避灾，形成节日。在道教中，九月九日也被认为是升天成仙的最好时机。相传黄帝就在这一天乘龙飞升，妈祖在这天升天，张道陵也是在九月九日升天成仙的。同时，这天采药服药可以助人健康长寿，《太清诸草木方》载："九月九日，采菊花与茯苓松柏脂丸服之，令人不老。"曹丕在《与钟繇九日送菊书》中记载在农历九月九日送菊花以求长寿的事情："至于芳菊，纷然独荣，非夫含乾坤之纯和，体芬芳之淑气，孰能如此。故屈平悲冉冉之将老，思食秋菊之落英。辅体延年，莫斯之贵。谨奉一束，以助彭祖之术。"可见，在早期道教的祈寿、求长生是重阳节的核心，登高、饮菊花酒、佩茱萸习俗都因此而出现。

道教信仰民俗可以说渗透到了中国人日常生活的各位方面，有的是至今显见的，如接财神、祝寿图以及许多因道教神仙而形成的庙会等；有的是隐性的，或者已被人逐渐忘却，但内核仍保留着，如元宵节、重阳节等。

第二章

道教蕴含的优秀文化

道教文化是人类文明的瑰宝

丁常云*

摘　要：道教是中华民族固有的传统宗教，在长期的历史发展进程中，古老的道教与中华文化相互渗透、相互影响，又相互融合，已经成为中华传统文化最为重要的组成部分。道教文化具有独特的思想内涵和优秀的文化资源，是人类社会宝贵的文化资源。道教文化中蕴含着丰富的道德文化和慈善理念，蕴含着深邃的养生文化和生态智慧，有着十分重要的时代价值。当代社会，我们要深入挖掘道教文化内涵，积极传承道教文化思想，大力弘扬道教文化精神，以优秀的道教文化服务社会主义新时代。

关键词：道德文化；慈善文化；养生文化；生态文化

在人类社会历史发展进程中，宗教始终承载着人类文化的传统基因，传承着人类文明的优秀成果，见证着人类社会的发展历程，在不同的时代发挥着与时俱进的时代价值。党的十八大以来，我国政府高度重视弘扬中华传统优秀文化。2014 年，习近平总书记在联

* 丁常云，中国道教协会咨议委员会副主席，中国宗教学会理事，《上海道教》杂志主编，上海市道教协会副会长，浦东新区道教协会会长，上海太清宫住持。

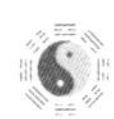

合国教科文组织总部演讲时说："让收藏在博物馆里的文物、陈列在广阔大地上的遗产、书写在古籍里的文字都活起来，让中华文明同世界各国人民创造的丰富多彩的文明一道，为人类提供正确的精神指引和强大的精神动力。"① 2017年1月，中共中央办公厅、国务院办公厅联合印发了《关于实施中华优秀传统文化传承发展工程的意见》，其目的就是"为建设社会主义文化强国，增强国家文化软实力，实现中华民族伟大复兴的中国梦"。② 这是对中华传统文化时代价值的肯定，也是对包括道教文化在内的中华传统文化的弘扬提出了新要求。根据这一时代要求，道教必须要紧跟时代步伐，积极传承道教优秀文化，继续发挥道教文化在当代社会中应有的时代价值。

道教是中国固有的传统宗教，在祖国神州大地的怀抱中诞生，为中华传统文化的乳汁养育而成，承载着中华民族的优秀文化，见证着中华五千年的文明历史，成为中华传统文化的重要组成部分。道教崇尚"道法自然、贵生乐生"，主张"尊道贵德、抱朴守真"，倡导"齐同慈爱、济世利人"。在处理人与自然、人与社会的关系以及人的身心修养、道德建构等方面有着深邃的智慧，传承着中国人特有的价值观和民族精神。其中，既有内涵深厚的道德文化、丰富宽广的慈善文化，又有深邃睿智的养生文化、自然智慧的生态文化等，所有这些都是人类社会宝贵的文化资源。当代道教，要大力弘扬其优秀文化，积极阐扬其思想精华，赋予时代精神，增添时代内涵，发挥时代价值。当代道教徒，要顺势而为，更要有所作为，主动肩负起弘扬道教优秀文化的时代重任。

---

① 2019年4月30日新华网，国家主席习近平3月27日在巴黎联合国教科文组织总部发表演讲。

② 2017年1月25日，中国政府网。

一、道教文化中蕴含着丰富的道德文化资源

道教是追求和谐的宗教，“和文化”始终是道教道德文化的核心内容之一。老子提出“知和曰常，知常曰明”，庄子提出“太和万物”，讲的就是一种和谐思想，是一种具有神圣性、权威性的价值理念。在传统道教文化中，“和”的理念不仅有传统伦理体系作支撑，而且有老子所言天道作为其本体来源和神圣权威基础，故而在传统社会已经深入人心，得到普遍认同和尊崇。这种道德文化所蕴含的丰富的和谐理念和规范，潜移默化地影响着中国人的行为方式和生活习俗，不仅在传统中国社会中发挥过重要的积极作用，而且对于现代和谐社会构建仍具有重要的启示作用。

第一，身心和谐的“寡欲”思想。所谓“寡欲”，就是要求为人心地纯洁，行事真诚朴实，少存私心和过分的欲望。老子《道德经》说“见素抱朴，少私寡欲”，要求人们保持纯洁朴实的本性，减少过多的私欲杂念。道教将“寡欲”作为一种人生修行原则，称“罪莫大于可欲，祸莫大于不知足”。明确指出了物欲有毁灭自我本然之性的危险，会腐蚀影响我们人类自身的身心健康。《净明忠孝全书》指出：“欲治其外，先正其内，欲正其内，先去其欲，无欲而心自正。”[①] 心正则言谈举止皆合于道。道教将“寡欲”的原则贯穿于道教徒修持实践中，制定许多清规戒律，以节制修道者的世俗物欲。当然，道教的“寡欲”并非禁欲主义，而是劝导世人不要过度沉迷于物欲之中，是对物欲虚名的一种克制和超越。

现实社会中，人生最危害的是贪欲，最难满足的也是贪欲。贪可以使人发狂、使人堕落，甚至犯罪。一个贪得无厌之人，欲望是永远都不会满足的。面对花花世界，每天都有各种各样的诱惑：金

---

①《净明忠孝全书》卷二《净明道法说》，载《道藏》24册，634页。

钱、权势、名声、女色、美味，等等，如果不筑起抵挡诱惑的心理防线，你的灵魂将永远没有归宿。一旦沉迷于奢侈的物质享受，或者放纵贪念，就会被欲望迷目障心，熄灭了智慧之光，难以明心见性。道教的“寡欲”思想，强调的是一种“心性”修炼，可以消解现代社会“人心浮躁”和“物欲横流”等不良现象，净化人的心灵，促进人类身心和谐，是构建和谐社会的有效资源。

第二，人际和谐的“诚信”思想。诚信是中华民族传统美德，是中国传统伦理道德的范畴之一。所谓“诚信”，是指待人处事真诚、讲信誉，它包含“诚”和“信”两部分内容，“诚”一般指真实、诚恳的内心态度和内在品质，“信”字多指自己外在的言行。诚实守信是人类社会维持和谐有序的重要基石。道教经典《太平经》说“天地之道，至诚忠信，化育万物，真实自然”，又说“夫天道不欺人也，常当务至诚”，这就是说，天地之道是公正无私、真实无妄的，人类必须要效法天道，至诚不欺，实实在在。道教的“天道至诚”思想，一方面肯定了天道的公正无私和忠信至诚；另一方面又指出天道不允许人间有奸邪欺妄之言行，反对违逆天道之恶行。

在道教戒律中，有非常重要的一条就是“戒妄语”。《初真十戒文》称：“盖诚为入道之门。语者，心之声也。语之妄，由心之不诚也。心既不诚而谓之道，是谓背道求道，无有是处。”[①]《老君五戒》第三戒“不得口是心非”。《积功归根》第五戒“不得妄语”。《洞玄智慧十戒》第五戒“口无恶言，言无华绮，内外中直，不犯口过”。还有如“不得妄言绮”“不得两舌邪佞”“不得好言人恶”“不得言人隐私”，等等。所有这些，都是道教戒律中的诚信思想，长期以来，

①《虚皇天尊初真十戒文》第六戒，载《道藏》第3册，第404页。

一直成为我们道门中遵守奉行的行为准则。

在人际关系上，道教要求人与人之间的交往要诚实守信，这是人与人之间相互和谐的基础。《太平经合校》称"一言为百言，百言为千言，千言为万言，供往供来，口舌云乱，无有真实"，[1] 又称"动作言顺，无失诚信"。《张鲁传》还称"皆校以诚信，不听欺妄，有病但令首过而已"。[2] 强调的就是诚实守信。《道德经》也说"绝巧弃利，盗贼无有"，就是指人人都不以奸巧的手段去骗人，那么其他的人就不会起盗贼之心了。这是道教对人类社会的要求，希望人人都能讲诚守信，这样社会就会太平，人与人之间的关系自然就会和谐。

第三，社会和谐的"贵德"思想。道教强调"尊道贵德"，倡导积极向善的社会人生观。《道德经》说："道生之，德畜之，物形之，势成之，是以万物莫不尊道而贵德"。[3] 所谓"尊道贵德"，就是指对于"道"和"德"的一种遵从和奉行。道教尊"道"为最高信仰，并教导人们学道、修道、行道、弘道。至于"贵德"，道教以得道为"德"。宋徽宗御注《西升经》称"道之在我者为德"。"德"是道之功，道之用，道之现。道生万物，不自持以为功，生而不有，长而不宰，完全自然无为。在道教看来，道和德本来就是一个整体，道是由德来体现的。"贵德"就是强调以"德"为根基，来证道成道。对于道教徒来说，修道的先决条件就是立德，立德要在日常生活中不断积累功德，其关键在于提高自我修养，遵守"道"的法则，保持内在修持和外在行为一致，以清静无为、柔弱不争、慈悲宽容、淡薄名利的心态为人处世。

---

① 王明编：《太平经合校》下册，中华书局，1997 年，第 690 页。

②《后汉书》卷七十五《张鲁传》，中华书局，2002 年，第 2435 页。

③《道德经》第 51 章，载《道藏》第 11 册，第 478 页。

道教的“贵德”思想，倡导的是一种道德文化，蕴含着“行善积德”的伦理思想，对于社会道德教化有着积极促进作用。《太上感应篇》就是以“天人感应”和“因果报应”立论，以儒家道德规范和道教规戒为立身处世的准则，以“道”为伦理思想的最高标准，以劝善、行善为根本目标，阐述了诸多道德伦理思想。一方面，从“积善之家，必有余庆；积不善之家，必有余殃”的思想出发，指出“祸福之门，唯人自召；善恶之报，如影随形”。[1] 告诫世人，只有积善修德，才会免除灾祸。另一方面，又明确指出修德必有福报，厚德才能载福，这是天道的福善。因此，我们要大力弘扬道教的“贵德”思想，充分发挥其特有的教化功能，正确引导社会民众以平和心态看待转型过程中所显现的社会矛盾，自觉化解矛盾、理顺情绪，培育自尊自信、积极向上的良好心态，进而促进社会关系的和谐发展。

二、道教文化中蕴含着丰富的慈善文化资源

道教是关爱社会的宗教，有着悠久的慈善传统，道教典籍中就蕴涵着十分丰富的慈善文化。如“齐同慈爱，异骨成亲”[2] 的慈爱思想，就是早期道教的一种慈善理念。“仙道贵生，无量度人”[3] 的慈善伦理，有着强烈的普世价值和慈爱精神。还有“济世利人”和“扶贫帮困”的慈爱情怀，则是道教慈悲济世的优良传统。道教的慈善文化根植于中华文化传统和道教伦理之中，有着更加深厚的精神动因。因此，我们要善用道教的慈善文化，积极为社会公益事业作

---

① 《太上感应篇直讲》，载《藏外道书》第 12 册，第 373 页。
② 《灵宝无量度人上品妙经》卷二，《道藏》第 1 册，第 9 页。
③ 《灵宝无量度人上品妙经》卷一，《道藏》第 1 册，第 4 页。

贡献。

第一，乐善好施的“慈善”理念。道教的慈善理念，内容十分丰富，在道教许多经典中都有论述，但主要集中体现在《道德经》、《太平经》、《度人经》等经典之中，成为道教慈善文化思想的重要来源。在老子《道德经》中，提出了“天道自然的慈善观”。认为“乐善好施”是天道自然之性，世人应效仿天道而行。《道德经》称：“天之道，其犹张弓乎？高者抑之，下者举之，有余者损之，不足者与之。天之道，损有余而补不足。”① 这就是说，大自然给予人类平等的生存和发展权利，这是天道的福善，而对于富裕者来说，应该主动去关心贫苦之人，像天道那样给万物以生机，这就合于天道了。《太平经》则提出了“财富均平”的慈善理念。该经称：“天地所以行仁也，以相推通周，足令人不穷”。② 天地是公正的、仁慈的，天地赐民众之财物，使其能够自由自在地生活。财物应该是民众所共有，并非少数人所独占。《太平经》还进一步指出：“或积财亿万，不肯救穷周急，使人饥寒而死，罪不除也。”③ 这就是说，对于聚财过多者，要“行仁好施，周穷救急”，多做社会慈善公益事业。

道教所讲的“乐善好施”的慈善理念，倡导的是一种普世的大爱，是一种关爱人类社会的普世情怀。要求世人以慈爱之心对待他人，人与人之间要相互尊重、相互帮助、和睦相处。道教的这种“慈善”理念，蕴含着道教关爱社会的功德善举，与现代社会所倡导的“慈善事业”是一致的，都是人类社会的“爱心”行动，是社会慈善文化的重要内容。道教的“乐善好施”行动，要求人类社会要有“博爱”的胸怀，要有“慈爱”的心境，要尊重人、关心人、爱

① 《道德真经》第 77 章，载《道藏》第 11 册，第 4781 页。
② 《太平经》卷六十七，载《道藏》24 册，447 页。
③ 《太平经》卷六十七，载《道藏》24 册，447 页。

护人，要多为他人着想，热心社会公益事业。现代社会中，提倡助人为乐，发扬人道主义精神，强调的是社会公民道德建设，正是道教“乐善好施”的延续与发展，对于推动社会主义人际关系的日趋和谐发展，保证整个社会秩序的稳定，提高每一位社会成员的文明素养，都是有积极作用的。

第二，慈爱众生的“慈善”情怀。道教以“普度天人”的思想立论，宣称“无量度人”的慈善伦理。《度人经》称：“仙道贵生，无量度人”。“度人”在汉字中，度原来就有渡河之意，从河水的此岸渡到彼岸去。人生就像一条大河：一边是善，一边是恶；一边是光明，一边是黑暗。道教所说的“度人”，就是指要普度众生、慈爱万物，有着强烈的慈善情怀和慈爱精神。道教还从重视生命的根本出发，要求人类社会慈爱万物。《太上感应篇》称：“积功累德，慈心于物”。要求世人“慈爱”一切众生，包括“昆虫草木，犹不可伤”。[①] 要求人们爱护一切生命，以宽广的胸怀来善待万物。正是基于这种认识，道教要求人们爱及昆虫草木鸟兽，爱及山川河流，爱及日月天地，不要无辜伤害任何生命。在道教看来，尊重生命，善待万物，正是人类社会慈悲仁爱的精神。

道教还积极倡导世人“多行善道”。《赤松子中诫经》说：“人行善道，天地鬼神赐福助之，增延福寿”。还说：“善者，善气覆之，福德随之，众邪去之，神灵卫之，人皆敬之，远其祸矣”。[②] 这就是说，行善之人必有福报，不善之人必有祸患。这种劝人行“善道”的思想，自然有益于社会公益事业。同时，道教还把行善与修仙紧密结合。《抱朴子内篇·对俗》称：“人欲地仙，当立三百善；欲天

①《太上感应篇注》，载《藏外道书》第12册，第273页。
②《赤松子中诫经》，载《道藏》第3册，第445页。

仙，立千二百善。”① 道教的这种“慈爱”思想，实质上是对世人心灵的净化和提升，是道教“普度天人”的一种道德伦理。因此，我们要积极宣传道教“慈善”思想，弘扬道教“慈爱”精神，促进社会人心向善，提升民众慈善意识，引导民众参与社会公益事业。

第三，济世利人的“慈善”思想。道教历来就有“济世利人”的传统。早期道教就有“设义舍布施”的传统，帮助困难民众。《后汉书·张鲁传》称：“诸祭酒各起义舍于路，同之亭传，县置米肉以给行旅。食者量腹取足，过多则鬼能病之。”② 这就是说，天师道的法师们广行布施，在路边造起义舍，并在义舍内放置米、肉等粮食，供给来往之客人食用。这在粮食极度匮乏的年代，道教的这种义举可谓是顺势而为的至上功德，是践行“济世”的典范，受到社会的广泛称赞。此后，历代道教徒都将“济世利人”作为关爱社会的善功、善行，作为道教徒自身修行的重要内容。全真龙门派祖师长春真人在目睹“十年兵火万民愁，千万中无一二留”的悲惨景象时，毅然万里赴诏，西行大雪山，以“欲罢干戈致太平”和“天道好生”之言劝导和教化成吉思汗“止杀保民”，并告“以敬天爱民为本”，以道德治理天下，留下了“一言止杀”的千古佳话，受到世人的敬仰。

道教认为“济世利人”是修善的最好途径。对此，《太上感应篇》作了全面阐述，要求人类社会慈心于物、仁爱一切，使万物普得长育；有救穷济困，推通周足，舍己为人，使人人都享受生活的必需品；有敬老怀幼，矜孤恤寡；有乐人之善，不彰人短，不炫己长。反对非义而动，背理而行，等等。以规劝世人济世利人、关爱

---

①《抱朴子内篇》卷三《对俗》，载《道藏》28 册，171 页。

②《后汉书·张鲁传》，中华书局，2002 年，第 2435—2436 页。

社会弱势群体，特别是要关心保护儿童，尊重保护妇女，尊敬关怀老人，还要关心帮助鳏寡孤独和残疾人群等。道教的这种“济世”传统，与现代社会所倡导的“慈善事业”是相一致的，都是人类社会的“爱心”行动，也是现代社会慈善工作的重要资源。当代社会，我们要大力弘扬道教济世利人的“慈善”思想，传承道教的慈善精神，践行道教的“济世”传统，化解社会矛盾，关爱社会弱势群体，发挥道教慈善服务社会公益事业的积极作用。

三、道教文化中蕴含着丰富的养生文化资源

道教是注重养生的宗教，主张“贵生”“修心”思想，强调“我命在我不在天”的生命观。历代以来，道教前辈先哲，不畏天命，崇尚自然，追求长生。在内修外养的过程中，形成了一套完整的养生理论和技术，在探索与实践中，构成了系统的益寿延年的人体科学体系，积累了大量而宝贵的养生经典著作，形成了道教所特有的养生文化，成为人类社会的宝贵财富。道教养生文化是一种生命文化，是道教对于生命科学的探索和实践，对于促进人类身心健康有着十分重要的指导作用。

第一，生命至上的“贵生”思想。道经称“仙道贵生”，以生命至上为原则，强调的就是一种“贵生”思想。所谓贵生，是指尊重生命、关爱生命的过程，希望通过一种有效途径达到保护生命、延长生命的目的。事实上，在漫长的历史发展进程中，聪明的人类无不在探究生命的奥秘，寻求保护生命的秘诀。孔子谓：“生死有命，富贵在天。”荀子曰：“从天而颂之，孰与制天命而用之。”道教则主张“我命在我不在天”。前辈先哲，不畏天命，崇尚自然，追求长生。历代道教徒，在“贵生”思想的引领下，开始有了健康养生的

意识，开始探索健康养生的方法与途径，从而促进了道教健康养生思想的形成与发展。葛洪在《抱朴子·内篇》“论仙”中提出：“夫求长生，修至道，诀在于志，不在于富贵也。”① 在这里，葛洪既肯定了道教的“贵生”思想，又为修道者打开了一扇方便之门。历代道教徒为了追求健康长生，对生命的奥妙进行着不懈的探索，积累了大量宝贵的养生经验，形成了道教特有的养生文化。

在“贵生”思想的引领下，道教还将人之生命与“道”紧密相连，相辅相成。所谓“生道合一”，才能“长生久视”。《内观经》说：“道不可见，因生而明之；生不可常，用道以守之。若生亡则道废，道废则生亡。生道合一，则长生不死”。② 这就是说，人要想长存于世，就必须要有道，要与道共生。道教倡导万物皆有道性，就是说明人人都有“道性”，人人都可以通过自身修炼而达到长生。在这种思想的指导下，道教徒始终把“贵生”作为追求的目标。所以道教珍惜生命、崇拜生命，既重视个体生命，又重视群体生命和自然生命。道教的这种“贵生”思想，是道教养生文化的精髓，是中华养生文化的重要基因。因此，我们要大力弘扬道教“贵生”思想，树立民众“热爱生命，尊重生命”的理念，不断增强民众养生意识，促进人类生命健康发展。

第二，自然养生的“修心”理论。道教认为“养生重在养心”。要学会控制情绪，保持良好的心态。《黄帝内经》称“心者，君主之官也，神明出焉”。这就是说，心乃五脏之首，主全身之血脉，亦主宰人的精神意识和思维活动。“修心”养生就是要求注重调摄七情，避免过度思虑，保持一颗平常心。否则就不利于养生，自然会伤害

① 《抱朴子·内篇》卷二《论仙》，《道藏》第28册，第173页。
② 《太上老君内观经》，载《道藏》11册，397页。

身体。道教“修心”，倡导的是“心灵养生”，强调的是“心态平和”。《道德真经广圣义》称：“知足不贪，安贫乐道，力行趣善，不失其常，举动适时，自得其所者，可以长久。”[①] 这就是说，知道满足，不贪名利，安于贫困，乐善好施，努力追求人格的完善，不违背做人的准则，言行举止合乎道德规范，不与人攀比，生活消费量力而行，内心处于安定平和的状态，这样就可以健康长寿。

修心之道，要“心态平和”，具备“水善利万物而不争”[②] 的美德。凡事讲奉献，遇事讲谦让，心静如水，自然平和。一个人只要拥有“平和”心态，就会不断回归真朴、提升自我，自然会拥有幸福的生活和健康的身体。修心之道，还要做到“顺应自然”，尊重宇宙、自然和社会发展规律，顺天时、合地利、谐人和，工作中劳逸结合，生活中顺应四时、和合阴阳。要做到少思、少念、少欲、少事、少语、少笑、少愁、少乐、少怒、少好、少恶。凡事要从容自然，乐观豁达，挥洒自如，心灵始终保持自由逍遥的状态。养生的人要明白事理，对于名利，要做到顺其自然。人的心性、行为、作息、劳逸等都要符合天地阴阳运行之道。这样身心自然太和，心性自然纯真，内外百病不生，灾害也不会滋生。

现实社会中，有人总是爱抱怨，有人把抱怨当成一种生活习惯。其实，爱抱怨的人，只是一种心态问题，是一种心态不健康的表现。一个人生活在社会中，总要扮演一个或多个社会角色，每个人的社会角色不同，心态则不同，也就必然会怀着这种心态对待生活。一个人的成败有许多因素的影响，但是起决定作用的还是心态，成功需要健康的心态。道教提倡“心灵养生”，就是要求人们平和心态、

---

① 《道德真经广圣义》卷二十七，《道藏》14 册，309 页。

② 《道德真经》第八章，载《道藏》第 11 册，第 474 页。

善待人生，常怀感恩之心，保持内心清静、阴阳平和。道教的这种“修心”理论，是人类身心健康的基石，也是道教养生文化的核心内容，对于培育社会民众的健康心态有着十分重要的积极作用。

第三，修道养生的“炼养”思想。道教养生，关注的是身心修炼，追求的是健康长寿。所谓“养生”，就是指以生命发展规律为依据，通过调理饮食、修炼形体、调养精神等方法，以达到提高体质、防止疾病、延年益寿的目的。道教养生内容十分丰富，各派传承也不尽相同，但主要包括两个方面内容：一是形体修炼法，属于功法养生类。形体修炼主要是通过各类养生功法的炼养，促进人类外在形体的健康。如服食、气功、导引、武术等，这些养生功法都有待于进一步研究并加以弘扬。二是精神修炼法，属于精神养生类。精神修炼主要是通过各类养生方法的调养，使自身的内在修养不断提升，从而促进人类身心的健康。如：静心、坐忘、寡欲、慈悲等。道教的修道养生，强调是自身的“炼养”和身心的健康，其最高目标是得道成仙。在具体的修道进程中，除了自身的“炼养”外，还特别注重“积功累德”的修行，主要包括：道德养生、慈善养生、生态养生等理念。

所谓“道德养生”，就是要通过个人品德修养的提升来促进人类身心健康。道教强调“厚德载福”，对于道教徒来说，修道的先决条件就是立德，立德要在日常生活中不断积累功德。其关键在于提高自我修养，遵守“道”的法则，保持内在修持和外在行为一致。道德养生强调的就是“道德”和“仁慈”。古人早就有“德者高，仁者寿”之说。即所谓“大德高龄，仁者长寿”。这是因为，他们往往宅心仁厚，对自然和社会规律能够准确把握，心静如水，恬淡虚无，精神内守，气血阴阳调和，自然有益于身心健康。所谓“生态养生”，就是要通过生态环境的保护来促进人类身心健康。道教养生十

分注重环境，道士修炼常常要选择一块“风水宝地”，这个风水宝地都是环境优美的地方，环境好自然有利于修炼，也有利于养生。自然环境与人类健康息息相关，只有自然健康了，人类才会有健康的生存空间。所谓“慈善养生”，就是要通过道教的“善功、善行”来促进人类身心健康。道经称“行善可以尽天年”，还称“努力行善，子孙延年”，又称“福自我求，命自我造，阴骘可以延年”。这就是说，行善本身就是一种养生，行善是长寿的重要条件。一个积极向善、乐善好施之人，他的内心一定是快乐的、幸福的，其精神生活肯定是充实的，身心健康也是必然的。

第四，健康养生的“道医”实践。道教历来就有“以医传道，借医弘道”的传统，在长期的炼养实践中，诸多道门高士致力于自然、社会与人体生命研究，形成了独具特色的道教医学。从事道教医学的道士自然就成了“道医”，道医在道书中被称为“道士医师”。《太上灵宝五符序》称：“三尸常欲人死，故欲攻守，此之谓也。凡道士医师，但知按方治身，而不知伏尸在人腹中，固人药力，令药不效，皆三虫所为。”① 一般来说，道医都来源于道士，由古代的巫医演变而来，所谓“十道九医”，就是指很多精通医术的道士，一边悬壶济世、治病救人，一边传播道教的思想理念，成为历代道教徒的主要实践内容。历史上许多高道本身就是著名的医学家，他们（比如，葛洪、陶弘景、孙思邈等）在自身修道中，结合“修道炼养”功法，身体力行地发展了祖国中医学，在一定程度上推动了中医学理论的发展，为中医学作出了卓越贡献。

在健康养生方面，道教主张“我命在我不在天，还丹成金亿万

---

①《太上灵宝五符序》卷中，载《道藏》第6册，第331页。

年”。[1] 道教内丹学就是追求长生的方士和后来的道士经过两千多年的修持实践，百折不挠地进行人类身体内在奥秘的探索，并把他们的实验结果记录在经典著作中，成为中华民族的瑰宝。道教哲学本质上就是一种生命哲学，其理论核心是生命观念。其中“虚静”“坐忘”“存思”“守一”等，都是道教独具特色的修炼思想和方术，中医养生学受此影响，在修炼方法上强调“调神养生”的作用，开创了许多实用有效的调神养生之术，为人类社会的养生保健、强身健体等方面积累了大量的宝贵经验。道教对于“长生”的追求，客观上推动了中国医药学、养生学、古化学等发展。受此影响，在现代医学诞生之前，草药也是西方人治病的主要手段，这就说明道教的医药养生学早就传入西方国家，成为人类共享的财富。道教医药养生学作为一种宝贵的传统文化，是中国医药特色科学之一，也是中国生命科学的重要组成部分，是其他任何形式的文化都不能替代的。特别是道教医药养生术为人体科学的研究，积累了大量的实践材料。因此，我们当代道教徒必须要深入挖掘“道医”养生实践，积极开展对传统道教养生医药学的研究，特别是要开展对道教医药学理论的探索和实证研究，及时刊载研究成果和实践经验，形成学习、交流、探索和研究的良性循环，为促进现代人类医药科学的发展作出新贡献。

四、道教文化中蕴含着丰富的生态文化资源

近现代以来，生态环境日趋恶化的趋势，已经对世界经济和社会发展造成直接影响。因此，“在全球范围内，加强生态环境伦理教

---

① 《抱朴子·内篇》卷十六《黄白》，载《道藏》28册，233页。

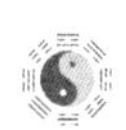

育，进行社会公德建设，有着深刻的现实意义”。① 道教生态文化，实际上就是一种环保文化，是道教对人类社会生态环境的一种保护。中国道教历来就十分重视对于自然环境的保护，在其教理教义中就包含着“崇尚和谐、尊重自然、尊重生命”等理念和智慧，积累了诸多宝贵的生态文化资源，对于推进生态文明建设和化解全球生态危机，皆具有十分重要的时代价值。

第一，生态自觉的“自然”理念。道教认为，人与自然是一个统一整体，应该互相尊重、和谐共处。《道德经》称：“人法地，地法天，天法道，道法自然。”② 意为道生万物以及天、地、人的活动过程都是“自然无为”的，不受任何外物所制约。“道法自然”的生态理念，就是一种主张天、地、人三者之间自然共生，共同遵循“自然”法则的天人和谐。自然界万事万物的存在和发展，都有其自身固有的规律性，无不遵从一定的自然法则。任何人都不能违背，也无力违背。否则，就会导致灾难，形成生态危机。庄子也指出：“顺之以天理，行之以五德，应之以自然。”③ 要求人类社会，凡事必须符合自然规律，必须“守道而行”。《阴符经》则进一步指出：“观天之道，执天之行，尽矣。”④ 所谓“观天之道”就是要认识自然规律，“执天之道”就是要掌握和利用自然规律，严格按照自然规律行事。人与自然和谐的根本就在于此。只有懂得自然规律、掌握自然规律，才能更好地利用自然规律，从而不违背自然规律，这样才能真正达到人与自然环境的和谐。

道教还认为，人类在合理利用自然的同时，还必须要承担起保

---

①《公民道德建设实施纲要学习读本》，第 107 页，学习出版社，2001 年版。

②《道德真经》第 25 章，载《道藏》第 11 册，第 476 页。

③《庄子翼》卷四，天运第十四，载《道藏》第 36 册，第 667 页。

④《黄帝阴符经》，载《道藏》第 1 册，第 821 页。

护自然的责任，这是道教关爱自然的自觉意识。《太平经》说："夫人命乃在天地，欲安者，乃当先安其天地，然后可得长安也。"[1] 人安身立命的天地间，要想得到好的生存和发展，必须使我们赖以生存的地球得到和谐安宁，然后人类才能长久安宁。而"安天地"，就是要认识和掌握自然规律，按照自然规律办事，主动承担起保护自然环境的责任。自然界中，人类是最有智慧的动物，负有管理和爱护万物的责任。人的行为要符合"天道"，人应该"助天生物"，"助地养形"使自然更加完美、更加和谐。因此，我们要大力弘扬道教崇尚"自然"的理念，不断增强社会民众保护自然环境的自觉意识。

第二，生态和谐的"共生"理念。道教认为，天地万物皆由"道"所化生，因而"一切有形，皆含道性"。万物都是按照"道"赋予它的秉性，有自然生存、发展的权利，人类没有权利、也没有任何理由去干扰它，更不应该随意对它进行伤害或杀戮。所谓"天地之大德同生，人应该与天地合其德"，对万物"利而不害"，辅助万物自然生长。因为人与自然都是"道"的化生，人与自然万物都是"共生、共荣"的生命体。《太平经》指出，人是自然万物的一部分，也是自然中和之气所生，即"天、地、人本同一元气，分为三体"；又说"天、地、人民万物，本共治一事，善则俱乐，凶则俱苦，故同尤也"。[2] 这就是说，天、地、人同为自然界中一部分，本身就有着共生、共荣的关系，必须要互相尊重、和谐共处，这是人与自然和谐共生的必然选择。

现代环境科学也告诉我们：自然万物没有孤立发生的现象，一切都处在相反相成、相生相克、相互依赖、相互制约之中，一切都处

---

①《太平经》卷四十五，载《道藏》24 册，411 页。

② 王明编：《太平经合校》，第 53 卷，中华书局，1997 年，第 200 页。

在一个统一的整体背景的制约之下，一切都是整体关联的。正因为如此，历代以来，道教总是以积极的姿态，要求人类认识自然、顺应自然，一切按自然规律行事。既然人与天地万物共生于同一个地球之中，又是一个相互依存的共同体，那么人为万物之灵，就有责任和义务协调关照人与宇宙、天地、自然万物之间的关系，应该积极主动维护我们赖以生存的宇宙空间和自然界之祥和。因此，爱护自然生态环境，维护自然生态平衡，已经成为现代社会环境道德的一个基本要求。

第三，生态文明的“普世”情怀。道教是一个普世宗教，具有关爱人类社会的普世情怀。道教主张“慈爱、和同”，就是强调人与人、人与社会、人与自然之间都要彼此尊重、相互理解、和谐共存。在关注社会方面，道教提出了“济世利人”的思想，要求世人“乐人之善，济人之急，救人之危”。① 慈悲众生，关爱他人。这是一种普世的大爱，是道教对人类社会的一大贡献。在关注自然方面，道教强调“慈心于物”的思想，要求人类善待一切生命，包括他人以及鸟兽、草木等，并指出“蠕动之属皆有知，无轻杀伤用之也”，即蠕动的小生命都有知觉，皆不能轻易杀伤。道教要求人们把慈悲之心扩大到自然万物之中，不要随意杀戮众生，要自觉维护自然生态的平衡与和谐。这种对生命的尊重就是道教对自然的关爱，是道教关爱生态文明的普世情怀。

千百年来，中国道教徒始终践行着关爱人类社会的优良传统，促进社会和谐发展，维护社会繁荣稳定，为后世留下了宝贵的精神财富。在维护和平方面，道教明确提出“行王道”“反霸道”的主张。所谓“行王道”，就是要遵循老子提出的“爱民治国”，推行

① 《太上感应篇直讲》，载《藏外道书》第12册，第373页。

“仁政”和“德治”，反对“暴力”和“恐怖”。所谓“反霸道”，就是反对“强权”，反对“战争”。道教认为“兵者不祥之器”，“兵之所处，荆棘生焉”。[1] 战争是残暴的、可悲的，好杀之徒必遭天谴。指出不得“以强欺弱”“逞志作威”，更不得“乘威迫胁，纵暴杀伤”。[2] 这种“行王道”“反霸道”的思想，正是中国道教维护人类生命安全和民族生存的人道主义主张。因此，我们必须要深入挖掘道教生态文化内涵，开展对道教普世文化的研究，弘扬道教普世精神，维护自然生态和谐，维护人类社会祥和与安宁，为建设社会主义生态文明作出积极贡献。

第四，生态危机的“化解”之道。道教的生态伦理，强调的是一种自然之道、和谐之道，是一种人与自然和合共生的生存之道。《太平经》就明确提出了“天人一体”的论断，肯定了人对环境的依赖关系，告诫人类必须要有环境保护责任意识。面对当代社会环境的破坏和生态危机问题，人们开始意识到“生态危机的实质是人性危机”。人性危机“使人类文明失去了道德和智慧的指引”。人性危机所释放出来的贪欲，直接导致了人类对自然界的掠夺与破坏。这就需要我们人类到道教文化中去寻找生态伦理，用道教生态智慧来化解全球生态危机。1998 年 6 月，美国哈佛大学召开“道教与生态学”国际学术研讨会，在充分挖掘道教生态伦理思想的基础上，一些西方生态伦理学家认为，道教思想是建构现代生态伦理的重要的思想资源。美国环境伦理学家霍尔姆斯·罗尔斯顿（Holmes Rolston）指出：“西方人也许应该到东方去寻求人与自然协调发展的模式。”法国著名道教学者索安也指出：“今天的生态学家知道，作

①《道德真经》第 30 章，载《道藏》第 11 册，第 477 页。
②《太上感应篇直讲》，载《藏外道书》第 12 册，第 374 页。

为东方传统之一的道教，可以帮助我们找到一种生存方式，使我们被毁坏的星球更加和谐。”这就表明，道教的生态伦理蕴含着深邃的生态智慧，是化解全球生态危机宝贵的文化资源。

当代社会，化解全球生态危机已成当务之急，全社会必须要广泛动员起来，携手并进共同做好环境保护工作。一方面，我们要积极倡导道教的生态伦理，增强人类环境保护的伦理意识。从而建立全球性生态伦理新秩序，树立一种新的生态伦理观，维护我们共同的家园。另一方面，我们要善用道教生态智慧，把自觉地维护自然界的生态平衡，作为人类共同的道德责任和义务。环境道德作为各个民族、各个国家、各个地区、各个社会阶层应当共同遵守的行为准则，已经成为人类以共同的力量来保护大自然，建设良好的生存环境的一种强大精神力量。因此，我们要大力弘扬道教生态文化，积极践行道教生态智慧，助力化解全球生态危机。

综上所述，道教文化是中华文化重要的软实力，是人类文明发展的宝贵财富。挖掘道教文化内涵，传承道教时代精神，我们守土有责；发挥道教时代价值，以优秀的文化服务伟大的时代，我们责无旁贷。我们坚信，中国道教文化中蕴含着源源不断的智慧和力量，一定能够成为中国文化走出去最有效、最独特的战略资源！我们也坚信，中国道教文化的活力和潜力在中国的、世界的舞台上迸发，必将赢得整个世界的赞叹与喝彩！中国道教必将大放光彩，再创辉煌。

道教传统医学下的养生文化

盖建民*

摘 要：道教与中国传统医学的联系与结合紧密，在世界宗教发展历史上是罕见的，道教天人观、道教合修众术以长生构成的医学模式既与祖国传统医学模式存在相当密切之关联，又蕴涵着先民对生命的深邃思考理念，在与传统医学相互交融过程中逐步发展起来一种特殊的医学体系。道教医学并不排斥世俗医学，而是采取积极态度，广泛运用传统中医学的药物、针灸疗法从生理上治疗疾病。道教医家善于运用信仰疗法和各种自然疗法对病人进行心理治疗，强调形神并治、身国同治，内外身心与社会环境同疗，不但注意运用药物疗法来理身，善于运用各种心理疗法来治心，理身与治心并重，而且注重对疾病产生的社会环境的治理，形成了道教特有的“医世”思想。与现代社会所崇尚的自然疗法有异曲同工之妙，值得我们下大力气挖掘研究，以造福当代人类社会。

关键词：道教；医学；养生

* 盖建民，四川大学道教与宗教文化研究所所长，教育部长江学者特聘教授，国务院学科评议组成员，中国宗教学会副会长。

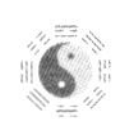

道教与中国传统医学关系极为密切，所以自古就有“医道通仙道”“十道九医”“道在养生”之说，它充分反映了道教“尚医”的历史传统。道教“崇尚医药”的因素比较复杂，概括起来有社会历史与内在教义思想两大方面的原因。[①] 古代道士修道致仙往往选择在远离市井、交通不便的“洞天福地”，其衣食住行及医疗方面不易获得“供养”，故《老子想尔注》明确告诫道：“道人宁施人，勿为人所施。”[②] 这一祖训成为道教中人奉道修行宗教实践活动普遍遵行的基本戒律。所以葛洪《抱朴子内篇》卷十五《杂应》指出：“是故古之初为道者，莫不兼修医术，以救近祸焉。”道士研习医术方药，不但可以在自己生病时进行自疗，而且还可以凭借这一本领“施人”，为人诊病施药。

纵观道教发展历史，历代兼通医术的道教名士层出不穷，同时在道教史和中国医学史这两个领域都享有盛誉的道教医家也不乏其人。除了大家所熟知的葛洪、陶弘景、孙思邈外，还有与华佗、张仲景齐名，被誉为“建安三神医”之一的董奉；中国医学史上第一位女针灸家鲍姑，对《黄帝内经》校注功绩卓著的王冰、杨上善，金元四大家之首刘完素，主编官修医方书《太平圣惠方》的宋代道士王怀隐，脉学史上独树一帜的西原脉学始祖崔嘉彦等，不胜枚举。在历次编修刊行的《道藏》中都收录有为数不少的医学论著和大量涉及医药养生内容的道经，丰富了中华传统医药养生学宝库。道教与中国传统医学联系之广、结合程度之紧密，这在世界宗教发展历史上也是罕见的。

① 盖建民：《道教“尚医”考》，《中国哲学史》2001 年第 4 期。
② 饶宗颐：《老子想尔注》，上海古籍出版社 1991 年版，第 45 页。

一、道教医学模式确立的道教生命哲学基础

1. 道教天人观是道教医学模式建立的重要理论认识基础。由于生存与延年益寿的需要，道门中人积极探讨天与人的关系，并且形成丰富的思想，其核心乃是天人相应、天地生人、气通人天。这集中表现在道教宇宙生化论中。这种理论认为天地万物同出一源，宇宙万物包括生命在内都是按照同一法则逐渐由元气或称之为道气化生而来。道典谓："元气于眇莽之内，幽冥之外，生乎空洞；空洞之内，生手太无；太无变而三气明焉……故一生二，二生三，三者化生以至九玄，从九反一，人道真。气清成天，滓凝成地，中气为和，以成于人。三气分判，万化禀生，日月列照，五宿焕明……"① 根据此等"气化"观，则天地人与万物不仅存在着同源关系，而且在性质与结构上都是相对应的："天地之间人为贵，然囿于形而莫知其所以贵也。头圆象天，足方象地，目象日月，毛发肉骨象山林土石。呼为风，呵为露，喜而景星庆云，怒而震霆迅雷，血液流润而江河淮海，至于四肢之四时，五脏之五行，六腑之六律，若是者，吾身天地同流也，岂不贵乎！"② 这种观物比拟的法式表明，道教把天地当作一大宇宙，而人身则是一小宇宙，此所谓天中有地，地中有天，人中有天地，体现了天地人互感互应、共成一体的思想，为道教理身、治心与医世相统一的医学模式奠定了理论基础。

(1) 道教天人观认为，人和天地万物都是由元气化生而来的，人体不是一个简单、纯粹的物质躯壳，而是有其内在结构与功能的。基于这一认识，道教医家吸取了传统医学思想和形神统一观，建立了道教人体观，即认为人体是精、气、神这三大要素构成的，以气

① 《云笈七籤》卷二"混元混洞开辟劫运部"，《道藏》第22册，第7页。
② 李鹏飞：《三元延寿参赞书》卷一，《道藏》第18册，第528页。

为本，内外身心相联、形神相合的生命系统。这一人体观主要有两大特色：

其一，强调身心相联、形神相合的生命整体思想。在这方面，道教医家有许多精辟见解，例如："夫有因无而生焉，有形须神而立焉。有者，无之宫也。形者，神之宅也。故譬之于堤，堤坏则水不留矣。方之于烛，烛糜则火不居矣。身劳则神散，气竭则命终。"[①]道门中人普通认为形与神是相互依存、相辅相成的统一关系，对于生命活动来说，形神统一、身心和谐是必不可缺少的。这与传统医学是一脉相承的，因为健全的形体是神机旺盛的物质保证，神机旺盛又是形体强健的根本条件。从这一形神相合的思想出发，道教医家在疾病诊断和治疗上就强调形神并治、内外身心同疗，不但注意运用药物疗法来理身，而且善于运用各种心理疗法来治心，理身与治心并重。

其二，道教人体观强调气是生命之本。道教医家虽然认为精、气、神是构成生命系统的"三宝"，但三者在生命活动中所处的地位不同，其中气的地位十分特殊："夫气者，形之主，神之母，三才之本，万物之元，道之变也。"[②] 道教医学认为气聚成形、气能生神，气是生命产生的物质基础，生命之本。人有气则生，无气则亡。气与人体生命的关系，就如同子民同国家的关系一样，即所谓"民散则国亡，气竭则身死"。[③] 人体内元气是否充沛，运行是否畅达，直接关系到人体健康与否，因为"气者生之元也……形以气充，气耗

① 王明：《抱朴子内篇校释》，中华书局 1985 年，第 110 页。

② 刘完素：《素问玄机原病式 · 火类》，丛书集成初编，中华书局，第 1416 册，第 27 页。

③ 王明：《抱朴子内篇校释》，中华书局 1985 年版，第 326 页。

形病”[1]，“气弱则病”[2]。所以道教医学养生家十分重视和强调炼养元气，认为“苟能令正气不衰，形神相卫，莫能伤也”[3]。通过炼养元气，就可以“养其气所以全其身”，做到形神兼养、性命双修，达到强身健体、延年益寿的目的。正是在这一思想指导下，道教医学养生家不仅十分珍惜和炼养自身固有元气，而且试图通过各种“服气”“食气”法来吸取自然之气以养身心，从而发展、创制了各种“内以养身，外以却恶”的气功祛疾养生术。

（2）根据道教天人观，人的存在并非只是作为单个个体生存着，而是存在于相互依存、相互制约的天—地—人大系统之中。《阴符经》说：“天地，万物之盗；万物，人之盗；人，万物之盗。三盗既宜，三才既安。”[4] 从这种思维方式出发，那么个体生命的健康状况就与外界自然环境和社会环境休戚相关。《太平经》称：“天地病之，故使人亦病之，人无病，即天无病也；人半病之，即天半病之，人悉大小有病，即天悉病之矣。”[5] 这表明外界自然环境和社会因素会影响和导致人体产生疾病。晋代道教思想家与医学家葛洪对《太平经》的理念作了进一步的发挥，他指出：“一人之身，一国之象也。胸腹之设犹宫室也，肢体之位犹郊境也，骨节之分犹百官也，腠理之间犹四衢也，神犹君也，血犹臣也，犹民也。故至人能治其身亦如明主能治其國。夫爱其民所以安其国，爱其气所以全其身……且夫善养生者，先除六害然后可以延驻于百年。何者是邪？一曰薄名利，二曰禁声色，三曰廉货财，四曰损滋味，五曰除佞妄，六曰去

① 刘完素：《素问病机气宜保命集·原道论》，丛书集成初编，第1417册，第1页。
②《钟吕传道集·论真仙第一》，《道藏》第4册，第656页。
③ 王明：《抱朴子内篇校释》，中华书局1985年，第244页。
④《黄帝阴符经》，《道藏》第1册，第821页。
⑤ 王明：《太平经合校》，中华书局1960年，第355页。

沮嫉。六者不除，修养之道徒设尔。”[1] 葛洪这种“身国互喻”的论述在形式上遵循的是道教的象征思维法度，而在思想上则将影响人体健康的因素与外界自然、社会环境紧密联系起来。从某种意义上说，葛洪的思想乃是道教天人观在疾病成因以及诊断学上的突出表现。这种认识促使道教医家对疾病的诊治不单是从个体身心的治疗着手，而且还注重从外界自然、社会环境方面进行“料理”，此乃所谓的“医世”。

2. 道教合修众术以长生的思想是道教多元化医学模式赖以成立的方法论基础。道门在成仙途径与方法上，虽然一宗一派都各有所崇，但普遍强调合修众术，反对偏修一事。葛洪在这方面有过深刻论述：“或曰：‘方术繁多，诚难精备，除置金丹，其余可修，何者为善？’抱朴子曰：‘若未得其至要之大者，则其小者不可不广知也。盖借众术之共成长生……凡养生者，欲令多闻而体要，博见而善择，偏修一事，不足必赖也。’”[2] 葛洪在成仙方法上主张合修众术，反对偏修。孙思邈也力主“兼百行”。孙氏指出：“故养性者，不但饵药、餐霞，其在兼于百行。百行周备，虽绝药饵，足以遐年。”[3] 孙思邈的论述虽然与葛洪的说法略有差异，但其精神实质却是一致的。他们两人的主张在某种程度上代表了道教对于延年益寿法度的兼收并蓄旨趣。在这种合修众术理念引导下，道门中人面对疾病时，能广泛而灵活地运用各种手段、措施进行医治，既采用常规药物疗法，也采用心理疗法、信仰疗法，将生理治疗与心理治疗结合起来，治疗与养生预防相兼，从而形成综合性、多元化的道教医学模式。

---

① 《抱朴子养生论》，《道藏》第 18 册，第 492 页。
② 王明：《抱朴子内篇校释》，中华书局 1985 年，第 124 页。
③ 《备急千金要方》卷二七《养性序》。

二、道教医学养生模式的合理内核

1. 道教医学并不排斥世俗医学，而是采取积极态度，重视并广泛运用传统中医学的药物、针灸疗法从生理上治疗疾病。尽管道门中人经常采用带有宗教色彩的符咒、精神信仰疗法，但他们并非只是孤立地使用；相反，他们注意将符咒治病术与药物疗法相结合，肯定并重视发挥药物疗法在理身（生理治疗）中的作用。道医孙思邈认为治病疗疾的救急术共有五法，即“有汤药焉，有针灸焉，有禁咒焉，有符印焉，有导引焉”①。孙思邈强调这五法都是疗治疾病的救命术，主张学医者都应精通，反对偏执一端。他说：“方今医者，学不稽古，识悟非深，各承家技，便为洞达，自负其长，竞称彼短。由斯对执，卒不得挹其源流也。”② 这种深究古今，博采众长的倡导反映了孙氏对于行医的慎重态度，它从一个侧面表明了道教医学的含容性。

需要进一步指出的是，道门对世俗药物疗法始终怀着一种较为理性的精神。实际上，符咒治病是在病情不能为常规汤药、针灸治愈的情况下，所采取的一种补充救疗措施。也就是说，道医在给人诊断治疗时，首先选用的治疗手段是药物、针灸，只有当正常医药手段无效时，才采用符咒之术。所谓“救疗久病困，医所不能治者”③，正说明了这一点。关于此，道书还有许多明确阐述。例如：“若疾病之人不胜汤药、针灸，唯服符饮水及首生年以来所犯罪过。罪应死者皆为原赦，积疾困病莫不生全。”④ 虽然其中流露出道门中人对于符咒的某种崇尚态度，但其思想脉络依旧是以汤药治理为先。

① 《千金翼方》卷二十九《禁经上》。
② 《千金翼方》卷二十九《禁经上》。
③ 《陆先生道门科略》，《道藏》第24册，第779—780页。
④ 《陆先生道门科略》，《道藏》第24册，第779—780页。

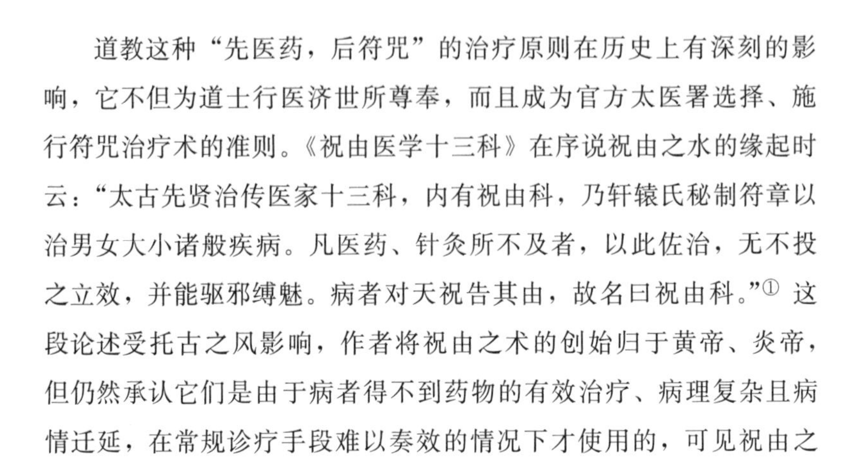

道教这种“先医药，后符咒”的治疗原则在历史上有深刻的影响，它不但为道士行医济世所尊奉，而且成为官方太医署选择、施行符咒治疗术的准则。《祝由医学十三科》在序说祝由之水的缘起时云：“太古先贤治传医家十三科，内有祝由科，乃轩辕氏秘制符章以治男女大小诸般疾病。凡医药、针灸所不及者，以此佐治，无不投之立效，并能驱邪缚魅。病者对天祝告其由，故名曰祝由科。”① 这段论述受托古之风影响，作者将祝由之术的创始归于黄帝、炎帝，但仍然承认它们是由于病者得不到药物的有效治疗、病理复杂且病情迁延，在常规诊疗手段难以奏效的情况下才使用的，可见祝由之术是药物、针灸疗法的一种补充。

2. 道教医家善于运用各种自然疗法对病人进行心理治疗。现代医学研究表明，人类疾病的产生不仅仅只有生理的因素，而且与心理因素有很大的关系。人体的正常生命活动，主要体现为形神关系的协调一致，而人体的病理变化，则可能是由于形神关系的失调。情志刺激可以导致形体活动异常而生病，即所谓“因郁致病”，而生理活动的异常亦可影响情绪的变化，即“因病致郁”。道教从天人相应、天人合一的宇宙观、自然观出发，一般主张形神统一、身心相关。因此道门中人在疾病产生的生理基础和病理机制的认识上，虽然深受神仙思想、鬼神致病思想的影响，带有浓郁的宗教神学色彩，但也看到情志等心理因素对保持身心健康、防止疾病发生的重要性。在追求长生久视的实践活动中，道教重视精神摄生，服气炼形与修心养性并举，既修命又修性，以性命双修为修炼圭臬。落实到具体的治疗祛疾措施上，就突出地表现为道教医家灵活地运用各种手段

① 《祝由医学十三科·轩辕黄帝祝由科叙》，《藏外道书》第26册，巴蜀书社，第337页。

对病人进行心理治疗。

道教医学养生方术可谓种类繁多，而可直接应用于临床治疗的大体上可分为吐纳服气、导引、按摩、存思、咽液、服食这几大类。其中存思、导引、按摩、吐纳服气、咽液五类在临床治疗中的突出特点是不假药物而达到愈病目的，故可称之为自然疗法。在临床应用中，这种自然疗法之所以能够获得明显效果，在很大程度上应归功于其中所蕴含的心理治疗因素。

就医学意义而言，道教医学养生术的自然疗法功能主要是通过其独到的心理操作程序而得到实现的。这就是都要求松静自然、心息相依、意气合一，强调“身、心、息”兼调，“精、气、神”并炼，以“松、静、守、息”为基本功。若能正确运用，可以有效地改善练功者的心理情志状态，对因七情失控及其引发的体内气血津液、脏腑、神志失调的“内伤七情”病症，有明显的纠治作用。无论是吐纳服气治病，还是存思、导引治病，其中一个重要愈病机理就在于通过心理活动的改变来促使病理过程的消失和正常生理功能的恢复。正如司马承祯所言：“以我之心，使我之气，适我之体，攻我之疾，何往而不愈焉。”① 道教这种服气疗病的医学养生思想有其现代价值。

3. 医学从天地人同源、同构、同感及形神相合的道教生命整体思想出发，道教医家在疾病诊断和治疗上就强调形神并治、身国同治，内外身心与社会环境同疗，不但注意运用药物疗法来理身，善于运用各种心理疗法来治心，理身与治心并重，而且注重对疾病产生的社会环境的治理，形成了道教特有的“医世”思想。

①《云笈七签·服气精义论·服气疗病论第八》，《道藏》第22册，第400页。

三、道教医学养生思想的现代价值

在继承道教医学历史遗产的基础上，结合现代医学科学理论、手段，发掘道教医学中具有现代价值的“合理内核”，为当代人类的健康事业服务。或许这种形式的创新更为重要，更具现实意义和时代特色。道教医学作为中华传统医学史上的一个重要流派，在明清之际业已汇入传统医学发展的大潮之中，其精华乃是中华传统医学宝库中不可或缺的组成部分。这就需要我们以平实的态度、科学的精神、分析的眼光，认真加以整理和挖掘，重新认识其潜在的科学价值，在继承的基础上加以创新、发展。大力弘扬道教医学文化中具有现代价值和意义的东西，这不仅是我们从事道教医学研究所要达到的一个目的，也是时代赋予我们义不容辞的责任。

1. 从总体上看道教医学模式对当代医学科学的发展有借鉴意义和启示作用。在道教生命哲学观的指导下，道门在治病防病时，能广泛而灵活地运用各种手段、措施进行医治。不但善于运用传统医学的本草、汤液、方剂（各种膏、丸、丹、散）及针灸手段，而且能根据临床证候，选用导引、吐纳、行气、服食、辟谷、存思、按蹻、房中、守一、制魂魄等内修外养之术，辨病施功；并且还配合以符水、禁咒、祝由、斋醮仪礼等对疾病以各个不同角度进行治疗和预防。其治病养生，既采用常规药物疗法，也采用心理疗法、信仰疗法，将生理治疗与心理治疗、社会治疗结合起来，治疗与养生预防相结合，从而形成综合性、多元化的道教医学模式。这种医学模式与现代医学发展的趋势不谋而合，具有重要的潜科学价值，对当代医学展不无借鉴和启迪作用。从前面的分析中可以看出，道教医学模式是集生理治疗、心理治疗、精神信仰治疗和社会治疗于一体的综合性、多元化医学模式。这种医学养生模式对于当今人们的生活有什么意义呢?

笔者以为道教医学模式贯注着发人深省的整体把握精神，它能够为现代社会提供一种养生医学方法论的指导。大家知道，由于社会生活节奏的加快，人们的生活承受着比以往更大的压力；而物质的丰富又使人们也注重养生的问题。但是，什么才是正确的养生路径？这取决于人们对生命存在的正确认识。人之为“人”，这不仅意味着一种个体的存在，而且是在宇宙联系中的生命存在。如果我们仅仅从人的个体层面来思考养生问题，那么就必然导致方法的狭隘性。省思道教医学的基本理论，我们不难发现其富于启迪性的理念。道教医家深明其宇宙性的理则，把人的健康与疾病放在宇宙事物的相互联系中来加以考察，从而引申出顺应天地自然的养生医疗原则，这在当今看来还有重要的现实意义。其次，道教医家在分析疾病成因时也充分注意到社会生活中那些不良干扰信号的作用，认为社会要是病了，作为个体的“人”也难于真正获得健康。“治人”与“治世”两者必须兼顾。务实求存，注重现世人生与自然社会的“治理”，出世而不离世是道教教义思想的特色之一。从早期汉代的《太平经》到清代闵一得所辑《古书隐楼藏书》，道教治世思想从早期救世说演进为“即身以治世”的医世说，其所内蕴的丰富理身治世“道理”，认为社会治理是一个系统工程，强调天—地—人综合治理，将治国与治身结合起来，主张身国同治，有其现代价值和社会现实意义。[①] 其中包含着广义的环境治理意蕴。而所谓“环境”既是自然的，又是社会的。从现代的角度来看，治理社会之病，可以看作对“丑恶”现象的清理，例如扫除那些违背社会美好道德的行为，这对于社会的精神文明建设来说也是有启发性的。事实上，一个社会如

① 参见盖建民:《闵一得与道教医世思想》,《世界宗教研究》2002 年第 1 期。

果精神文明程度高，良好的道德情操成为社会公民的共同追求，在这样的社会中生活，人体内在的气血也就可以避免许多精神干扰。复次，还应该看到的是，道教医家所使用的“祝由”之术，让人倡导情绪，通过反省以往的道德过错而放下包袱，这种做法尽管具有一定的神秘因素，但其中所包含的“做心地功夫”的性命修行在今天依然有现实价值。它从一个侧面显示，不注意道德修养也会导致身心失衡，引发疾病；要有健康的身体，也应通过道德来滋养身心。我们可以将这种方法称作“道德养生治病术”。美好的道德既可治病又可养生，这是很值得深思的。

2. 以微观上分析，道教医学的具体医学养生方术中也蕴涵着许多极有价值的思想成分，要重新认识和估价。下面以陶弘景的《养性延命录》为文本做进一步诠释。陶弘景在医药养生领域有很深的研究和造诣，其丰富的医药养生思想集中体现在《养性延命录》一书中。

《养性延命录》是陶弘景系统总结归纳前人养生理论和方法而撰集的一部重要道教养生著作。是书收入明代《正统道藏》洞神部方法类，题为“华阳陶隐居集”。卷首有序一则，对此书编撰的缘起作了说明：

> 夫禀气含灵唯人为贵，人所贵者盖贵为生。……余因止观微暇，聊复披览《养生要集》。其集乃彦、张湛、道林之徒，翟平、黄山之辈，咸是好事英奇，志在宝育。或鸠集仙经真人寿考之规，或得采彭铿老君长龄之术。上自农黄以来，下及魏晋之际，但有益于养生及招损于后患。诸本先皆记录，今略取要法，删弃繁芜，类聚篇题，分为上下两卷，卷有三篇，号为《养性延命录》。[1]

---

① 《养性延命录序》，《道藏》第18册，第474页。

陶弘景采摭“上自农黄以来，下及魏晋之际”诸家养生精华，经过“删弃繁芜，类聚篇题”而成《养性延命录》上下两卷。全书共六篇，分别冠以“教诫篇第一”“食诫篇第二”“九诫忌禳祈害篇第三”“服气疗病篇第四”“导引按摩篇第五”“御女损益篇第六”等篇名。《养性延命录》在系统归纳总结前人养生经验的基础上，提出了一整套养生理论和方法，堪称魏晋之际道教医学养生学集大成著作。其中所收集、征引的魏晋以前养生著作多达三十多种，内容十分丰富。特别是其中辑录了一些早已散佚的早期养生学著作，如晋代著名养生家张湛的《养生要集》，使其精华部分得以留存至今，泽被后世，弥足珍贵。

《养性延命录》不但具有版本学、文献学方面的价值[①]，而且具有医学养生学方面的重要意义。其中所总结阐发的道教医学养生思想在道教医学史上起到了承上启下的积极作用。[②]

（1）陶弘景认为养生即是修道。他在《养性延命录》中引经据典，从贵人重生的道教生命哲学观出发，反复论述了养生在修道中的意义和必要性，强调养生与修道是统一的，即所谓“养生者慎勿失道，为道者慎勿失生。”[③] 必须做到“道与生相守，生与道相保。”[④] 这种将养生与修道视为一体的思想对道教影响甚深，为道教确立“生道合一”的基本教理奠定了基础。

（2）陶弘景在《养性延命录》中还突出强调了“我命在我不在天”的积极预防养生思想。书中有关这方面的论述很多：

---

① 参见朱越利：《〈养性延命录〉考》，《世界宗教研究》1986 年第 1 期。

② 参见盖建民：《道教医学》，宗教文化出版社 2001 年，第 92—98 页。

③《养性延命录》卷上，《道藏》第 18 册，第 475 页。

④《养性延命录》卷上，《道藏》第 18 册，第 475 页。

仙经曰：我命在我不在天，但愚人不能知此道为生命之要。所以致百病风邪者，皆由恣意极情，不知自惜，故虚损生也。①

道机曰：人生而命有长短者，非自然也。皆由将身不谨，饮食过差，淫泆无度，忤逆阴阳，魂神不守，精竭命衰，百病萌生，故不终其寿。②

陶弘景高举“我命在我不在天”的道教生命哲学大旗，认为人之夭寿、性命长短操之在我。修道之人如果平时能加强身心修养，注重生活禁忌，善于运用各种手段、方法进行调整，就能使身心处于健康状态，防止疾患萌生。关于具体的预防疾病措施，陶弘景总结道：

若能游心虚静，息虑无为，服元气于子后时，导引于闲室，摄养无亏兼饵良药，则百年耆寿是常分也。③

陶弘景认为对疾病的预防要从身心两个方面入手，综合地采用存神、服气、导引按摩、服饵、食疗、房中等手段。卷上“教诫篇第一”还引张湛养生著作，将养生法则归纳为十大要，即“一曰啬神，二曰爱气，三曰养形，四曰导引，五曰言语，六曰饮食，七曰房室，八曰反俗，九曰医药，十曰禁忌。过此以往，义可略焉。”④

陶弘景所提炼出的这一整套养生理法，具有养神与炼形并重，形神兼养的特点，是对以往道教养生经验和思想的概括和总结，为

① 《养性延命录》卷上，《道藏》第18册，第477页。
② 《养性延命录》卷上，《道藏》第18册，第476页。
③ 《养性延命录序》，《道藏》第18册，第474页。
④ 《养性延命录》卷上，《道藏》第18册，第477页。

道教最终形成性命双修、动静结合、合修众术的医学养生模式打下了理论基石。唐代著名道医孙思邈就将上述养生大要刊载于其不朽医著《备急千金要方》中，成为医道两家奉行的养生要则。

(3) 讲求饮食卫生、起居宜禁的养生思想。俗话说，“民以食为天”。饮食是人类维持生命的基本条件，饮食是否合理、得当直接关系到个体生命质量的高低。道教养生家历来重视饮食调养和饮食卫生之道，陶弘景谓：“百病横夭，多由饮食，饮食之患过于声色。声色可绝之逾年，饮食不可废之一日。为益亦多，为患亦切。”① 合理调配饮食有益身心健康，而暴饮暴食则损人年命。陶弘景在《养性延命录》中特立《食诫篇》来阐述饮食卫生之道，如云“养性之道不欲饱食便卧及终日久坐，皆损寿也”。② 强调食毕当行中庭以助消化，“食不欲过饱，故道士先饥而食也；饮不欲过多，故道士先渴而饮也”。③ 指出不得暴饮暴食，“凡食先欲得食热食，次食温暖食，次冷食”。④ 表明饮食要注意冷暖适中，“热食伤骨，冷食伤藏，热物灼肤，冷物痛齿”。⑤ 故饮食须冷暖适宜。《食诫篇》还指出饮食卫生要做到勿食生冷不洁之物，谨和酸、咸、甘、苦、辛五味等，注意“饱食勿大语”“饱食勿沐发”“酒后勿当风”等饮食禁忌。

道教养生学的一个基本思想是“养生以不伤为本”⑥，故道门对养生禁忌十分重视。葛洪在《抱朴子内篇》卷十三《极言》中就谈到伤身的十种行为，如喜怒过差、汲汲所欲、寝息失时、久谈言笑等。陶弘景继承了这一养生思想，认为之所以会伤生害体，主要是

① 《养性延命录》卷上，《道藏》第18册，第477页。
② 《养性延命录》卷上，《道藏》第18册，第478页。
③ 《养性延命录》卷上，《道藏》第18册，第478页。
④ 《养性延命录》卷上，《道藏》第18册，第478页。
⑤ 《养性延命录》卷上，《道藏》第18册，第478页。
⑥ 王明：《抱朴子内篇校释》，中华书局1985年，第244页。

不知宜禁，过用而伤生。他在《杂诫忌禳害祈善篇》中对日常生活起居养生禁忌作了较全面阐述，云：

> 久视伤血，久卧伤气，久立伤骨，久行伤筋，久坐伤肉。凡远思强健伤人，忧恚悲哀伤人，喜怒过差伤人，忿怒不解伤人，汲汲所愿伤人，戚戚所患伤人，寒热失节伤人，阴阳不交伤人……①

陶弘景认为养生的关键在于“避众伤之事”，众伤之事包括大乐、大愁、多视、多睡、贪美食、夫妇同沐、大汗忽脱衣、新沐当风、久忍小便、夜卧覆头等衣食住行各个方面。对这些伤生害体之事的认知和规避，久而久之便形成了日常养生禁忌。《养性延命录》中所总结的养生禁忌多是摄生、护生的经验之谈，值得当今社会人们的高度重视并认真加以借鉴。

(4) 服气疗病的自然疗法思想。服气，也称食气、行气，是道教徒常用的一种养生保健手段。在道教看来，气对人体十分重要，“气者，体之充也”，② 气是生命之本，人体所内蕴的生命之道也气密切相关。“道者，气也。保气则得道，得道则长存。”③ 人体之气与天地之气是贯通的，如果能通过吐故纳新的呼吸锻炼，呼出体内浊气，吸纳天地自然之清气，便可获得补益，健生益寿。《养性延命录》谓：“鼻纳气为生，口吐气为死。”④ 所以“食生吐死可以长存”⑤ 这

① 《养性延命录》卷下，《道藏》第 18 册，第 479 页。
② 《养性延命录》卷下，《道藏》第 18 册，第 481 页。
③ 《养性延命录》卷下，《道藏》第 18 册，第 481 页。
④ 《养性延命录》卷下，《道藏》第 18 册，第 481 页。
⑤ 《养性延命录》卷下，《道藏》第 18 册，第 481 页。

就是道教之所以热衷“服气”锻炼的缘由。道教在继承古代服气吐纳术的基础上，创制出许多内炼行气功法。道教认为，行气功法不但在人体无病时可用于养生保健，而且在人体生病还可用于攻治众病。这种服气疗病的思想首次在《养性延命录》中得到系统阐述。陶弘景在“服气疗病篇”中认为，人体生命质量的高低不仅与体内元气是否充沛有关，而且与体内气机是否调畅有直接关系。如果体内气机不畅，“气有结滞不得空流或致发疮”[1]，气机逆乱则会导致百脉闭，百脉闭则气不行，“气不行则生病”[2]。所以服气内炼中可以配合闭息运气来疏淤通滞，调畅气机，达到愈病效果。《养性延命录·服气疗病篇》云：

> 常闭气纳息，从平旦至日中，乃跪坐拭目，摩搦身体，舐唇咽唾，服气数十，乃起行言笑。其偶有疲倦不安，便导引闭气，以攻所患。必存其身头面九窍五藏四肢至于发端，皆令所在觉其气云行体中，起于鼻口，下达十指末，则澄和真神，不须针药灸刺。[3]

道教的服气疗病法不同于汤药针灸治病手段，完全依靠呼吸引导、闭息运气来调动人体真气，不借助外来药物、针刺，是一种自然疗法。

> 凡行气欲除百病，随所在作念之。头痛念头，足痛念足，和气往攻之。从时（气）至时便自消矣。时气中冷，可闭气以

① 《养性延命录》卷下，《道藏》第18册，第481页。
② 《养性延命录》卷下，《道藏》第18册，第481页。
③ 《养性延命录》卷下，《道藏》第18册，第481页。

取汗，汗出辄周身则解矣。[①]

行气治病的关键一点是“以意领气”，即专意注念人体病灶，行气攻之。道教在长期的服气内炼实践活动中还总结归纳出一套行之有效的六字气治病法，这一简易有效的治病功法首载于《养性延命录·服气疗病篇》中，极具医学养生价值。兹摘录如下：

> 凡行气，以鼻纳气，以口吐气，微而引之，名曰长息。纳气有一，吐气有六。纳气一者，谓吸也。吐气有六者谓吹、呼、唏、呵、嘘、呬，皆出气也。……时寒可吹，时温可呼，委曲治病。吹以去风，呼以去热，唏以去烦，呵以下气，嘘以散滞，呬以解极……心藏病者，体有冷热，呼吹二气出之；肺藏病者，胸背胀满，嘘气出之；脾藏病者，体上游风习习，身痒痛闷，唏气出之；肝藏病者，眼痛愁忧不乐，呵气出之。[②]

六字气治病法主要是采用默念六字字音进行呼吸练习，用以调整内脏功能和通经活络。这一养生治病方法为后世所重视，成为人们日常进行养生健体的一种手段。

道教徒在进行服气内炼过程中常常要配合以导引、按摩，故陶弘景在《养性延命录》中又别立《导引按摩篇》。陶弘景肯定了导引按摩所具有的自然医疗特色，云：“又有法。安坐，未食前自按摩。以两手相叉，伸臂股导引诸脉，胜如汤药。”[③] 陶弘景指出导引按摩

①《养性延命录》卷下，《道藏》第 18 册，第 481 页。
②《养性延命录》卷下，《道藏》第 18 册，第 481—482 页。
③《养性延命录》卷下，《道藏》第 18 册，第 483 页。

能调利筋骨，流通营卫，宣导气血，扶正祛邪，故可消未起之患，灭未病之疾。

特别值得大书一笔的是，《养性延命录》卷下首次完整记载了汉代方士华佗所创的五禽戏导引功①，十分珍贵。文中并指出五禽戏可以“消谷气，益气力，除百病，能存行之者，必得延年”。《养性延命录》所载五禽戏套路是目前社会上广为流传的五禽戏养生功的最初蓝本，意义非同小可。

综上所述，现代医学认为，服饵药物，是养生保健、防治疾病的重要方法。道教服食之士服饵的药物，除了一部分是由五金八石炼制的丹药外，大部分是天然的草木类药物，其中含有丰富的、人体所必需的各种营养物质和成分，一般不含毒性，长期服用比较安全。这些天然的草木类药物不仅能有效地补充机体气血、阴阳和亏损，改善这些重要生命物质的质和量，而且还能充实和调整脏腑组织的生理功能，扶正祛邪，提高机体对恶劣环境的适应能力，达到防治疾病的目的。更为重要的一点在于，道教服食家服食的这类药物及其创制的方剂，多是些味平、气厚、营养丰富的补益药物，尤具补肾、健脾功效，在推迟人体衰老方面有特殊意义，是较为理想的抗衰老药物。总之，道教服食养生方术是道教文化中的一块瑰宝，值得我们进一步发掘整理，使其合理内核和积极部分不断发扬光大。随着现代医学科学的发展，医学家们业已逐渐认识到化学药物对人体的毒副作用，治病防病途经已开始从化学药物治疗方法转而求助于非药物治疗手段，从重视对疾病的临床治疗转而重视对疾病的预防，自然疗法风行起来，从而有所谓“第四医学”的崛起。道教医学养生方术是中华传统医学宝库中的一朵奇葩，其中导引、按蹻、

① 《养性延命录》卷下，《道藏》第18册，第483页。

吐纳服气、服食（食疗）、辟谷（断食疗法）、房中、胎息、守一、存想、内丹诸术中皆蕴涵了丰富医学养生思想，其特点是“不劳针石、不假汤药”，即通过调动、开发人体潜能而达到自我调摄、自我保健的目的。修习道教养生方术，能有效地促进身心健康，既防病于未然，又免于吃药、打针之苦，同时也可节省大量的医药费用。由此可见，道教养生方术与现代社会所崇尚的自然疗法有异曲同工之妙，值得我们下大力气挖掘研究，造福当代。

道教传统文化中的管理思想

杨玉辉*

摘　要：道教文化中蕴含着一系列的管理思想，其中蕴含着诸多重要原理与方法，主要表现这样三个方面：一是尊道崇道的管理思想，尊崇管理之道来进行管理的原理和方法。二是自然无为的管理思想，按照管理所涉及的事物的本性来进行管理，避免人为主观想象进行管理的原理和方法。三是以道为本、遵法重术的管理思想，遵从以道为本、以法为依、以术为用的原则进行管理的原理与方法。

关键词：道教；尊道崇道；道法自然；以道为本

经过长期的摸索和实践，道教提出了一系列的管理思想和方法，这些思想和方法在当今社会仍然有重要的理论和实践价值。道教文化中的管理思想内容十分丰富，其中蕴含着诸多重要原理与方法，本文主要讲以下三个方面内容，即尊道崇道、自然无为、以道为本、遵法重术的管理思想。

* 杨玉辉，西南大学宗教研究所暨养生养老养病文化研究所所长、教授、博导。

一、尊道崇道的管理思想

（一）道与管理之道

第一，天地万物之道。根据道教的认识，人与天地万物一样都是由道化生出来的，也都遵循道的规律运动变化；“道”是天地万物的本原，世界上的一切事物都是由“道”产生的，并且是按照“道”的规律运动变化的，包括人和社会在内的天地万物都是道化生的结果。道不仅是万物产生的本原，而且也是万物赖以存在的根据，宇宙世界首先是有了道，然后才有天地万物，即由道化生混沌之气，由混沌之气产生天地阴阳，再由天地阴阳产生包括人和社会在内的世间万物。天地万物莫不遵循道的规律。如果不遵循道的规律，甚至逆道而行，事物就不可能产生存在下去；对各种事物来说，顺道则生，逆道则亡，不遵循道的规律必然灭亡。

万物既由道而生，由道而存，所以万物之理必由道，合道则生，合道则成。所谓合道，即合乎道，合于道，也就是在道的轨道上行事，在道的范围内存在与运动。合道，万物才有其化生存在之理，所以合道的就是合理的；如果不合道而悖道，万物则失去了产生存在的合理性，所以不可能产生存在，即使一时产生存在也必然中途夭亡。从现代的角度来看，道教所谓的“道”其实是万物的本原、根源、本质、规律的根本概括，所以合道就是合乎事物的本质和规律，就是遵循事物的本质和规律行事，合道就是合理、合法。合道、合理、合法则万物因之而和谐，和谐则生灭有常；悖道、悖理、悖法则万物随之而乖逆，乖逆则生灭无度。天地人因道而生成，因道而化灭，万物也因之而各有其位，各有其用，世间万物也因之而和谐共存，故和谐的根本在于合道、合理、合法。

虽然天地万物都是因道而生、因道而成，但对于宇宙间的各种事物来说又并非是完全一样的，它们除了具有道的共性之外还有其道的个性。所以对每个具体特殊的事物来说，它一方面是在天地之大道中产生存在，另一方面又通过其特殊的小道来体现独特的个性。事实上，也只有既遵循事物普遍的大道，又体现其特殊的小道的事物，才能在世界上正常生存、顺利发展，宇宙世界也才能和谐共存。故天有天道，地有地道，人有人道，如能各由其道，各顺其理，各则其法，则天地万物能因之而生，因之而成，浑然一体，和谐共存。

第二，管理之道及其把握。天地万物因道而生，顺道而成，人类社会的管理也必须遵循管理之道来进行。管理之道就是人类管理活动的本质和规律，是反映管理的普遍性和共性的那些关于决策、计划、组织、领导、协调、控制、激励等共同原理和机制的理论和方法。管理在本质上是一种特殊的社会活动，这种社会活动自然也存在其原理和机制，这种原理和机制就是管理之道。管理之道在表现形式上就是科学的管理理论和管理方法，现代管理学及古代先哲有关管理的各种思想理论和技术方法就是管理之道的具体体现。如现代管理学所提出的决策与计划的原理与方法、组织的原理与方法、领导的原理与方法、控制的原理与方法、激励的原理与方法等，就是管理之道在各个管理环节的具体体现。

根据管理所涉及的普遍性大小或范围大小，可以将管理之道分为普遍之道和特殊之道，或大道与小道。管理的普遍之道或大道是指在较大范围内适用的带有社会组织共性的管理之道，而管理的特殊之道或小道则是指在较小范围内适用的针对各种社会组织的特殊性的管理之道。如适应于所有人类活动的管理的普遍原理就是最大的管理之道，而仅仅适应于一个很特殊领域的管理之道则是小的管理之道。普通管理学或管理学概论或通论所涉及的就是管理的普遍之道即大道，而工厂的班组管理、医院的科室管理、宫观的教务活

动管理等则是管理的特殊之道即小道。

对管理之道的把握主要有三个途径：一是学习管理学知识，把握管理的基本原理和方法；二是对各种管理问题进行深入的考察研究，把握管理的具体方法和手段；三是通过对管理实践的观察和摸索，把握管理活动的客观规律。

（二）遵循管理之道的三个层面

既然道是天地万物的存在和运动变化的根本规律，自然它也是人类社会管理的根本规律，管理活动也必须遵循道的规律来进行，否则也难逃失败的命运。可见尊崇管理之道也是管理活动的基本要求和成功的保证。根据管理事物的本性，管理之道可以分为三个层次：即管理的普遍之道、特殊之道和管理所涉及的事物之道。

第一，遵循管理的普遍之道。管理在本质上是一种特殊的社会活动，而作为以人为主体的社会活动也存在其自身的共性和规律，这种共性和规律就是管理的普遍之道，而现代管理学所研究和揭示的一系列基本原理正是管理的普遍之道。这些原理至少包括管理的决策与计划原理、组织原理、领导原理、控制原理、激励原理等，任何管理包括行政管理、企业管理、宗教管理、学校管理、医院管理等在机理上都符合这些原理，而现实的管理活动也必须遵循这些原理才可能成功。那种认为各种管理活动只有其特殊性，不存在管理的共性和普遍规律的观点是错误的。从道教的观点来看，管理活动虽然也存在特殊性的管理之道，但更有普遍的管理之道，前者是管理的小道，后者才是管理的大道，要搞好管理首先要掌握管理的大道，掌握管理的基本原理和普遍规律，在管理的基本原理和普遍规律的指导下根据所涉管理的特殊性来开展管理工作，才能取得管理的成功。比如在今天的管理中，不管是什么领域的管理，在决策上都必须遵循从问题提出，到信息收集，分析找出问题产生原因，拟定两个以上解决问题的方案，评价选择方案做出决策，执行决策方案，追踪方案实施情况，反馈调整等基本的决策程序和步骤。又如在组织机构的设立上，必须遵循决策、执行和监督机构的分立原则，必须遵循一个下属只能听从一个上司命令的命令统一原则，必须遵循责任和权利对等一致原则等。

第二，遵循管理的特殊之道。管理既具有普遍的共性，也具有特殊的个性，既具有管理的大道，也具有管理的小道。对管理者来说，普遍共性的管理大道是管理的共同机理和普遍原理，但对现实的管理活动来说，管理都是特殊的、具体的，都是针对特殊的组织和组织成员，特殊的组织资源和特定的时间、地点、场合，特定的信息条件，特定的文化背景和文化资源，等等，管理者必须根据这些特殊的情况和条件来开展管理工作。所以在具体的管理活动中，管理的普遍原理只能是管理的思想基础和指导原则，不可能提供具体特殊的方案和指令，管理者需要在管理的普遍原理指导下根据各种特殊的情况来使方案和指令具体化，这种具体管理活动的落实所体现的特殊的原则和方法就是管理的小道。管理者只有在管理大道之下善于运用管理的小道，才能取得管理的成功。如果只是停留在管理大道的原则和口号上，或机械地搬用其他的组织的管理体制和管理方法，其管理活动也不可能取得成功。

第三，遵循管理所涉及的各种事物之道。在本质上，管理是人类为了使其活动得到预期的和更好的结果的工作，其根本目的是管理组织的有限资源得到更好的运用，所以管理活动必然涉及到相关活动的各种事物，如人、财、物、时间、信息、文化等。对管理者来说，面对这些事物，首先就需要按照事物的固有本性客观科学地来认识和把握它们，以为管理的决策提供可靠依据。这中间涉及两个有关事物的道需要管理者把握：一是事物本身的存在之道，即事物

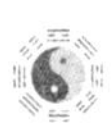

的本性；二是对作为管理资源的事物的运用之道，即按照科学有效的方法来运用各种事物资源。只有按照相关事物的固有本性也就是其存在和运动变化之道，客观科学地来认识和把握它们，管理者才可能真正掌握管理所涉及的事物情况。如果以想当然的方式来认识和理解相关事物，甚至凭想象和臆造来认识相关事物，那所掌握的情况必然是错误的，必然是不合事物之道的，按这种认识去进行管理活动也必然要失败。其次，需要按照相关事物之道来运用相关事物资源，处理相关问题。也就是说，管理者在掌握了相关事物的情况后，还需要根据事物本身的道或本身的特性来加以运用，发挥对管理有用的方面，避免或减小对管理不利的方面，以达到资源运用的高效率和问题处理的好效果。如果不能按照管理组织相关人、财、物、时间、信息、文化的本性和规律来加以运用，不能恰当地处理所涉及的各种问题，管理也必然陷于失败。

二、自然无为的管理思想

（一）何谓自然无为？

自然无为是道教的基本思想，也是其提倡的以道的价值为核心的生活方式和管理方法的基本原则。老子说："人法地，地法天，天法道，道法自然。"（《道德经》二十五章）在老子看来，"道"的最根本规律就是自然。所谓"自然"，即自然而然、本然。按照道的这种自然规律，对待事物就应该顺其自然，让事物按照自身的必然性自由发展，方能使其正常成长。既然万事万物都是由道产生并遵循道而运动变化的，人亦是如此，而且"道法自然"，以自然为本，所以人之正常的生活过程就在于它的自然性。事物之道贵在自然，人道亦应以自然为本。根据老子的认识，人道之自然的基本表现就是无为。所谓“无为”，并不是一无所为，无所作为，什么都不做，而是不妄为，不人为。根据老子的认识，无为是道之自然的必然反映，因为要使事物处于自然状态，就不能对它横加干涉，不能以人之有为去影响事物的自然进程；在这种情况下，事物也才能得到正常发展。在道教看来，无为，事物则能按照自身规律顺利发展，人身、社会更是如此。如果人为干涉人的发育成长和生活，按照某种主观愿望来干扰和改变社会的自然状态，其结果只会是揠苗助长，自取其败；所以只有在无为的自然状况下，人才能健康地生活，社会才能正常地发展。因此，明智的人应该采取无为之道来养生、治世，也只有如此，才能达到预期的目的，所谓“无为而无不为”也。

（二）管理中的自然无为

在现代社会，由于科学技术的发展，人们的有为观念大大强化，结果带来一系列的问题，殊不知当今许多社会问题的解决和许多管理问题的处理更需要的是自然无为的智慧和方法。对现代管理来说，自然无为主要从两个方面来体现：一是对各种组织资源运用的自然无为；二是组织体制和管理方法的自然无为。

第一，资源运用的自然无为。就各种组织资源运用的自然无为来说，主要是要按照各种资源的自然本性和自然规律来加以运用，切忌按照管理者的主观愿望来加以运用。比如在自然资源的运用上，现代社会就存在严重违背自然无为原则的情况，人们对人为和有为观念的推崇更是达到登峰造极的地步。近代以来，尤其是20世纪以来，人们从狭隘的唯科学主义出发，提出所谓“人定胜天”的口号，完全按照人的主观意志来改造自然，运用自然资源，拦河筑坝，围湖造田，移山平地，毁林开荒，抽水开渠，物种移植，掘地开矿，合成物品，广用药物，以为这样就可以给人类创造一个美好的生存环境。结果则是事与愿违，导致的是对自然界的肆无忌惮的破坏和

掠夺，不仅使自然界固有秩序受到破坏，而且还给人的生存带来巨大的威胁。对于这种人的恣意妄为，老子早就提出了警告。在这方面，《通玄真经》更是对这种有为观念指导下导致的对自然和人自身生存环境的破坏，提出了严厉的批评："衰世之主，钻山石，挈金玉，擿礲蜃，消铜铁，而万物不滋；刳胎焚郊，覆巢毁卵，凤凰不翔，麒麟不游；构木为台，焚林而畋，竭泽而渔，积壤而丘处，掘地而井饮，浚川而为池，筑城而为固，拘兽而为畜；则阴阳缪戾，四时失序，雷霆毁折，雹霜为害，万物焦夭，处于太半，草木夏枯，三川绝而不流。"① 但人们并未记住古人的警告，反而自恃有科学技术这一征服自然的利器，更加肆无忌惮地按照人类自己的意志来改造自然界，掠夺自然界，结果是大量自然资源被耗竭或被破坏，动植物种群以前所未有的速度在地球上消失，大气质量越来越差，气候变化失常，河水断流，水资源大规模减少且水质严重污染，土地荒漠化速度加快，……。一方面是人口的大量增加，另一方面人类赖以生存的大自然则又被人类的活动大规模地破坏，由此导致了影响人类生存的严重生态危机。这种局面的出现可以说都是人类过于自信，过于相信自己的行为能力，过于依赖于人自己有为的结果。

很显然，在自然资源的运用上，人们应看到自然界有其自身的运动变化规律，人应尊重自然界本身的秩序，按照自然界自身的规律去利用它、改造它。面对自然界，在很大程度上，人类最好的选择就是遵循自然法则，无为而治，人应去适应自然，顺应自然，按自然的规律去做事，去生活，而不是人为地改变自然，改造自然；不应通过改变自然来适应人的需要，而更多的是要让人去适

---

①《通玄真经·上礼》，《道藏》第16册，第730页。

应自然。只有这样，组织的自然资源才能得到良好的运用和保护，自然界才能得到良性的发展，人类也才能有一个好的生存环境，人与自然也才能有一种和谐的关系，组织资源的来源也才具有可持续性。

第二，组织体制和管理方法的自然无为。在组织体制和管理方法的自然无为上，管理者应该根据社会组织管理自身的特性和规律来建构相应的组织机构，按照特定社会组织的功能及其内在机制来选择管理的方法和手段，切忌想当然地来设定机构或机械地照搬其他社会组织的管理模式。事实上，在当今的社会管理中，人们普遍存在一种错误的观点，就是认为社会的管理就是管制，以为一个好的政府和组织就是对社会和组织的各个方面都能进行无所不包的计划和控制的政府。一旦在某方面出了问题，对政府和组织来说，首先想到的就是如何加强控制和管理。似乎只有加强政府和各社会机构的组织管理和计划控制能力，使其对社会和机构的各个方面都能给予严密的组织、计划和控制，社会和机构内部自然也就可以得到良好的治理。这种观念的最直接体现就是过去社会主义国家所普遍实行的计划经济管理体制及其衍生出的整个社会生活的计划管理体制。在这种计划管理体制下，不仅社会的经济生活被详细地计划，而且社会生活的其他方面也被纳入严格的计划管理轨道。这种计划体制的最初设计者固然是一片良苦用心，然而其实践则是这些最初的设计者所始料未及的。它不仅未带来设计者所预期的社会协调发展，反而导致经济停滞、政治专断、科技教育停滞，艺术宗教倒退、社会发展受阻。总之，严格控制管理的各种社会组织，如企业、学校、社会团体等，并没有达到其预想的结果，反而是呈现一系列发展的滞后现象。

另一方面，就是管理的人为性，不是按特定对象的自然本性进

行管理，而是根据意识形态教条及利益驱动和个人好恶进行管理，导致各社会组织合道的、该管的它不管，不合道的、不该管的它又乱管。比如，我们有些社会组织就存在这种现象，做了许多它不该做、不擅长做的事务，而该做的作为其真正社会功能的事务又没做好。

在今天，要从这种人为化组织管控型社会管理的危机中摆脱出来，唯有根据道教的思想理论，采取道法自然、无为而治的方法，方能从根本上解决问题。从社会生活的管理上来说，应该根据人的自然本性来加以管理。首先要做到的就是要尊重每个个人的自主权和独立性，充分发挥每个人的积极性和创造性，政府的管理的重点应放在确立和维护社会成员和社会组织活动的规则和秩序上。社会生活尤其是经济生活和一般社会生活，应尽量让社会成员和社会组织自己去进行。而每个社会组织的管理，则应充分发挥社会组织的自我管理能力。只有这样，社会组织才有活力，组织成员的积极性和创造性才能得到发挥，组织也才能得到正常健康的发展。同时，还需要根据各种社会组织的社会功能，准确划分各自的分工领域，按照各自的特性来进行社会管理和组织内部自身的管理，以保证整个社会各种组织的效率。

三、以道为本、遵法重术的管理思想

根据道教的认识，人类社会的任何事物都存在道、法、术三个层面的问题，管理也是如此。所以社会管理体系也必然包含了三个层面的内容，即管理之道、管理之法、管理之术。要搞好管理，就必须道、法、术一体，遵循以道为本，遵法重术的原则和方法。

(一)管理体系的道法术

第一，管理之道。管理之道就是管理的理论原理，体现为管理的知识体系，是对管理活动的原理和机制的理论阐释，是管理活动的本质和规律的体现。管理理论与其他知识理论一样，都是由一系列有关管理的概念、命题和命题系统组成的。有关管理的概念就是管理学的词汇、术语、范畴等，如“管理”“组织”“决策”“计划”“领导”“控制”“激励”“人事”“财务”“职务”“职权”“效率”等。有关管理的命题则是由不同管理概念组成的关于管理问题和情况的判断和陈述，其表现形式就是一个一个的句子，如“决策是管理的首要职能”，“管理幅度与管理层级成反比”等。有关管理的命题系统则是再将各种相关管理命题组织起来形成对某一管理的系统阐释的文章、论著。作为管理原理与机理的管理之道实际上就是由相关的概念、命题和命题系统组成的对有关管理问题的完整系统的阐释和说明，是对管理的原理和机制的科学揭示，是管理的本质和规律的体现。

第二，管理之法。管理之法就是管理的基本方法、基本思路和基本指导思想。包括管理活动应遵循的基本原则，管理工作应运用的基本方法，完成管理职能必须包含的基本方面，问题解决应采用的技术方法及基本的步骤和程序等。内容包括：管理的各种基本方法如行政方法、法律方法、经济方法，各种管理制度、活动规范，处事原则、行事风格，等等。

第三，管理之术。管理之术就是管理活动所运用的各种技术手段、具体措施和具体办法等。内容包括：管理活动中运用的长官命令指示、职务任命、职权授予、任务安排、谈话鼓励、经济奖励与惩罚、会议传达、汇报、简报、财务预算、结算、电脑网络技术的具体运用方式、各种设备的具体运用方式、各种物质材料的具体使用

方法等。

（二）管理活动中的道法术一体

管理体系包含了道法术三个层面，而三个层面涉及不同的问题，但又是一体的。要做好管理工作，必须是三个层面联动，各有侧重，各有分工，各司其职，一体运作。具体来说，在管理活动中，应按照以道为本、以法为依、以术为用的原则来处理三个层面的关系。

第一，以道为本。管理方法众多，路径选择也多种多样，那么到底应该怎样进行管理呢？在这里，首要的一条原则就是要坚持以道为本的原则。近年来各种管理经营之道的讲座很多，但在这些讲座中，人们往往被某些技术性的东西迷惑，一会儿某个方法时兴流行被说得灵验异常，一会儿某种管理新潮被吹捧得天花乱坠，一会儿又是某种措施被说成灵丹妙药。其实，这种神化某个技术方法的管理潮流，都是违背管理的根本规律的，是对管理的舍本逐末、本末颠倒。他们都是犯了重术不重道的毛病，错误地将重点放到了次要枝末的管理之术上，而忘了重要根本的管理之道。事实上，任何管理要产生良好的效果，就必须处理好本和末的关系，必须坚持以道为本的原则。所谓“以道为本”，就是在管理中始终要把管理的道和理看作最根本的行为准则，一切方法和技术操作都必须遵循真正的管理之道、管理之理进行，不能违背真正的管理之道、管理之理。在这里，真正的管理之道、管理之理是那种具有完整的理论和方法论体系的体现人类管理科学原理和机制的理论，而不是那种基于某些个别例证的、对管理问题阐述零碎甚至混乱的理论和说法。

第二，以法为依。管理中的“以法为依”，就是管理要讲究方法，以基于管理之道的方法论为理论指导，依据完整的管理方法论来从事管理，确立管理的基本方法、基本原则、基本制度、活动规范，遵行基本的方法、规律和规则来处理各种管理问题；符合管理方法论的才做，有悖管理方法论的不做。事实上，如果不是在完整的管理方法论指导下来进行具体管理方法的运用，仅仅依赖个人经验、细节控制和局部成功的方式来进行管理，很可能出现管理组织运作的整体失调，出现管理方式方法的运用不当和错误，甚至导致整个管理的失败。

第三，以术为用。管理中的“以术为用”，就是以具体的管理技术方法作为管理的手段，通过将管理技术方法运用在具体管理活动中来达到管理的目的。在这里，以术为用强调的是在管理技术方法的运用中，具体特殊的技术方法只能是手段而不能是目的，它必须合乎管理之道，遵从整体的管理方法论，而不能将具体特殊的技术方法置于道和法之上，一味地强调某种特殊的技术方法，甚至将其神化，这不仅达不到管理的效果，而且还可能导致管理的失败。

总之，管理首先必须明确管理之道、管理之理，将管理之道、管理之理化作思想意识的基本内容，按照管理之道、管理之理提供的思想原则和思路方法作为管理活动的行为准则和行为规范，然后在基于管理之道的完整方法论指导下，运用适当的具体技术操作方法进行管理。尤其要注意，管理不能一味追求某种特殊的管理技术方法的一时功效，更不能执着于被宣称有所谓神奇效果的管理方法和特定措施。

道教生态环保的文化理念

归潇峰*

摘　要： 随着生产力加速发展和人类物质生活水平不断提高，现代工业文明带来的环境污染、资源破坏、“城市病”等全球性问题日益凸显，人类越来越深刻地认识到，在大力发展生产力的同时，不能以破坏生态为代价，要适度开发、和谐共生、相互促进，而古老道教的生态环保理念正为人类提供一种新思考和新实践。道教生态一词不是新生概念，而是道教文化在生态领域的重要表达，道教生态环保的文化理念有着得天独厚的优势，决定着与其他宗教不同的环保理念与实践。

关键词： 道教；道教生态；生态文化；环保

“生态”一词源于古希腊，原意指“住所”或“栖息地”，后被用于生态学领域，意指一切生物的生存状态、生物之间以及生物与环境之间的关系。随着环境问题日益受到全球关注，人们逐渐意识到自然生态环境与经济发展、社会进步以及人类群体的生活质量休戚相关，“生态”一词也从自然科学领域借用到人文科学领域。在传

* 归潇峰，江苏省道教协会监事、昆山市道教协会副会长、石牌东岳庙管委会主任。

统文化领域里，华夏先人对自然生态有着自己独到的认识和理解。诚如卡普拉（Fritjof Capra）指出："在伟大的宗教传统中，道家提供了最深刻和最美妙的生态智慧的表达之一。它强调本源的唯一性和一切自然与社会现象的能动本性……当此类生态原则被更早的道家圣人所阐述的时候，一种非常相似的流动和变化的哲学，由古希腊的赫拉克利特教给我们。"① 在卷帙浩繁的道教典籍里，各种经典讲述着不同的道教内容，这些内容不仅体现了天尊对世人的教化，而且亦包含着各类道教思想文化内涵，而生态环保理念就是其中之一。一般而言，道教生态文化有着得天独厚的优势，道教生态文化决定着与其他宗教不同的环保理念与实践。我们尝试从大道、自然、无为的核心要义出发，讨论道教重生贵生的生命思想、无彼无此的平等思想、相依相存的和谐思想，并根据要义与思想，进一步探讨道教环保的思想与实践。

一、道教生态的核心要义

无为、自然、致虚、抱朴、柔弱等道教核心要义在数千年的发展之后，并没有随着时代的变化而发生改变，改变的是核心要义所延伸和拓展出的文化和内涵，这些内容是随着时代需求而作出了适应社会的新阐释。道教生态一词不是新生概念，而是道教文化在生态领域的重要表达，之所以在当代被经常提及，主要是因为随着生产力加速发展和人类物质生活水平不断提高，现代工业文明所带来的环境污染、资源破坏、沙漠化等全球性问题日益凸显，人类越来越深刻地认识到，在大力发展生产力的同时，不能以破坏生态为代

① ［美］弗里特乔夫·卡普拉：《转折点：科学、社会、兴起中的新文化》，冯禹、向世陵、黎云编译，中国人民大学出版社，1989 年，第 310 页。

价，要适度开发、和谐共生、相互促进。

道教生态的第一核心要义是“大道”。在道教教义中，“道”是造化天地万物的根本，是芸芸众生存在的最终依据。吴筠祖师《玄纲论》里说：“道者何也？虚无之系，造化之根，神明之本，天地之源，其大无外，其微无内，浩旷无端，杳冥无对……万象以之生，五音以之成，生者有极，成者必亏，生生成成，古今不移，此之谓道也。”《道德经》云：“有物混成，先天地生。寂兮寥兮，独立而不改，周行而不殆，可以为天地母。吾不知其名，字之曰道，强为之名曰大。”道教对核心要义“道”的诠释存在着两种倾向：一种是从对“道”的信仰出发，把“道”人格化，宣称“大道之身，即老君也，万化之父母，自然之极尊也”，将太上老君视之为“道”的化身，奉之为创造宇宙、主宰万物的最高神灵；另一种则是延续了汉魏以来以“元气”为宇宙本原的传统，以气解“道”，宣扬“大道元气，造化自然”。[①] 作为共同起源和共同根据，自然界遵循“道生一，一生二，二生三，三生万物”的思路演化天地万物，继而又循此思路延伸出一系列关于“道生万物”“众生皆含道性”的道教生态理念，这与深层生态学（deep ecology）非常类似。所谓深层生态学旨在强调人类之外的生命形式具有独立价值，人类应确保生命形式的丰富性和多样性，生态系统应确保最大的复杂性和最大化共生。同样的，道教认为，社会贫穷或富足的一个重要评判标准就是自然界各种生命形态兴旺与否，动植物种类存亡多少。正如《太平经》里所指：天下动植物兴旺生存是“上皇气出”的太平盛世之景象，若物种不足万数者为“小贫”，而物种越来越少为“大贫”，万物悉伤是

① 参见孙亦平：《论道教生态智慧的当代价值》，《江苏行政学院学报》2018 年第 1 期，第 22 页。

“善物不生，为极下贫”[1]，可见道教在物种多样性和生命丰富性有着自己独到见解。

道教生态的第二核心要义是自然。澳大利亚生态哲学家西尔万（R. Sylvan）和贝内特（D. Bennett）说：“道家思想是一种生态学的取向，其中蕴涵着深层的生态意识，它为顺应自然的生活方式提供了实践基础。”[2] 如前所言，道是永恒本体和存在依据，其超越于形而上和形而下的区别，却又贯穿于形而上和形而下的世界，不仅描述了宇宙之实然，而且支持着人类行为之应然。[3] 老君曰：“人法地，地法天，天法道，道法自然”。“道法自然”是道家道教共同信奉的要义之一，是整个道家道教思想文化系统里的重要核心，这里的“自然”概念不同于西方以人类为中心的“环境”的“自然”概念，而是一种具有“主体性”的自然的概念。意思是自然原则与规律，也可理解为一种事物天然而非人为的状态。在道教看来，“道生万物”决定着“万物含道性”，而道性就是自然之性，是遵循规律而发展的，顺势而为，任物自然便是这个道理。“道”效法自然，即遵循自然规律，正如《阴符经》开篇说：“观天之道，执天之行，尽矣。”所谓“观天之道”就是认识自然规律，“执天之行”就是掌握和利用自然规律。一般而言，天、地、人的一切活动过程都是出于自然本性，不受任何外物所制约和干涉，就人类而言，同样应顺从事物自然发展过程而为，遵循自然法则，不要用人力去强行改变。反之就是《道德经》所言：“知常曰明，不知常，妄作凶。”大意是

① 《太平经·丙部之一》，王明《太平经合校》，中华书局，1960 年，第 30 页。

② Richard Sylvan and David Bennett. “Taoism and Deep Ecology,” *The Ecologist*. no. 18 (1988): 148.

③ 刘笑敢：《老子哲学与生态问题》，载陈鼓应、冯达文主编：《道家与道教：第二届国际学术研讨会》，广东人民出版社，2001 年，第 157 页。

认识规律叫做明智，不认识规律又要乱作妄为，则会招致凶险结果。总之，自然作为道教生态的核心要义之一，是整体与个体相协调的自然状态，是合乎人类的理想秩序，是个体自主性与整体的有序统一。

道教生态的第三核心要义是“无为”。西方汉学教授苗建时（James Miller）指出：“宗教的重要性不在于信徒多寡。‘道教的价值不只在于它是一个中国的宗教组织，更在于它是一套促进可持续发展的文化体系’，道教为中国乃至世界提供了一套促进可持续发展的世界观和价值体系……我们研究道教的目的，不是要复兴道教兴盛的某个旧时代，而是要弘扬道教独特的生态理念。”① 在道教生态理念之中，除大道、自然的核心要义之外，另一个要义就是无为。如果说，大道是本体、依据、本源，自然是状态、原则、规律，那么无为则是方式、手段、态度。所谓“无为”不是不作为，而是不违反自然规律和法则的行为活动，以此实现无不为的最高境界。英国学者李约瑟（Joseph Needham）指出：“‘无为’的意思是‘不做违反自然的活动’（refraining from activity contrary to Nature），亦即不固执地违反事物的本性，不强使物质材料完成它们所不适合的功能。”② 这一见解可以说是深刻地把握了道教无为的真实含义。《道德经》又补充说：“以辅万物之自然而不敢为。”③ 从人类中心主义出发，人类的主观意志和行为往往是以自我为中心的，不符合自然界的客观规律，而一旦妄动无名，可能会造成不良后果。因此，人类的行为活

① 李家銮：《一位汉学家眼中中国道教生态文明建设的贡献》，《中国民族报·宗教周刊》2021 年 1 月 26 日，第 7 版。

② ［英］李约瑟：《中国科学技术史》（第二册），何兆武等译，科学出版社、上海古籍出版社，1990 年，第 76 页。

③《道德经》第 64 章。

动应该秉持大道中心主义或自然中心主义，这种“非人类”中心主义的方法论就是“无为”，依自然而为，依循事物的内在本性和发展规律。作为道教生态核心要义之一，“无为”既能够辅助天地万物“生老壮已”，又可根据人类现实情况向自然适度索取，转而追寻一条符合生态、满足环保的长久发展之路。

二、道教生态的文化思想

基于核心要义的观点，道教在生态环保方面的文化思想至少包含生命思想、平等思想、和谐思想等三个层面，且三者之间都是相互联系、互为关联。我们可大致理解为：正是有了“道生万物”的演化路径，因而一切众生是由道而生，由道而化，故需更加重视和珍惜万物；同时基于“万物皆含道性”之特性，因而一切众生不存在彼此对立，没有高低贵贱之分，故是一视同仁、众生平等；同时，自然客观与人类主观之间有效且适合的互动情况，让一切生灵在天地间又保持着和谐状态。可以说，生命、平等、和谐的文化内涵大致构成了道教的生态思想。

第一，重生贵生的生命思想。道教是重视生命的宗教，其教导人们热爱生命，尊重生命，炼养生命，以证成大道。道教仙学经历了两次思想转型：首先从汉代流行的《太平经》主张的“精神主生”而转变为魏晋神仙道教追求的形体永固，然后再从形体永固和肉体飞升，逐步受道教心性论、重玄学、性命双修的影响，最终完成了追求精神的升华与超越的转向。[①]《太平经》说：“要当重生，生为第

① 孙亦平：《论道教仙学两次理论转型的哲学基础》，《南京大学学报》1998年第4期，第27—32页。

一。”又说：“夫天道恶杀而好生，蠕动之属皆有知，无轻杀伤用之也”[1]《太平经》是早期道教重要经典之一，其内容所描绘的理想世界就是“天下太平”，“天下太平”的一个重要特征就是万物得以生养，经云：“万物既生，皆能竟其寿而实者，是也；但能生，不而竟其寿，无有信实者，非也。”[2] 由此，早期道教建构起了一个以重视生命存在作为保护对象的伦理原则。现代西方生态伦理学奠基人阿尔贝特·施韦泽（Albert Schweitzer）从伦理学的高度提倡保护地球上的生命，他把道德关怀的对象和爱的原则扩展到所有生命，包括人的生命和一切生物的生命，并指出：“善是保存生命，促进生命，使可发展的生命实现其最高的价值。恶则是毁灭生命，伤害生命，压制生命的发展。”[3] 可以发现，施韦泽敬畏生命的伦理与道教以普遍生命为中心是一致的。在道教看来，人命存在于天地之间，天地是人命存在的环境。所谓“人命”既指人的个体生命，也指人类的整体生命。不论是个体生命还是整体生命都是以天地环境为依托的，没有天地这个大环境，人的个体生命与整体生命便无从着落。天地与人构成了一个系统，即大生命系统。[4] 在这个大生命系统里，天地万物与人一样都是通过“道”本体化生而来，虽然各种生命形式不同，但就生命本体而言都是一致的，都是“道”的生命本体之体现。正如道经里说：“道不可见，因生而明之；生不可常，用道以守之。”为此，要立足于核心要义“大道”的角度去解读自然生命，以生命为天地万物的自然本性，把对生命的重视和关注成为了一种基本价

---

① 王明：《太平经合校》，中华书局，1960 年，第 174 页。
② 王明：《太平经合校》，第 278 页。
③ [法] 阿尔贝特·施韦泽：《敬畏生命——五十年来的基本论述》，陈泽环译，上海社会科学院出版社，2003 年，第 9 页。
④ 詹石窗、何欣：《关于生命道教的几点思考》，《湖南大学学报》2018 年第 6 期，第 121 页。

值取向。

第二，无彼无此的平等思想。我们知道，“大道”存在于芸芸大众和万事万物之中，又基于“道生万物”“万物皆含道性”演化路径，得出一切生命都是平等的，这种平等不只是人与人之间生命的平等，同时也是人与动植物的生命以及天地生命的平等，换句话说，天地自然万物在“大道”面前一律平等。因此，“道法自然”的本体论逻辑实现了向“物无贵贱”的道德论的转换，而这就为道教确立整体主义生态道德提供了可能。[①]《南华经》云：“以道观之，物无贵贱。以物观之，自贵而相贱，以俗观之，贵贱不在己。”实际上，自然万物本无贵贱之分，之所以存在价值高低，最主要的是在于观察者所持的标准。从人类中心主义出发，天地自然的价值判断都是以自然对人的效用为衡量标准，而这就会导致高低贵贱的不平等。如果我们秉持大道中心主义或自然中心主义的“非人类”中心主义，那便是“以道观之，物无贵贱”。在道教看来，“大道”的无所不在意味着一切存在皆有其合理性，一切存在都有“大道”的关照和呵护。任何事物的存在对人类而言或许不一定有“内在价值”，但其对自然而言都具有一定的贡献与意义，而这个道教观点似乎又暗示了一种类似于生态主义者的观点：非人类的生命及其自然万物并不仅仅只是供人类使用的工具和资源，它们的尊严与权益都应该得到肯定。这正是深层生态学所主张的“生物圈平等主义”或称“生态中心主义平等主义”。[②] 生态中心主义者的平等主义的基本原则就是要求平等对待所有生命和自然存在，生物圈中的所有生物及实体，作

① 参见雷毅：《整合与超越：道家深层生态学的现代解读》，《思想统战》2007年第6期，第29页。

② 参见黄越泓：《生态中心主义与道家生态伦理思想之比较研究》，《洛阳师范学院学报》2021年第4期，第23—27页。

为与整体相关的部分都具有平等的内在价值。道教生态文化所提倡的平等思想是平等对待一切自然生命，其重要性一方面在于自然生命自身价值，另一方面在于生命之间的有机联系。正如，庄子所说，“天地与我并生，而万物与我为一”，揭示出人类不是世界之中心，亦无权利凌驾于万物之上。相反，人类应该遵循天道规律和自然法则，促进自然万物的生命潜能，充分展现自然万物的价值、平等与和谐。

第三，相依相存的和谐思想。天地与人类构成了一个大生命系统，而一切都是“道”之本体化生而来。《道德真经》说：“道生一，一生二，二生三，三生万物。万物负阴而抱阳，冲气以为和。”这里指出了道创生宇宙的历程，道是有与无的混合为一，混元生出阴阳二气，阴阳合和又生出万物，并氤氲化生成一个有机和谐的整体。在道教看来，自然环境与人是和谐一致的整体，在这个生命系统中，物物相连，天人相通，相互作用，相互依存，浑然一体，和谐均衡。当前，人类以自我为中心，首先考虑自己的生存状况并努力改变，其本性不是天然地顺天道而为之。庄子指出，人的生存的最高意义是要把握人在宇宙中的地位，洞悉人与天地万物的关系，“知天之所为，知人之所为”，自觉地去追求“天人合一”的“大道”境界。只有达到“天人合一”之境，才会自觉地放弃征服自然的活动，并且以审美的鉴赏态度去深切体味人与自然融为一体的和谐之美。[1] 用现代眼光来看，这其实就是“生态自我”，即大我。“自我实现”（self realization）是深层生态学立论的基础之一，是人的潜能的充分实现，使人真正成为人的境界。挪威哲学家阿伦·奈斯（Arne Naess）认

---

① 佘正荣：《“自然之道”的深层生态学诠释》，载《江汉论坛》2001年第1期，第77页。

为，最大限度的自我实现有赖于最大限度的生物多样性与共生，生物多样性保持得越多，自我实现就越彻底，他指出，自我的成熟需要经历三个阶段：从本我（ego）到社会的自我（self），从社会的自我到形而上的自我，即大我（Self）。奈斯用“生态自我”来表达这种形而上学的自我，以表明这种自我必定是在与人类共同体、与大地共同体的关系中实现。自我实现的过程是人与自然不断认同的过程，也是人不断走向异化的过程。当一个人达到“生态自我”的阶段，他便能在与之认同的自然物中寻找到自己。[①] 换言之，深层生态学的真正的目的就是要摆脱“小我”的束缚，而融入自然这个“大我”之中，通过不断克服自身狭隘的个人意识，最终达到与自然万物的认同，实现“生态自我”。道教生态核心要义“自然”与“无为”告诉我们，只有遵循自然规律，不要“反其道而行之”，让所有的自然万物都可以“自足其性”，同时在对自然界开拓之际“取舍适度”，使生物多样性得以维持，客观上对维护生态的和谐发展，只有人类与周围的一切和谐相处才能保证自己的生存与发展。

三、道教环保的思想与实践

在卷帙浩繁的道教典籍里，各种经典讲述着不同的文化理念，而道教生态环保文化在道教典籍里同样是煌煌炫彩、熠熠生辉。道教所蕴含着得天独厚的生态环保文化，决定着与其他宗教不同的环保理念与实践，这为人类的生态环保事业提供了一种新思考和新实践。

其一，道教环保思想，主要体现在对动植物、水土资源方面的

---

① 参见雷毅：《深层生态学：一种激进的环境主义》，载《自然辩证法》1999 年第 2 期，第 51—55 页。

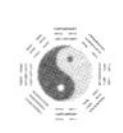

保护。基于道教生态的重生贵生思想，道教典籍里明确规定："不得杀生"，并以"戒杀生"为大过大戒。如《洞玄灵宝六斋十直》说："道教五戒，一者不得杀生。"①《初真十戒》规定："不得杀害含生，以充滋味，当行慈惠，以及昆虫。"② 同时，又借用功过格阐述"不杀生"理念，如《警世功过格》曰："教人渔猎，三十过……毒药杀鱼，三十过……杀一牲口，五过"。③ 除了倡导"不杀生"，道教甚至还反对惊吓和虐待动物，如《老君说一百八十戒》要求："不得以足踏六畜……不得冬天发掘地中蛰藏虫物……不得妄上树探巢破卵……不得笼罩鸟兽……不得妄鞭打六畜群众……不得惊鸟兽"。④ 道教劝善经典《太上感应篇》劝诫人们不要"射飞""逐走""惊栖""填穴""覆巢""伤胎""破卵"。⑤ 另外，道教在对待森林植物亦十分重视。道教"十善"要求放生养物，种诸果林，道边舍井，种树立桥。《太平经》说："慎无烧山破石，延及草木，折华伤枝，实于市里，金刃加之，茎根俱尽。其母则怒，上白于父，不惜人年。人亦须草自给，但取枯落不滋者，是为顺常。天地生长，如人欲活，何为自恣，延及后生。有知之人，可无犯禁。"⑥ 又如《老君说一百八十戒》规定："不得烧野田山林……不得妄伐树木……不得妄摘草花。"⑦ 可见，道教不仅认识到了山石草木是人类生存环境中不可或缺的资源，而且还告诫人们在利用这些资源时应当遵循其生长规律，

① 《道藏》第 22 册，第 258 页。
② 《道藏》第 22 册，第 278 页。
③ 《藏外道书》第 12 册，成都：巴蜀书社，1994 年版，第 82 页。
④ 《道藏》第 22 册，第 271—273 页。
⑤ 《道藏》第 27 册，第 59—63 页。
⑥ 王明：《太平经合校》，1960 年，第 572 页。
⑦ 《道藏》第 22 册，第 270 页。

不可肆意开采，乱砍滥伐，否则会贻害后代子孙。[①] 这里需要说明的是，道教环保思想里所倡导的“不杀生”“戒杀生”，并不是指完全地杀害动物，损害植物，而是反对滥杀动植物，不过度捕杀动物，破坏动植物生态循环（食物链）。此外，道教在水土资源方面的保护亦有所体现，要求“不得以毒药投渊池江海中……不得妄凿地毁山川……不得以秽污之物投井中……不得妄开决陂湖”。[②]

其二，是道教环保实践。自古以来，道教在自然生态方面有着憧憬与渴望，一方面体现在对自然生态环境的和谐共生，以满足得道成仙、长生久视的人生追求，形成了道教“洞天福地”文化理念。在道教看来，洞天福地既是道教在人间的仙境，也是道教神仙境界的一部分。所谓“洞天”是指山中洞室通达上天，贯通诸山，而“福地”意为得福之地，即祥和秀丽没有灾难的地方。居此地可受福度世，修证成仙。从生态环保角度来说，洞天福地是生态自然保护区的典范，其环境秀美，生态和谐，生物多样性保存较好。另一方面是在道教宫观的建设过程中注重自然生态和环境保护。我们知道，道教宫观是道士修道、祀神的主要活动场所。神仙信仰与修道需要促成了宫观的建造。许多道观大多位于远离尘嚣、清静安谧、枝叶茂密的名山胜境，十分注意宫观选址布局与自然环境相适应。例如，茅山道院在恢复重建崇禧万寿宫之际，非常注重道教建筑与茅山生态有机结合，垃圾分类、太阳能、雨水收集、环保建材、文明敬香等环保措施无不体现出道教生态理念，同时，茅山道院还多次举办中国道教宫观生态保护论坛、生态道观论坛等活动，得到了世界宗

① 毛丽娅：《道教的生态伦理思想及其现代价值》，载《四川师范大学学报》2005 年第 3 期，第 120 页。

②《道藏》第 22 册，第 271—273 页。

教与环境保护基金会（ARC）的大力支持。除此之外，道教环保实践在日常管理的规章制度、清规戒律亦有不同程度的体现，可以说，戒律和制度成为了道教环保实践的重要表达。如上文所言，道教典籍里存在着许多戒律清规、功过格等，这些除了约束个人言行之外，亦涉及到人对动物、植物、水土资源的有关戒律要求，上文已有论述，此处不再赘述。

需要重点说的是，当代道教对于环保实践高度重视，主要围绕“住名山宫观的，就从事于育护森林及种植果树”“保护道教名山宫观和历史文物”“保护好名山宫观，植树造林”等①。1993 年，中国道协召开全国道教界爱国爱教表彰大会，表彰一批在保护名山宫观、植树造林方面作出突出贡献的道教徒。1995 年，应世界自然保护基金会（WWF）邀请，派团出席“世界宗教与环境保护”会议。1996 年，中国道教协会与“世界宗教与环境保护联盟”（ARC）共同组成考察组，对道教名山青城山和华山的环境保护情况进行实地考察。2003 年，由中国道教协会发起、全国道教界共同支持，在甘肃民勤县（全国防沙治沙重点地区）建立生态林建设基地。② 2006 年，召开中国道教生态保护教育座谈会，发表“秦岭宣言”，2010 年以后，中国道教界先后提出了《中国道教界保护环境的八年规划（2010—2017）纲要意见》《中国道教界环境保护七年规划纲要倡议（2019—2025）》，得到了全国道教界的积极响应和大力支持，这为发扬道教重视生态的优良传统，以建设人间生态道观和心灵生态道观为目标，努力在环境保护方面做出积极贡献。

① 明世法：《论当代宗教对环保的新贡献》，载《西北民族大学学报》2004 年第 2 期。第 35—36 页。

② 尹志华：《和谐共生的人与自然关系——道教的环保观》，载《中国宗教》2003 年第 9 期，第 43 页。

生态关怀是当代道德意识与社会关怀的一个重要方面，而环境保护则是人类对自然生态所产生“病症”作出的积极回应。面临现代工业文明所带来的环境污染、资源破坏、“城市病”等全球性问题，人类如何在大力发展生产力之际，不以破坏生态为代价，成为了当代值得深思的问题。道教所蕴含着的传统生态文化内涵与环境保护理念，从如今来看仍十分难能可贵。在道教教义现代建构和道教中国化的背景下，我们不仅要对道教经典里的生态环保内容加以研究、诠释和转化，而且更要注重落到实处，转化为实实在在的行动，让人类在面对生态危机挑战之际，可以更好地解决生态环境问题。总之，道教生态文化中的环保理念，不是一个传统的老旧话题，而是一个常谈常新的时代课题，值得我们不断研究和探讨，发挥出应有的时代价值。

道教传统戒律中的伦理思想

丁常云*

摘　要：道教戒律是规范道教徒宗教行为的制度规定，带有明显的约束性和强制性。在道教传统戒律中，蕴含着十分丰富的道德伦理思想，涉及人与人、人与自然、人与社会等方面，包括生命伦理、个人伦理、家庭伦理、社会伦理和生态伦理等诸多内容。当今世界，要使人类社会得以健康、和谐、持续发展，就需要有一种良好的新秩序，需要有一种全球性的新伦理，以全人类的共同利益作为价值取向。道教戒律以社会法律与道德为基础，同时又高于法律与道德，对于促进社会稳定、端正社会风气，皆具有十分重要的积极作用。

关键词：道教戒律；戒律伦理；伦理道德；时代价值

中国是世界上最早的文明古国之一，在长期的历史发展进程中，形成了高尚的道德准则、完整的礼仪规范和优秀的传统美德，这些都是中国社会固有的伦理思想，是中华传统文化的瑰宝。中国传统伦理哺育了伟大的中华民族和灿烂的华夏文明，推动了中国社会和

* 丁常云，中国道教协会咨议委员会副主席，中国宗教学会理事，《上海道教》杂志主编，上海市道教协会副会长，浦东新区道教协会会长，上海太清宫住持。

世界的文明进步与发展。然后，近代以来社会伦理却急剧衰落，出现了空前的伦理危机问题。当今社会，有人提出了“全球伦理的建构”问题，这是人类社会对道德伦理观念的一种肯定，也是人类社会生存与发展的一种现实需要。当今世界，要使人类社会得以健康、和谐、持续发展，就需要有一种良好的新秩序，需要有一种全球性的新伦理，以全人类的共同利益作为价值取向，来处理和协调人与人、人与自然、人与社会之间的关系。宗教伦理中本身就蕴含着许多道德伦理思想，这就需要我们到宗教伦理中去寻找建设全球伦理的文化资源。

道教是中国固有的传统宗教，在中国传统文化中占有重要地位。道教以“道”立教，以“道”化人，倡导“欲修仙道，先修人道”的理念，成为道教伦理建设的基石。在道教传统戒律中，蕴含着十分丰富的道德伦理思想，涉及人与人、人与自然、人与社会等方面。从信仰角度看，戒律是一种宗教意义上的道德行为规范，道教戒律则是规范道教徒宗教行为的一种规定。这种规定，对于道教徒来说是一种纪律和法规，带有明显的约束性和强制性。戒律的作用主要在于坚定道教徒的宗教信仰、提高信徒的道德水平、维护教团内部秩序，而对于整个社会来说则可以将它理解为一种社会道德伦理。长期以来，道教戒律中的伦理思想在维护和促进教团内部建设、提高教徒道德修养的同时，对于促进社会道德伦理体系建设，对于维护社会和谐稳定等皆起到重要的积极作用。当代社会，我们要大力弘扬道教伦理精神，深入挖掘道教戒律中的伦理思想，为新时代构建全球新伦理作出新贡献。

一、道教传统戒律基本概述

任何宗教都有自己的戒律，道教也不例外。戒律在不同的地方

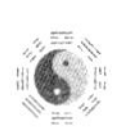

有着不同的解释，其涵义也十分广泛。在古代汉语中，戒，指戒备、防备、警惕、警戒、命令、告诫、戒除等；律，指规律、约束、法律条文等。在现代汉语中，戒，指防备、警惕、戒除、同“诫”、指禁止做的事情、佛教戒律等；律，指法律、规则、约束等。戒律，多指有条文规定的宗教徒必须遵守的生活准则。《辞海》对于戒律的解释更为宽泛，其中，戒，指防备、准备、谨慎、命令、斋戒、禁制、通“界”等；律，指法则、规章、按律处治、中国古代主要法律规范的名称、音律、乐律、律诗的简称、古代爵命的等第、指佛教专守戒律的等。戒律，指梵文 Sila（音译为“尸罗”）和 Sinaya（音译为“毗奈耶”）的意译的合称。佛教泛指为出家、在家信徒制定的一切戒规。或单指“戒”，“戒”是“禁制”的意思。有五戒、十戒及二百五十戒等种类。律，是“调伏”的意思，为戒律中条文的解释等。道教亦有戒律。在《宗教大词典》中，戒，指梵文 Sila 的意译，意为“贯行”转为“行为”“习惯”“道德”“虔诚”等。广义说，善恶习惯皆可称戒，如善习称善戒，恶习称恶戒。律，指梵文 Sinaya 的意译，亦译“调伏”“灭”“离行”“化度”“善治”等。佛教对比丘、比丘尼所制定的禁戒，谓能制伏诸魔，故名。戒律，有二解，一是佛教名词。泛指佛教为出家、在家信徒制定的一切戒规。二是道教名词。为道士修真必须遵守的戒条和法规，奉戒的目的是禁止“恶心邪欲”，不令放逸。① 由以上种种解释，我们可以看出：一是戒律的内容十分广泛，内涵也非常丰富，各种解释也多种多样。二是对于戒律的解释，佛、道二教虽有异同。但是，不管怎样解释，其中所包含的宗教含义还是基本相同的。三是戒律的作用都

① 任继愈主编：《宗教大辞典》，上海辞书出版社，1998 年 8 月，第 384、385、486 页。

是“抑恶扬善”，规范人们的言行举止，其中包含着十分丰富的伦理思想。

道教对于戒律的解释，其宗教含义更加明确。胡孚琛主编的《中华道教大辞典》称：戒是约束道士言行，防止“恶心邪欲”“乖言戾行”的规戒；律是约束道士言行，防止“恶心邪欲”“乖言戾行”的律文。戒与律常合为“戒律”并作一解。其实，在教门内，戒与律是有区别的。戒是戒条，主要以防范为目的；律是律文，主要以惩罚为手段。律文是根据戒条而建立的。所以，道士除了遵守戒条，还须熟悉律文规则。常见律文有：《玄都律文》《女青鬼律》《四极明科》《明真科》《千真科》《女真科》等。[①] 中国道协、苏州道协编撰的《道教大辞典》称：“戒”为斋戒、规戒自己的行为。“戒律”为道教约束道士行为，以防止违反教规的警戒条文。戒也作“诫”，有劝戒、教戒、戒恶之义；律指条规、律令。戒律系借神的名义约束教徒，作为教徒必须遵守的思想与行为准则，违反了即要受神的谴责、警告。[②]《洞玄灵宝玄门大义》称：“戒律者，如六情十恶之例是也。戒者，解也，界也，止也。能解众恶之缚，能分善恶之界，防止诸恶也”。[③]《道教义枢》称：“第六戒律者，如六情十恶之例也。戒者，解也，界也，止也。能解众恶之缚，能分善恶之界，又能防止诸恶也。律者，率也，直也，栗也。率计罪愆，直而无枉，使惧栗也.”又称：“戒律者，戒止也，法善也。止者止恶，心口为誓，不作恶也。戒之为义，又有详略。详者，太清道本无量法门百二十条，老君及三元品戒百八十条，观身大戒三百条，太一六十戒之例是也。略者，道民三戒，箓生五戒，祭酒八戒，想尔九戒，智慧上

① 胡孚琛主编：《中国道教大辞典》中国社会科学出版社，1995 年，第 564 页。
② 中国道协：《道教大辞典》，华夏出版社，1994 年，第 517 页。
③《洞玄灵宝玄门大义 · 释名第二》，载《道藏》第 24 册，第 734 页。

品十戒，明真二十四戒之例是也。律者，终出戒中，无更明目，多论罪报刑宪之科，如天师制鬼玄都女青等律，具斯则戒主于因，律主于果，以戒论防恶，律论止罪，故也。”[①]《要修科仪戒律钞》称“夫经以检恶，戒以防非”。[②] 唐张万福《传授三洞经戒法箓略说》称：“凡初入法门，皆须持戒。戒者，防非止恶，进善登仙，众行之门，以之为键。”[③] 以上是部分道教典籍中对于道教戒律的诠释，可以作为理解道教戒律概念的重要依据。

根据上述关于戒律的各种解释，我们大致可以对道教戒律的概念有一个基本了解。一般来说，戒最通常的含义大概有两条：一是“界”，善与恶的分界线，即通过道教的戒来划定，道教的戒肯定的言行就是善，道教的戒否定的言行就是恶。二是“防”，如所谓防恶、防外、防邪风之往来、防患、防非等。从“防”或“止”的角度看，戒与律似乎有相同之处，但也不尽全同。其异同主要在于“戒主于因”“戒论防恶”，而“律主于果”“律论止罪”。即戒警戒于事前，而律惩罚于事后。因此，简单说：所谓道教戒律，就是指规范道教徒宗教行为的警戒条文，是道教徒必须遵守奉行的行为准则。如果再进一步引申，那么道教戒律，就不仅是规范道教徒宗教行为的警戒条文，是道门中人必须遵守奉行的行为准则，而且也是道教信仰的重要思想内容，是道教徒坚定信仰、实现信仰的一种手段。所谓“学道不持戒，无缘登真箓”，就是把持戒与修仙紧密相连。金元时期，随着全真教派的兴起，开始出现《全真清规》，成为全真派对违犯戒律的道士的惩处条例。道教戒律的内容也略有变化，即

---

① 《道教义枢·十二部义第七》载《道藏》第 24 册，第 816、818 页。
② 《要修科仪戒律钞》卷四，载《道藏》第 6 册，第 936 页。
③ 《传授三洞经戒法箓略说》，载《道藏》第 32 册，第 185 页。

“戒律为警戒于事前的行为准则，清规为惩处于事后的处罚条例”。[①] 与传统的戒、律相比，清规一般由各道观自己订立，但其处罚力度却更加严厉，轻则罚跪、丈责、逐出教门，重则火化处死。可见，道教戒律是教内最为严格的制度，戒条的内容都是道教徒必须遵守奉行的伦理规范，当然也是维持教团健康发展的根本保证。

二、道教传统戒律中的伦理思想

道教戒律是为了维护教团内部的稳定与自身的发展，要求道教徒应当遵守的思想原则和行为准则。自古以来，道教戒律就与道德伦理紧密相连，道教戒律中包含着诸多伦理思想和道德规范。卿希泰教授认为：“道教戒律，……在道教建立之后即已产生，随着道教的发展，这种戒律条文也逐步增多和逐渐繁复。在这些戒律条文中，包含了许多伦理道德的内容。”[②] 几乎涉及伦理道德的全部内容。道教历史表明，道教戒律伦理内容非常丰富，并且随着道教在社会历史上的发展和教化过程，对中国传统社会的伦理道德产生了广泛而深远的影响，时至今日仍然具有十分重要的现实意义。道教“净戒牒”称：学道者当首务积善、定念、修德、理身。护持清净，防非止恶。当代社会，道教戒律中的诸多伦理思想，仍然具有很强的道德教化作用，仍然是现代社会道德伦理建设中，不可或缺的宝贵的伦理文化资源。

第一，道教戒律中贵生戒杀的生命伦理。道教是“贵生”的宗教，这是道教最具特色的教义思想与生命伦理。从《道德经》所强调的“摄生”“贵生”和“长生久视”，《庄子》所说的“保生”“全

① 胡孚琛主编：《中国道教大辞典》，中国社会科学出版社，1995 年，第 564 页。
②《道家文化研究》第七辑，上海古籍出版社，1995 年，第 20 页。

生”，到《太平经》主张的“乐生”“贵生”等，始终都贯穿着道教“贵生戒杀”的生命伦理传统。《度人经》提出“仙道贵生，无量度人”[①] 的思想，把道教的“贵生”理念上升到仙道信仰的高度，成为历代道教徒奉道与修仙的目标追求。在传统道教戒律中，形成了诸多“贵生戒杀”的戒律条文，成为道教戒律中非常重要的生命伦理思想。

1. 强调尊重他人生命。道教提出“天地之大德曰生”的生命主张，强调“贵生”“摄生”的生命伦理，要求人们珍惜生命、重视一切生命的存在价值。《三洞众戒文》“五戒”称：“目不贪五色，誓止杀，学长生。”[②]《老君说一百八十戒》第七十九戒：“不得渔猎，伤煞众生。”第一百二十二九戒：“不得妄鞭打六畜。”[③] 还有《太上感应篇》提出：不得“无故杀龟打蛇”[④] 等，都是强调对生命的尊重。《太上洞玄灵宝智慧罪根上品大戒经》称：“当恤死护生，救度戹难，命得其寿，不有夭伤。”[⑤] 这就是说，人应当去抚恤死者，保护生命，救死扶伤，使得一切生命能够终其天年，不至于中途受伤或夭折。老子《道德经》还说“出生入死，生之徒十有三，死之徒十有三，人之生，动之死地亦十有三”。这个世界到处埋伏着凶险，生命随时会受到各种外物内因的威胁与伤害，故应该防范于未然。而善于“摄生”者，自然就“陆行不遇兕虎，入军不被甲兵。兕无所投其角，虎无所措其爪，兵无所容其刃。夫何故？以其无死地”。所谓“摄生”，即养生之道，就是指善于用大道来摄养生命。就自身而言，

---

①《灵宝无量度人上品妙经》卷一，《道藏》第 1 册，5 页。

②《三洞众戒文》，《道藏》3 册，第 399 页。

③《老君说一百八十戒》，《道藏》22 册，第 271、272 页。

④《太上感应篇》卷二十九，《道藏》第 27 册，第 134 页。

⑤《太上洞玄灵宝智慧罪根上品大戒经》，《道藏》第 6 册，第 886 页。

清静冲虚，不为情欲所伤。就外在而言，善待万物，心无伤害之情。道教以“贵生”思想对待生命，尊重他人生命，体现了道教特有的生命伦理。

2. 强调禁止泛杀物命。道教认为，天地万物都是“道”的化身，一切皆含有道性，人们应该尊重“道”所赋予自然界万物的生存权利，反对残害一切生灵。道教传统戒律中就明确规定，反对泛杀物命。《老君二十七戒》明确提出“勿杀生”[①] 的主张，态度坚决，立场坚定。《说十戒》第二戒指出“不得杀生屠害，割截物命”。[②]《受持八戒斋文》强调“不得杀生以自活”。[③]《老君说一百八十戒》告诫人们“不得自杀”，“不得劝人杀”和“不得因恨杀人”。[④] 并明确规定“不得杀伤一切物命”。[⑤] 这些戒条都明确告诫我们，生命是无价的，也是最宝贵的，任何人都不能随意伤害他们，更不能随意剥夺其生存的权利。《杀生七戒》对于“戒杀”的规定更为详尽，共分为七条：“一曰生日不宜杀生，二曰生子不宜杀生，三曰营生不宜杀生，四曰宴客不宜杀生，五曰祭先祖不宜杀生，六曰祈祷不宜杀生，七曰婚礼不宜杀生。”[⑥] 这是劝戒泛杀生的戒条，并指出若人类恣意杀生，一定会广积冤孽，遭来恶报。《太上洞玄灵宝法身制论》还告诉我们“生为大德之主，仁为儒道之宗，慈为福端，杀为罪首，立功树德，莫如去害，故济生之苦，皆由慈心于物”。[⑦] 强调指出残害生命是最大的罪过，要求人们不得残害生灵，要以慈爱之心善待

①《云笈七签》卷三十八，《道藏》第22册，第269页。
②《云笈七签》卷三十八，《道藏》第22册，第264页。
③《云笈七签》卷四十，《道藏》第22册，第281页。
④《云笈七签》卷三十九，《道藏》第22册，第271页。
⑤《云笈七签》卷四十，《道藏》第22册，第270页。
⑥ 胡孚琛主编：《中华道教大辞典》，中国社会科学院出版社，1995年，第569页。
⑦《太上洞玄灵宝法身制论》，《道藏》第6册，921页。

万物。

3. 强调关爱一切众生。在强调戒杀的同时，道教戒律还强调慈心于物，把“慈爱之心”扩大到宇宙万物之中。如《思微定志经十戒》第一戒：“不杀，当念众生”。[①]《三百大戒》第一戒：“不得杀生，蠕动之虫”。[②] 还有“惜诸物命，慈悯不杀”“慈救众生”“慈心于物”等。《初真十戒》第二戒：“不得杀害含生，以充滋味，当行慈惠，以及昆虫”。[③] 还有“慈爱广救”“常行慈心，愿念一切”等戒条，都体现了道教对自然界一切生命的珍爱。《虚皇天尊初真十戒文》称：“夫禽兽旁生，性命同禀，有夫妇之配，有父子之情，有巢穴之居，有饮食之念，爱憎喜惧，何异于人？能怀恻隐之心，不忍杀戮而食，以证慈悲之行，不亦善乎？”[④] 要求学道者有恻隐之心，包括禽兽之命皆不得伤害。《说戒》还引太极真人曰：“学升仙之道，当立千二百善功，终不受报。立功三千，白日登天，皆济人应死之难也。”“立三百善功，可得长存地仙。”还告诫修道者：“常念啸咏洞经，修行大慈，先人后身，扬善化恶，断绝众缘，灭念守虚，心如太玄，为道是求，始谓能言神仙之道也。”[⑤] 道教戒律明确告诉我们，学道修仙，必须从尊重生命、关爱生命开始，从修身养生、健康长生开始，只有善待万物，积德修善，才能达到与道合真的至上境界。

第二，道教戒律中寡欲不争的个人伦理。道教强调寡欲不争，注重个人自身的修持。所谓“寡欲”，就是要减少过多的欲望。老子

---

①《云笈七签》卷三十八，《道藏》第22册，第267页。
②《要修科仪戒律钞》卷六，《道藏》第6册，第947页。
③《云笈七签》卷四十，《道藏》第22册，第278页。
④《虚皇天尊初真十戒文》，《道藏》第3册，第404页。
⑤《云笈七签》卷三十八，《道藏》第22册，第266—267页。

《道德经》强调“见素抱朴，少私寡欲”的思想，成为修道者行为的基本准则。道教将“寡欲”的原则贯穿到修持实践中，制定了许多戒律条文，以节制、减少修道者的世俗欲望。所谓“不争”，则是指顺应天理而不强求的原则。对于修道者来说，不争不仅是一种谦让，而且也是一种高尚的境界。寡欲不争作为道教徒个人的伦理修养，就是要求修道者不慕名利、不为人先和远离物欲，从而达到返朴归真的境界。

1. 强调生命朴素节俭。在修道实践中，要求修道者始终保持慈爱、节俭的生活方式，反对追求奢华或浪费。在传统道教戒律中，就有诸多对修道者生活要求的戒条。比如，在饮食方面的规定。《老君说一百八十戒》第十戒称“不得食大蒜及五辛”。第十五戒“不得以金银器食用”。[①] 修道者认为，“大蒜及五辛”乃天地不正之气所生，食物味重气毒，吃了会伤及五脏六腑，使内心难以平静而影响修炼。同时，还规定不能用金银器具食用，明确反对奢侈的饮食方式。《化胡经十二戒》第一戒：“戒之不饮酒，常当莫念醉，五声味相和，混沌乱正气。”[②] 提出不得饮酒，以免乱了自身的正气。在生活起居方面的戒条规定。《太上老君说一百八十戒》第八十六戒：“不得择好室舍好床卧息”[③]；《受持八戒》第六戒：“不得杂卧高广大床”[④]；《老君二十七戒》第十四戒：“戒勿资身好衣美食”[⑤] ……这些规定明确告诉我们，生活简简单单即可，不得贪多求好，否则会影响自身的福报与修行。《五戒文》则明确指出：“第一戒者，目不

① 《云笈七签》卷三十九，《道藏》第 22 册，第 270 页。
② 《云笈七签》卷三十九，《道藏》第 22 册，第 275 页。
③ 《云笈七签》卷三十九，《道藏》第 22 册，第 272 页。
④ 《云笈七签》卷四十，《道藏》第 22 册，第 281 页。
⑤ 《云笈七签》卷三十九，《道藏》第 22 册，第 269 页。

贪五色，誓止杀，学长生。第二戒者，耳不贪五音，愿闻善，从无惑。第三戒者，鼻不贪五气，用法香，遣俗秽。第四戒者，口不贪五味，习胎息，绝恶言。第五戒者，身不贪五彩，履勤劳，以顺道。”[①] 强调了俭朴生活的修行之道。如此修道，则可以消灾避祸，可以延年益寿。老子告诉我们：在日常生活中要保持“知足常乐”的心态。还说“祸莫大于不知足”。贪得无厌之人，必然会招致灾祸。所谓“知足不辱，知止不殆，可以长久”。[②] 即不过分贪求、懂得适可而止的人，不会遭受耻辱和危险。《道德经》指出：“是以大丈夫处其厚，不处其薄；处其实，不居其华，故去彼取此。”[③] 道教提出俭朴生活，反对浮华与奢侈，认为满足人生活的标准不在于物质的多少，而在于内心的知足与精神的富有。

2. 强调禁止贪恋财物。在道教徒修道实践中，寡欲不争则是修道者的一种人生态度和目标追求，特别是对待财物上不能过于贪婪。《道德经》称：“天之道，其犹张弓乎？高者抑之，下者举之，有余者损之，不足者与之。天之道，损有余而补不足。”[④] 《太平经》指出：“或积财亿万，不肯救穷周急，使人饥寒而死，罪不除也。”[⑤] 这就是说，上天是公正的，也是公平的，对于聚财过多者，要“行仁好施，周穷救急”，切勿独自占有，否则就是违背天道。在传统道教戒律中，就有明确反对贪恋、损坏财物的规定。《初真十戒》第七戒，“不得贪求无厌，积财不散，当行节俭，惠恤贫穷”[⑥]；《老君说

① 《三洞众戒文》卷下，《道藏》第 3 册，第 399 页。
② 《老子道德经古本集注》第 80 页，华东师范大学出版社，2010 年版。
③ 《老子道德经古本集注》第 70 页，华东师范大学出版社，2010 年版。
④ 《道德真经》第 77 章，载《道藏》第 11 册，第 4781 页。
⑤ 《太平经》卷六十七，载《道藏》24 册，447 页。
⑥ 《云笈七签》卷四十，《道藏》第 22 册，第 279 页。

一百八十戒》第二十二戒，“不得贪惜财物”[1]；第一百五戒，“不得积聚财宝，以招凶祸”；[2] 第一百三十八戒，“不得广求宝物”；第一百五十六戒，“常时无事，不得妄受人礼敬”。[3] 同时，道教戒律中，还有用戒条的方式来劝人为善的。《化胡经十二戒》第七戒：“戒之勿悭吝，有物无过惜。富饶当施惠，悭贪后受厄”[4]；《智慧度生上品大诫》第二戒：“见人穷乏，饥寒困急，损身布施，令人富贵，福报万倍，世世欢乐”……[5]这就是说，扶贫帮困、助人为乐一定会有福报的，当然这也是对贪恋财物者的一种告诫。

3. 强调禁止偷盗与浪费。人类社会，无论古今，无论中外，也无论道俗，偷盗、浪费财物总是不能容忍的恶行。《后汉书·张鲁传》称：“诸祭酒各起义舍于路，同之亭传，县置米肉以给行旅。食者量腹取足，过多则鬼能病之。”[6] 早期道教，就明确规定了不能私拿（偷盗）和不能浪费粮食，使仅有的食物能够惠及更多的贫苦民众。在道教戒律中，规定反对偷盗的戒条就很多。比如《化胡经十二戒》第五戒：“戒之勿为盗，见利当莫取。所利为赃罪，贪利更相害。”[7]《老君说一百八十戒》第三戒：“不得盗窃人物。”第五戒：“不得妄取人一钱已上物。”第九戒：“不得邪求一切人物。”[8] 还有第五十二戒：“不得希望人物。”第七十三戒：“不得横求人物。”[9]《说

①《云笈七签》卷三十九，《道藏》第22册，第271页。
②《云笈七签》卷三十九，《道藏》第22册，第272页。
③《云笈七签》卷三十九，《道藏》第22册，第273页。
④《云笈七签》卷三十九，《道藏》第22册，第275页。
⑤《太上洞真智慧上品大诫》，《道藏》第3册，第393页。
⑥《后汉书·张鲁传》，中华书局，2002年，第2435—2436页。
⑦《云笈七签》卷三十九，《道藏》第22册，第275页。
⑧《云笈七签》卷三十九，《道藏》第22册，第270页。
⑨《云笈七签》卷三十九，《道藏》第22册，第271页。

十戒》第七戒："不得欺凌孤贫，夺人财物。"[①]《思微定志经十戒》第三戒："不盗窃非义财。"[②]……《妙林经二十七戒》称："不得盗窃人物，不得妄取人财。"[③]《受持八戒》第三戒为："不得盗他物，以自供给。"[④]《太上感应篇》还明确指出：不得"破人之家，取其财物"[⑤]等。这些规定都是明确反对偷盗的戒律条文，是学道者必须要遵守奉行的行为准则。同时，在道教戒律中，规定反对浪费的戒条也很多。比如《老君说一百八十戒》第六戒："不得妄烧败人一钱已上物。"第七戒："不得以食物掷火中。"[⑥]第一百五十五戒："常时无事，不得多聚会人众，饮食狼藉。"[⑦]《三百大戒》也称"不得金银器食饭，不得死厚葬体骨"[⑧]。这些戒律强调不能随意浪费财物，要珍惜资源，节约资源。因为，人类的资源是有限的，建设资源节约型社会，就是要倡导资源节约型的消费方式，以资源节约型的产品满足人民群众的基本生活需要。

第三，道教戒律中孝敬友爱的家庭伦理。家庭是人类社会出现较早的社会组织形式之一，随着家庭的产生，逐渐形成了家庭伦理。家庭生活与社会生活紧密相连，正确对待和处理家庭问题，不仅关系到家庭的美满幸福，也有利于社会的安定和谐。中国传统社会中，历来就十分重视家庭伦理建设，形成了诸多家庭伦理思想。道教在吸收传统家庭伦理的基础上，从道教修炼的角度出发，对传统家庭

①《云笈七签》卷三十八，《道藏》第22册，第264页。
②《云笈七签》卷三十八，《道藏》第22册，第268页。
③《云笈七签》卷三十八，《道藏》第22册，第269页。
④《云笈七签》卷四十，《道藏》第22册，第281页。
⑤《太上感应篇》卷一十八，《道藏》第27册，第83页。
⑥《云笈七签》卷三十九，《道藏》第22册，第270页。
⑦《云笈七签》卷三十九，《道藏》第22册，第273页。
⑧《要修科仪戒律钞》卷六，《道藏》第6册，第947页。

伦理道德作出了合乎道教教义思想的阐述，形成道教所特有的家庭伦理思想。

1. 强调个人品德修养。家庭伦理，最讲究的就是家庭成员个人的品德修养，规范着家庭成员之间的各种不同的道德义务，对于建立美满幸福的家庭起着极其重要的作用。《道德经》称："上善若水，水善利万物而不争，处众人之所恶，故几于道。"[①] 这就是说，上善的人就像水，水善于使万物获益而不与之相争，总是处于大家厌恶的地方，所以最近于道。在这里，老子以"水"来作比喻，要求修道者以"水"的品德为榜样，在持戒修行中不断提升自身的内在修养。《道德经》还称："我有三宝，持而保之。一曰慈，二曰俭，三曰不敢为天下先。"[②] 这是修道者的三件法宝，仁慈所以能勇敢，节俭所以能裕广，不敢争作天下之先，所以能成为万物之长。这里的"不敢为天下先"就是"不争"，明确指出了修道者必须具有高尚的品德修养。与之相对应的，这些要求在道教戒律中也很多，内容也很丰富。《修斋十戒》第三戒："守真让义，不淫不盗，常行善念，损己济物。"第四戒："不色不欲，心无放荡，贞洁守慎，行无玷污。"[③]《思微定志经十戒》称"见人善事，心助欢喜""见人有忧，助为作福"[④]；《太上洞真智慧上品大诫》称"不得妒人胜己，争竞功名，每事逊让，退身度人"[⑤]。这些戒条的规定，内容清晰，目标明确，都是修道者应该具备的品德修养。同时，道教戒条还从反面进行规劝。《说百病》称"忘义取利是一病""好色坏德是一病"。[⑥]《三

① 安伦：《老子指真》，社会科学文献出版社，2016 年，第 22 页。
② 安伦：《老子指真》，第 66 页。
③《云笈七签》卷三十九，《道藏》第 22 册，第 275 页。
④《云笈七签》卷三十八，《道藏》第 22 册，第 268 页。
⑤《太上洞真智慧上品大诫》，《道藏》第 3 册，第 391 页。
⑥《云笈七签》卷四十，《道藏》第 22 册，第 277 页。

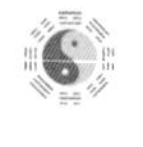

百大戒》称“不得口善心坏，阴恶”①，指出持戒修行的重要性，对于违戒者也给与了严厉的警告。

2. 强调孝敬父母长辈。家庭是由夫妇、父母、子女、兄弟、姐妹等姻亲和血缘关系所组成的一个共同生活体。在家庭伦理中，最重要的核心伦理就是孝敬父母长辈。道教提倡“善报天地，忠报国家，孝报父母，义报师长”。《太平经》称“父母者，生之根也”“不孝而为道者，乃无一人得上天者也”，这都强调了孝道的重要性。净明道的宗旨就是“净明忠孝”，把“孝道”作为修道者内心的一种境界，成为道教徒必须遵守奉行的行为准则。在道教传统戒律中，明确规定要孝敬父母长辈，这是人类社会的重要责任。《说十戒》第一戒：“不得违戾父母、师长，反逆不孝。”② 《妙林经二十七戒》称“不得慢老欺人”③；《老君说一百八十戒》第五十四戒为“不得评论师长”；第五十七戒为“不得慢老人”④；第一百二戒为“不得欺诬老人”⑤；第一百四十六戒为“不得欺父母，罔君师”⑥。《妙林经二十七戒》还有“不得慢老欺人”⑦。这些戒律规定明确告诉我们，在共同的家庭成员中，不仅要供养父母长辈，而且还要尊敬父母长辈，使他们晚年生活幸福。现代社会中，我们要大力倡导“尊老、敬老”的优良传统，子女应该尊敬、关心、体谅父母、长辈，以尽子女的孝敬之心。当然，作为父母、长辈也要为人师表，言传身教，努力用正确的世界观、人生观去教育子女，共同营造美满幸福、和睦的

---

① 《要修科仪戒律钞》卷六，《道藏》第 6 册，第 947 页。
② 《云笈七签》卷三十八，《道藏》第 22 册，第 265 页。
③ 《云笈七签》卷三十八，《道藏》第 22 册，第 269 页。
④ 《云笈七签》卷三十九，《道藏》第 22 册，第 271 页。
⑤ 《云笈七签》卷三十九，《道藏》第 22 册，第 272 页。
⑥ 《云笈七签》卷三十九，《道藏》第 22 册，第 273 页。
⑦ 《妙林经二十七戒》，《道藏》第 18 册，227 页。

大家庭。

3. 强调尊重妇女儿童。道教是世界上最珍视生命、最尊重女性的宗教。老子认为，女性是万物之始、之根源所在。正是由于女性的特殊的生殖作用，才使得人类得以繁衍生息。《道德经》言："谷神不死，是谓玄牝，玄牝之门，是谓天地根。"[①] 这就是说，生养之神（道）是永恒长存的，可以称为玄奥的母性。玄奥母性的生育之门，被称为天地的根源。强调了女性的阴柔之美，以及对女性的高度重视。同样，道教对于儿童也是给予很多关注。《道德经》称："知其雄，守其雌，为天下谿。为天下谿，常德不离，复归于婴儿。"[②] 指出儿童的天性就无忧无虑，任何人都不要人为去干涉他们，要任其自然健康快乐成长。在道教传统戒律中，就有许多保护妇女的戒条。比如，《老君说一百八十戒》第二戒为"不得淫他妇人"[③]；第二十八戒是"不得破人婚姻事"；第六十戒是"不得持威势凌人"[④]；第九十九戒是"不得穿人家壁，窥看人家内妇女"[⑤]。《说十戒》第四戒是"不得淫乱骨肉、姑姨姊妹及他妇女"[⑥]；《思微定志经十戒》第二戒是"不淫犯人妇"[⑦]。这些戒条都明确提出对妇女的尊重和保护，是道教十分宝贵的优良传统。另外，在道教传统戒律中，还有保护儿童的戒条。比如《太上感应篇》称："矜孤恤寡，敬老怀幼."这里的"幼"就是指儿童。所谓"敬老怀幼"，就是指尊敬老人，使他们得到尊养和安宁；爱护年幼的孩子，使他们得到抚育和

① 安伦：《老子指真》，第 21 页。
② 安伦：《老子指真》，第 39 页。
③《云笈七签》卷三十九，《道藏》第 22 册，第 270 页。
④《云笈七签》卷三十九，《道藏》第 22 册，第 271 页。
⑤《云笈七签》卷三十九，《道藏》第 22 册，第 272 页。
⑥《云笈七签》卷三十八，《道藏》第 22 册，第 264 页。
⑦《云笈七签》卷三十八，《道藏》第 22 册，第 267 页。

保护。《文昌帝君阴骘文》称“和睦夫妇，教训子孙”，就是倡导夫妻之间要相敬如宾，以身作则教导子孙。《老君说一百八十戒》第十三戒说“不得以药落去子”①，要求从源头上保护好儿童，不让其无故夭折。现代社会中，尊重妇女、保护儿童是社会文明进步的标志，关系到社会和谐、人类延续与民族未来的发展问题。

第四，道教戒律中诚实守信的社会伦理。诚实守信是中国社会的一种传统美德。所谓“诚实”，即忠诚老实，就是忠于事物的本来面貌，不说谎，不作假，不欺瞒别人。所谓“守信”，就是讲信用，讲信誉，信守承诺。道教以诚信教化民众，以“忠孝诚信”为天下大事。《太平经》称：“夫天道不欺人也，常当务至诚”。② 天地之道，自然无私，真实无妄，实实在在。在长期的历史发展进程中，道教的诚信思想又通过诸多戒律条文进行规范，赋予了道教的神学思想内容，形成道教特有的诚信伦理，成为社会伦理思想的重要内容。

1. 强调禁止妄言绮语。所谓“妄言”，是指无中生有之话语，说话不算数，说大话根本不能实现。现实社会中，那些欺上瞒下、坑蒙拐骗的行为都是妄言所为。所谓“绮语”，是指淫意不正之言词。绮语的范围很广，凡是令人邪思这类的言语，都属于绮语。在“七恶”中，就包括“妄言”和“绮语”。历代以来，妄言绮语都是危害社会的一颗毒瘤，更是遭人鄙视的。在道教传统戒律中，就有“戒妄言绮语”的规定。《老君说一百八十戒》第二十三戒称“不得妄言绮语，隔戾嫉妒”③，就是明确禁止妄言绮语的，要求学道之人切记。《太上老君戒经》称“戒妄语者，若不闻不见，非心所了，而向人

① 《云笈七签》卷三十九，《道藏》第 22 册，第 270 页。
② 《太平经》卷一百十七卷，《道藏》24 册，第 591 页。
③ 《云笈七签》卷三十九，《道藏》第 22 册，第 271 页。

说，皆为妄语”[1]，这就是说，凡不是自己亲自见闻确认无误的事情，就不能随便乱说，更不能胡说八道。《太霄琅书十善十恶》称：“一者妄言，二者绮语，三者两舌，四者骂詈，此四口恶。”[2] 把“妄言”“绮语”皆归为口恶，要求修道者不得犯戒。《虚皇天尊初真十戒文》称：“盖诚为入道之门。语者，心之声也。语之妄，由心之不诚也。心既不诚而谓之道，是谓背道求道，无由是处。”[3]《老君五戒》第三戒为“不得口是心非”；《积功归根》第五戒是“不得妄语”；《太上洞真智慧上品大诫》更称“口无恶言，言无华绮，内外中直，不犯口过”；[4]《受持八戒》第四戒也是“不得妄语以为能”[5]；《化胡经十二戒》第四戒亦是“戒之勿欺诈，言当有成契，欺人为自欺，华词为负誓”[6]；还有“不得妄言绮语”“不得两舌邪佞”“不得好言人恶”“不得言人隐私”；等等。所有这些，都是道教戒律的严格规定。所以，一言一行，都要出之谨慎，慎之又慎。如果一定要说，一定要“实言”“直语”“诚实”，行十四持身之戒。这就是道教戒律中的诚信思想，长期以来，一直成为道门中遵守奉行的行为准则，对于社会中那些“妄言绮语”之人，也是一个严厉的告诫。

2. 强调禁止嫉妒诽谤。现代社会中，嫉妒、诽谤，都是人类身心不健康的表现。其中，嫉妒是一种消极的、负面的情绪体验和行为表现，主要是由于别人胜过自己而引起抵触的消极情绪，它是含有憎恨成分的激烈感情。诽谤是指以不实之词毁人、冤枉、进谏，其社会危害性极大。为此，我国现行法律就设有“诽谤罪”，对于以

---

① 《太上老君戒经》《道藏》第18册，第203页。
② 《云笈七签》卷三十八，《道藏》第22册，第267页。
③ 《虚皇天尊初真十戒文》《道藏》第3册，第405页。
④ 《太上洞真智慧上品大诫玄》，《道藏》第3册，第391页。
⑤ 《云笈七签》卷四十，《道藏》第22册，第281页。
⑥ 《云笈七签》卷三十九，《道藏》第22册，第275页。

暴力或者其他方法公然侮辱他人或者捏造事实诽谤他人，要追究法律责任。在传统道教戒律中，就有明确反对嫉妒、诽谤的规定。《要修科仪戒律钞》卷一就以贪欲、嫉妒、诽谤三者为不畏之事。经称："末世人民有三可畏，宜善详焉。一者道义嫉妒可畏，二者诽谤可畏，三者贪欲可畏。"① 道经以杀害、嫉妒、淫、盗、贪欲、憎媢为学仙六忌。关于嫉妒、诽谤的戒条也很多。《妙林经二十七戒》说"不得呰毁谤人，不得两舌邪佞，不得评人长短"②，强调不得毁谤他人，这是不道德的行为，当然也是有损自己福报的行为。还有，如"孝敬柔和，慎言不妒""不得嫉妒胜己，抑绝贤明""不得诽谤他人，毁攻同学""不得谗败贤良，露才扬己，当称人美善，不自伐其功能""心不恶妒，无生阴贼，缄口慎过，想念在法""不得嫉人胜己""无嫉无害，无恶无妒""不得訾毁谤人"等。可见，道教的戒嫉妒和戒诽谤，就是要求人们以诚心待人。诚即见人之得如同自己所得，见人之失如同自己所失，不嫉妒，不中伤，不欺骗，不背后议论人之长短，不口是心非，所有这些都是当代社会应该加以提倡的。

3. 强调禁止搬弄是非。搬弄是非是一个人心理不健康的表现，当然也是一种扭曲的、畸形的病态。所谓"搬弄是非"，就是指把别人的话传来传去，有意挑拨，或在背后乱加议论，引起纠纷。因此，搬弄是非的后果往往是很严重的，甚至是一种"无血杀人"的攻击行为。这种不道德的行为，自然会受到社会的谴责。历代以来，在道教戒律中是明确反对的。如《老君说一百八十戒》第二十八戒为"不得破人婚姻事"；第二十九戒是"不得持人长短，更相嫌恨"；第

①《要修科仪戒律钞》卷一，《道藏》第6册，922页。
②《云笈七签》卷三十八，《道藏》第22册，第269页。

三十一戒是“不得言人恶事，猜疑百端”；第三十二戒为“不得言人阴私”；第八十戒是“不得淫泆佗妇，别离夫妻”[①]；第八十五戒是“不得败人成功，言是己德”；第一百十一戒是“不得多言弄口舌”。[②]这些戒条对“搬弄是非”的言行都是明确禁止的，尤其是不得背后挑拨离间，更不得做毁人婚姻之事，如有违反，必遭天谴。还有，《初真十戒》第四戒是“不得败人成功，离人骨肉，以道助物，令九族雍和”[③]；《三百大戒》包含“不得泄人阴恶私鄙”“不得说人祖父过恶”[④] “不得评论师友，才思长短” “不得劝人谋叛君长师父”[⑤] ……可见，道教的戒律明确规定道教徒，必须要持守清净之道，去除私欲杂念，要心胸坦荡，正直做人。在与他人交往中，要严格要求自己的言谈举止，严禁搬弄是非或造谣中伤他人。这种社会道德伦理，对于促进人与人、人与社会之间的和谐，仍然具有十分重要的现实意义。

第五，道教戒律中关爱自然的生态伦理。生态伦理就是人们对生命存在与生态环境关系的道德观念、基本规范和道德实践。道教以“仙道贵生”为理论基础，尊重自然，关爱自然，重视生命的喜乐、宁静、恬淡、朴素和心灵的充实，关注自我与自然的协调，倡导顺应自然之道，强调“自然之道不可违”的生态理念，积累了诸多充满智慧的生态伦理。在传统道教戒律中，就有强调敬畏自然生态、顺应自然生态和保护自然生态的戒条，与今天生态伦理学的理论思维是相契合的。因此，我们要深入发掘研究、大力弘扬道教生

---

① 《云笈七签》卷三十九，《道藏》第 22 册，第 271 页。
② 《云笈七签》卷三十九，《道藏》第 22 册，第 272 页。
③ 《云笈七签》卷四十，《道藏》第 22 册，第 278—279 页。
④ 《要修科仪戒律钞》卷六，《道藏》第 6 册，第 947—948 页。
⑤ 《要修科仪戒律钞》卷六，《道藏》第 6 册，第 948 页。

态伦理，为化解生态危机和促进现代生态文明建设发挥积极作用。

1. 强调敬畏自然生态。道教提出“道法自然”的生态思想，认为大自然是一切生命赖以生存的家园，我们人类和人类社会赖以生存的自然环境都是自然的造化，自然环境本身就是一种生命体，人类没有权利也不应该对自然进行改造或者征服，更不应该对自然环境进行随意破坏。道教传统戒律中关于对自然生态的敬畏，主要是从信仰角度来进行规定的。如《老君说一百八十戒》第七十二戒是“不得舌吐向天”；第七十八戒为“不得上知星文，卜相天时”；第一百二十一戒是“不得轻妄入江河中浴”；第一百六十五戒是“凡天时灾变，水旱不调，不得患厌及其评议”①。《三百大戒》也包括了“不得妄说天时，指论星宿”②“不得占知世间吉凶”“不得裸形三光，妄呵风雨”等。③《玉清经本起十戒》则有“不得裸露三光”。④《中级三百大戒》第五十九戒是“不得向北小便”；第一百六十戒是“不得妄诃风雨”。《太极真人说二十四门戒经》第十七戒是“不得裸形露体于天地日月星辰之下。犯者过去，受铁锥刺身地狱罪”。⑤这些规戒条文，都明确告诉我们，大自然是神圣而伟大的，他孕育了一切生命，成为伟大的母亲，我们人类应该尊重、呵护与敬畏，切不可轻视与伤害，否则就会遭到惩罚。《太上感应篇》告诫世人“昆虫草木，犹不可伤”⑥，还说不得“呵风骂雨”，不得“夜起裸露”，不得“对北涕唾及溺”，不得“唾流星，指虹霓，辄指三光，久视日月”⑦

① 《云笈七签》卷三十九，《道藏》第22册，第271—273页。
② 《要修科仪戒律钞》卷六，《道藏》第6册，第947页。
③ 《要修科仪戒律钞》卷六，《道藏》第6册，第948页。
④ 《玉清经本起十戒》，《道藏》第22册，264页。
⑤ 《太极真人说二十四门戒经》《道藏》第3册，第413页。
⑥ 《太上感应篇》卷三，《道藏》第27册，第19页。
⑦ 《太上感应篇》卷三，《道藏》第27册，第131—132页。

等，这些都体现了道教对自然的无比敬畏。可见，道教对自然的敬畏是一种发自内心的自觉，体现在生活的各个方面，成为道教徒奉行的生活准则。这种敬畏自然的生态伦理，对于促进现代人类尊重自然、关爱自然有着积极的现实意义。

2. 强调顺应自然生态。道教认为，自然界一切众生都是平等的，应当各守其道，顺应自然，不应该互相侵扰。《度人经》说：仙道贵生，一切有情无情，皆是大道演化，只有品类不同，没有贵贱之分。生命是自然赠与人类的礼物，因为有了各种各样的动物和植物，地球才显得生机盎然。历代以来，道教从顺应自然出发，提倡要尊重自然万物，关爱自然界一切生命。这种伦理思想在道教戒律中的反映就是反对惊吓、虐待动物。《老君说一百八十戒》第四十九戒是“不得以足踏六畜”；第七十九戒是“不得渔猎，伤煞众生”[1]；第九十五戒是“不得冬天发掘地中蛰藏虫物”；第九十七戒是“不得妄上树探巢破卵”；第九十八戒为“不得笼罩鸟兽”[2]；第一百三十二戒是“不得惊鸟兽”；第一百二十九戒是“不得妄鞭打六畜群众”；第一百七十三戒是“若见杀禽畜命者，不得食”；第一百七十六戒是“不得绝断众生六畜之命”[3] ……这些都表达了道教尊重动物、关爱动物的慈爱情怀。从道教贵生的思想来看，一切有形生命都是平等的，都有自然生存、生长的权利，也应该得到人类的尊重与保护，这样才是顺应天道自然的法则。同样，《中级三百大戒》中也有同类型的戒律条文。其中，第六十四戒是“不得惊散栖伏”；第一百七十戒是“不得惊惧鸟兽，促致穷地”；第三十四戒是“不得鞭打六畜”；第三十五戒是“不得有心践踏虫蚁”……这些戒条同样表达了道教对于

---

① 《云笈七签》卷三十九，《道藏》第22册，第271页。
② 《云笈七签》卷三十九，《道藏》第22册，第272页。
③ 《云笈七签》卷三十九，《道藏》第22册，第274页。

生命的关爱，是人类社会必须遵守奉行的伦理规范。还有，《太上感应篇》也明确指出，不得“射飞逐走，发蛰惊栖，填穴覆巢，伤胎破卵”。[①] 这就是说，凡是对于动物的惊吓或伤害，都是道教戒律所不允许的。这些戒律伦理，自然有利于对自然界动物生命的关爱，促进社会生态文明的进步，当然也是人类社会顺应自然的功德善举。

3. 强调保护自然生态。道教是“贵生”的宗教，追求长生久视，乃至于得道成仙，不把希望托付给彼岸和未来，所以特别关照这个与人朝夕相处的自然世界，从而形成了道教特有的生态伦理思想。“道教的道法自然、贵人重生、返朴归真、少私寡欲、无为而治、贵柔守雌、形神俱妙、贵生戒杀的思想，对于现代人回复真性、尊重个体、自觉树立环保意识、选择合理的消费模式，以促进人类社会的可持续发展，都具有重要的现实意义”。[②] 在关爱自然生态方面，道教表现出强烈的社会责任与担当意识。《老君说一百八十戒》第十八戒是“不得妄伐树木”；第十九戒是“不得妄摘草花”[③]；第三十六戒是“不得以毒药投渊池江海中”；第四十七戒是“不得妄凿地，毁山川”；第五十三戒是“不得竭水泽”[④]；第一百戒是“不得以秽污之物投井中”；第一百一戒是“不得塞池井”；第一百十六戒是“不得便溺生草上及人所食之水中”[⑤] ……这些戒律明确规定，不能随意破坏树立、花草，更不能破坏人类赖以生存的水资源，甚至连大自然中的小草都不能伤害。这种保护自然的生态伦理思想，强调从细微处入手，从保护自然植物开始，进而保护自然生态环境，体现了道

① 《太上感应篇》卷十二，《道藏》的 12 册，第 59 页。
② 陈霞主编：《道教生态思想研究》，巴蜀书社，2020 年，第 5 页。
③ 《云笈七签》卷三十九，《道藏》第 22 册，第 270 页。
④ 《云笈七签》卷三十九，《道藏》第 22 册，第 271 页。
⑤ 《云笈七签》卷三十九，《道藏》第 22 册，第 272 页。

教传统生态文化的普世价值。同时，《妙林经二十八戒》也包括“不得烧野山林”[1]。《三百大戒》更有“不得以大火烧田野山林；不得无故摘众草之花；不得无故伐树林”[2] 等律条，这些都是道教关爱自然、保护自然生态的行为举措。还有《太极真人说二十四门戒经》第十八戒规定不得攀摘花果，损折园林，秽污观舍。犯者过去，受吞铁丸地狱罪。[3] 这种保护自然生态的戒律条文，从信仰角度告诫人们不能违背，否则就要遭到神灵的严厉惩罚，这对于现代社会中破坏自然生态环境的行为敲响了生命的警钟。

综上所述，通过对上述道教戒律的伦理思想和道德规范的认识和分析，我们从中看到的不只是道教的清规戒律，而且看到道教文化在追求人与人之间、人与社会之间和人与自然之间的和谐所作出的思考与努力。道教戒律中所蕴含的诸多伦理思想，其立论宗旨都是劝人为善与教化之道，这正是现代社会伦理道德建设中不可缺失的重要内容。道教戒律以社会法律与道德为基础，同时又高于法律与道德，对于促进社会稳定、端正社会风气和规范民众言行，皆具有十分重要的积极作用。因此，当代道教，必须要大力弘扬道教戒律中的伦理思想，从中挖掘和提炼具有普世价值的思想，使古老的道教伦理智慧重放光彩，在当代社会中继续发挥出应有的时代价值。

---

① 《云笈七签》卷三十八，《道藏》第 22 册，第 269 页。
② 《要修科仪戒律钞》卷六，《道藏》第 6 册，第 947 页。
③ 《太极真人说二十四门戒经》《道藏》第 9 册，第 413—414 页。

道教伦理思想的法治精神

王群韬*

摘　要: 道教作为中国土生土长的传统宗教，根植于中华传统思想文化的深厚土壤，在长期的发展过程中形成了特色鲜明、内涵丰富的伦理思想，其中许多伦理思想观念及作为其条文形态呈现的相关戒律内容中蕴含着丰富而深刻的法治精神，充分彰显了道教思想精华与优秀文化品质。重新审视、全面理解和积极阐扬道教伦理思想的法治精神，对于传承中华优秀传统文化、培育和践行社会主义核心价值观、增强中华民族的"文化自信"都具有重要的理论价值与现实意义。本文尝试从思想渊源、主要内涵、当代价值三个方面对道教伦理思想的法治精神展开具体的考察和研究。

关键词: 道教；道家；伦理思想；法治精神

道教是中国土生土长的传统宗教，根植于中华传统思想文化的深厚土壤，其伦理思想在长期发展过程中形成了鲜明的特色和丰富的内涵。丁常云道长指出：道教的道德伦理思想是在中华民族传统道

* 王群韬，上海社会科学院宗教研究所助理研究员，哲学博士，致力于中国宗教与传统文化研究。

德和世俗伦理的基础上逐步形成和发展起来的，集中体现在对于“尊道贵德”的倡导和对于“行善积德”的规劝，并且包含着诸多法治思想。[①] 笔者认为，道教在发展过程中形成的许多伦理思想观念及相关戒律内容中蕴含着丰富而深刻的法治精神，这与我们当前所倡导的社会主义核心价值观相契合，对于当代中国社会伦理建设和中华民族“文化自信”的重塑具有重要的理论价值与积极的现实意义。

纵观以往学界关于道教伦理思想的研究，大多是从“尊道贵德”“和谐包容”“处下谦让”“慈爱万物”“贵生重生”“无量度人”等方面进行探析与阐发，而对于道教伦理思想中蕴含的法治精神则尚未展开充分的研究。因此，关于道教伦理思想的法治精神及其当代价值的研究还有待进一步深入。本文尝试从思想渊源、主要内涵、当代价值三个方面对道教伦理思想的法治精神展开具体考察和研究。

一、思想渊源：早期道家哲学的“道—法”互动逻辑

据现有史料文献来看，道教伦理思想中法治精神的思想渊源最早可以追溯至先秦时期的道家哲学。在道家思想创始人老子所著的《道德经》中，“道”是宇宙万物的根本规律与普遍准则，人类社会的一切行为活动必须遵循和符合“道”这一根本性、普遍性的法则。例如，《道德经》第二十五章说：“人法地，地法天，天法道，道法自然。”这就是说，人类的行为最终以“道”作为根本法则。在早期道家哲学中，“德”是与“道”相对应的另一个核心概念，是“道”本质内涵在人类社会的具体体现。“法”的属性和作用取决于其与“道”“德”的联系：由于“道”在根本上包含着“生而不有、为而不

① 丁常云：《道教践行社会主义核心价值观的责任与使命》，《中国道教》2016 年第 1 期，第 35 页。

恃、长而不宰”之“玄德”（《道德经》第十章），具有公正无私、公平不偏等特性；因而能够维持人类社会良好秩序的法律、政令，在本质上应当与“道”“德”相符合，否则就会出现“法物滋彰，盗贼多有”（《道德经》第五十七章）的失序局面。由此来看，在老子《道德经》的部分思想内容中已经蕴含着“道—法”互动的逻辑架构。

源自战国时期齐国稷下学宫、兴盛于西汉初年的黄老道家，主要以老子哲学思想为基础、寓托于黄帝来主张政治社会改革，积极借鉴和吸收儒、法、名等家思想理论资源，进一步发展和深化了“道—法”互动的内在逻辑。并且，黄老道家哲学体系中的“道—法”互动逻辑具有突出的“道法结合”特征。有学者研究认为：“稷下黄老学派开辟了道法结合这条新路。”① 具体而言，黄老道家突出体现了以道家哲学思想为本位，将“道”与“法”相结合，在遵循“道”作为根本规律的同时，确立了“法”作为人类社会活动的基本准则。

黄老道家留存至今的经典文献主要有《黄帝四经》《管子》等。其中，《黄帝四经》包括《经法》《十大经》《道原》《称》四卷，详细阐述了“道”与“法”的内在关系。《经法》中说：“道生法。法者，引得失以绳，而明曲直者也。”② 这里明确提出了“道生法”的核心命题，把“道”作为“法”产生的哲学基础和深层根源，认为“法”是“道”在人类社会的延伸范畴，具有与“道”直接相通的本质特性，因而可以作为世间君主治国理政的重要依据。《称》中也

---

① 白奚：《稷下学研究——中国古代的思想自由与百家争鸣》，生活·读书·新知三联书店，1998年，第96页。

② 陈鼓应注译：《黄帝四经今注今译——马王堆汉墓出土帛书》，商务印书馆，2007年，第2页。

说："法度者，正之治也；而以法度治者，不可乱也。""有成法可以正民，案法而治则不乱。"《管子·心术》也说："事督乎法，法出乎权，权出乎道。"① 这里实际上也内在地蕴含了一种"道—法"结合的哲学逻辑。《管子·任法》又说："法者，天下之至道也。"由此可知，"法"作为"道"在人类社会的最高表现形式，可以作为人们普遍的行为规范和是非准则，即在社会领域中最高形式的"道"。并且，在实际应用层面，以具体条文和明确标准呈现的"法"比无形的本体"道"更易于把握和操作，可以作为君主治国理政之统一依据。《管子·明法》中说："威不两错，政不二门，以法治国，则举错而已。"②

据此来看，以"道生法"的哲学思想为基础，黄老道家建立起一个"道法同源""以法治国"的理论模式："道"与"法"在本质上是相通的，"道"的根本性、普遍性、公正性成为"法"的内在规定性；"法"作为"道"在社会政治、伦理道德领域延伸和具体化的法则、标准范畴，具有衡量功过得失、审明是非曲直的实用性、可操作性意义。由此，早期道家哲学思想中蕴含的"道—法"互动逻辑，成为后世道教伦理思想法治精神的一个重要的理论生长点。

二、主要内涵：道教信仰理论及戒律蕴含的法治观念

道教伦理思想的法治精神，其主要内涵一般是通过道教信仰理论及相关戒律蕴含的法治观念得以呈现的，特别是道教教团内部规范、约束、引导信徒行为举止的戒律，其规则性、约束性的内涵与法治精神密切相关。接下来，笔者围绕道教信仰理论和道教戒律所

① 黎翔凤撰、梁运华整理：《管子校注》，中华书局，2004 年。
② 黎翔凤撰、梁运华整理：《管子校注》，中华书局，2004 年。

蕴含的法治观念进行阐析。

(一) 道教信仰理论蕴含的法治观念

道教信仰理论蕴含的法治观念，主要体现在《太平经》这部经典文献中。《太平经》是道教尊奉的一部主要经典，大约成书于东汉时期，在本体论及伦理思想上融合了早期道家哲学的核心概念“道”“德”和儒家哲学思想的核心概念“仁”，并将“道”“德”“仁”分别对应于天、地、人“三统”，作为天统、地统、人统所应遵循的根本法则。《太平经》认为，人处在宇宙世界之中，本就自然地有“法”作为其行为规则：“故夫天地治人，悉自有法尺寸”[①] 又指出：“皇天自有常法，为人君上者，当象天而行。乃以道、德、仁为行三统。”并且，“道”“德”“仁”在《太平经》中有时也被称为“天法”“天之格法”，以示其具有绝对的权威性与普遍的适用性。“人君之法，常当求与仁者同家，有心者为治。”这就是说，天有常法，世间君主治国，应当以“天”“天法”为准则，并结合“道”“德”“仁”作为共同根据，不违背“道”“德”“仁”的本质内涵。换言之，道、德、仁为人类社会的实在法提供了正当性理据，只有符合“道”“德”“仁”的法律才能称得上良法。[②]

在具体的治国实践层面，《太平经》认为，君主为政当遵循“道”“法”“度”“数”。“故古君王善为政者，以腹中始起，真能用道，治自得矣。动不失其法、度、数，万物自理。”[③] 并且，“法”的运用是以教化、引导民众向善为目的。《太平经》中说：“夫天治法，

---

① 王明:《太平经合校》，中华书局，1960 年，第 250 页。
② 王谋寅:《〈太平经〉》法哲学思想研究》，《社会科学研究》2016 年第 6 期，第 149 页。
③ 王明:《太平经合校》，中华书局，1960 年，第 253 页。

化人为善。”① “君国子民，当为教道，导其善恶。”② 这就是说，治国之道，在于以道德化民，导民向善，“法”的运用，最终目的也是为了劝善止恶。据此可知，《太平经》蕴含的法治观念具有积极的道德伦理内涵，体现了法治精神与德治精神的统一。

在实施法律和使用刑罚的过程中，《太平经》主张应按照“刑从其刑”“罪刑相当”的原则，根据罪行的大小决定刑罚的轻重，轻罪轻罚，重罪重罚。“比若明王考人过责，非肯即杀之也。犹当随其罪大小诣狱，大罪大狱，小罪小狱治之。使其人服，自知乃死，不恨而无言也。”③ “无夭人命，绝人世类，刑从其刑，数见贤智，以为首尾。”④ 这种“刑从其刑”“罪刑相当”的原则，体现了公正、公平的观念内涵。

由此可见，以《太平经》为经典文本，早期道教信仰理论体系的构建过程中，继承了黄老道家的思想传统，对“法”的重要性给予了充分关注和强调，并且，其中蕴含的法治观念与积极的伦理思想内涵、社会价值是紧密联系的，由此也使“法”的观念构成了后世道教信仰理论体系的重要内容。

（二）道教戒律蕴含的法治观念

道教戒律是道教伦理思想以条文形式得以呈现和产生作用的重要载体。按照具体类型与功能特征，道教戒律可以分为“科”“戒”（诫）、“律”“清规”等不同形式，对道士和道教信众的思想信仰、日常生活、斋醮科仪、修行炼养等诸多方面都进行了详尽的规定。在警戒、约束的伦理规范意义上，通常也将各种“科”“戒”（诫）、

① 王明：《太平经合校》，第 253 页。
② 王明：《太平经合校》，第 568 页。
③ 王明：《太平经合校》，第 663 页。
④ 王明：《太平经合校》，第 568 页。

“律”“清规”统称为“戒律”。胡孚琛先生在《中华道教大辞典》中对“戒律”的定义和解释是：“戒是约束道士言行、防止‘恶心邪欲’‘乖言戾行’的规戒，戒是戒条，主要以防范为目的。……律是律文，主要以惩罚为手段。律文是根据戒条而建立的。”[①]《道教大辞典》对“道教戒律”的定义是：“道教戒律是教团为了自身的巩固和发展，要求信仰者应当遵守的思想原则和行为准则。”[②]

道教戒律体系的形成与发展，经历了一个漫长的历史过程。早在东汉时期，五斗米道即有“教以诚信、不欺诈，有病，自首其过”，“有小过者，当治道百步，则罪除”，“又依《月令》，春夏禁杀，又禁酒”等具有伦理规范意义的基本行为准则。[③] 同一时期的《道德尊经想尔戒》（亦称《老君想尔戒》）中明确规定：“行无为，行柔弱，行守雌，勿先动，此上最三行；行无名，行清静，行诸善，此中最三行；行无欲，行知止足，行推让，此下最三行。”[④] 这些内容包含了道教无为清静、处下不争等伦理思想的基本观念，可以视为道教最早的戒律条文。

南北朝时期，寇谦之增订道教戒律，以儒家伦理规范来约束道教信徒，陆修静也强调道教信徒应严守戒律。此后，道教各派戒律基本上已形成，如天师道奉持的《女青鬼律》《老君说一百八十戒》《老君音诵诫经》《玄都律》等；上清派奉持的《太上九真明科》《太真科》《太真玉帝四极明科经》《上清洞真智慧观身大戒文》等；灵宝派的《太上洞玄灵宝智慧罪根上品大戒经》《洞玄灵宝长夜之府九幽玉匮明真科》《太上洞玄灵宝三元品戒功德轻重经》《太上洞玄灵

① 《中华道教大辞典》，中国社会科学出版社，1995 年，第 564 页。
② 《道教大辞典》，华夏出版社，1994 年，第 517 页。
③ 《三国志·魏书·张鲁传》及注引《典略》，中华书局，2000 年，第 197—198 页。
④ 《太上老君经律》，《中华道藏》第 8 册，第 581 页。

宝智慧本愿大戒上品经》等。[1]

至唐代，道教戒律进一步系统化，关于道教戒律的经典数量剧增，并对前代戒律进行了全面整理。唐初道士朱法满编撰的《要修科仪戒律钞》堪称当时道教戒律之经典。从具体内容上看，《要修科仪戒律钞》征引了前代流传下来的《玄都律》《本际经》《明真科》《千真科》《太真科》《四极明科》（一写作《四极盟科》）《升玄经》等道教戒律文献。据《明真科》《千真科》《升玄经》《大戒经》等具体经典文本可知，当时道教已有"三戒""五戒""九戒""十戒"等不同类型的戒律。例如，《要修科仪戒律钞》卷四记载了众多戒律的内容："夫经以检恶，戒以防非。总任枝流，难以取用，撮其机要，易可寻求。""《千真科》曰：出家之人，能持三戒、五戒、九戒、十戒乃至三百大戒等，一戒之中，各有二十四善神之所拥护，天人供养，不犯众恶。有不信戒者，众恶故犯，罪结冥阴，劫劫受生，堕落盲道。违戒奉戒，得福获罪，不问道俗，至理无偏，其功等尔。"[2]

宋代、金、元时期，道教戒律体系进一步完善，一些新道派的产生也使得新的戒律被创制出来。例如，元代全真教为适应宫观集体生活而制订了全真清规，注重对违反皆戒律的道士进行相应的处罚。这是对道教戒律的重要发展。明代初年，第四十三代天师张宇初为重振道教，制订《道门十规》，在总结前代正一派戒律的基础上，系统地对道教信徒的修行和日常行为作出了规定。清代全真教龙门律宗第七代律师王常月为严明戒律、整顿道门，撰写《碧苑坛经》（又称《龙门心法》），公开传授"初真戒""中极戒""天仙大

① 王谋寅《道教与中国传统法律文化》，中国政法大学博士学位论文，2009年，第8页。

②《中华道藏》第42册，第176页。

戒”，即“三坛大戒”，至此形成了一个十分完备的戒律体系。

道教戒律通过约束、规范、引导道教信徒的思想言行、日常生活及修炼实践，最终指向是得道成仙的信仰目标。《老君说一百八十戒》序云：“老君告弟子曰：往昔诸贤仙圣皆从《一百八十戒》得道。”①《要修科仪戒律钞》卷五云：“天尊曰：能受是十戒，修行如法，十方天官，无不卫护，必致得道。”②《三洞众戒文》序云：“今又依经录出戒文，附诸法次，受法之日，随法转授，令道士诵习，防非止恶，以制六情，进品上仙，远超三界，自浅之深，非无优劣，从凡入圣，各有等差。”③

另一方面，由于道教戒律都以明确的条文形式呈现、在教团内部通行，又发挥着“教内法律”的现实功能。王谋寅研究认为：“道教戒律也可谓中国传统法律的一种表现形式。”④ 并且，道教戒律蕴含着不少积极的伦理思想和道德观念。道教戒律强调在现实生活中要清静无为、寡欲不争，要知足常乐、处下不争，始终保持心性纯洁、不为外物干扰。道教戒律中蕴含的道德伦理内涵，可以引导道教信徒“诸恶莫作，众善奉行”。因此，道教戒律的实践过程在客观上与国家法律导人向善、维系社会秩序稳定的根本宗旨是一致的。

道教戒律中还明确列出了对于违犯戒律行为的相应处罚手段，并以神灵的名义实施惩罚。《太上感应篇》中说：“是以大地有司过之神，依人所犯轻重，以夺人算。”⑤ 对于具体的违犯戒律行为，明确了不同的处罚手段。例如，《要修科仪戒律钞》对于“妄传经宝”

① 《中华道藏》第 29 册，第 320 页。
② 《中华道藏》第 42 册，第 179 页。
③ 《中华道藏》第 42 册，第 139 页。
④ 王谋寅：《道教与中国传统法律文化》，中国政法大学博士学位论文，2009 年，第 7 页。
⑤ 《中华道藏》第 42 册，第 668 页。

者作出惩罚措施："律曰：不得妄传经宝，授与于不信，泄真要诀，天夺筭九万六千。"①《碧苑坛经》中说："世间王法律例，犯则招刑；天上道法、女青之律，犯则受报。"② 由此表明，违反道教戒律者必将受到神灵报应、夺筭等严厉惩罚。可以说，在道教教团内部通行并具有普遍约束力的戒律及相应惩罚手段，具有明确性、统一性、公正性，集中体现了道教戒律内在蕴含的法治观念。

三、当代价值：道教伦理的法治精神与社会主义核心价值观契合

道教伦理思想的法治精神以道家哲学中的"道—法"互动逻辑为思想渊源、其信仰理论体系和戒律传统也蕴含着丰富的法治观念内涵，是中华优秀传统文化的宝贵资源，在本质上与当代提倡的社会主义核心价值观相契合，能够成为当代中国社会伦理建设和"文化自信"重塑的积极因素。

一方面，道教伦理思想蕴含着丰富的法治精神，虽然与现代法治概念内涵存在差异，但在"规则之治"的价值义涵上是相契合的，作为我国传统法文化的组成部分，与现代法治思想有着内在的相通之处。其中，道家哲学及道教信仰理论中体现的"唯公无私""罪刑相当""化人为善"等积极观念，是中华传统法治思想的深刻智慧，对于依法治国基本理念的贯彻和良法善治社会理想的实现具有重要的参考与启示意义。

另一方面，作为道教伦理思想的重要载体，道教戒律对道教教团内部具有普遍约束力，能够发挥"规则之治"的作用。道教以各

① 《中华道藏》第 42 册，第 162 页。
② 《碧苑坛经》，《藏外道书》第 10 册，第 169 页。

种戒律来约束、规范信徒的言行举止，实际上也是法治精神的体现。并且，“遵守国法”也是道教戒律及相关伦理思想的基本内容之一。不少道教戒律类经典文献都主张国法高于戒律，要求道教信徒知法守法、维护国法。例如，《老君说一百八十戒》中说：“万民无知法则，祭酒之罪。”[①] 清代道教经典《劝世归真》也要求人们“敬天地、礼神明、守王法、孝双亲”。[②] 清咸丰六年（1856 年）北京白云观《执事榜》（即清规）明确指出“违反国法，奸盗邪淫”是“坏宗败教”的恶行，必须予以严惩。[③]“道教制定各种戒律的宗旨就是劝导人们遵纪守法，反对违法乱纪。各种戒律都要求‘遵依国法为先’。”[④] 在当代中国社会，道教戒律及相关伦理观念仍具有“维护国法”的积极价值。

综上所述，道教伦理思想蕴含的法治精神，是中华优秀传统文化的宝贵资源，在本质上与社会主义核心价值观相契合。因此，我们应当充分重视和深入理解道教伦理思想中蕴含的丰富法治精神，并结合时代要求，积极阐扬和创造性应用其中的思想精华与优秀文化品质，发挥其净化人心、端正人行、提高法律意识、增强法治观念和维系社会秩序的积极价值。更深一层，积极传承和弘扬道教伦理思想的法治精神，有助于培育和践行社会主义核心价值观、加强当代中国社会伦理建设和中华民族“文化自信”的重塑，同时也是不断促进当代道教与社会主义社会相适应、推动“道教中国化”的必然途径。

① 《中华道藏》第 29 册，第 315 页。
② 《劝世归真》，《藏外道书》第 28 册，第 92 页。
③ 丁常云主编：《道教中国化研究》，上海三联书店，2020 年，第 267 页。
④ 《中国五大宗教论和谐》，宗教文化出版社，2010 年，第 128 页。

道教劝善书中的慈善文化

张　欣*

摘　要：《太上感应篇》《文昌帝君阴骘文》和《太微仙君功过格》等是非常重要的道教劝善书，反映了“我命在我不在天”的道教思想，推动了国人对自身价值的关注，使民众看到了改变“天定”命运的可能性，激发了民众努力改善自身命运的潜在精神力量，提升了个体生命的道德价值，在我国古代道德规范形成和发展的过程中产生了深刻而积极的社会影响。挖掘和弘扬《太上感应篇》《文昌帝君阴骘文》和《太微仙君功过格》等道教善书中的慈善文化，将其与社会主义核心价值观相结合，对于促进我国优秀传统文化复兴，对于推动完善社会主义道德体系建设，推动社会主义慈善事业的发展都有着积极的价值和作用。

关键词：太上感应篇；文昌帝君阴骘文；太微仙君功过格；慈善文化

道教文化是中华传统文化的重要组成部分。“宗教是慈善之

* 张欣，厦门大学哲学博士，《上海道教》执行编辑，上海市道教协会文化研究室副主任。

母”，道教文化中蕴涵着十分丰富的慈善伦理和慈善文化。道教劝善书是道教慈善文化的载体，虽然种类很多，但都以劝谕民众为善抑恶为主旨。《太上感应篇》《文昌帝君阴骘文》和《太微仙君功过格》等经典是非常重要的道教劝善书，在我国古代道德规范形成和发展过程中产生了深刻而积极的社会影响。挖掘和弘扬《太上感应篇》《文昌帝君阴骘文》和《太微仙君功过格》等道教善书中的慈善文化，对于提升道教在当代社会的感召力，对于推动社会主义道德体系建设，推动社会主义慈善事业发展都有着积极的价值和作用。

一、《太上感应篇》中的慈善文化

《太上感应篇》是最有代表性、最为重要的道教劝善书，大致编纂于北宋末年，至南宋初年已广泛流传，被誉为“古今第一善书”。《太上感应篇》作为道教经典，以“道”为最高准则，以劝人行善止恶和积累善功以修仙为主要内容。

《太上感应篇》的篇幅并不长，总共一千两百多字，开篇曰：“福祸无门，唯人自召；善恶之报，如影随形。”[①]“福祸无门，唯人自召”的劝善主张和“善恶之报，如影随形”的承负思想共同构成了《太上感应篇》的思想纲要。

（一）《太上感应篇》的劝善思想

《太上感应篇》作为现存最早的道教劝善书，包含了丰富而深刻的劝善思想，其核心是劝人行善去恶，强调通过力行善事来积累功德，劝诫世人福报皆由积善而得，积恶必致灾祸，并将行善作为修行的重要法门。

① 丁常云：《太上感应篇注释》，上海辞书出版社，2005年，第25页。

《太上感应篇》详细罗列了善举和恶行，善举主要是指符合当时社会人伦道德的行为，如：不履邪经，不欺暗室，积德累功，慈心于物，忠孝友悌，正己化人，矜孤恤寡，敬老怀幼”等，共 24 条；恶行主要是指有悖于传统伦理道德的行为，如：暗侮君亲，慢其先生，叛其所事”“恚怒师傅，抵触父兄”“违父母训”“男不忠良，女不柔顺，不和其室，不敬其夫”等，共 161 条。这里罗列的善举、恶行，都十分贴近家庭人伦和社会日常，易于为世人所了解，从而更好地实现劝善的目的。《太上感应篇》曰：“欲求长生，先须避过”，“欲求成仙，还当立善。”[1] 劝导人们常存善念于心，通过行善去恶实现趋福避祸。《太上感应篇图说》中有这样一则故事：东汉末年，管宁因躲避战乱而逃难到辽东，公孙度礼待他，并想要请他做官，但管宁没有答应，而是隐居于山中。后来他居住的地方逐渐有人聚居，管宁教他们读诗书，为他们讲述礼仪。每遇人子，就和他们说孝道；遇到为人弟兄者，就跟他们讲悌道；对于为人臣子的，则和他们谈论忠道。管宁不仅以善言教化众人，而且以善行感化众人。每次讲授诗书、礼仪，管宁都面色恭敬、言语柔顺；遇到穷困之人，管宁就用自己的米去救济和帮助他们；每次和公孙度见面，也是只谈论道德之事。管宁善德教化的影响渐渐遍及辽东，虽然身处乱世，但人们明礼节、知谦逊，辽东地区一派祥和的景象，管宁也在此安然居住了三十七年。

不同于以金丹大药为升仙之要的外丹修炼术，也不同于服气、存思、守一等内丹要诀，《太上感应篇》以积德行善作为修行的重要法门。《太上感应篇》明确指出：“夫欲求天仙者，当立一千三百善，欲求地仙者，当立三百善”，“欲修仙道，先尽人道。人道不修，仙

---

① 丁常云：《太上感应篇注释》，上海辞书出版社，2005 年，第 26 页。

道远矣”。行“善”既是修“人道”之内容，又是修仙道之必须。而要修“善”，则需遣除功利之想。譬如布施于人，当内不见布施的我，外不见受布施之他人，而只留善念于心。若有功利等他念，便是自欺善心，欺心便是欺神，必受神责。《关圣帝君觉世真经》有言曰：“凡人心即神，神即心，无愧心，无愧神，若是欺心，便是欺神。”钟离权将炼铁成金的炼丹方法传给吕洞宾，以救济更多的穷人。吕洞宾问钟离权说：铁变了金，会不会再变回铁呢？钟离权回答说：五百年以后，仍旧要变回原来的铁。吕洞宾又说：这样就会害了五百年以后的人，我不愿意做这样的事情。钟离权教吕洞宾点铁成金，不过是试试他的心而已，现在知道吕洞宾存心善良，所以就对他说：修仙要积满三千件功德，就凭你这纯善之心，你的三千件功德就已经做圆满了。于是收吕洞宾为徒，并帮助他修炼成为上仙。如果心存功利之想，希望通过做善事而获私利，善就成为了伪善。只有摒弃功利之想的善行、善念才是纯粹之真善。《太上感应篇》所宣扬的“善”包括了人与人之间的伦理道德，如“忠孝友悌，正己化人，矜孤恤寡，敬老怀幼”。也包含了人对于物的善，《太上感应篇》述曰：“积德累功，慈心于物”，“昆虫草木，犹不可伤”，“射飞逐走，发蛰惊栖；填穴覆巢，伤胎破卵……如是等罪，司命随其轻重，夺其纪算，算尽则死，死有余责，乃殃及子孙”。以善修行，受天道庇佑，神灵护卫，修仙证道终将是水到渠成。《太上感应篇》曰：“所谓善人，人皆敬之，天道佑之，福禄随之，众邪远之，神灵卫之，所作必成，神仙可冀。”

《太上感应篇》“诸恶莫作，众善奉行”的劝善思想和修仙理论，使积善成为后世道教的重要修内容，同时也使行善去恶的道教伦理和善恶观成为普遍的社会伦理道德观念，不断推动社会伦理道德的发展和完善。

(二)《太上感应篇》的“承负”思想

《太上感应篇》的核心思想在于劝善止恶，并依据因果“承负”思想推动劝善主张的实践和有效实施。承负说是道教在吸收传统的“天道报应”理论的基础上发展而来的。道教承负说最早见于《太平经》。《太平经》第三十九卷《解师策书诀第五十》有言：“今天师比为暗蒙浅生具说承负说，不知承与负，同邪”，“承者为前，负者为后，承者，乃谓先人本承天心而行，小小失之，不自承者知，用日积久，相聚为多，今后生人反无辜蒙其过谪，连传被其灾，故前为承，后为负也。负者，流灾亦不由一人之治，比连不平，前后更相负，故名之为负。负者，乃先人负于后生者也，并更相承负也，言灾害未当能善绝也”。①

《太上感应篇》“承负”思想的要旨在于“善恶之报，如影随形”。善恶报应的基础在于神明的监督和赏罚，《太上感应篇》曰：“天地有司过之神，依人所犯轻重，以夺人算”，“又有三台北斗神君在人头上，录人罪恶，夺其纪算”，“又有三尸神，在人身中，每到庚申日，辄上诣天曹，言人罪过”，“夫心起于善，善虽未为，而吉神已随之；或心起于恶，恶虽未为，而凶神已随之”。因此，神明对人们行为的监督是时刻存在的，善恶报应是无可避免的。神明依据善恶行为对人进行赏罚，“大则夺纪、小则夺算”，“算尽则死”，如果死有余辜，还会“远报子孙”；对“笃行善事”者，则“天道佑之，福禄随之，众邪避之，神灵卫之，所作必成”；若改恶从善，则可转祸为福。以此教人积德行善，远离恶念摒弃恶行。

《太上感应篇》的“承负”思想利用世人对神明的敬畏之心，对人们的道德行为进行外在约束。在神明的监督赏罚之下，“人行善，

① 王明：《太平经合校》，中华书局，1960年，第70页。

福虽未至，祸已远行；人行恶，祸虽未至，福已远去”，只有践行各种道德规范，积极地行善除恶，积累功德，才能获得福报，实现以福寿康宁为目标的幸福理想。

二、《文昌帝君阴骘文》中的慈善文化

道教倡导修道者力结善缘，广积阴功。《文昌帝君阴骘文》是托名文昌帝君的道教善书，是道教早期劝善书中最有影响的经典之一。“阴骘”就是行善不张扬，积阴德，具有天人感应的含义，反映了《文昌帝君阴骘文》慈善文化的天命论思想。《文昌帝君阴骘文》的重要特点是将劝善理论与历史人物的传说相结合，以更加通俗和形象的方式教化人心、劝人为善。同时，《文昌帝君阴骘文》还将劝善理论与社会伦理道德相融合，劝化世人在行善过程中涵养心性，通过阴德阴功的积累安身立命。

（一）天命论思想

“阴骘”一词始见于《尚书·洪范》中的“惟天阴骘下民，相协厥居”，[①] 意谓冥冥之天在暗中保佑着人们。《文昌帝君阴骘文》中，“阴骘”引申为积阴德之意，行善做好事不张扬，无人知晓的情况下也要戒除恶念恶行，多行善事。初真十戒第二戒曰：“不得阴贼潜谋，害物利己，当行阴德，广济群生。”积阴德而获上天赐福，正是天命论思想的体现。天命论思想在中国传统文化思想中占有重要地位，其起源可追溯至夏朝，《尚书·召诰》载曰：“有夏服天命。”[②]天命论思想要求人们敬畏天命，尊从天命教化。道教吸收天命论思想，以“神道设教”，在使人之为人的同时，又努力为人的行为寻找

① 孙星衍：《尚书今古文注疏》，中华书局，2004年，第292—293页。
② 孙星衍：《尚书今古文注疏》，第398页。

神性教化的依据。《文昌帝君阴骘文》开篇："帝君曰：吾一十七世为士大夫身。未尝虐民酷吏。救人之难，济人之急，悯人之孤，容人之过。广行阴骘，上格苍穹。人能如我存心，天必赐汝以福。""帝君"训诫世人，只有"利物利人"，才是"修善修福"之正途，只有广积阴德，才能得到上天的眷顾和赐福。《文昌帝君阴骘文》将广施善泽作为修积"阴骘"的方式："报答四恩，广行三教；谈道义而化奸顽，讲经史而晓愚昧；济急如济涸泽之鱼，救危如救密罗之雀；矜孤恤寡，敬老怜贫，举善荐贤，饶人责己；措衣食周道路之饥寒，施棺椁免尸骸之暴露；造漏泽之仁园，兴启蒙之义塾；家富提携亲戚，岁饥赈济邻朋；斗秤须要公平，不可轻出重入；奴仆待之宽恕，岂宜备责苛求；印造经文，创修寺院；舍药材以拯疾苦；施茶水以解渴烦；点夜灯以照人行；造河船以济人渡。"[①] 劝导人们从衣食住行、与人交往等日常行为的各个方面行善积德。

《文昌帝君阴骘文》的天命论思想是与因果报应或承负观念紧密联系的。《文昌帝君阴骘文》言曰："作事须循天理，出言要顺人心。"何谓"天理"？"天道无亲，常与善人"，天道就是天理。行善也要遵循天道规则，违背天道规则的"善"不是"善"而是"恶"，比如在人员居住密集的地方放生蛇类等危险生物或违背动物习性的放生等。因此，不循天理的行为，即使披了"善"的外衣，但其实却是恶行，必将遭受天道惩罚。《文昌帝君阴骘文》称："诸恶莫作，众善奉行，永无恶曜加临，常有吉神拥护。近报则在自己，远报则在儿孙。百福骈臻，千祥云集，岂不从阴骘中得来者哉。"[②] 福禄寿等福报都由积阴德而来，自己所积阴德，不仅惠及自身，而且能福

① 丁常云：《太上感应篇注释》，上海辞书出版社，2005 年，第 101 页。
② 丁常云：《太上感应篇注释》，上海辞书出版社，2005 年，第 102 页，

泽子孙后代。同样，当恶行越积越多，最后必将自食恶果，甚至于祸及子孙。由此利用天道承负理念劝化人们弃恶扬善。

在道教看来，人与天地万物皆由“道”而生，皆有“道”性，“天人合一、万物一体”是“道”的本质体现。《太上老君说常清静经》中说：“大道无形，生育天地；大道无情，运行日月；大道无名，长养万物。”因此《文昌帝君阴骘文》的天命论思想还体现于对善待自然万物的劝导。《文昌帝君阴骘文》述曰：“或买物而放生，或持斋而戒杀，举步常看虫蚁，禁火莫烧山林”，“勿登山而网禽鸟，勿临水而毒鱼虾，勿宰耕牛，勿弃字纸。”劝诫世人，不仅要善待他人，而且要慈心于物，尊重和善待自然万物。踩踏虫蚁、登山捕雀、临河打捞鱼虾、焚烧山林，都是恶行，均应禁止。不仅要善待有生命之物，甚至于“字纸”之类的无生命之物，也应被善待。可见，《文昌帝君阴骘文》的劝善主张是贯彻到世人行为的各个方面的，不仅规范了人与人之间的行为，而且也为人与万物之间的行为提供了准则与规范。

（二）寓善于史

与《太上感应篇》等道教劝善书相比，《文昌帝君阴骘文》将劝善思想与历史上有记载的真实人物的传奇轶事相结合，进行道德教化，避免了枯燥的理论说教。如《文昌帝君阴骘文广义节录》就详细记载了《文昌帝君阴骘文》中所述及的“窦氏济人高折五枝之桂”的故事。

五代时期有个叫窦禹钧的，是后周燕山渔阳人，三十多岁了还没有儿子。有一晚上，窦禹钧梦见祖父告诉他说：“你不但无子，而且短命，应当早点儿修德来改变命运。”打这以后，窦禹钧尽力多做善事。有一个人偷盗二百千钱，自己写了一张“永卖此女，以偿还所偷之钱”的契约，放在幼女背上，随后逃跑了。窦禹钧可怜他，烧了契约，把这幼女养大成人，帮助她选择好人家出嫁了。同宗外戚中有办不起丧事的，窦禹钧就出钱帮助办理；有无钱嫁女的，他就出钱帮助嫁女。每年的收入除了节日开支外，几乎全都用来救济别人。窦禹钧节俭朴素，家里无金玉之类的装饰，妻妾没有华丽的衣服。他利用节约下来的钱在屋宅南面建了一处书院，积书千卷，聘请老师，招来四方孤单贫寒的子弟，供给优厚的伙食，让他们在这里接受教育，其中成才出名的人物很多。自从行善之后，窦禹钧连生五子，都长得聪明英俊。后来他又梦见祖父对他说："你这些年来，功德浩大，天界已经登记了你的名字，延寿三十六岁。五个儿子都会显贵。你应当再接再厉，不要松懈。"后来，窦禹钧的大儿子窦仪做了礼部尚书，二儿子窦俨做了礼部侍郎，三子窦侃做了左补阙，四儿子窦偁做了右谏议大夫而参与大政，五儿子窦僖做了起居郎。八个孙子也都显贵。窦公享寿 82 岁，无病谈笑而逝。冯道赠诗说："燕山窦十郎，教子有义方。灵椿一株老，丹桂五枝芳。"

《文昌帝君阴骘文》还记载有"于公治狱，大兴驷马之门""宋氏兄弟救蚁中状元""埋蛇享宰相之荣"等逸闻轶事，这些关于善恶承负的故事所涉及的汉代于定国父子、宋朝宋郊和宋祁兄弟、春秋战国时楚人孙叔敖等皆是被载入史册的人物。通过这些故事，《文昌帝君阴骘文》劝诫世人，行善不必轰轰烈烈，点滴善事也是善事，点滴善事的积累也可以得到上天的福报。

（三）修善与立世相融合

《文昌帝君阴骘文》将劝善与社会伦理道德相融合，劝导世人在行善过程中涵养心性，"见先哲于羹墙，慎独知于衾影"，将行善作为立世之本。因此，《文昌帝君阴骘文》所倡导的"善"具有显著的伦理特征，强调"忠主孝亲，敬兄信友"，"报答四恩"。《太平经》

曰："天下之事，孝忠诚信为大，故勿得自放恣。"① 吕祖九美德说：忠以尽职责，不容虚伪背离；孝以事尊亲，不容违拗忤逆；义以正行谊，不容卑劣诈伪；信以立荣誉，不容言行相悖；仁以示博爱，不容沽名钓誉；礼以重谦让，不容卑躲屈节。《道德经》曰："上德不德，是以有德。下德不失德，是以无德。上德无为而无以为，下德无为而有以为。"② 善行往往蕴含着高尚的德行，而真正有德行的人做善事是自然而为的，并不是为了表现自己，而是"正直代天行化"。《文昌帝君阴骘文》曰："正直代天行化，慈祥为国救民，忠主孝亲，敬兄信友"，"勿因私仇，使人兄弟不和。勿因小利，使人父子不睦。勿倚权势而辱善良，勿恃富豪而欺穷困"。③ 以此为准则并积极行善，才有立世之德，才能获得福报。《文昌帝君阴骘文》将劝善与心性和伦理道德精神的培养相结合，以"忠、孝、信、悌、礼、义"为修身立世之基、修善积福之本，对于规范传统社会秩序、引导个人道德实践、推动社会伦理道德的完善产生了积极而深远的影响。

三、《太微仙君功过格》中的慈善文化

功过格肇始于宋代，是对善恶行为进行功过标记和量化计算的一种劝善方法。功过格中，善言善行记为"功"，恶言恶行记为"过"。功多者得福，过多者得咎。据宋代叶梦得所著《避暑录话》记述，赵中岁常置黄黑二种豆子于几案间，以黄豆记善，黑豆记恶，每兴一善念，则投一黄豆于器皿中，反之则投黑豆。清代石成金所

---

① 王明：《太平经合校》，中华书局，1960 年，第 542 页。
② 陈鼓应：《老子今注今译》，商务印书馆，2003 年，第 215 页。
③ 丁常云：《太上感应篇注释》，上海辞书出版社，2005 年，第 101 页。

著《传家宝》称，范仲淹、苏洵等人均备有记录日常功过的簿册，以鞭策自己行善去恶。编撰于南宋时期的《太微仙君功过格》是现存最古的功过格，也是道教历史上第一部对善恶行为进行数量统计和评判的典籍。作为一部重要的道教善书，《太微仙君功过格》的核心内容是通过功过评判，来考核和修正自身的德行，实现劝善止恶的目的。

（一）善恶的量化评判

为方便世人对善恶行为进行量化计算，《太微仙君功过格》将善恶行为列为十分具体的条目，使理论化的劝善思想更具实践性和可操作性。《太微仙君功过格》中，善恶行为被划分为“功格”和“过律”两类，“功格”包括三十六条、“过律”包括三十九条。“功格”和“过律”又各分四门，其中，“功格”有救济门十二条、教典门七条、焚修门五条、用事门十二条。“过律”有不仁门十五条、不善门八条、不义门十条、不轨门六条。

除了对善恶行为进行量化计算，《太微仙君功过格》还要求每日总结反省，“受持之道常于寝室床室，置笔砚簿籍，临卧之时，记终日所为善恶”。[①] 在善恶量化计算的基础上进行功过评判，规范日常行为，提升德行修养。《太微仙君功过格·序》称：“修真之士，明书日月，自记功过，一月一小比，一年一大比，自知功过多寡。”

《太微仙君功过格》对善恶行为进行量化评判的基础在于因果报应观念，没有“积善成福，积恶成祸”的善恶报应观念，善恶的量化评判就失去了意义。《太微仙君功过格·序》曰：“《易》曰：积善之家，必有余庆，积不善之家，必有余殃。道科曰：积善则降之以祥，造恶则责之以祸。”运用善恶的因果报应思想劝化世人加强道德

---

① 丁常云：《太上感应篇注释》，上海辞书出版社，2005年，第109页。

自律和内在品德修养。

（二）忠君孝亲爱民的劝善原则

忠孝是道教传统价值观的重要内容。《初真十戒》第一戒，便要求修行者要忠孝仁信："不得不忠不孝，不仁不信，当尽节君亲，推成万物。"《老君音诵戒经》曰："臣忠子孝，夫信妇贞，兄敬弟顺，安贫乐贱，信守五常。"[①]《关圣帝君觉世宝训》曰："人生在世，贵尽忠孝节义等事，方于人道无愧，可立于天地之间。"[②]《抱朴子·对俗》曰："欲求仙者，要当以忠孝和顺仁信为本，若德行不修，而但务方术，皆不得长生也。"[③]

《太微仙君功过格》所成书的两宋金元时期，战争频仍，民众处于水深火热之中，战乱给社会和百姓造成了严重的伤害。乱世之中，只有上下一心、君民团结才能更好地维护国家和百姓的生存。在这样的社会背景下，《太微仙君功过格》赓续了道教传统的"忠孝"价值观和"利世济民"的劝善思想，"忠君孝亲爱民"成为《太微仙君功过格》所倡导的十分重要的道德原则。《太微仙君功过格》规定："旦夕朝礼，为国为众焚修，一朝为二功"，"章醮，为国、为民、为祖先、为孤魂、为尊亲，祈禳灾害、荐拔沉魂，一分为二功"，"为国为民，或尊亲先亡，或无主孤魂，诵大经卷为六功，小经一卷为三功，圣号百遍为三功"，"恶语向师长尊亲为十过"。[④]

"忠君孝亲爱民"的劝善原则落实到具体的道德实践中，便是要担负起"利世济民"的社会责任。正一盟威道创教之初，正值三国乱世，民不聊生，张鲁祖师下令在汉中各地设义舍，置备义米、义

① 《中国学术名著提要》，复旦大学出版社，1997 年，第 747 页。
② 丁常云：《太上感应篇注释》，上海辞书出版社，2005 年，第 105 页。
③ 王明：《抱朴子内篇校释（增订本）》卷三，中华书局，1980 年，第 53 页。
④ 丁常云：《太上感应篇注释》，上海辞书出版社，2005 年，第 112 页。

肉，以供路过的饥民取食。《犹龙传》中也有关于天师训诫信徒“兴利以济民”的记载：“天师先于中岳，已获《黄帝九鼎丹书》，而后在鹤鸣隐居，遂备药物，依法修炼。三年丹成，未敢服之，谓弟子王长曰：神丹已成，若服之，当冲天为真人。然未有大功，宜须为国家除害兴利以济民。”

战争使百姓流离失所，饿殍遍野。《功过格》的劝善思想在反映普遍伦理道德的同时，其内容也具有显著的战乱之世的劝善特征。《太微仙君功过格》规定：“济饥渴之民一饮一食皆为一功，济寒冻之民暖室一宵为一功，救接人畜筋力疲困之苦一时为一功，葬无主之骨一人为五十功，施地与无土之家葬一人为三十功”，“埋藏自死者、走兽、飞禽、六畜等一命为一功”，“见杀不救，随本人之过减半”，“见若救得而不救者为十过”。[1] 掩埋尸体是行善，为需要救助的饥渴之民提供吃食和饮水，为寒冷和无家可归者提供住宿等也是行善。这些善行虽然很平凡，但在战乱的世况下却弥足珍贵，给乱世中的人们提供了莫大的帮助和慰藉。《抱朴子·对俗》说：“为道者以救人危使免祸，护人疾病令不枉死，为上功也。”[2]

四、结语

在道教看来，人性本是淳善清净的。《云笈七签》卷九五《仙籍语论要记部》中说：“既言一切众生，有神识，初淳善不杂，行必合规，动应真理，进退俯仰，行住起卧，莫有失节，一一诸法，皆合道宗，无有差异。”[3]《太上老君内观经》曰：“始生之时，神源清净，

---

① 丁常云：《太上感应篇注释》，上海辞书出版社，2005 年，第 110、116 页。
② 王明：《抱朴子内篇校释（增订本）》卷三，中华书局，1980 年，第 55 页。
③《道藏》第 22 册，第 649 页。

湛然无杂。”道教劝善书的根本目的就是要唤醒人们心中的善良本性。在道教劝善书的教化之下，“善有善报、恶有恶报”成为普遍接受的伦理道德观念。无论贫贱还是富贵，世人都可以通过努力行善和积累功德来获得福报，避免灾祸。一方面，道教劝善书对于道德教化和社会道德伦理建设发挥了无以替代的重要作用，另一方面，人们努力修善以避祸纳福，也是道教对个体生命价值的尊重和对生命潜力的挖掘，是道教“我命在我不在天”思想的社会实践。

道教劝善书推动了国人对自身价值的关注，使民众看到了改变“天定”命运的可能性，激发了民众努力改善自身命运的潜在精神力量。道教劝善书将个体的“福报”与“德性”相结合，推动了民众对“福报”的功利性追求进一步上升为“德性”修养，提升了个体生命的道德价值，促进了社会道德体系的建设，维护了社会的和谐稳定。挖掘和弘扬《太上感应篇》《文昌帝君阴骘文》和《太微仙君功过格》等道教善书中的慈善文化，将其与社会主义核心价值观相结合，对于促进我国优秀传统文化复兴，对于推动完善社会主义道德体系建设，推动社会主义慈善事业的发展都有着积极的价值和作用。

道教文化与中国浪漫主义文学

贾利涛*

摘　要： 道教文化与中国浪漫主义文学的关系是多层次多维度的。在道教形成之前，其文化渊源就与中国浪漫主义文学结下了不解之缘，发展早期的同源性造就了两者气质的相通。在文学思想方面，道教提出了完整系统的文学思想，直接推动了中国浪漫主义文学思想的发展，为民族想象力提供了一方沃土。在文学创作方面，出现一大批在道教影响下的创作群体、文学作品。道教文化构筑起全民的想象力体系，推动了中国浪漫主义文学的传承和播布，形成了富有民族特色的浪漫主义文学传统。

关键词： 道教；浪漫主义；中国文学

关于道教与文学二者关系的论述甚多，道教文化与中国浪漫主义文学的关系常有论及，从道教论文学或从文学论道教，总能够得见中国浪漫主义文学的影踪。论述道教与文学关系的篇目，所举文学案例亦多浪漫主义作品，道教文学与中国浪漫主义文学的话题已经展开。“浪漫主义”的提法虽然晚近，浪漫主义尤为注重的想象、

* 贾利涛，文学博士，晋中学院副教授。主要研究领域：民间文学、民俗学。

瑰丽、奇绝在中国文化中也并非缺位，中国文学传统中也有浪漫主义的一脉。中国文化中沉稳现实的成分多，飘逸超脱的成分也很可观。道教飘逸出世的宗教特质与中国浪漫主义文学有不解之缘，它们有着共同的文化源头和生长基底。在道教形成之后，道教文化的影响与中国浪漫主义文学发展相伴始终。

一、道教前史与中国浪漫主义文学滥觞

在道教形成之前，其文化渊源就与中国浪漫主义文学结下了不解之缘。早期道教所依赖的原始宗教、民间巫祝、神仙方术、道家学说、阴阳五行等方面都与浪漫主义有着错综复杂的文化关联。中国浪漫主义文学与道教的飘逸气质内在相通，中国远古文化承继而来的洒脱一脉不仅孕育了浪漫主义文学，也在道教中得以彰显。上古神话传说作为中国浪漫主义文学的源头，其思维观念、内容形式很大程度上遗留在道教中；先秦浪漫主义文学的两座高峰——庄子散文、屈原楚辞及其代表的道家哲学、荆楚巫风与道教的形成渊源深厚。

（一）神话传说

上古神话传说尚未发展为后世所谓的浪漫主义文学，但在上古神话传说里却蕴藏着浪漫主义文学一切要素，因此神话传说被视为浪漫主义文学源头。神话传说的思维方式、叙述手法、瑰丽风格不仅对于文学艺术有着独特的肇始意义，而且与宗教的关系颇为紧密。鲁迅先生认为："神话不特为宗教之萌芽，美术所由起，且实为文章之渊源。"[①] 在中国浪漫主义文学的发展进程中，一直能够看到神话传说的影响。上古神话传说里的人物穿越时空，在古代文学、现当

① 鲁迅：《鲁迅全集》第九卷，人民文学出版社，2005 年，第 19 页。

代文学中重新焕发活力，上古神话传说所营造的那个虚幻的世界不断被后世向往，上古神话传说的丰富想象力总能够给文学发展陷入困境时提供突破之力。可以说，上古神话传说是中国浪漫主义文学的渊薮，奠定了最初的浪漫气质。

马克思在《〈政治经济学批判〉导言》中说："任何神话都是用想象和借助想象以征服自然力，支配自然力，把自然力加以形象化；因而，随着这些自然力实际上被支配，神话也就消失了。"[①] 当神话消退后，其内里的文化因子部分地被宗教继承下来，由人类早期的无边想象进入宗教信仰。道教吸收继承中国上古神话传说最甚，某种程度上也继承了神话传说的浪漫气质，不仅显示出飘逸的宗教美学，而且与中国浪漫主义文学的发展相伴始终。

神话叙事及神话人物进入道教叙事及神谱者甚多。开天辟地、化生万物的盘古被列入道教仙班，称为盘古真人、元始天王："混沌玄黄，已有盘古真人，天地之精，自号元始天王，游乎其中。"[②]《山海经》里的黄帝本意是神话人物，但已经有了足够的仙气，黄帝升仙而去尤为道教所重。黄帝的行迹也就是修道的过程：诚如《抱朴子》所言："昔黄帝生而能言，役使百灵，可谓天授自然之体者也，犹复不能端坐而得道。故陟王屋而受丹经，到鼎湖而飞流珠，登崆峒而问广成，之具茨而事大隗，适东岱而奉中黄，入金谷而咨涓子，论道养则资玄素二女，精推步则访山稽力牧，讲占候则询风后，著体诊则受雷岐，审攻战则纳五音之策，穷神奸则记白泽之辞，相地理则书青乌之说，救伤残则缀金冶之术。故能毕该秘要，穷道尽真，遂升龙以高跻，与天地乎罔极也。"[③] 道教对神话传说的吸收出自宗

①《马克思恩格斯选集》第二卷，人民出版社，1995 年，第 29 页。
② 葛洪：《枕中书》，《道藏》第 3 册，第 369 页。
③ 王明：《抱朴子内篇校释》，中华书局，1986 年，第 241 页。

教的目的，自然也给神话传说的浪漫主义延续呈现了宗教形态的表述。

（二）老庄散文

道家和道教有联系也有区别。“道家属诸子的学派之一，是一种哲学的派别……道家的思想跟后来道教的理论有某些相似和相通之处，也有根本不同和相反的情况……道教的形成和发展跟道家老子确实具有某些历史的渊源关系。”① 不可否认的是，先秦道家（尤其是老庄）的哲学思想始终是道教宗教的理论基础，道家的宇宙观、世界观、人生观和价值观被道教延伸发扬。及至道家哲学衰微，道教主体上继承了道家思想。从哲学观点来看，道家最核心的概念“道”被道教奉为立教之本；道家所主张的无为无不为，强调的个人主观自由成为道教人生论的生发点；道家的养生思想与道教的仙学内在相通；道家思想的神秘性为道教的神学建构提供可行性。老庄的哲学被改造成宗教哲学，实现道家哲学宗教化。

道家流派的诸思想家在道教中地位崇高，道家作品亦为道教经典。从文学观点来看，老庄散文代表了道教文学的美学追求，玄深幽远、旷达恣肆、冲和飘逸的道味被后世备加推崇。老庄是彼时第一等的哲学家，也是第一等的文学家，在先秦散文中能够代表浪漫主义散文文学的最高成就。老子散文玄奥深刻、质朴思辨，庄子散文瑰丽多变、汪洋恣肆。《南华真经》曰：“以谬悠之说，荒唐之言，无端崖之辞，时恣纵而不傥，不以觭见之也。以天下为沉浊，不可与庄语；以卮言为曼衍，以重言为真，以寓言为广。独与天地精神往来，而不敖倪于万物，不谴是非，以与世俗处。”② 代表了庄子浪

① 王明：《道家和道教思想研究》，中国社会科学出版社，1984 年，第 1 页。
②《南华真经》，《道藏》第 11 册，第 637 页。

漫主义文学的主张。鲁迅言:“文辞之美富,实惟道家。”后世为文以浪漫著称的,如陶潜、李白、苏轼,无不受到老庄的影响。

(三)楚辞巫歌

楚地巫风炽盛,君臣上下“信巫觋,重淫祠”,社会上层“隆祭礼,事鬼神”,民间更甚“其祠必作歌乐,鼓舞以乐诸神”。楚辞就浸润于这样想象瑰丽、情感喷薄、神人相交的社会风气中。以屈原为代表的楚辞是先秦浪漫主义诗歌的最高成就,与老庄散文并称浪漫主义文学的两座高峰,与《诗经》构成中国诗歌的两大源头。与《诗经》偏重现实主义相比,楚辞代表了中国诗歌浪漫主义的一脉,影响深远。孕育了楚辞的楚文化与道教的形成有密切关系。

正是基于上述原因,楚辞成为阐释道教与文学关系的最佳注脚:“中国古典文学中以浪漫的想象为特征的文学,其源头乃是楚文化中产生的楚文学。巫觋文化恰恰又是楚文化中一个极其重要的部分。……与巫觋关系极为密切的道教那里恰恰为后人保存了大量的楚文化因子。一方面,它把巫觋那里大量的神祇鬼怪故事一股脑儿收罗进来,构筑了它那庞大无朋、千奇百怪的神鬼谱系;……另一方面,它又把巫觋的种种巫术加以扩充、整理、改造,变成了它那繁富复杂的仪式和方法……在这个意义上,可以说道教的兴起乃是楚文化精神在文学中复活的中介之一。”[①] 楚辞上接古代神话,下启浪漫主义传统,在中国浪漫主义文学发展史上占有至为重要地位。

屈原的楚辞驰骋想象,塑造了一个诡异神奇的艺术世界,宛若仙界;大量采用神话传说,龙凤日月、风伯雨师、湘君河伯,构建了宏大开阔的意境,塑造了鲜活的形象;奇幻的想象和极度的夸张

---

① 吴光正主编:《想象力的世界:二十世纪“道教与古代文学”论丛》,黑龙江人民出版社,2005年,第322—323页。

相结合，运用多种修辞手法，极波诡云谲之能事，形成了绮丽惊绝的语言气势。楚辞在文学成就之外，对道教也有影响。楚辞所依赖和展示的原始鬼神崇祀被道教吸收，民间巫术被道教借鉴容纳，医学卫生知识被道教发扬光大。如果说积极入世的儒家逐渐成为主流，现实主义文学随之日隆的话，浪漫主义文学似乎逐渐消退，其实不然，经由飘逸出世的道教，中国浪漫主义文学传统得以延续。

二、道教文化与中国浪漫主义文学思想

道教形成之后，其继承的道家哲学和特有的宗教观念影响了文学走向。无论是主动接受也好，还是潜移默化也罢，道教的神仙信仰和宗教仪式都引起了文人的极大兴趣，体现在各种类型的文学作品中。在道教影响下的文学作品，无不带有浪漫气息，“魏晋六朝时期是中国文学史上第一次浪漫主义文学创作的高潮时期……浪漫主义文学的这一繁荣，不能不在很大程度上归功于道教。即便在此后的浪漫主义文学中……，无不与道教有关。”大量浪漫主义作品的出现都和道教有关联，“这些都说明，道教在促进中国浪漫主义文学的发展中起到了重要作用”。[①] 道教提出了完整系统的文学思想，在历史进程中不断演进，直接推动了中国浪漫主义文学思想的发展。

（一）道：道教文论的核心

在道教中，“道”是最高宗教范畴，统辖一切。从道家到道教，有些论述并没有直接涉及文学问题，但对文学艺术的观念融化在宗教、哲学观点中，万变不离其宗，“道”也是道教文学思想的核心。

先秦道家对“道”的界定在道教那里承继下来。老子云：“有物混成，先天地生。寂兮寥兮，独立而不改，周行而不殆，可以为天

① 张松辉：《汉魏六朝道教与文学》，湖南师范大学出版社，1996 年，第 42 页。

地母。吾不知其名，强字之曰‘道’，强为之名曰‘大’。大曰‘逝’，逝曰‘远’，远曰‘反’。故道大，天大，地大，人亦大。域中有四大，而人居其一焉。人法地，地法天，天法道，道法自然。”“道之为物，惟恍惟惚。惚兮恍兮，其中有象；恍兮惚兮，其中有物。窈兮冥兮，其中有精；其精甚真，其中有信。”庄子云：“夫道，有情有信，无为无形；可传而不可受，可得而不可见；自本自根，未有天地，自古以固存；神鬼神帝，生天生地；在太极之先而不为高，在六极之下而不为深，先天地生而不为久，长于上古而不为老。”先秦道家哲学对“道”的表述充满神秘性，意义存在多重解读的可能，就为后来宗教的、哲学的延伸提供多种路径。“道”也被道教美学推崇为最高范畴，文学遵从于道，也服务于道。

“道”的多重意义空间为驰骋想象打开了闸门，无边的想象力是浪漫主义文学的根底。从“道法自然”生发出来的自然、虚静、质朴、去伪、冲淡、绮丽、飘逸、旷达等文学风格无不受益于道教对“道”美的进一步阐释。先秦道家奠定的浪漫主义文学思想基本轮廓在道教文艺实践中愈加丰满和具体，它们共同构成了浪漫的一脉。“俯拾皆是，不取诸邻。俱道适往，着手成春。如奉花开，如瞻岁新。真与不夺，强得易贫。幽人空山，过雨采蘋。薄言情晤，悠悠天钧。”[①]《二十四诗品》中所谓“自然”“飘逸”“旷达”的风格无不透露着道教的旨趣。中国古代文学思想中凡此“自然”之论，多从道家道教得义。

（二）真：道教文学理想

“真”是道教重要的思想范畴，也是道教文学理想的追求。从道生发出来的自然、朴素、虚静等文学风格无不归于“真”上。道教

① 祖保泉：《二十四诗品校注译评》，安徽师范大学出版社，2018年，第91页。

产生之后，为了宣扬道义的需要，对待文艺的态度带有“文以载道”的色彩，但这里的“道”不同于儒家所言的道，而是道教教义之道。道教所追求的“真”表面上与浪漫主义气息浓厚的“奇幻”是矛盾的，实则不然，道教所力求的“真”反而更贴近浪漫主义真谛。

庄子曰“真者，精诚之至也。不精不诚，不能动人”，这对文学也是适用的。《太平经》提出“出真文而去伪文”的文艺主张：“欲得疾太平者，取决于悉出真文而绝去邪伪文也。”[1]。何谓“真文”？“文书满室，中有能得天心者、平理治者，真文也，其余非也。”[2]《太平经》把真文看作“至道”的承载，关于大道的施行和道义的宣扬，因此不惜余力地反对“伪文”。从宗教的角度来讲，“伪文”有扰乱宗教秩序的危险，“道经乱，则天文地理乱矣”。从文学的角度看，“伪文”盛行，丧失了人的真情实感，也抛弃了语言文字的真美感，这样的“文”定然贻害无穷，文学也不会再有生命力。

到了葛洪那里，“筌可以弃，而鱼未获而不得无筌；文可以废，而道未形则不得无文”的主张可以看出道儒融合的趋势，但依然没有脱离“真”的追求目标。葛洪尚“朴”，朴即真，真即道。与葛洪一样有着深厚哲学、文学造诣的陶弘景也从事多种文艺实践，他不仅对宗教理论和制度进行提升，而且通过文学创作实绩来践行宗教理想。陶弘景把当时盛行的志怪作品作为建构宗教世界的手段，看似模糊了“真”与“幻”的界线，实际上正是通过瑰丽奇幻的神仙故事叙事来达到真理的宣教。葛洪、陶弘景等宗教理论家的文学观点值得注意，他们文学作品的影响也不容小觑。后世的很多浪漫主义创作都从他们获得启发，汲取营养。

---

①《太平经》，上海古籍出版社，1993 年，第 80 页。
②《太平经》，上海古籍出版社，1993 年，第 404 页。

（三）仙：道教文学境界

道教以神仙信仰为基本特点，相信神仙可学可致。“仙”的达成有多种途径，文学自然是有所裨益的一端。修道成仙的心理历程颇类文学体验的境界，道教“坐忘”的观念是对浪漫主义文学审美思想的贡献，更不要说仙人仙境对文学想象力的激发了。

早期道教把“长生久视”看作人生最高的追求，后世的道教理论家在这一问题多有阐发。唐代著名道士吴筠笃信“神仙可学”：“仙者，人所至美者也。死者，人之所至恶者也。”[①] 神仙可学可致自汉代起就在道教思想中占有重要地位，吴筠在这一问题上提出了自己的观点。为了表现自己的道教观念，吴筠创作了大量文学作品来描绘神仙境界和学仙历程，游仙诗就是其中之一。魏晋以来，游仙诗盛行，唐代反映道教生活旨趣和神仙境界的游仙诗更加繁荣。坚信神仙可学可致的道士以文学创作来展示神仙境界，迎合了当时的社会思潮，为浪漫主义文学的发展提供理论推进和创作刺激。

道教对“仙”的境界追求和文学巅峰的审美体验是相通的，文学审美的高度愉悦状态未尝不是一种“仙”的境界，庄子所谓“坐忘”。成玄英在庄子的基础上提出“物我双遣”“物我兼忘”，这是一种虚妙的体验：“知既造极，观中皆空，故能用诸有法，未曾有一物者也，可谓精微至极，穷理尽性，虚妙之甚，不复可加矣。”[②] 司马承祯在《坐忘论》中申说：“夫坐忘者，何所不忘哉！内不觉其一身，外不知乎宇宙，与道冥一，万虑皆遗。”[③] 凡对文学艺术有精辟见解的高道，往往有文学实践，理论阐释和文学创作相得益彰。司马承祯留下的诗虽然不多，但可见高超造诣：“时既暮兮节欲春，山

①《宗玄先生玄纲论》，《道藏》第23册，第681页。

②《南华真经注疏》，《道藏》第16册，第568页。

③《坐忘论》，《道藏》第22册，第892页。

林寂兮怀幽人。登奇峰兮望白云，怅缅邈兮象欲纷。白云悠悠去不返，寒风飕飕吹日晚。不见其人谁与言，归坐弹琴思愈远。”

道教的“仙”为文学提供了炽热、浓郁的想象力，提供了奇瑰诡绮的意象世界，提供了无拘无束的心意体验，这些恰恰是浪漫主义文学最为需要的要素。

三、道教文化与中国浪漫主义文学创作

文学创作的主体是人，文学是人学，道教亦是人学。文学创作者与道教的关系大致有二，一类是道门中人，对道教有着虔诚的信仰，并且有着较高的文学造诣；另一类是并没有严格意义上的道士身份，但是对道教的教义、哲学、仪轨都有着亲近的态度，在创作时受到道教文化的浸染。这两类文学创作者由于和道教的亲近，很大程度上体现了道教的旨趣，运用道教惯用的意象，带有明显的浪漫主义气质。随着道教在民间影响的扩大，普通民众对道教的理解也更加便利，道教影响下的民间创作也构成了中国浪漫主义文学的一枝。

（一）神与道合：道门中人的文学创作

“神与道合，谓之得道。”[1] 道教从诞生之时起就较为看重文学在宣扬教义上的作用，不仅通过文学创作来传教，而且道门中人通过文学创作表达道教观念，抒发宗教感情，彰显道门清风。因此，就整体风格上来讲，道门中人的文学创作天然带有浪漫主义气息。

在魏晋时期大盛的游仙诗风，既有道门中人的创作，也有道外文人的创作。相较而言，道门中人的游仙诗对道教有着充沛的感情，对道教意象的使用并非简单挪借，更有飘逸畅游的境界。如葛玄游

① 《坐忘论》，《道藏》第22册，第896页。

仙诗之一：

一讽而一咏，玄音彻太清。
太上辉金容，众仙齐应声。
十方散香花，燔烟栴檀馨。
皇娥奏九韶，鸾凤谐和鸣。
龙驾翳空迎，华盖耀杳冥。
翛闲劫仞台，帝释倏降庭。
八王奉丹液，挹漱身腾轻。
逍遥有无间，流朗绝形名。
神童侠侍侧，自然朝万灵。
飘飘八景舆，游宴白玉京。[①]

在吴筠那里，游仙诗依然保持了铺陈道教意象的艺术手法，通过大量仙、景、物的铺排来描绘神仙世界的美好，来描写神仙生活的美妙，并以此来体现“神仙可学”的宗教观念。道门中人的游仙诗从楚辞中延续来美好事物的层垒叠加，使用多种修辞手法，辞藻华丽，气象宏大，境界高远。无论是创作者还是阅读者，都能够在字里行间体会到仙人翩逸、仙境曼妙的愉悦感。试举吴筠游仙诗之一体味：

纵身太霞上，眇眇虚中浮。
八威先启行，五老同我游。
灵景何灼灼，祥风正寥寥。

①《历世真仙体道通鉴》，《道藏》第5册，第235—236页。

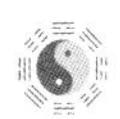

啸歌振长空，逸响清且柔。

遨嬉无近赏，顾眄皆真俦。

不疾而自速，万天俄已周。

道门中人的文学创作题材多种，内容多样，与普通文人相比，道门中人把文学创作和道教的活动结合起来，这类文学作品是普通文人所难以企及的。例如，白玉蟾的这篇《木郎祈雨咒》，用于行雷法祈雨时："乾晶瑶辉玉池东，盟威圣者命青童。掷火万里坎震官，雨骑迅来发太濛。木郎太乙三山雄，霹雳破石泉源通。坤震巽土皓灵翁，猛马四张欻火冲。……"这类文学作品由于浓重的道教色彩以及宗教实用性，专门的文学研究少有留意。在偏重理性的宋诗中，倒不啻为浪漫主义的延续。白玉蟾这首诗"想象丰富，气氛热烈，诗中的神名、神物并不给人以虚妄之感，反而有一种前赴后继、一气呵成之势。这种强烈的感情，浩大的场面，奇异的想象，体现了古典诗歌中的浪漫主义精神"①。如果说道外文人更多地借助道教意象来达到文学世界建构的话，道门中人则真正达到宗教感情和文学感情的统一，从这个意义上说，道门中人文学创作的浪漫气质更接近于自然流露。

（二）为谪仙人：道教滋养下的文人创作

除了道门中人的文学创作，还有一些与道教关系密切的文人在中国浪漫主义文学史上留下了浓墨重彩的一笔。他们或短暂入教，或寄居道观，或仰慕道风，或与道士交往甚密……总之，但他们拿起笔进行文学创作的时候，熟悉的道教意象、道教理想、道教景致

① 伍伟民、蒋见元：《道教文学三十谈》，上海社会科学院出版社，1993年，第86页。

就成为抒发浪漫主义情怀的首选。

道教对浪漫主义文学的滋养，唐代诗歌最有说服力。“道教与文学在唐代都处于一个高度发达的阶段，这一事实本身就预示了道教与文学‘互渗’的必然。在这个时代，道教徒中多文人（如司马承祯、吴筠、施肩吾），文人中多道教徒（如李颀、李白、顾况、戴叔伦），因此，道教的意象被诗人和小说家们广泛使用着。”[①] 在道教滋养下的文人创作，李白无疑最具有代表性。李白成长为浪漫主义大师，道教在其中发挥了多少作用无法用量化指标来说明，但是当我们打开李白堪称浪漫主义巅峰之作的作品时，又不能不对其中屡屡出现的道教神仙、道教境界、道教情趣格外注意。李白对自己的定位是“达则兼济天下，穷则独善其身”，但“仕途不称意”让李白政治理想逐渐破灭，终南捷径或许是一种选择，但终究没能实现李白的愿望。无论是追求“达”，还是被迫“穷”，李白始终对道教保持着亲近，娴熟使用道教意象，纯熟提炼道教意境，打造了属于自己的浪漫世界。李白诗中，说到学仙的过程“家本紫云山，道风未沦落”“十五游学仙，仙游未曾息”“吾将营丹砂，永与世人别”，说到对神仙的向往“仆卧香炉顶，餐霞漱瑶泉”“安得不死药，高飞向蓬瀛”“青斋三千日，裂素写道经”，更不要说“海客谈瀛洲”“仙之人兮列如麻”此类道教意象使用得炉火纯青了。

唐代诗人施肩吾兼有道士和诗人的身份，仙情诗虽不如李白诗千古绝唱，但也是飘逸诗风的上乘之作。《访松岭徐炼师》：“千仞峰头一谪仙，何时种玉已成田。开经犹在松阴里，读到南华第几篇。”道教的神仙世界在文人创作中一再锤炼升华，转变为中国浪漫主义

---

① 吴光正主编：《想象力的世界：二十世纪“道教与古代文学”论丛》，黑龙江人民出版社，2005年，第328页。

文学的典型意境。诚如苏轼《后赤壁赋》所言：“梦一道士，羽衣蹁跹，过临皋之下，揖予而言曰：‘赤壁之游乐乎？’问其姓名，俯而不答。呜呼噫嘻！我知之矣。畴昔之夜，飞鸣而过我者，非子也耶？道士顾笑，予亦惊寤。开户视之，不见其处。”古代文人但凡仕途受阻不如意时，普遍转向名山大川寄托情怀，从佛道处寻找安慰，道教承载了这份浪漫主义情思。

（三）八仙传说：道教影响下的民间创作

中国浪漫主义文学除了文人文学的一脉，还有民间文学的一脉。道教对文人创作的影响可以借由付诸纸面的文学作品予以把握，但民间文学多赖口头，比起文人文学来更有考索的难度。道教与民间文学的关系早就引起学者的注意。自道教产生起，民间就流传起宣扬道教的歌谣辞文，还有大量和道教有关的传说故事，并且产生了专为宣扬道教的民间说唱。一方面，道教为了扩大民间影响力，道士创作出一系列道教题材的民间文学作品，为普通民众所接受；另一方面，随着道教影响的扩大，民众借了道教的题材内容新编创出民间文学作品出来。无论是否出于传教的目的，道教影响下的民间创作成为不可忽视的文学现象。此类民间创作或多或少脱离道教的宗教约束，展现了民众的审美趣味。

在各类仙话中，八仙传说最为人们所熟知，现在流行的“八仙”产生初期或有道士的参与，但主要是在民间传播的过程中发扬光大，“杂取民间传说作之”（鲁迅语），集中体现了道教影响下民间创作的浪漫主义取向。八仙既是道教里的神仙，又是人们生活中的人，既有神仙独特的异能，又有人的世俗性。正是借助这样的神仙人物形象，民间创作驰骋想象，大胆创造，寄托理想，展现无边的艺术生产力。“具有游侠特征的八仙，浪迹人世，匿真隐形，有时又于突兀中施逞神力，出来济困扶危，惩罚邪恶，主持人间正义，给黑暗王国带来一线光明。故事中虚构与写实，世俗生活与神幻境界交错融合，色彩斑斓，引人入胜。”[①] 八仙在民间社会影响深远，至今不息。

道教影响下的民间创作，在内容上有神仙故事、洞天福地，在体裁上有民间传说故事、民间曲艺、民歌小调。有些还留着道教的宗教色彩，有些则转变为世俗民间文艺，它们共同构成了道教影响下民间创作的艺术世界，道教文化激发了民众的无限想象力和创造力，提供了贴近民众生活的艺术创作空间，民间创作的中国浪漫主义文学展现出了色彩瑰丽的一面。

四、道教文化与中国浪漫主义文学作品

在道教文化的影响下，诞生了一大批相关的浪漫主义文学作品。葛兆光先生认为：“道教对于中国古典文学的影响，也正表现在这里。第一，它刺激了人们的想象力；第二，它提供了许许多多神奇的意象；第三，这些意象的凝固形态作为‘典故’渗透在中国古典诗词之中，而这些意象的扩展形态则作为‘情节’、‘场景’及‘原型’出现在中国古典戏曲、小说之中。”[②] 在长期以现实主义为主导的中国文学史上，浪漫主义就显得尤为珍贵，道教对中国文学的贡献在浪漫主义思想上尤为显著，想象力、神奇意象都是浪漫主义文学的核心要素，举凡浪漫主义文学文学作品，都能看到道教或隐或显的影响。

（一）仙诗缓歌：道教浪漫主义诗歌

早期道教经典如《太平经》《黄庭经》都采用宜于传颂的诗歌形

① 刘守华：《中国民间叙事的道教色彩》，人民日报·海外版，1990 年 3 月 6 日。

② 吴光正主编：《想象力的世界：二十世纪“道教与古代文学”论丛》，黑龙江人民出版社，2005 年，第 322 页。

式，虽然不大完全等同于文人的诗歌创作，但却借鉴通俗文学的风谣形式，具备了诗歌的形态。道教文学的发展，从内容到形式都可能继续成长为成熟的文学类型，被文人文学借鉴吸收，例如游仙诗和步虚词。不仅为道门中人所重，还被当时的文人用来创作，出现一派诗风。这类作品在中国浪漫主义文学史上占有独特的地位。

道门中人创作的游仙诗充满了对神仙生活和神仙境界的向往，通过一次次仙境的漫游，一次次神仙的出场，自由翱翔，逍遥天地。众多仙人降临而来，展现神仙生活的美妙，给修道者以神灵启示，进而转化为审美享受。文人创作的游仙诗虽然没有道士游仙诗那么浓郁的宗教感情，但也摆脱了一定的宗教约束，更加显得自由超拔。这类游仙诗都能够给当时面临种种困顿的人们以解脱的途径，在慷慨之外多了几分浪漫洒脱。步虚词从道教斋醮仪式中演变而来，“步虚词，道家曲也，备言众仙缥缈轻举之美”。[①] 在道教科仪中，咏诵步虚词有特殊的宗教意味，“乃有玄音才吐而八表咸和，神韵再敷则十华竞集。旋玄都以掷灵，蹑云纲而携契。信是怡神涤志之法场，解形隳心之妙处也”。[②] 文人根据道教步虚词的曲调进行创作，渐渐成为一种诗体，随着表现内容的丰富而不限于道教文学了。

（二）鬼神志怪：道教浪漫主义小说

自小说诞生起就不大受人重视，视为“街谈巷语，道听途说者之所造也”，但恰是这不登大雅之堂的“小说”却最大程度地迎合了普通民众的兴味。但诗歌在“文以载道”的重任下日渐凋零之时，小说的虚构性又为浪漫主义文学找到了新的生发点。从神话传说起，到六朝志怪小说，再到唐传奇宋话本，乃至明清小说，浪漫主义文

① 郭茂倩：《乐府诗集》，上海古籍出版社，2016 年，第 939 页。

②《洞玄灵宝升玄步虚章序疏》，道藏第 11 册，第 168 页。

学脉络中都有道教的因子。

在小说所营构的虚幻世界中，道教的影响功不可没，那些鬼神精灵、天宫地狱都能在道教里找到原型。“中国神怪小说的发展，和道家的广为传播与道教的自神其教息息相关……自秦汉道魏晋，是道家思想的传播和道教形成的重要时期；与此相应，也是神怪小说的诞生期。道教借小说进行宣教活动，一方面是推动了小说的发展，一方面是道教的思想内容渗透入小说之中。”[①] 不仅有无数的“神仙传”，还有描绘仙境的“博物志”，还有抒写神怪故事的“搜神记”。唐代传奇的艺术自主性更强，有了更加精彩的幻想叙事作品，《补江总白猿传》《游仙窟》《柳毅传》《枕中记》《南柯太守传》等均是文学史上的名篇。及至宋元话本小说和明清神魔小说，道教所营造的神仙形象、奇幻意象、神仙世界已经广为接受，成为小说作品中的常客，处处可见道教印记。随着对道教文学意象的建构和解构，文学作品中的道士形象和道教描绘未必符合道教真实样貌，但从一个侧面可以看出在文学发展进程中，道教的影响不可低估。

（三）神仙道化：道教浪漫主义戏剧

据钟嗣成《录鬼簿》估计，元代杂剧有 400 多种，以道教活动为题材、以道教人物为主角的作品约有 40 多种，涉及道教的就更多了。广泛流传的道教民间传说故事、道教神仙传记小说都是戏剧创作的取材宝库，“神仙道化”剧宗教色彩浓厚，其他涉及道教的剧目更是不胜枚举。

宋元以降，道教浪漫主义戏剧取得了极高的成就，有些作品不仅在中国文学史上留名，而且为中国戏剧赢得了世界声誉。神仙道化剧与道教关系最为密切，通过演述成仙故事来宣扬教义，因其中

① 林辰：《神怪小说史》，浙江古籍出版社，1998 年，第 109—110 页。

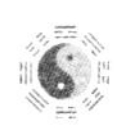

常有度脱的桥段，又被称为“神仙度脱剧”，例如《邯郸道醒悟黄粱梦》《汉钟离度脱蓝采和》等，明传奇里汤显祖的《邯郸记》、苏汉英的《吕真人黄粱梦境记》等。还有一类着意抨击现实生活的黑暗、宣扬神仙生活安乐的剧目，如《西华山陈抟高卧》《老庄周一枕蝴蝶梦》等。区别于元代逃避现实式的神仙描绘，明清对神仙世界的庆贺色彩亦为看重，此时兴起的庆寿剧可见一斑，充分发挥了道教贵生长寿的观念，《八仙庆寿》《王母祝寿》《瑶池会》颇为盛行。渴盼神仙和高道利用特殊本领主持公道，反映了民众渴望正义的诉求，寄托了对道教惩恶扬善的深厚感情，如《张天师断风花雪月》《张天师明断辰钩月》等。道教对亦真亦幻的“梦”有独特的感知，浪漫主义戏剧常用的创作手法及用“梦”来指代亦真亦幻的世界，“临川四梦”道教蕴涵丰富，艺术手法高超，在世界戏剧文学中占有一席之地。

综上所述，中国文化的根柢在道教，道教对中国文化的影响是基础性的。道教对中国文学的影响如何强调都不为过，除了在各种文学作品中看到无以计数的道教人物、神仙鬼怪、奇幻仙境之外，还需要看到道教文化在保留和存续中国浪漫主义文学传统上的独特地位。在道教形成之前，中国浪漫主义文学开始萌发，孕育其生长的神话传说同样也滋养了后来的道家、道教，而且在早期具有同源性，造就了气质的相通。中国浪漫主义文学早期的两座高峰——庄子散文和屈原楚辞恰又是道教形成前最为重要文化渊源。道教形成之后，影响体现在方方面面，中国文学整体走向务实的时候，道教为民族想象力提供了一方沃土，构建起了以“道”为核心，激发想象力和创造力的文学思想，为中国浪漫主义文学的发展注入了活力。中国文学史上出现了大批道士诗人、诗人道士，出现一大批在道教影响下的诗歌、散文、小说、戏剧，以及享有广泛群众基础的民间文学作品。道教文化构筑起全民的想象力体系，推动了中国浪漫主义文学的传承和播布，不仅在古典文学中生根发芽，而且在现当代文学中熠熠生辉，形成了富有民族特色的浪漫主义文学传统。

道教文化与中国志怪小说

黄景春[*]

摘　要：神仙传记是道教神仙信仰的产物，它萌发于先秦，先是夹杂在历史、地理、哲学文本之中，后来逐渐单独成篇，收入志怪集。汉魏时期道教神仙传记已经结集成《列仙传》《神仙传》等专书。今天神仙传记被当作志怪小说的一个品种，但历史上它们也是神仙实有的文献证据。神仙传记是中国文学的独特类型，对中国古代小说的叙事模式产生很大影响。

关键词：神仙传记；叙事模式；文学影响

战国秦汉时期，各地神仙方士以师徒相授方式传承仙人不死、仙道可求的信仰和叙事，影响所及，多位帝王都曾派遣方士寻找不死药，从而对神仙信仰起到推波助澜作用。东汉后期教团产生，道教进入有组织、有教主、有经典、有庙宇、有节会的自觉发展阶段，前代著名道士羽化后被奉为仙人，道经还不断创造其他神仙。于是，神仙队伍日渐壮大，神仙传说大量增加。形诸文字的神仙传记，有的散杂在志怪小说集里，有的结集成专书。从文学的角度看，神仙

* 黄景春，上海大学教授。

传记属于志怪小说，但在道教看来，神仙传记是仙人的履历表，也是神仙实有的文献证据。

一、神仙传记的萌芽阶段

道教神仙传记属于人物传记的一种，但传主不是一般历史人物，而是传说性、宗教性人物及其神奇、灵异故事。其源头可以追溯到商周时期。甲骨卜辞对“帝”的卜问，已呈现出殷人想象的主宰人间事物的天帝形象。《尚书》中的“上帝”就是天帝，已有神格和意志，“惟上帝不常，作善降之百祥，作不善降之百殃”[①]，描述周人对天帝神格的认识。当时存在对天帝的信仰，不敬祀天帝是一种罪状。武王伐纣，罗列纣王罪状，就有一条“弗敬上天”或“弗事上帝神祇”[②]。“上帝”与“神祇”并列，也可知商周之际的神灵，除了天帝之外，还有其他众多神灵。

古代口承神话传说转变成文字文本，就成为最早的“志怪”。先是零散出现在历史典籍中，后来逐渐单独成篇，乃至单独成书。神仙不死故事是早期志怪的内容之一。鲁迅《中国小说的历史的变迁》第一讲就讨论“从神话到神仙传”，把神话、神仙传记作为最早的小说形态。[③] 从长生到不死，从服食不死药到得道成仙，仙人的观念有一个逐渐孕育的过程。《山海经》已经多次出现“不死”，还有不死之药、不死之国、不死民、不死树等，还出现了居住在昆仑山的西王母。其《西山经》云：“西王母其状如人，豹尾虎齿而善啸，蓬发

① 阮元校刻：《十三经注疏·尚书正义·伊训》，中华书局 1980 年影印本，第 163 页。
② 阮元校刻：《十三经注疏·尚书正义·泰誓上》，中华书局 1980 年影印本，第 180 页。
③ 鲁迅：《中国小说史略》，人民文学出版社，1973 年，第 269—273 页。

戴胜，是司天之厉及五残。”[1]《海内北经》云：“西王母梯几而戴胜杖，其南有三青鸟，为西王母取食。”[2] 西王母是半人半兽的形象，掌管瘟疫、刑杀。这里没有提及她跟不死药的关系，但此时西王母掌管不死药可能已是无需言说的常识，而对常识的陈述经常采用省略式。《竹书纪年》描述周穆王西征：“十七年，（穆）王西征昆仑丘，见西王母。”[3] 也没有提及周穆王向西王母请不死药之事。《穆天子传》载西王母在瑶池接见周穆王，西王母谣曰：“白云在天，山陵自出。道里悠远，山川间之。将子无死，尚能复来。”[4] 此处提到了“不死”，但没有说给还是不给不死药之事。其实，这本书写周穆王西征拜谒西王母，请不死药而未得。周穆王并没有因此失望，他谣答西王母：“予归东土，和治诸夏。万民平均，吾顾见汝。比及三年，将复而野。”[5] 他的意思是说，自己返回东土，治理好华夏各邦，实现万民平均，三年以后再来拜西王母请不死药。西王母掌管不死药，在战国时期已无需言说，而是尽人皆知的常识了。

《庄子》从哲学高度描写多位“得道者”，并称之为真人、至人、神人。所谓“道”，它“自本自根，未有天地，自古以固存”。[6]《逍遥游》云：“藐姑射之山，有神人居焉，肌肤若冰雪，绰约若处子。不食五谷，吸风饮露。乘云气，御飞龙，而游乎四海之外。”[7] 神人是得道者之一种。得道者获得超越时空的自由，与传说中的仙人相

---

① 袁珂:《山海经校注》，巴蜀书社，1993 年，第 59 页。

② 袁珂:《山海经校注》，第 358 页。

③ 王国维:《今本竹书纪年疏证》，见方诗铭、王修龄撰《古本竹书纪年辑证》，上海古籍出版社，2005 年，第 251 页。

④《穆天子传》卷三，见《汉魏六朝笔记小说大观》，上海古籍出版社，1999 年，第 14 页。

⑤《穆天子传》卷三，见《汉魏六朝笔记小说大观》，第 14 页。

⑥ 郭庆藩《庄子集释》，中华书局，1961 年，第 246 页。

⑦ 郭庆藩《庄子集释》，第 28 页。

当。“黄帝得之，以登云天；颛顼得之，以处玄宫；禺强得之，立乎北极；西王母得之，坐乎少广，莫知其始，莫知其终；彭祖得之，上及有虞，下及五伯。”① 庄子把得道与神人结合起来，是后世“得道成仙”思想的源头。

战国仙人的基本特征是获得不死和飞行的能力，在时间上超越生命的短暂性，在空间上克服行动速度和可到达领域的局限性。后世仙人在这两个特点基础上又增加了变化、通神、役物、预知等能力，更加超越常人，与“神”几无差别。“神”与“仙”原本截然不同。神是无始无终的超自然存在，世界各民族都有此信仰对象，道教的三清、四御、三官等也都属于神。所谓“仙”，刘熙《释名·释长幼》云：“老而不死曰仙。”② 仙由人修炼而成，能超越生死、飞行变化者，如赤松子、广成子、黄帝、彭祖、王子乔等，都是早期的著名仙人。虽然神与仙有明显差异，但二者都具有超时空的能力、超自然的力量，所以彼此既区分又关联。秦汉时期，神与仙开始连称，界限趋于模糊。《史记·封禅书》已有“神仙”之说。此后“神仙”这个概念一直沿用不废，神与仙的合称，多数时候偏指于仙。

战国秦汉时期神仙方士反复讨论的主要是不死、神药之事，罕有庄子那样在“得道”层面讨论问题的哲人。当时燕、齐方士持神仙不死之论游说于齐威王、齐宣王、燕昭王，后又延及秦始皇、汉武帝等，这些帝王都曾派方士入海求取神药。方士为了扩大神仙说的影响，还有意将著名神话人物描述成仙人，其中黄帝、西王母、嫦娥、彭祖、广成子、赤松子等可为代表。屈原在《远游》中写到二十多位仙人，历史人物傅说、王乔、韩众等都在其中。到汉代，

---

① 郭庆藩：《庄子集释》，中华书局，1961 年，第 247 页。

② 刘熙：《释名疏证补》卷三，毕沅、王先谦疏证，上海古籍出版社 1984 年影印本，第 12 页。

曾经帮助帝王寻找不死药的方士羡门高、徐福、安期生等成为新的仙人。方士自神其术，羽化后弟子又刻意神化老师，于是一代又一代著名方士被加工成仙人。这是古代神仙生产的基本途径之一。他们的故事也为人们所津津乐道，成为神仙传记的题材。

二、志怪小说中的神仙传记

志怪小说在战国时期已经出现。“志怪”最早见于《庄子·逍遥游》：“齐谐者，志怪者也。”[①] 这里的“齐谐”，有人认为是姓齐名谐的著书人，有人认为是书名。志，记也；怪，异也。志怪就是记录神仙鬼怪、奇人异事的著作。庄子引齐谐之言以自证，说明当时已有志怪书。志怪书中篇什，现在都视为志怪小说。按照李剑国的说法，志怪小说是“记载神鬼怪异故事的小说丛集”。[②] 他说：“志怪小说的起源是志怪故事，志怪故事包括神话传说、宗教迷信传说和地理博物传说。”[③] 也就是说，在志怪小说之前，是长久的“述怪”传统。从口头讲述到文人记录是一个写定过程，也是一个加工润色过程。通过书写，作者把自己的理解融入到文本中，表达特定的价值观。当然，文本一旦形成，读者也会仁者见仁，智者见智，在阅读过程中进行再加工。因此，对神仙传记的写定、再创作是在神仙信仰的社会环境下完成的。从文学史而言，志怪是中国古代小说发展的重要阶段；从道教史而言，志怪是古人对自己的信仰对象所做的素描画像。

《山海经》作为“古今语怪之祖”[④]，一向被视作志怪小说的源

---

① 郭庆藩：《庄子集释》，第4页。
② 李剑国：《唐前志怪小说史》，天津教育出版社，2005年，第9页。
③ 李剑国：《唐前志怪小说史》，第25页。
④ 胡应麟：《少室山房笔丛》卷三二《四部正讹下》，上海书店，2009年，第314页。

头。该书多言某地有某怪物、怪人，可以发挥某种作用或预示某种灾异。与《山海经》并列的《禹本纪》也应属此类。战国出现的《归藏》为占书，轶文散见各书，多言神怪之事：

太昊之世，有白云自苍梧入于大梁。①

蚩尤出自羊水，八肱八趾，疏首，登九淖以伐空桑。黄帝杀之于青丘。②

共工，人面蛇身，朱发。③

昔穆王天子筮西征，卜吉曰：龙降于天，而道里修远，飞而冲天，苍其羽。④

《归藏》叙事比《山海经》更重情节性，志怪小说的特征更加明显。《汉书·艺文志》著录小说家十五种，皆为战国西汉作品。其中《伊尹说》二十七篇、《师旷》六篇、《黄帝说》四十篇都含有大量志怪内容。袁行霈《中国文言小说书目》以《山海经》为第一篇，《穆天子传》为第二篇，其他诸如《燕丹子》《伊尹说》《青史子》《师旷》《务成子》《方士传》《十洲记》《黄帝说》等，或存或佚，都在第一编"先秦至隋志怪小说"中介绍。⑤ 即便是已佚的志怪书，在历史上也曾十分重要。如已佚的《黄帝说》，李剑国推测可能就是《黄帝书》。⑥《风俗通义》卷八引《黄帝书》云："上古之时，有神荼与郁垒昆弟二人，性能执鬼。度朔山上有桃树，二人于树下简阅百鬼，

① 李昉等：《太平御览》，卷九八四，上海古籍出版社，2008年，第649页。
② 徐坚：《初学记》，卷九，中华书局，1962年，第205页。
③ 欧阳询：《艺文类聚》，卷十七，上海古籍出版社，1982年，第319页。
④ 李昉等：《太平御览》，卷八五，第806页。
⑤ 袁行霈、侯忠义：《中国文言小说书目》，北京大学出版社，1981年，第3—9页。
⑥ 李剑国：《唐前志怪小说史》，第118页。

无道理妄为人祸害，神荼与郁垒缚以苇索，执以食虎。”[1] 这段文字用于解释桃木、虎及神荼、郁垒辟鬼的原因。

汉代道教神仙信仰比战国时期更加流行，帝王喜好神仙方术、符命谶纬，术士驰骋奔趋，竞相谈论。《后汉书·方术列传上》载："汉自武帝颇好方术，天下怀协道艺之士，莫不负策抵掌，顺风而届焉。后王莽矫用符命，及光武尤信谶言，士之赴趣时宜者，皆骋驰穿凿，争谈之也。”[2] 东汉是道教从自发走向自觉的年代，神仙方士开始形成教团，创立教派，通过祈祷、驱鬼、治病、占候、预知等方术扩大其社会影响力，高级方士成为祭酒、大祭酒、将军、君师，羽化以后转变成仙人。于是神仙群体更大，神仙传记更多。《方术列传》上下篇记载 40 多人，16 人精通占候、预知之术，2 人知兵术，3 人知图符谶纬，5 人通医术，费长房（及其师壶公）等 18 人通道术、能劾鬼、善变形，有的还精通胎息法、房中术。这些方士中的费长房、蓟子训、刘根、左慈、甘始、鲁女生、东郭延年、封君达、泠寿光等人的传记，跟《神仙传》中相应的传记情节基本一致，繁简有别而已。

汉魏又有托名东方朔的《神异经》《十洲记》。前者行文近于《山海经》，叙说“九荒”[3] 奇人异物。如《西南荒经》："西南荒中出讹兽，其状若菟，人面能言，常欺人，言东而西，言恶而善。其肉美，食之言不真矣。”[4]《中荒经》："不孝鸟，状如人身，犬毛有齿，猪牙，额上有文曰‘不孝’，口下有文曰‘不慈’，背上有文曰‘不道’，左胁有文曰‘爱夫’，右胁有文曰‘怜妇’。故天立此异，畀以

① 应劭撰，吴树平校释：《风俗通义校释》，天津人民出版社，1980 年，第 306 页。
② 范晔：《后汉书·方术列传上》，中华书局，1965 年，第 2705 页。
③ 前述“八荒”，末述“中荒”，共为“九荒”。
④ 见《汉魏六朝笔记小说大观》，第 54 页。

显忠孝也。”[①] 神异故事含教化思想，犹如寓言。后者以东方朔答汉武帝问的形式，历述“八方巨海”中十洲的位置、物产、神仙宫室。如玄洲：“玄洲在北海之中，戌亥之地，方七千二百里，去南岸三十六万里。上有太玄都，仙伯真公所治。多丘山，又有风山，声响如雷电。对天西北门上，多太玄仙官宫室。宫室各异，饶金芝玉草。乃是三天君下治之处，甚肃肃也。”[②]

署名郭宪的《汉武帝别国洞冥记》，以汉武帝求仙和异域奇物为主要内容，把神仙怪异事物置于远方异国，通过“贡”的方式与汉武帝联系起来。如其卷一：“翕韩国献飞骸兽，状如鹿，青色。以寒青之丝为绳系之。及死，帝惜之而不瘗，挂于苑门。皮毛皆烂朽，惟骨色犹青。时人咸知其神异，更以绳系其足。往视之，唯见所系处存，而头尾及骨皆飞去。”[③] 青骨是仙人的骨色。飞骸兽骨头为青色，有神仙品质，故其死后也能飞去，犹如尸解。

汉魏六朝时期，以汉武帝求仙为题材的志怪小说甚多，其中有班固的《汉武故事》，叙说汉武帝生平事迹，神怪之事甚多。西王母降临汉宫、汉武帝索要不死药的一段故事：

> 上迎拜，延母坐，请不死之药。母曰：“太上之药，有中华紫蜜、云山朱蜜、玉液金浆，其次药有五云之浆、风实云子、玄霜绛雪，上握兰园之金精，下摘圆丘之紫柰，帝滞情不遣，欲心尚多，不死之药，未可致也。”[④]

---

① 见《汉魏六朝笔记小说大观》，第59页。
② 见《汉魏六朝笔记小说大观》，第65页。
③ 见《汉魏六朝笔记小说大观》，第126页。
④ 鲁迅：《古小说钩沉》，齐鲁书社，1997年，第222页。

汉武帝见面之初就向西王母请不死药，但西王母说他“欲心尚多”，不死药虽多，不能赐给不够格的人，拒绝了他的请求。西王母赐给汉武帝仙桃，还遣使告诉他“求道之法，唯有清净，不宜躁扰”。但他未遵循教诲，不仅征伐异域远国，还杀戮神仙方士。西王母派遣使者责备他：“求仙信耶？欲见神人而先杀戮，吾与帝绝矣！”① 在《汉武故事》中，汉武帝贪欲之心、残暴本性与清净仙人格格不入，他求仙的目的纯粹是为了长生不死，永享皇权。所以，他求仙失败也是必然的结果。

魏晋南北朝时期志怪小说纷然而起，《列异记》《玄中记》《搜神记》《后搜神记》《幽明录》《宣验记》《冥祥记》《述异记》等皆为人所熟知。中国文学的志怪传统已然形成。《搜神记》是志怪小说的代表作。干宝阐述自己撰书目的是“发明神道之不诬”②，也就是说，他想证明神仙鬼怪跟人一样是真实的。这种想法在当时普遍存在。该书《隋书・经籍志》《旧唐书・经籍志》都列入传记类，直到欧阳修编撰《新唐书・艺文志》才归在小说类。不过，《搜神记》宋代以后亡佚，今本是后人辑录的。至于何时何人辑录，说法不一。袁行霈说：“今本二十卷，盖（明）胡元瑞所辑。”③ 胡元瑞依据《法苑珠林》及其他类书、史书辑录，既有阙遗，又有误抄，也有滥收，其书初刊于胡震亨《秘册彙函》，后来毛晋又收进《津逮秘书》，张海鹏辑入《学津讨原》，鲁迅说它“是一部半真半假的书籍”④。余嘉锡却认为：“余谓此书似出后人缀辑，但十之八九，出于干宝原书。”⑤

---

① 鲁迅：《古小说钩沉》，第 222—223 页。

② 干宝：《搜神记・序》，中华书局，1979 年，第 2 页。

③ 袁行霈、侯忠义：《中国文言小说书目》，北京大学出版社，1981 年，第 16 页。

④ 鲁迅：《中国小说史略》，人民文学出版社，1973 年，第 275 页。

⑤ 余嘉锡：《四库提要辩证》第三册（卷一九），中华书局，1980 年，第 1141 页。

今本《搜神记》二十卷共464篇，其中前五卷101篇主要是神仙类，其他十五卷363篇属妖鬼怪异、感应变化之类。《搜神记》原帙不存，今本保留了原书的大部分面貌，但没有达到“十之八九”的程度。

《搜神记》前两卷的神仙传记，16篇出自《列仙传》，6篇与《神仙传》文字相近。三书都有彭祖篇，《搜神记》与《列仙传》文字基本相同，而与《神仙传》文字迥异，多言彭祖服食修炼、与彩女问答仙道等。琴高篇也见于《列仙传》，文字基本相同：

琴高，赵人也。能鼓琴，为宋康王舍人。行涓彭之术，浮游冀州、涿郡间二百余年。后辞入涿水中取龙子，与诸弟子期之曰：“明日皆洁斋，候于水旁，设祠屋。”果乘赤鲤鱼出，来坐祠中。且有万人观之。留一月，乃复入水去。①

蓟子训篇见于《神仙传》，又见于《方术列传》，文字繁简不同，所述之事略同。

蓟子训，不知所从来。东汉时到洛阳，见公卿数十处，皆持斗酒片脯候之。曰：“远来无所有，示致微意。”坐上数百人，饮啖终日不尽。去后皆见白云起，从旦至暮。时有百岁公说：“小儿时见训卖药会稽市，颜色如此。”训不乐住洛，遂遁去。正始中有人于长安东霸城，见与一老公共摩挲铜人，相谓曰：“适见铸此，已近五百岁矣。”见者呼之曰：“蓟先生小住。”并

① 干宝:《搜神记》，卷一，中华书局，1979年，第5页。

行应之。视若迟徐，而走马不及。[1]

《搜神记》与其他各书篇目及内容重复，原因在于干宝著书的资料来源有“承于前载”和“采访近世之事”两种[2]。来自前代典籍的篇目会有所改写，自不待言。《搜神记》应略早于《神仙传》，故彭祖、琴高、蓟子训等篇辑于《列仙传》，当属此类。干宝跟葛洪同朝为官，两人宗教志趣相近，干宝年齿稍长，曾推荐葛洪官职。[3]《搜神记》稍早于《神仙传》，二书篇目有所交叉，或《神仙传》对《搜神记》有所取摘，或二书采集口传神仙故事有所重叠。两位作者都认为神仙真实不虚，都试图通过著述向人们证明这一点。

魏晋时期文学尚未进入自觉阶段，当时人撰写志怪故事，与其说是文学创作，不如说是宗教故事实录。人们记录、描写自己的信仰对象，就源源不断地生产出神仙传记。

三、神仙传记专书及其叙事模式

志怪书中兼收神仙传记，一方面是把神仙、妖鬼都视作真实存在物，另一方面，从神仙总是出现在书的前列也可以看出，当时人把神仙当作高于妖鬼的信仰对象。志怪书中还只是收录零散的单篇，《列仙传》的出现则标志着神仙传记已结集成专书，而《神仙传》则是这类专书最具代表性的一部。

西汉刘向的《列仙传》，是现在能看到的最早的神仙传记专书。

① 干宝:《搜神记》，卷一，第 7—8 页。

② 干宝:《搜神记 · 序》，第 2 页。

③《晋书 · 葛洪传》载:“干宝深相亲友，荐洪才堪国史，选为散骑常侍，领大著作，洪固辞不就。”见《晋书》，卷七二，中华书局，1974 年，第 1911 页。

两汉撰著多托名古人，甚至假托上古神人。[①] 实际上，东汉人提到《列仙传》都未涉及作者，晋代葛洪才说《列仙传》为刘向所作。余嘉锡从该书流行于东汉，“其体全仿《列女传》”，推测它是“明帝以后顺帝以前人之所作”。[②] 全书70篇，每篇描述一位仙人，但《萧史》《江妃二女》各写两位。每篇文末的四言赞词，到明代才附加上去。[③] 全书末又有“赞曰”，单独成篇，阐述神仙实有的思想。作者认为，草木之属经冬不凋、长生不死者万数，“见斯其类也，何怪于有仙也?”作者还自称：“余尝得秦大夫阮仓撰《仙图》，自六代迄今，有七百余人。”[④] 也就是说，作者自称撰此书之前，还看到《仙图》一书。联系到战国时期《庄子》《远游》都提到了多位真人、神人，秦汉时期出现介绍神仙的专书并非不可能，但多达七百余人似乎又不太可信。从《仙图》书名推测，这部书应是图文并茂，以图为主，并无多少事迹介绍。《列仙传》则不同，对传主生平、修炼和成仙后所为都有描述。如：

> 酒客者，梁市上酒家人也，作酒常美而售，日得万钱。有过而逐之，主人酒常酢败，穷贫。梁市中贾人多以女妻而迎之，或去或来。后百余岁来，为梁丞，使民益种芋菜，曰：“三年当大饥。”卒如其言，梁民不死。五年解印绶去，莫知其终焉。[⑤]
>
> 毛女者，字玉姜，在华阴山中，猎师世世见之。形体生毛，

---

① 汉代假托古人著书立说，《淮南子》注意到这种现象，其《修务训》云：“世俗之人多尊古而贱今，故为道之人必托之于神农、黄帝而后能入说。”

② 余嘉锡：《四库提要辩证》，卷一九，中华书局，1980年，第1207页。

③ 邱鹤亭《列仙传译注·导言》认为：“书中每传后附四言赞颂一首，系明刻本所加。”见《列仙传译注·神仙传译注》，中国社会科学出版社，2004年，第3页。

④《道藏》第5册，第76页。

⑤ 刘向：《列仙传》卷上，上海古籍出版社，1990年（影印本），第11页。

自言秦始皇宫人也，秦坏，流亡入山避难，遇道士谷春，教食松叶，遂不饥寒，身轻如飞，百七十余年。所止岩中，有鼓琴声云。①

《列仙传》文字简短，前12篇传主为西周以前的上古仙人，后58篇为春秋以后修炼而成的仙人。在后58篇中，21篇的传主获得立祠祭祀，12篇传主得为仙人，12篇传主不知所终，还有13篇传主长驻世间，或为官宦，或卖药治病，或出入乡里，其实就是成了“地仙”。当然，最有意思的是像酒客这种“莫知其终”的人，留下一个扑朔迷离的结局。其实，“求仙者不知所终往往就是成仙的另一种说法”②。书中传主都是仙人，只是成仙的途径、成仙后的作为各不相同而已。

道教产生以后，神仙传记书写进入理论化的阶段，作者不仅要向世人证明神仙实有，还表达特定神仙思想。葛洪撰著的《神仙传》是一部文学性很强的神仙传记集，书中不仅仙人形象多姿多彩，还表述作者所主张的地仙思想。

今本《神仙传》十卷，是否原帙，各家说法不一。唐代梁肃《神仙传论》云：“予尝览葛洪所记，以为神仙之道昭昭焉……。按《神仙传》凡一百九十人。”③ 今本存84篇，余嘉锡说：“葛洪之原书已佚，今本皆出于后人所掇拾。”④ 葛洪是晋代著名道士，所著《抱朴子内篇》是道教重要理论著作。对比《神仙传》《抱朴子内篇》可

① 刘向《列仙传》卷下，第18页。
② 黄景春、程蔷：《中国古代小说与民间信仰》，上海文艺出版社，2013年，第117页。
③ 李昉等编：《文苑英华》，卷七九三，中华书局，1966年，第3855页。
④ 余嘉锡：《四库提要辩证》，卷一九，中华书局，1980年，第1219页。

发现，二书中的神仙思想（特别是地仙思想）是完全一致的。当然，葛洪撰《神仙传》是为了回应弟子对神仙实有的怀疑，他的首要目标是证明神仙实有。该书《原序》云：“洪著内篇，论神仙之事，凡二十卷。弟子滕升问曰：‘先生曰神仙可得，不死可学，古之得仙者，岂有其人乎？’答曰：‘昔秦大夫阮仓，所记有数百人，刘向所撰，又七十一人。盖神仙幽隐，与世异流，世之所闻者，犹千不及一者也。’”[1] 他罗列一批仙人之后，接着又说：“余今复抄集古之仙者，见于仙经、服食方及百家之书，先师所说，耆儒所论，以为十卷，以传知真识远之士。”[2] 葛洪并没有介绍书中有多少篇。《神仙传》原书已佚，单篇散见于《太平广记》《汉魏丛书》《说郛》等书，今本为清代四库馆臣辑录所得，因此明代《正统道藏》《万历道藏》皆无从收录。奇怪的是，当代整理出版《藏外道书》也没有收入《神仙传》（是工作上的疏忽，还是对四库版本的不信任，不得而知）。有人指出，该书在辑录过程中，四库馆臣并未照录原文，“文字多重作编纂，刊刻过程中也有个别讹漏之处”[3]。然而，不可否认，这本书较好地体现了葛洪的神仙可得、不死可学思想，叙事水平也高，其文学史、宗教史价值都是不容忽视的。

今本《神仙传》所载神仙传记，文字繁简不一，简者仅十余字，如容成公传只有12字：“容成公，行玄素之道，延寿无极。”[4] 繁者超过1000字，如彭祖、王远二篇。有些篇目对神仙外貌、行止的描写都非常精彩。如第二卷《皇初平》，叙述初平、初起兄弟二人的学

① 葛洪：《神仙传》，上海古籍出版社，1990年，第4页。
② 葛洪：《神仙传》，上海古籍出版社，1990年，第4—5页。
③ 邱鹤亭：《列仙传译注·神仙传译注》，中国社会科学出版社，2004年，第91—92页。
④ 葛洪：《神仙传》，上海古籍出版社，1990年，第40页。

仙经历：

皇初平者，丹溪人也。年十五而家使牧羊，有道士见其良谨，使将至金华山石室中，四十余年忽然，不复念家。其兄初起，入山索初平，历年不能得见。后在市中，有道士善卜，乃问之曰："吾有弟名初平，因令牧羊失之，今四十余年，不知生死所在，愿道君为占之。"道士曰："金华山中有一牧羊儿，姓皇名初平，是卿弟非耶?"初起闻之惊喜，即随道士去寻求，果得相见。兄弟悲喜，因问弟曰："羊皆何在?"初平曰："羊近在山东。"初起往视，了不见羊，但见白石无数。还谓初平曰："山东无羊也。"初平曰："羊在耳，但兄自不见之。"初平便乃俱往看之。乃叱曰："羊起!"于是白石皆变为羊，数万头。初起曰："弟独得神通如此，吾可学否?"初平曰："唯好道，便得耳。"初起便弃妻子，留就初平。共服松脂茯苓，至五千日，能坐在立亡，行于日中无影，而有童子之色。后乃俱还乡里，诸亲死亡略尽，乃复还去。临去以方授南伯逢，易姓为赤初平，改字为赤松子。初起改字为鲁班。其后传服此药而得仙者，数十人焉。[①]

皇初平不但自己修炼成仙，还帮助哥哥学成仙道。后来返回乡里，留下仙方，按方服药而得仙者多达数十人。皇初平也被称作黄初平，后人也称其为"黄大仙"。文中说他还改名为赤初平、赤松子。他的哥哥也改名为鲁班。把他们跟民众广泛信仰的其他神仙混同起来，可以提升他们的地位和影响力。

① 葛洪：《神仙传》，上海古籍出版社，1990年，第10页。

再如第三卷《李八百》，叙说李家道创始人李八百通过种种考验收徒传道的故事：

李八百者，蜀人也，莫知其名。历世见之，时人计之，已年八百岁，因以号之。或隐山林，或在鄽市。知汉中唐公昉求道而不遇明师，欲教以至道，乃先往试之，为作佣客，公昉不知也。八百驱使用意过于他人，公昉甚爱待之。后八百乃伪作病，危困欲死，公昉为迎医合药，费数十万，不以为损，忧念之意形于颜色。八百又转作恶疮，周身匝体，脓血臭恶，不可近视，人皆不忍近之。公昉为之流涕曰："卿为吾家勤苦累年，而得笃病，吾趣欲令卿得愈，无所悋惜，而犹不愈，当如卿何！"八百曰："吾疮可愈，然须得人舐之。"公昉乃使三婢为舐之。八百曰："婢舐之不能使愈，若得君舐之，乃当愈耳。"公昉即为舐之。八百又言："君舐之复不能使吾愈，得君妇为舐之，当愈也。"公昉乃使妇舐之。八百曰："疮乃欲差，然须得三十斛美酒以浴之，乃都愈耳。"公昉即为具酒三十斛，著大器中。八百乃起，入酒中洗浴，疮则尽愈，体如凝脂，亦无余痕。乃告公昉曰："吾是仙人。君有至心，故来相试。子定可教。今当相授度世之诀矣。"乃使公昉夫妻及舐疮三婢，以浴余酒自洗，即皆更少，颜色悦美。以《丹经》一卷授公昉。公昉入云台山中合丹，丹成，便登仙去。今拔宅之处在汉中也。[1]

这篇故事情节曲折，文笔细腻，对比同时期其他"粗陈梗概"的志怪篇什，对人物心理、语言和行为的刻画更加生动。事实上，

① 葛洪：《神仙传》，第15—16页。

魏晋南北朝志怪小说中，神仙传记篇幅相对都比较长，描写也很精彩。《神仙传》中吕恭、卫叔卿、魏伯阳、墨子、阴长生、茅君、张道陵、淮南王刘安、栾巴、李少君、蓟子训、葛玄、左慈、壶公、尹轨、介象、董奉等人的传记，动辄数百字，对传主的生平经历、成仙后获得信仰的描写也比较全备。

鲁迅曾谈到这两部仙传小说集的历史地位："刘向的《列仙传》，在当时并非有意作小说，乃是当作真实事情做的。""晋的葛洪又作《神仙传》，唐宋更多，于后来的思想及小说，很有影响。"[①] 鲁迅认为这两部书具有"写实"性质和思想史意义。孙昌武曾具体比较二书，他认为《列仙传》特别强调仙人长生的特性，突出服饵的作用、仙人治病的特异能力；《神仙传》则极力夸张仙人的神秘能力和神通变化，描写了许多学仙成功的人物。[②] 事实上，虽然两书的文字风格、表达的神仙思想有一些差异，但总的目的都是证明"神仙实有"，都在宣扬神仙的美好。两书都描写了一批得仙而不飞升、盘桓人世、享受人间欢乐的地仙。《神仙传》中地仙更多，简直可称之为一部"地仙传"。它体现了魏晋时期神仙思想从重视仙人飞升向强调仙人自由自在生活方式的新转变。

同时，《神仙传》的文本结构也值得注意，"对传主的描写一般有三方面的内容：其一，介绍传主原来的职业、身份、爱好或生活状况；其二，修炼学仙的过程；其三，修炼结果和成仙方式。"[③] 这种"原身份—学仙—成仙"三段论式的叙述模式在《列仙传》中已经出

① 鲁迅:《中国小说的历史的变迁》，人民出版社，1973年，第273页。

② 孙昌武:《作为文学创作的仙传——从〈列仙传〉到〈神仙传〉》，《济南大学学报》2005年第1期，第22页。

③ 黄景春、程蔷:《中国古代小说与民间信仰》，上海文艺出版社，2013年，第266页。

现，在《神仙传》中已经确立。神仙传记注重对修炼过程、结果和被立祠祭祀情况的描述，这是它的文本性质所决定的。今天我们把这些作品当做小说来对待，但是，历史上它们是道教辅教之书，也是宣扬神仙可得、不死可学的宗教读本。

《神仙传》的出现标志着神仙传记的叙事模式和文体结构已经定型。此后，神仙传记仍在不断生产，又出现了《洞仙传》《桂阳列仙传》《后仙传》《仙传拾遗》《墉城集仙录》《女仙传》《续仙传》《疑仙传》等书，宋元以后还出现了《历世真仙体道通鉴》《三教源流搜神大全》《列仙全传》《仙佛奇踪》《神仙通鉴》等书。当然，仍有大量神仙传记散见于志怪、传奇集中。这些作品在文学研究者眼中，都是志怪小说的一个特殊类型，但在历史语境中它们主要是被当做神仙履历来欣赏、接受和传承的。

神仙传记是中国文学的一个独特类型，对中国古代小说（乃至宋代以后的戏曲）的叙事模式产生了很大影响。《水浒传》《西游记》《封神演义》《东游记》《镜花缘》《绿野仙踪》等长篇章回小说，还有相当数量的元明清戏曲，都深受这种神仙传记三段论式的叙事模式的影响。当然，这些小说（及戏曲）塑造的人物，也在一定程度上具有了神仙的特点，一部分人物成为民间信仰和道教信奉的神灵。从一定程度上说，中国古代小说（及戏曲）也成为创造神仙形象、扩大神仙谱系的宗教文本。

总之，神仙传记是特定道教环境中的文学创作，也是无可替代的道教信仰写真。从文学角度分析其渊源、内涵和影响，从宗教学角度审视其记录、建构神灵的功能，对于文学史、宗教史研究都很有意义。当然，对道教神仙传记的研究，至今仍不多，还有大量研究工作等待我们去做。

道教信仰文化与中国民俗节日

陈耀庭*

摘　要：本文通过对中外情人节、中元鬼节，以及八月十五中秋节等三个民俗节日的信仰内容、历史形成和各地历时流传的比较研究，说明中国民俗节日具有丰富的中华信仰文化的内容，以及与西方信仰文化具有的不同的特点。文章还展示了对于民俗节日信仰文化内容向物质文化衍生的历史效应以及进一步拓展的可能性。

关键词：民俗节日；情人节；七夕；中元；鬼节；中秋节；信仰文化

什么是文化，这是一个很难说得清楚的问题。据说，现在人们给文化下的定义有两百多种。不过，从文化的内涵来观察，一般都认为文化是人类在生存中创造的精神、物质和制度的总和。这就是说，文化是人的精神文化、物质文化和制度文化的总和。所以，文化一个词就概括了人的全部生活。那么，文化如果是一个系统，文化系统就包含了很多很多要素及其子系统。

民俗文化是文化系统中的一个要素，它和精英文化相对。民俗

* 陈耀庭，上海社会科学院宗教研究所原研究员。

文化要素的特点就是它是普通民众创造的，又是非常普及、通俗、和民众生活密切关联的文化。民俗节日只是民俗文化的一个要素，它指的就是普通民众在规定的日子里，由集体进行的、有特定文化内容的节日文化。

民俗节日是民俗文化系统中的一个要素。它具有时间性、群众性、地域性、重复性等特点。民俗文化系统因为具有人的集体精神活动的内容，而人类的精神活动从一开始就区分为两种信仰形态，一种是相信世界上有超自然力量存在，也就是相信有神鬼，即有神论的信仰；另一种则是不相信有鬼神，即无神论的信仰。因此，这样两种信仰在民俗文化活动中都有体现，并且，使得民俗节日具有这两种精神文化系统衍生出来的不同特点。

一般的民俗节日是无神信仰的，例如：儿童节、妇女节，母亲节，父亲节。

有神论的民俗节日很多，本文探讨的三个民俗节日，即七夕、中元和中秋，都和道教信仰有关联。

当然，人的精神生活是极其丰富而复杂的。一个人在母亲节，给躺在墓园里的已故母亲送鲜花，坐在坟头边，向妈妈倾诉思念之情。这个母亲节也可以说是有神论的母亲节。一个人在母亲节，给活着的妈妈送鲜花、送蛋糕、送项链，就说不上这个母亲节有没有神的信仰了。当然，严格地说，这不是母亲节本身有没有信仰属性，而是过节的人的精神和行为赋予了这个节日以什么样的信仰属性了。

本文想从三个民俗节日，来探讨民俗节日和道教信仰的关系，探讨它们的联系以及如何变化发展，并且尽可能展望一下民俗节日发展的趋势。做这个研究的目的就是要展示民俗文化的生命力，增强我们中华文化的自信心，以民俗文化和道教信仰来增强中华民族的凝聚力，有助于伟大的中华民族的复兴大业。

一、从中外情人节的比较看民俗节日的变化发展

我现在旅居在国外的女儿家中。每年在合家欢度中国传统春节的前后，都要碰到西方人的情人节。西方的情人节是在公历 2 月 14 日。每到这一天，女婿下班回家的时候，都会带一束鲜艳的花束，还会带一点巧克力。算是给我女儿，也是给合家过情人节的礼物。这就是西方的民俗节日了。

民俗是有地域性的。过这样的情人节，我们中国人，特别是像我这样的老人就有点不习惯。因为，在老年中国人眼中，情人总是指尚未结婚正在热恋中的男女。情人结了婚那就是夫妻了，年轻时叫小夫妻，年龄大了就是老夫老妻。夫妻之间就是老公老婆，不大称老情人。听到结了婚还在称情人的，老人的第一反应，就以为是碰到了“小三”“小四”之类。在海外过洋人的情人节，我们不习惯，不是因为买不起鲜花和巧克力，而是，中国人原来不过情人节。

改革开放以后，西方文化和民俗也涌进了中国广袤的土地。20 世纪 80 年代曾经盛行过的是圣诞文化，不是基督徒的人，也过圣诞节，吃圣诞大餐，咬火鸡肉，雪片似的发圣诞卡。当然，热闹了几年，不是基督徒的中国人发现圣诞的圣不是孔圣人的圣，于是圣诞热冷了下来了，过年商店出售的卡片上，圣诞快乐的字样变成了新年快乐和春节快乐。改革开放的中国人模仿西方的情人节，为青春中的恋人安排一个节日，赚点辛苦钱是完全可以理解的。不过，中国人历来有融合异域文化的能力，于是，有人就将中国的情人节安排到农历七月初七日，将中国原有的七夕”乞巧节”当成了中国的情人节。这个做法不能说不巧妙，只是有人将乞巧节的农历七月初七日也改成了公历 7 月 7 日。不知道这节日主角牛郎和织女会不会

使用全球电子手表，会不会耽误了王母娘娘规定的鹊桥相会的农历日子。

文献介绍，西方的情人节包含一个典故。说的是公元3世纪的时候，罗马帝国有个暴君叫克劳多斯。克劳多斯鼓吹暴力，疯狂打仗。打仗需要男战士，克劳多斯就下令所有男子都要上战场，一律不准订婚和结婚，已经订婚的要全部解除婚约，弄得老百姓怨声载道。据说，就在暴君克劳多斯的宫殿旁边，有一座神庙。那个时候，人们结婚都要到神庙举行婚礼，接受祝福。神庙里有一位修士，名叫瓦伦丁。瓦伦丁对于暴君克劳多斯非常不满，他自己作为修士要献身上帝，不能结婚，但是，他热诚地为订婚和结婚的男女百姓服务，反抗克劳多斯，坚持为百姓举行婚礼仪式。暴君克劳多斯得知瓦伦丁反抗他的旨令以后，就派兵冲进神庙，把瓦伦丁抓了，关进地牢，并且在公元270年2月14日将瓦伦丁折磨致死。

西方人为了纪念这位献身于基督教事业、为百姓婚恋和结婚服务的修士，就把2月14日定为情人节。西方情人节的内容，同当事的情人们并无直接关系，它要歌颂和怀念的是基督教的神职人员，歌颂他忠于信仰，为上帝牧羊。因此，西方人过情人节，教堂里没有什么纪念瓦伦丁的活动，节日的仪式通常只就情人间馈赠鲜花礼物。故事里说，有一位主教（公元270年的主教可以结婚?）的女儿倾慕瓦伦丁，在瓦伦丁临刑前，向这位修士献上了自己做的巧克力，表达感情。因此，后人过情人节，常常要赠送巧克力。按照我们中国人的思维习惯，这个故事如果属实，那么巧克力在节日里就不应该送给情人，而应该送到教堂的祭坛上，作为给瓦伦丁的供品。现在将巧克力送人，是不是有诅咒收礼物的人的含义?

中国人很早就有歌颂情人为爱情矢志不渝的故事，那就是牛郎织女的神话。文献上最早记载这个故事的，可以追溯到《诗经》的

《大东》篇。《大东》有“跂彼织女，终日七襄”和“睆彼牛郎，不以服箱”之句。到了东汉时，《风俗通义》一书，明确记载说，“织女七夕当渡河，使鹊为桥”。[1] 可知在东汉时，牛郎织女分在天河二边，由鹊成桥而织女渡河，与牛郎相会的故事，已经成形。相传成诗于魏晋时期的《古诗十九首》中的第十首就是一首描写织女盼望与牛郎会面，终日涕泣如雨的诗歌：

> 迢迢牵牛星，皎皎河汉女。纤纤擢素手，札札弄机杼。终日不成章，泣涕零如雨。河汉清且浅，相去复几许？盈盈一水间，脉脉不得语。

民间流传的牛郎织女的故事已经有两千年了。虽然各地口传故事略有不同，但是基本情节是一致的。《中国民间故事珍藏系列·神话》收有《牵牛星和织女星》的故事。在这个版本里，牛郎织女故事把四个中国民间故事的类型糅合在一起。

一开始是兄弟分家，恶嫂害牛郎弟未成；

其次是牛郎放牛，老牛救主报恩；

第三是王母娘娘的织女下凡沐浴，牛郎偷裙留住织女。

第四是牛郎织女夫妻和睦，生养二子，王母娘娘发现后，下凡追索织女回宫，牛郎挑担携儿女紧追。王母以金簪划出一条天河，阻断了夫妻的来往。临别时，织女从袖子里取出织布用的榴子扔向牛郎。于是，浩渺的天河两边，分别有了织女星和牵牛星、榴子星。在牵牛星的旁边还有两颗小星星，那就是牛郎挑的两个箩筐里的小儿女。

---

① 王利器：《风俗通义校注》，中华书局，1981年，第600页。

近二十年里，随着改革开放和西方文化的影响，中国社会的人们有了情人节的需要，于是，人们将传承二千年的七夕故事当作中国情人节的内容，并且赋予七夕乞巧节以新的内容和形式。这应该是中国民俗文化自然而然随民意变化而变化的实例。但是，中国人没有生搬硬套西方情人节的那一套，而是用中国人自己的故事丰富了世界民俗情人节的宝库，因为，中国的新情人节的内容似乎要丰富一些。

首先，西方情人节是颂赞为情人服务的基督教修士，颂扬修士的基督信仰。因此，情人节关心的是为情人主持婚礼的修士而不是主角情人。中国情人节不同。中国情人节是颂赞牛郎织女，颂扬的是他们对爱情的矢志不渝。中国人关心的不是修士生的生活而是牛郎织女过得怎么样。清代江仲瑜《羊城竹枝词》有词问道："年年乞巧届新秋，瓜果筵开水上接。到底鹊桥曾渡未，拟将此语问牵牛。"

其次，西方情人节抨击了执行惩罚的君王克劳多斯的残暴，中国情人节也批评了拆分家庭的西王母。但是中国故事里对西王母的批评还是有节制的，故事还是做了维系牛郎织女夫妻关系的安排。唐代诗人李商隐有《七夕》诗称："鸾扇斜分凤幄开，星桥横过鹊飞回。争将世上无期别，换得年年一度来。"李商隐用美轮美奂的画面描写牛郎和织女的相会，感叹他们忠贞不渝，还是换来了一年一次的相聚。

第三，东西方两个情人节故事，分别属于两个不同地域的有神论信仰文化系统。但是，西方情人节故事的主角只是一个人间的神职人员，而东方情人节故事的主角也只是个神界的侍女和牛郎，他们都还不是名列基督教和道教神谱体系中的神灵。

第四，西方情人节属于西方信仰文化组成，其衍生到物质文化层面，只是鲜花和巧克力。而中国情人节的信仰文化衍生到物质文

化层面的似乎规模要大得多。

一是家家户户做油炸的面食巧果。例如，江南的《蒲溪小志》记载："七日为巧日。以粉面剪各式花样，用油煎而食之，名曰吃巧。制蚕豆，曰兰花豆。巧夕或有陈设瓜果，置小宴款客，曰乞巧会。"

周振鹤的《苏州风俗》记载："七夕前，市上已卖巧果。有以面和白糖，绾作苎结之形，油氽令脆者，俗呼苎结。至是或偕花果，陈香烛于庭，或露晒台之上，礼拜双星而乞巧。吴歈云：几多女伴拜前庭，艳说银河驾鹊翎。巧果堆盘争负胜，年年乞巧祈双星。"①

二是各地妇女都在当日举行的巧针游戏，制作绣品等等。

《法华乡志》记载："七夕，作乞巧会，妇女以凤仙花汁染指甲，向月下穿针。是月，田苗畅茂，乡人兴高采烈，群起赛会，名看青苗。"

浙江的《萧山县志稿》记载："七夕日，妇女取木槿濯发去垢。士女取瓜果，置盆水露陈庭前乞巧。又剪去小儿臂上端午所系长命缕，曰换巧。好事者或达旦不寐，看天上巧云。"②

海南《万州志》记载："七夕，幼女家设果品于中庭，拜星乞巧。用丝线向星穿针，穿过者谓之得巧。"③

周振鹤的《苏州风俗》记载："吴语谓掷巧为磬巧。七日前夕，闺中女以杯盛鸳鸯水，掬和，露中庭。天明日出，晒之。徐俟水膜生面，各拈绣针投之使浮，因视水底之所似，以验智鲁巧拙焉。"④

---

①《典藏民俗学丛书》，上卷。黑龙江人民出版社，2004年，第757页。

②《中国地方志民俗资料汇编·华东卷》，上册，书目文献出版社，1991年，第643页。

③《中国地方志民俗资料汇编·中南卷》，书目文献出版社，1991年，第1121页。

④《典藏民俗学丛书》，上卷，黑龙江人民出版社，2004年，第757页。

根据上述中国南北各地的记载，可见在中国情人节里，最活跃的是长期处在生活底层的中国妇女的生活及其智慧。从这个意义来说，中国七夕“乞巧节”要比西方的情人节意义丰富而有价值。

二、中元赦罪：感恩先祖普度亡灵

中国农历的七月十五日，称为中元节。中元节是一个有信仰文化内容的节日，中元一词就是道教文化的内容。道教有一部大型的工具书，叫《云笈七签》，它是宋代人张君房编撰的，共计有122卷。在这部书里，讲到道教对宇宙和人的起源，就和“中元”有关。《云笈七签》说：“夫混沌分后，有天地水三元之气，生成人伦，长养万物。”[①] 这段话的意思就是说，天地还没有开辟的时候，是混混沌沌的一团气，后来清气上升为天，浊气下降为地。清浊二气相互运作，产生了水气，进而就有了人和万物。天地和水，就是宇宙万物的根本，也就是三个”元“，即天地水三元，也称上中下三元。天元就是上元，地元就是中元，水元就是下元。三元之中有三位神灵来管理衍生万物的事，这就是道教徒崇奉的三官大帝。三官大帝各有神号。上元是天官大帝，又称紫薇大帝。中元是地官大帝，又称清虚大帝。下元是水官大帝，又称扶桑大帝。天官大帝在每年正月十五日到人间处理罪福之事。地官大帝在每年七月十五日到人间处理罪福之事。水官大帝在每年十月十五日到人间处理罪福之事。三官大帝有天地水之名，表示他们的职权分工不同。三位大帝平时仍然生活天庭之中。天官大帝居住在玉清境的紫微宫，地官大帝居

① 《云笈七签》，《道藏》，第22册，386页。

住在上清境的清虚宫，水官大帝居住在太清境的汤谷洞泉宫。①

三元之日，原来都是三官大帝的节日，汉唐之际，多举行庆祝三官的活动。唐代殷尧恭有《府试中元观道流步虚》诗称，“玄都开秘箓，白石礼先生。上界秋光静，中元夜景清。星辰朝帝处。鸾鹤步虚声。玉洞花长发，珠宫月最明。扫坛天地肃，投简鬼神惊。倘赐刀圭药，还成不死名。”② 殷尧恭写到唐代道士在中元举行的科仪，只是恭贺朝廷，天地肃清，祈求天赐仙丹，圆满成仙美名。并没有提到祭拜先祖、施食普度饿鬼之类的科仪行世。

不过，南朝梁的宗懔的《荆楚岁时记》中，也有中元之日佛教徒举行“盂兰盆会”的记载。“七月十五日，僧尼道俗悉营盆供诸佛。按：《盂兰盆经》云，目连见其亡母在饿鬼中，即以钵盛饭往饷其母。食未入口，化成火炭，遂不得食。目连大叫，驰还白佛。佛言：汝母罪重，非汝一人奈何。当须十方众僧威神之力。至七月十五日，当为七代父母厄难中者，具百味五果，以著盆中，供养十方大德。佛敕众僧皆为施主，祝愿七代父母，行禅定意，然后受食。是时，目连母得脱一切饿鬼之苦。”③ 可知，佛道二教很早就共用中元节日，这是一个大约一千五百多年的历史事实。

以记载北宋开封地区风情著名于世的《东京梦华录》，作者孟元老专门有“中元节”的介绍。其中有许多节日内容与道教有关：

“七月十五日，中元节。先数日市井卖冥器：靴鞋、幞头、帽子、金犀假带、五彩衣服，以纸糊架子盘游出卖。”

“中元前一日，即卖练叶。享祀时铺衬桌面。又卖麻穀窠儿，亦

① 参见《太上说玄天大圣真武本传神咒妙经注》，卷1，《道藏》，第17册，98页。《元始天尊说三官宝号经》，《道藏》，第2册，36页。

②《全唐诗》，卷472，第14册，中华书局，1960年，第5360页。

③《汉魏六朝笔记小说大观》，上海古籍出版社，1999年，第1059页。

是系在桌子脚上，乃告祖先秋成之意。又卖鸡冠花，谓之洗手花。十五日供养祖先素食，才明，即卖穄米饭，巡门叫卖，亦告成意也。又卖转明菜花、花油饼、餕豏、沙豏之类。城外有新坟者，即往拜扫。禁中亦出车马诣道者院谒坟。本院官给祠部十道，设大会，焚钱山，祭军阵亡殁，设孤魂之道场。”①《东京梦华录》的传世本子很多，有的本子将这里的“新坟”都写作“祖坟”，也就是明确指出中元之祭是祭祖以及祭祀为国捐躯的军魂。

另外，《东京梦华录》也说到了中元节时佛教也举行“盂兰盆会”，称“要闹处亦卖果食、种生、花果之类，及印卖《尊胜目连经》。又以竹竿斫成三脚，高三五尺，上织灯窝之状，谓之盂兰盆。挂搭衣服、冥钱，在上焚之。构肆乐人自过七夕，便般《目连救母》杂剧，直至十五日止，观者增倍。”②

在中国宗教历史上，佛道两教无论在教义上、仪式上、庙观管理上、节日安排上，都有很多相混的地方，各种古书上的记载也各有不同，其原因常常也很难说得清楚。而各种古籍的记载，也可能因为作者自有信仰的影响，记载各有偏重。

例如，宋代陈元靓的《岁时广记》卷二十九有“中元”条：“道经：七月十五日，中元日。地官校阅，搜选人间，分别善恶。诸天圣众，普诣宫中，简定劫数，人鬼簿录，饿鬼囚徒一时俱集，以其日作元。都大斋献于玉京山，采诸花果、异物、幡幢、宝盖、精膳、饮食献诸圣。众道士于其日夜讲诵《老子》经，十方大圣高咏灵篇，囚徒饿鬼一切饱满，免于众苦，悉还人中。若非如斯，难可拔赎。”③

① 伊永文：《东京梦华录笺注》，中华书局，2006 年，第 794—795 页。

② 伊永文：《东京梦华录笺注》，第 794—795 页。

③ 伊永文：《东京梦华录笺注》，第 796 页。本条《岁时广记》原文，并非采自《四库全书》版 4 卷本《岁时广记》，本文作者怀疑引自天一阁藏 42 卷本《岁时广记》。

陈元靓的记载只有道教节日活动的内容，即使说到科仪施法“囚徒饿鬼”也没有提及佛教的盂兰盆会。但是，与陈元靓不同的是，清代富察敦崇的《燕京岁时记》则直接否定中元是个节日。有关中元的活动也只记载佛教法事，而没有提及汉族祭祖。例如，

“中元不为节，惟祭扫坟茔而已。”

“中元日各寺院设盂兰会，燃灯奉经，以度幽冥之沉沦者。按释经云：目莲以母生饿鬼中不得食，佛令作盂兰盆会，于七月十五日以五味百果著盆中，供养十方大德，而后母得食。目莲白佛，凡弟子行孝顺者亦应奉盂兰盆供养。佛言大善。后世因之。又《释氏要览》云：盂兰盆乃天竺国语，犹华言解倒悬也。今人设盆以供，误矣。”①

从民俗节日中元节的信仰文化内容的发展变化，人们不难看出中国社会信仰文化的另一个重要特点。

首先，中国文化信仰系统中的宗教要素是多元的。各宗教要素都植根于中华民族生生不息的土地之上，受到深厚的中华文化根柢的熏陶和影响。因此，不同宗教要素例如道教和佛教都能相互容忍融合或者吸收补充。一切外来的信仰要素都必须经过中国化的改造，密切和中国宗教信徒生活相结合，例如：普度施食等。

其次，中国文化的信仰系统各要素，由于有两千年独立于中国社会权力中心之外的历史，其教义思想大多以关心信徒的心性修炼和肉身锻炼为特长。其社会关心的内容也偏重于家庭、家族、地域的和睦、和谐、和合。因此，尽管佛道两教共用一个中元节日，甚至同处一个地域，仍然都能和睦相处，相互帮助。“你走你的步虚，我放我的焰口。”信徒之间也可以各取所需，很少争斗。

---

①《燕京岁时记》，1961 年，北京出版社出版。此书未见新版问世。本文作者引文采自互联网原书全文。

第三，中国文化信仰系统诸要素，都不占有社会的政治资源或者军事资源，也很少向物质文化和制度文化作过度渗透和影响。因此，各个宗教信仰要素不具备排挤和压制其他要素的能量。在中国宗教史上，当宗教要素过分靠拢物质文化和制度文化，也就是插手政权或军权要素的时候，其结果必然是被其他系统要素利用，或者影响其他系统要素走上腐化和衰败的道路。

三、中秋赏月：永远的团聚之情

每年农历八月十五，家家户户都要聚会赏月置办月饼，亲友之间也相互馈赠月饼。罗四峰有竹枝诗称，“良宵最好是中秋，望月家家上翠楼”。[①] 可是，这些年来，商家都在中秋节前抢做月饼生意，月饼花样翻新，广告铺天盖地。可是，对于中秋节日的来历和意义，人们似乎也越来越少有关心了。

月饼，月饼，来源于一个“月”字。

大家都知道苏轼的词《水调歌头》有名句：明月几时有，把酒问青天。不知天上宫阙，今夕是何年。这首词有个“题记”称，“丙辰中秋，欢饮达旦，大醉，作此篇，兼怀子由”。这里的“丙辰中秋”是宋神宗熙宁九年，即公元 1076 年。当时苏轼从杭州调任密州（今山东省诸城市）。中秋之夜，想念自己的兄弟苏辙（字子由），喝酒喝得酩酊大醉，在醉酒之时，写出这首千古名篇《水调歌头》，被人们传诵千年。《水调歌头》词的最后两句是“但愿人长久，千里共婵娟”。[②] 这里的“婵娟”就是民间传说的月中的仙女，嫦娥。最后这二句，苏轼用两个维度概括。“人长久”是纵向的时间维度，即古今

① 《汉口竹枝词》，《中华竹枝词》，第四册，北京古籍出版社，1996 年，第 2686 页。
② 《全宋词》，第 1 册，中华书局，1965 年，第 280 页。

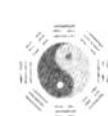

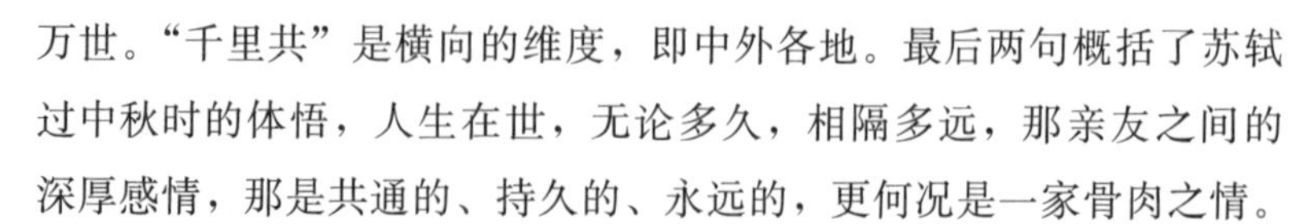
万世。“千里共”是横向的维度，即中外各地。最后两句概括了苏轼过中秋时的体悟，人生在世，无论多久，相隔多远，那亲友之间的深厚感情，那是共通的、持久的、永远的，更何况是一家骨肉之情。

有关嫦娥的故事，大约在战国时期就已经有了。《归藏》中就有嫦娥奔月的传说。到了汉代，因为“嫦”字避汉文帝之讳而改称姮娥。《道藏》的《淮南鸿烈解》说，“羿请不死之药于西王母，姮娥窃以奔月”，注称：姮娥，羿妻。羿请不死之药于西王母，未及服之，姮娥盗食之，得仙，奔入月中，为月精也。[①] 汉代以后，嫦娥故事中，逐渐增加有玉兔和吴刚桂树的内容。不过，尽管嫦娥被人们视作神仙、仙女，但是始终并未赋予任何神灵的职能。唐代道教诗人曹唐的《小游仙诗》九十八首之三十八就是颂赞嫦娥的，诗称“忘却教人锁后宫，还丹失尽玉壶空。嫦娥若不偷灵药，争得长生在月中”。[②] 诗歌只是赞颂嫦娥偷得灵药，获得月中长生。嫦娥在人间是被人“忘却”的，在天上也一样。

道教的神仙体系中，另有祭拜的日神太阳星君以及月神太阴星君。据《洞渊集》的《周天十一曜星君》称：“月者，太阴之精，皇后大臣之象。月中帝君、仙官、神吏，万众皆修结璘奔月之道。月为广寒洞阴之宫，自然化生，青华紫桂之林，亦日绛林。枝叶红兰，神仙採食華实，寿同日月，升入玉清。魄精之炁，化生玉兔。一月一周天，月宫太阴帝君，下管五岳、四渎、五湖、四海、十二溪水府，并酆都罗山。百司常以三元日，冥官僚佐皆诣月宫，校定世人生死罪福之目，呈进上帝，谓之阴宫死籍。月魄常泛十华之彩，光莹万国，月名结璘。”[③] 在道教科仪文书中，上奏神灵，常以太阴星

①《道藏》，第 28 册，47 页。
②《全唐诗》，第 19 册，7348 页，中华书局，1960 年。
③《道藏》，第 23 册，848 页。

君即月亮神和太阳星君即太阳神相对举。

唐代以后，在中华民族信仰系统之中，中秋民俗的活动逐渐丰富。在信仰文化系统之中，民间家家制作香斗，庭宇夜祭。清代叶调元的《汉口竹枝词》有句称："中秋云是闺人节，瓜果中庭礼月华。一路送瓜图热闹，不知喜信应谁家。"① 另外，道教城隍庙、东岳庙、观音堂、施相公庙等彻夜烧香，斗香庭列两行，信众彻夜祭拜，游人参访香灯。八月中秋之夜，全社会弥漫着烟香、花香，如同元宵。

从有神信仰文化衍生出来的是亲缘文化和各种节日物质产品。

唐代殷文圭有《八月十五夜》诗称，"万里无云镜九州，最团圆夜是中秋。满衣冰彩拂不落，遍地水光凝欲流。华岳影寒清露掌，海门风急白潮头。因君照我丹心事，减得愁人一夕愁。"② 上述苏轼处在被贬逆境之中写作的《水调歌头》，也是怀着怀念兄弟子由的浓烈亲情。海南《澄迈县志》和《儋县志》都有"中秋，聚亲友赏月"的记载。

从有神信仰文化衍生出来的物质文化产品，就是中秋日的应时食品了。除了瓜果、芋艿、毛豆等以外。历代最重视的时"月饼"制作。

从家庭开始面和糖制作的圆饼，寓有甜蜜和团圆之意以后，发展出作坊和工厂生产的苏式月饼、广式月饼、京味月饼、火腿月饼、净素月饼、海鲜月饼、雪皮月饼、冰皮月饼，直到近几年礼盒装的配有香槟酒或葡萄酒的西式月饼。考虑到月饼食用都是在亲友聚会，闲谈时的点心小吃。看来今后月饼礼品盒除了配有名酒以外，似乎

①《中华竹枝词》，第四册，2605 页，北京古籍出版社，1996 年。
②《全唐诗》，第 21 册，中华书局，1960 年，第 8133 页。

还应该配有小包装的四川麻辣花生、夏威夷开心果、泰国芒果干或者新加坡、马来西亚的榴莲奶糖等，以适合家庭团聚，赏月休闲的需要。

从有神信仰文化衍生出来的另一种娱乐文化产品，那就是海南曾经有过的文艺演出和歌会诗会。《琼山县志》记载："中秋有月，解戏文者使童男瞑目立于月下，持咒诵之，须臾如醉如痴，而步履往来能随其所唱之声，而各肖其人以出，谓之关月，又谓之瞽目戏。但声不宜寂，寂则张目而醒。"[①] 这类活动明显带有孩童游戏的性质。另一个是《定安县志》的记载，中秋夜，"城中夜间有烧塔之戏，欲为科场者作文笔开花兆也"。[②] 还有广州叶廷勋的竹枝词称，"佳节中秋兴不孤，浪游俦侣逐群呼。人传今夕山歌会，试问黄沙去也无"。[③] 这类活动可能是文人在中秋佳节的聚会。围绕斗香，制作诗文，山歌会唱，以求各人来年好兆吧。

可以肯定，随着中华民族复兴大业的进展，民族经济和文化实力的强大，中华文化遗产得到重视，在党和政府的领导和筹划之下，我们中华民族经济和文化还将进一步强大，党和政府的国家和民族的治理能力还将进一步加强，民族的凝聚力和国家的影响力也一定会进一步增强，我们中华民族文化的各个系统要素及其内容也必将进一步推陈出新，发扬光大。

---

① 《中国地方志民俗资料汇编·中南卷》，书目文献出版社，1991 年，第 1113 页。

② 《中国地方志民俗资料汇编·中南卷》，第 1117 页。

③ 《广州西关竹枝词》，《中华竹枝词》，第四册，北京古籍出版社，1996 年，第 2762 页。

道教科仪文化对瑶族度戒仪式的影响

——以云南蓝靛瑶度戒仪式为例

张　帆*　蔡林波**

摘　要：度戒仪式是瑶族宗教的最重要活动之一，每个瑶族男子都要经历这一仪式以实现社会角色和地位的转变，度戒后的师男开始具有结婚成家、学习法术、死后升天等权利。度戒仪式在不同支系和地区的斋程虽有所不同，但基本都保留封斋吃素、诵读瑶经、传授法名、挂灯等环节，其仪式程序中蕴含诸多道教思想、科仪因素，具有浓厚的道教文化色彩。本文以云南省富宁县蓝靛瑶的度戒仪式为例，对该地区仪式的过程及象征意义展开个案研究，通过分析该仪式中所体现的道教元素，探索道教文化在瑶族仪式中产生的深刻影响。

关键词：道教科仪文化；瑶族；度戒仪式；云南蓝靛瑶

瑶族是中国规模最大的少数民族之一，具有悠久的历史和丰富的宗教文化，其分布广泛，支系众多，主要集中于广西、云南、贵州等省，还有部分迁移至老挝、加拿大、越南和缅甸等国家；有盘

---

* 张帆，华东师范大学社会发展学院硕士生。

** 蔡林波，华东师范大学哲学系副教授。

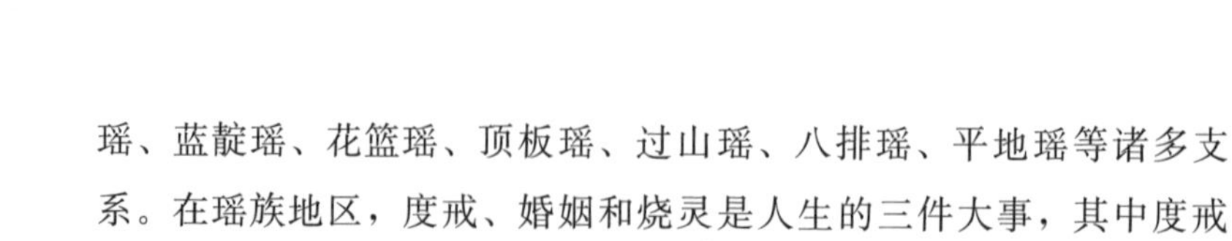

瑶、蓝靛瑶、花篮瑶、顶板瑶、过山瑶、八排瑶、平地瑶等诸多支系。在瑶族地区，度戒、婚姻和烧灵是人生的三件大事，其中度戒仪式尤为重要。每个瑶族男子都必须经历这一仪式以实现其社会身份和地位的转变，度戒后的师男才正式具有结婚成家、参与社会生活的权利，并且在瑶族人民看来，一个人只有度了戒，才能向师公、道公学习法术，成为法师施法驱灾，死后才可以灵魂升天，进入神仙世界。度戒仪式规模壮大，程序繁多，由于空间上的分隔和各地区发展的不平衡性，不同支系和地区的度戒仪式在名称、程序和细节上都有所不同；并且随着时代的变迁，很多地区的仪式过程也有所简化和省略，但是其“封斋吃素”“诵读瑶经”“传授法名”等核心环节仍完整地保留了下来，其中浓厚的道教文化色彩也在时空的发展中不断强化着该仪式的神圣性和教化性，对瑶族地区的社会整合和文化发展起着重要作用。

一、瑶族度戒仪式的过程分析

作为瑶族地区最重要的宗教活动之一，度戒仪式规模壮大，庄严肃穆，持续时间长，且在不同支系和地区中的要求有所不同，如受度戒者的年龄要求在不同地区就有所差异，“有的地方在十二三岁之间，有的地方在十五六岁至二十五岁之间，而连南八排瑶则不受年龄的限制”。[①] 并且，由于习俗文化的不同，各地度戒仪式的程序繁简不一，如云南地区的蓝靛瑶将仪式分为文度和武度，受度戒者要经历“上五台山”的考验；广西地区的十万大山山子瑶的度戒仪式要经历拜天师、拜三师、拜父母、拜祖舅、拜叔伯兄弟等诸多环

① 赵家旺：《瑶族度戒与道教斋戒》，《广东民族学院学报（社会科学版）》1990 年第 3 期，第 21—26 页。

节；广西地区的过山瑶非常注重受戒等级，不同度戒等级均有不同的挂灯数、神像数、阴兵数要求。然而，虽各支系和各地区的度戒仪式在细节和要求上存在较大差异，但其仪式的核心环节及各环节所代表的象征意义却相差无几，一般包括起斋吃素、接受告诫、喃诵瑶经、传授法名等环节。

云南蓝靛瑶是瑶族族群中人数较多的一支，由于该支系多种植蓝靛，且喜好穿着用蓝靛染色的衣物而得名。云南蓝靛瑶自称为“金门”或者“门”，他们没有本民族的文字，多使用瑶语金门方言，因其长期与汉、壮、苗等民族杂居和往来，该地区遥民大多兼通汉、壮和苗语，并且“在巫师中普遍有借用汉字标注瑶音的文字应用”。[①] 由于交通闭塞和生态环境的限制，直到今日，富宁县蓝靛瑶民仍大多以游耕农业为主要的生产方式，经济发展缓慢，社会组织松散。在这样的社会环境中，对于云南蓝靛瑶来说，“占有重要地位的，不是官位的高低和权力的大小，而是在世能够与鬼神相通，会法术，能为人扶难解危，消灾却禳，求财求福，死后能进入神仙世界，免遭地狱之苦”，[②] 度戒仪式就是帮助瑶族人民达成这一人生目标的重要手段，因此所有的瑶族男子都必须经历该仪式，如果年轻时没有经过度戒仪式的男子在年长后也必须择吉日补办，度戒后的男子才正式得到族群的承认和享有权利。云南富宁县蓝靛瑶的度戒仪式通常在男子 12 岁后举行，仪式过程庄严隆重，程序如下：

（一）准备阶段

1. 准备物资

举行仪式前期，受度戒者需提前准备好仪式所需要的米、猪、

① 张靖琳、杨永福：《蓝靛瑶的“度戒”及其社会意义——以云南省富宁县蓝靛瑶为例》，《文山师范高等专科学校学报》，2005 年第 4 期，第 311—315 页。

② 赵家旺：《瑶族度戒与道教斋戒》，第 21—26 页。

鸡、酒等祭品，仪式时所穿的衣服、祭祀用的香烛、冥币、画、经书及祭台、乐器、桌椅等各种用具。

2. 聘请师公、道公

准备好物资后，度戒者便要开始考虑师公、道公的人选，师公和道公分别代表“武”和“文”，二者统称师父，通常为族中德高望重者，且能够精通各种经文典籍，以便日后进行传道授法。在瑶族大部分地区，师父的数量往往由度戒仪式的等级来定，如“‘挂十二盏灯’就要请十二名师父，分别是武官师父，文官道公，引教人教师，证明人四师父，执笔人五师父等”。[①] 有的地区还往往会邀请未婚的男子和女子各三位在仪式过程中唱歌。确定完师公和道公的人选后，便要上门聘请师父，共同确定仪式的举行时间，往往择吉日举办，且日子确定后不能轻易更改。

3. 烧香

在度戒仪式正式开始的前一周，受度戒者要沐浴更衣，剃头戴帽，前往师父家进行烧香拜师。自烧香之日起，受度戒者便从凡人变成了神人，其会被当作未出世的婴儿看待，当地将其称为“辛恩”或“新恩”（下文取用“辛恩”），为受度戒者重新投生做准备。烧香共持续七天，象征着怀胎九月，在此期间，受度戒者必须遵守以下规定：不仰卧见天、不胡思乱想、不与生人见面、不与除师父外的人说话，并且不能杀生吃荤、不能饮酒、只能吃师父盛的饭以表示骨肉之情。烧香期间，受度戒者白天需静心修道，晚上要同师父睡在一起，并且聆听师父讲授关于瑶族生产劳动、民俗文化、宗教法术等方面的知识和做人做事的教诲。

---

① 陈业强、符广兴：《瑶族“度戒”仪式的功能研究》，载《兰台世界》2015 年第 12 期，第 50—51 页。

(二) 度戒阶段

1. 动鼓

动鼓即开始念经喃神时启动的第一下锣鼓声，标志着度戒仪式的正式开始。烧香的第七日，师公和道公身披法衣和道服，在锣鼓声中领着受度戒者来到天庭府。天庭府往往设在主家门前院子，有三根竹枝交叉搭设，顶上插着红黄绿旗，下方放置一碗水。首先，师公和道公围绕着天庭府边跳舞边挥匕首，取树叶蘸碗中的水来回挥洒，最后将碗踢翻，踩于足下，拿匕首向下刺去，以表已带领百万兵马前来占领了天庭府，并将恶鬼压在碗底。接着，师父砍断主家门口的九炷香，进入主家，主家安排一个代表家神的人向师父们敬酒以表迎接，师父们需打鼓吟祭词以报家神。祭完家神后，受度戒者需低着头，身披棉被，端坐中央，师公、道公边掌神灯边手搭在其头上围着跳舞，模拟引导受度戒者在阴间走路的过程。然后，师公和道公需要在赵、邓、马、关四大元帅中为受度戒者找到两位师父，并在纸上盖上次印，将纸烧了化水给受度戒者喝，暗示其需铭记生死。最后，师公和道公唱击鼓经、击锣经、茶经等各种经书，从创世神话、民族来源、族系家谱到生产劳动、孝敬祖先、择偶生子等几乎囊括了瑶族传统文化的全部内容。师家先唱，道家后动，轮流举行各种仪式，锣鼓震天，不绝于耳。

2. 度师公戒

有的地方叫“上五台”，该过程是整个度戒仪式中最关键的环节，意味着师父要“到五台山去生‘辛恩’”，[①] 由于关系到受度戒者能否成功重生，因而影响着整个仪式的成败。瑶族各地区“五台

① 张靖琳、杨永福:《蓝靛瑶的“度戒”及其社会意义——以云南省富宁县蓝靛瑶为例》，第 311—315 页。

山”的搭法和位置各不相同，云南蓝靛瑶通常将其建在离家较近的空旷处，方桌四脚朝下与四根木棍绑于一起，在山的侧面架一用刀做的刀梯意味着“上刀山”，并于山下放置一个藤萝做的网，网下垫有厚厚的被子以保安全，整个“五台山”约三米高。仪式开始时，受度戒者在锣鼓声中被牵引到“五台山”下，师公和道公分别站立于梯子两旁，默念咒语。受度戒者在师父的指引下，一步步从刀梯爬上“五台山”。登上山顶后，受度戒者需神色虔诚，两腿盘坐，并由师父在其腰间缠一布条模拟脐带，表明受度戒者尚未分娩离开母体。随后，师公先拿着树叶爬上“五台山”清扫驱鬼。师公下五台后，霎那间锣鼓齐鸣，师父们开始唱念经文，众人抬好藤网四角，受度戒者十指向内紧扣，双手环抱膝部，缩成一团，仰面滚下“五台山”，倾落网中。受度戒者落下后，师父需快速查看受戒是否成功，若十指未松开且成坐相则度戒成功，否则需另择吉日补度。

度戒成功后，师公和道公轮流将三元印、铜铃、受度牒等法器授予受度戒者，并授予法名。对于瑶族人民来说，取得“法名”后，才能够正式进入祖宗名簿，获得祖先庇佑，进行各种宗教活动，死后灵魂升天。接着，师父端来一碗糯米饭和酒，一口口地喂受度戒者吃下，象征新生儿出世受哺养的过程。最后，师公需要对度戒成功的“辛恩”进行训诫，受度戒者跪读师公戒，师公戒共有十条，包括不得怠慢父母、不得冒犯盘王祖先、不得贪财好色、不得枉杀牲灵等。宣读完毕后，师父和受度戒者需在四份戒书上盖印画押，有两份要烧掉，称为阴牒和阳牒，剩下两份分别由师父和受度戒者各保管一份。受度戒者需严格遵守牒文戒律，死后阳牒要与阴牒对合，若对不上受度戒者则会在阴间受苦。

3. 度道公戒

度道公戒时，受度戒者需要身着道服，神色虔诚地端坐于戒堂中间。道公将铜钱用线拴上交叉摆放于受度戒者头顶，师父们边跳舞边为受度戒者梳头，并用剪铜钱模拟剪头状。接着，道公向受度戒者传授十戒和十问。受度戒者要时刻谨记十戒的内容，包括“不准冒犯祖先，不准九真妙戒，不准净天骂地，不准谩骂爹娘，不准隐经瞒教，不准杀害生灵，不准谩骂师祖，不准贪恋女色、调戏妇女，不准密谋害人，不准吃狗肉、马肉，奉具到寨前完满服法”。并且肯定性回答以救济为主要问容的十问：“一问洪水激荡，请你去不去？二问黑风暗雨，请你去不去？三问恶强当道，请你去不去？四问深更半夜，请你去不去？五问急救病灾，请你去不去？六问毒蛇拦路，请你去不去？七问翻山越岭，请你去不去？八问贫贱苦家，请你去不去？九问过河渡海，请你去不去？十问当坛受戒，请你去不去？”[①] 与师公戒相同，师父们需要将十戒十问写于纸上，并于受度戒者一同盖章画押。

受戒完毕后，受度戒者需返回至戒堂中央。在锣鼓声中，师父们抬着装有写有十问十戒的戒书的纸灰和米、布条的簸箕围绕受度戒者跳舞，并将东西全部倒于其身。道公将布条的一端系于自己的腰上，将另一端随纸灰塞在受度戒者的衣服里，接着用剪刀将布条剪断，象征着婴儿剪断脐带与母体分离。至此，度戒仪式全部结束。

以上仅为云南蓝靛瑶度戒仪式的基本程序，除此之外，瑶族其他支系和地区的度戒仪式还包括度水槽、挂灯、过火海等环节，并且部分地区还有受度戒者终生禁食狗肉、度戒过程中禁食牛肉、仪式结束一周内受度戒者不得杀生等禁忌，虽支系和地区在仪式的环

---

① 张靖琳、杨永福：《蓝靛瑶的“度戒”及其社会意义——以云南省富宁县蓝靛瑶为例》，第 311—315 页。

节和细节上有所差异，但是其呈现出仪式的本质和象征意义却相差无几。度戒仪式在本质上模拟了个体的生命过程，“是以一种独特的‘社会生育系统’为核心的宗教仪式”。[①] 以云南蓝靛瑶的度戒仪式为例，从烧香拜师、上五台山、传授法名、受戒画押、剪断布带这一系列的环节，其实对应着生殖系统中的“受孕”“怀胎”和“分娩”过程，以象征意义上的生育过程促进了个体生命的“重生”与社会身份的转变。首先，在烧香环节中，沐浴剃头的受度戒者通过拜师行为与施戒者建立联系，象征着受度戒者投胎于师父的腹中，与师父形成“母子关系”，此时受度戒者从凡人变为神人，为之后的重生做好准备。接着，受度戒者需要在师父家静闭七日，象征着怀胎九月。在此过程中，受度戒者需要遵守一系列禁忌，包括只吃师父提供的饭菜、不与生人来往、不能杀生饮酒等，通过将受度戒者与外界相隔离的行为来再次强调受度戒者已经与世俗割裂开，脱离过去的身份而成为腹中等待孕育重生的婴儿。部分瑶族地区还会在度戒仪式进行时，家里的长辈不断大声哭泣，更加体现出原来的受度戒者已经死亡，正在等待重生的意味。在五台山仪式中，受度戒者身上捆绑的布条象征着婴儿与母体连接的脐带，从高台跳落的行为模拟了分娩行为，跳落成功后，师父需要一口一口地喂食受度戒者以糯米饭和酒，糯米与酒水融合的白色液体模拟母亲的奶水，师父喂食行为则与母亲的喂奶哺育的行为相照应。随后，在完成传授戒律和法名仪式后，师父将受度戒者身上的布条剪断，标志着婴儿正式脱离母体，自此走向新生。由此可见，度戒仪式的过程实际上是对生育行为的模拟，展演了个体生命的重生和社会化过程。通过仪式，

① 邓桦：《仪式中的民族集体记忆建构——以云南文山富宁县洞波西六村蓝靛瑶“度戒”仪式为例》，《民族教育研究》2012 年第 1 期，第 43—46 页。

受度戒者由自然中的人向社会中的人转化，并且开始享有一定的社会权利和义务，实现了其社会身份和地位的转变。

二、瑶族度戒仪式中的道教因素

瑶族度戒仪式是瑶族宗教文化最为典型的投影，也是瑶族宗教道教化最鲜明的体现，从仪式的过程现象及其象征意义来看，它与道家科仪具有很多相似之处，其中蕴含着大量道教因素，具有浓厚的道教文化色彩。

首先，瑶族人民关于度戒仪式的观念深受道教影响，瑶经中对于度戒仪式功能的描述都可以在道教中找到依据。在瑶族百姓心中，度戒仪式是瑶族男子宗教生活的重要起点，只有经历过度戒仪式的师男才具有学法和成为法师的权利，并且受神兵保护和祖先庇佑，死后被列入族谱，受后代祭拜，有升天成仙的机会，而没有经历过度戒仪式的男子在死后则会变成孤魂野鬼。此种观念与道教文化中受箓者才能够得到道位，名登天曹，得天将神兵保护具有高度相似性。早期道教曾采取交米登箓来畜养弟子的方式，只有受箓方可获得道位，名箓神真之境，成为真正的道士，死后羽化成仙，否则沦为下鬼，即“生无道位，死为下鬼”。瑶族度戒仪式中对米的使用也与此有关，度戒仪式中受度戒者需提前在家中备好米、鸡、猪等物资，其中米必不可少。师父在带领“辛恩”进家门时需要向空中撒米以表千万军马跟随于身，保护着仪式的顺利进行，并且在度道公戒后，师父需将米、布条与焚烧后的牒文灰烬一同倒到受度戒者的身上，完成受度戒者的“重生”过程。并且，瑶族度戒仪式中习惯将受度戒者称为“辛恩”或“新恩”，此种称呼来源于道教，道教仪式中常用“新恩弟子”“新戒弟子”等说法。度戒仪式所强调的神兵

护体的观念也是道教文化的产物，与道教神仙信仰密切相关，道教认为天界有众多神兵，这些神兵各司其职，共同保护受箓者不受侵害，如《太上三五正一盟威阅箓醮仪》中写道，这些神兵天将“保护臣某身形，安神养性，长调宫府，三尸堕落，众灾消灭，内除疾病，外却衰形”，[1] 瑶族度戒中的挂灯仪式就是受该观念影响的典型代表，瑶族挂灯分为不同等级，他们认挂灯等级越高所获得的护体神兵越多，因此瑶民大多会争取进行较高等级的挂灯，有的地区甚至会举行多次挂灯以获得更多神兵天将的庇佑。此外，瑶族男子在度戒过程中往往被教导要济世救人、不得枉杀牲灵以及度戒后成为法师救济生灵的行径也与道经中要求受箓者要救助死厄、济度生灵的观念有异曲同工之妙。

其次，瑶族度戒仪式的程序也深受道教科仪的影响。首先，度戒仪式的日子选择具有道教传度仪式择吉日举行的传统，有些地区的瑶民更是直接以道教的《大同书》为依据，按照二十八宿和六十甲子来选定吉日。度戒仪式开始前，受度戒者要沐浴更衣，剃头戴帽，这传承了道教斋戒前沐浴净身仪式的传统。烧香期间，受度戒者需在屋内隔离静修，其不与生人见面、不与师父之外的人闲谈的禁忌，也与道教斋醮前通常设靖室斋戒，“入靖户不得与外人言语，及不得脚踏门限，敕禁至重”[2] 有很大的相似性。部分地区瑶民在正式开始度戒仪式前，还伴有设坛、净坛、请圣等程序，其坛场的布置、净坛的方式都基本传承道教授箓仪式的相关做法。瑶族度戒仪式的核心环节也多是受道教文化辐射的结果，以挂灯仪式和签署阴阳牒为例。挂灯仪式是瑶族度戒仪式中重要的一环，分为挂三盏灯、

① 张泽洪：《仪式象征与文化涵化——以瑶族度戒的道教色彩为例》，《民族艺术》2013 年第 2 期，第 84—92、100 页。

② 张君房：《云笈七签》，《道藏》第 22 册，第 321 页。

七盏灯、十二盏大罗灯等不同级别，挂的灯数越多代表的级位就越高。这种等级制度不仅颇有了道教依次受箓的意味，而且也体现出道教星斗崇拜对瑶族仪式的影响，如瑶族度戒中的挂七盏灯就与道教文化中北斗信仰和三台七星法术相关，是道教悬灯科仪的变异形式。瑶族度戒仪式中阴阳牒的签署也深受道教授箓仪式的影响，度戒仪式中阴阳牒的签署标志着受度戒者的品性得到教化，正式开始其宗教生活，其言行操守受神灵的监督，如果死后违背牒文要受到相应的惩罚，这与道教授箓“若违盟约必致殃考，是其验耳。依盟崇约，福亦无忒”[①] 的观念相一致。瑶族度戒时传授法印的做法也承袭了道教授箓仪式传印的科法，并且瑶族所传授的法印也都来源于道教仙家，道公传授的是玉皇印，师公传授的是上元印。除此之外，度戒时师公的职责、法名的传授、仪式的唱词也都能在道教经典中找到理论依据。

最后，瑶族度戒仪式戒律与道教戒律具有极大的相似性。度戒仪式的中心环节之一是师公和道公要对受度戒者进行传度，传度的戒律有十戒十问，该戒律在内容和功能上都深受道教戒律的影响。首先，瑶族戒律在内容上沿袭了与道教道士受度的法箓，具有高度相似性。尤其是广西十万大山山子瑶的十条戒律：“第一戒者敬让，孝养父母，（不能）不忠不孝，不义不仁，常行尽节君师，推成万物，此谓初真妙戒；第二戒者克于君，此谓特合；第三戒者不杀，慈救众生，以克滋味，常行慈惠以及昆虫，此谓持真妙戒；第四戒者不淫，正身处物，节真秽慢，灵气常行，密物节无使所犯，此谓守真妙戒；第五戒者不得偷盗魍魉，谗毁贤良，露才伤能，常称人善事，不自诋其功，此谓修真妙戒；第六戒者不嗔，凶怒凌人，不

① 张万福:《传授三洞经戒法箓略说》,《道藏》第 32 册，第 196 页。

得贪财无厌，积不赦，常行节俭，无慢无恤贫穷，此谓修身妙戒；第七戒者不许诈，贼害众生，常行利躬，布种阴阳，度济群生，谓成真妙戒；第八戒者不骄，傲忽至真，不得交游非贤看秽，不果胜色，栖集幽关，此谓得真妙戒；第九戒者不义，奉戒傅，饮酒过蹉，食肉常禁，调和气性，专露清虚，此谓登真妙戒；第十戒者看经而不得，轻急言笑，观相真宝，内外相应，克勤诵念，举动非亲。”几乎直接传承道教的九真妙戒：“一者克勤，忠于君主；二者敬让，孝养父母；三者不杀，慈救众生；四者不淫，正身处物；五者不盗，推义损已；六者不嗔，凶怒凌人；七者不诈，谄贼害善；八者不骄，傲忽至真；九者不二，奉戒专一”，其中也能明显看到道家“初真十戒”的影子：“一不得不忠不孝、不仁不信，当尽节君亲，推诚万物。二不得阴贼潜谋，害物利己，当行阴德，广济群生。三不得杀害含生以充滋味，当行慈惠以及昆虫。四不得淫邪败真，秽慢灵气，当守真操，使无缺犯。五不得败人成功，离人骨肉，当以道助物，令九族雍和。六不得馋毁贤良，露财扬己，当称人之美善，不自伐其功能。七不得饮酒食肉，犯律违禁，当调和气性，专务清虚。八不得贪求无厌、计财部三，当行节俭，惠恤贫穷。九不得交游非贤居处杂秽，当慕胜己，栖集清虚。十不得轻忽言笑，举动非真，当持重寡辞，以道德为务。”① 可见，瑶族戒律与道教戒律在内容上重合度极高，都是关于道德伦理方面的告诫，起到教化民众和整合社会的作用。瑶族度戒的十戒所提出的具体要求也都可以在道家经典中找到理论依据，如第二戒“克于君”与《太上感应篇》中所提出的切忌“暗侮君亲”相对应，第五戒“偷盗魍魉，谗毁贤良”与其中勿“破人之家，取其财宝”“讪谤圣贤，侵陵道德”相对应，其

①《初真戒律》，《藏外道书》第12册，第18页。

所表达的修持思想与道教戒律相一致，只是在具体言辞上有所不同。

除以上内容外，瑶族度戒仪式中戒律的功能与道教科仪中戒律所发挥的作用亦相一致。瑶族度戒的戒律是从教义出发，通过传授神的至上法令及与神签订阴阳牒的方式来约束师男行为，维护瑶族社会秩序和宗教权威，这与道教以神性为依据，以神的律令形式向信徒提出要求，从而控制信徒的外在行为和内在情操的做法同出一辙，其本质都是通过神性来规约人性、利用信仰的神圣性来调节人际关系，维持宗教组织和社会秩序。并且瑶族戒律中所体现的劝人为善，神灵庇佑，以登仙班的思想也深受道家影响，如《太上感应篇》中就提出了“所谓善人，人皆敬之，天道佑之，福禄随之，众邪远之，神灵行之，神仙可冀”[①] 的思想，可见瑶族度戒的戒律在一定程度上是道家神仙信仰和修炼思想的产物。

三、道教科仪与瑶族文化的兼容

道教是瑶族宗教文化中最具主导性的组成部分之一，其宗教活动深受道教文化的影响，蕴含大量道教元素，并且辐射到瑶民生活的方方面面，对瑶族社会和文化的发展起着重要作用。瑶族度戒仪式是瑶族宗教道教化的典型代表，其不仅在仪式程序和功能上深受道教文化的影响，而且仪式中符号的运用以及戒律主张也都能在道教经典中找到理论依据，是道教思想在瑶族中传播的直接体现。通过梳理云南蓝靛瑶的度戒仪式，可以发现该仪式与道教科仪具有极大相似性，其仪式环节的设定、仪式功能的界定、仪式用具的使用都体现出浓厚的道教色彩。首先，从仪式的环节

---

① 俞樾：《太上感应篇缵义》，华东师范大学出版社，2012年，第18—20页。

设定来看，瑶族度戒仪式的基本程序大多都可以在道家授箓仪式中找到对应。瑶族度戒仪式的主要程序烧香、设坛、净坛、请圣、传授法名、签署阴阳牒等都是对道教授箓仪式的直接承袭，其功能都是制造神圣的宗教空间，实现神—人沟通，建立神与人的联系。其次，瑶民对于度戒仪式宗教功能的界定也是道教神仙信仰的产物。在瑶民心中，度戒仪式是瑶族男子宗教生活的重要起点，只有经过度戒、拥有法名的师男才可以学习法术，有神兵护体，日后成为法师，死后可以列入族谱，受子孙祭拜，获得成仙的机会。这与道教只有经过授箓仪式的弟子才能正式获得道位，名登天曹，得神兵保护，可以得道升天的观念相一致。此外，道教文化对于瑶族宗教的影响，在度戒仪式中仪式用具的使用也可见一斑。度戒仪式中仪式空间的布置以及阴阳牒的使用、法印的传授、道公戒时受度戒者道服的穿着都具有浓厚的道教意味。因此，道教文化在瑶族度戒仪式中扮演了主体性角色，道教科仪为瑶族度戒提供了重要的仪式框架。

与此同时，度戒仪式又是瑶族原始宗教和道教融合涵化的产物，是瑶民依据现实情境对道教文化进行本土化改造的结果，其与纯粹的道教仪式有着明显的差别。首先，瑶族度戒仪式虽在功能上与道教授箓传度仪式具有极大相似性，都标志着男子宗教生活的起点，开始享有学习法术和成为法师的权力，具有重要的宗教意义。但与此同时，瑶族度戒仪式还在某些支系和地区发展衍生出“成人礼”的意味，他们认为只有度戒过的师男才正式具有参与社会生活、娶妻生子、死后列入族谱的权利，并且在瑶族地区如果一个适龄的男子没有举行该仪式，不仅不会被看作正式的瑶民，无法享受丰富的社会权利和义务，死后也无缘纳入族谱被后人祭拜，而且还会被当地百姓所取笑，如云南河口县瑶民中就有“瑶族男子不过法，算不得是瑶族"[1] 的说法。并且，由于瑶族地区经济落后，交通闭塞，其文化程度和文字水平普遍不高，度戒仪式成为瑶族百姓接受社会教育的最重要途径之一。通过仪式，师父向师男讲述民族迁徙与发展的神话与历史，进行思想道德教育，传授相关的法术知识，并且整个教育过程多是以口传方式进行，少有文字典籍流传下来。此外，瑶族度戒仪式的戒律虽很大程度上源于道教戒律，其内容几乎直接沿袭道教戒律，但在具体要求和顺序方面仍根据瑶族的现实情况进行了调整，且瑶族不同地区和支系的度戒仪式中所使用的戒律均有不同，体现出瑶族原始信仰与道教信仰融合的地方性与多元性。如上文中所提及的云南富宁县蓝靛瑶和广西十万大山山子瑶在度戒时所使用的戒律虽在很大程度上受到道教"九真妙戒"的影响，但又在九真戒律的基础上新增了第十条禁忌，且在顺序上也有所不同。九真妙戒的第一条是："一者克勤，忠于君主"，而云南富宁县蓝靛瑶戒律中的第一条为"不准冒犯祖先"，广西十万大山山子瑶的十戒中的第一条也是与孝敬父母相关："第一戒者敬让，孝养父母，（不能）不忠不孝，不义不仁，常行尽节君师，推成万物，此谓初真妙戒。"这是因为瑶族社会政治水平低下，社会组织松散，没有广泛形成制约人们行为的法律条例和社会团体，而主要依靠宗教力量和传统习俗制约人们的行为方式，并且十分奉行祖先崇拜，重视赡养父母的责任，因此瑶民将"孝敬父母"代替"忠于君主"放在了首条。并且，在云南猛硐乡蓝靛瑶度戒的戒律中："一戒不犯盘皇天地，二戒不准毁骂父母，三戒不得瞒师骗友，四戒不得枉杀牲灵，五戒不得偷抢害人，六戒不得贪财爱色，七戒不得怒气凌人，八戒不得欺

① 金少萍、唐晓云：《蓝靛瑶村寨调查——云南河口县老范宅乡斑鸠河小牛场村调查报告》，社会科学文献出版社，2013 年。

贫爱富，九戒不得贪生怕死，十戒不得隐经瞒教。”[1] 猛硐乡瑶民在传承道教戒律的思想的同时也对其作了内容和顺序上的调整，不仅将“不得瞒师骗友”置于“不得枉杀牲灵”之前，同时还新增“不犯盘黄天地”和“不得隐经瞒教”两条禁忌，更加强调了对师男品性的塑造和其对宗教的忠诚品质。最后，虽瑶族度戒仪式的程序与道教科仪具有极大相似性，其很多斋程都可以在道教文化中找到理论依据，但是在具体操作过程以及其所反映出的信仰方面与道教科仪有略微差别。如云南富宁县的度戒仪式往往是先度师公，后度道公，动鼓的顺序也是师公在前，道公在后，这反映出瑶族百姓重文且更重武的文化观念以及道教信仰与瑶族原始信仰共同在度戒仪式中发挥作用的宗教现象。

综上，道教信仰在瑶民的意识形态中占有主导地位，其宗教文化深受道教的影响，虽然其宗教仪式仍保留着民族原始宗教的外壳，但是瑶族地区道教信仰与民族原始宗教信仰、祖先信仰等多种信仰交织融合的产物。以度戒仪式为代表的瑶族宗教仪式既体现出道教文化对瑶族社会和宗教观念的深刻影响，也反映出其与瑶族原始宗教的相互糅合的现象，是以道教为主、具有民族特色的瑶族宗教信仰的生动写照，其对于瑶族地区社会秩序的维护、信仰空间的建构和宗教组织的发展具有重要意义。

① 盘金贵：《瑶族度戒宗教文化阐释》，《文山师范高等专科学校学报》2009 年第 2 期，第 28 页。

道教壁画及其艺术价值

沈　岚*

摘　要: 道教壁画集合建筑、美术于一体，起于汉、盛于唐宋、延至明清，道教壁画包括墓室壁画、宫观壁画、石窟壁画。道教壁画有一些常见的符号及主题，通过这些符号和主题构成的壁画，体现了道教的生命之美、神仙世界之美和仪式之美，道教壁画是道教艺术、宗教艺术的组成部分，也是我国历史文化遗产中的宝贵财富。

关键词: 道教；壁画；艺术价值

壁画，是指图画在墙壁上的绘画艺术，例如宫殿、寺观、墓室、石窟等墙壁上，它们的题材十分丰富，其中反映宗教内容的壁画占很大比例。由于道教壁画没有明确定义，从目前的考古发现来看，还不足以支撑构成完全独立的体系，因此，在本文中，将有反映道教宗教内容的壁画都归为道教壁画类，基本上可分为具有道教元素的墓室壁画，其中也包括道士墓壁画、道教宫观壁画、道教石窟壁画等。

* 沈岚，四川大学哲学硕士，浦东道教文化研究所副所长。

一、道教壁画艺术的分类

1. 墓室壁画

墓室壁画一般绘于墓室的四壁、顶部以及甬道两侧。从汉代开始直到明清，墓室壁画均有出现，其中汉代至宋元时期为墓室壁画的兴盛期，在秦汉以前，发现的壁画多是简单的符号、动物、几何图形之类，但到了汉朝，出现了许多不同于之前的主题类壁画。墓室是一种人类生死观念的反映，墓室中出现的壁画等象征，更是直观说明了当时的人们是如何看待生与死的，而宗教对生死观念则作了一个更为系统的阐释。东汉至魏晋南北朝（约2—5世纪），是道教形成和确立的时期，而道教中一些来源自黄老、方仙的观念甚至能推至更早。自汉代至宋元，道教认为人能得道成仙、死后成仙以及它的天文、神祇观念在当时的社会各层面都产生过很大的影响，而这些观念无疑不止是影响过地上世界，在人逝去后也随之进入了地下世界。“当道教的神祇系统在2世纪开始出现的时候，其中的神祇和符号也进入了墓葬”。[①]

此外，在我国一些地方曾出土过道士墓葬或是道教信仰者的墓葬群，发掘出不少与道教相关的文物，其中也有壁画墓，比较有名的是山西大同的冯道真墓。冯道真是金代全真道官，道号青云子，任龙翔万寿宫宗主。他的墓内四壁均绘有壁画，墓门两侧绘仙鹤，东壁南端绘“道童图”，北侧绘“观鱼图”，正中北壁绘“山水图”，西壁端绘“论道图”，内券顶处绘仙鹤，壁画笔法流畅，景致优美，展现了修道者的理想境界。

① 巫鸿：《黄泉下的美术——宏观中国古代墓葬》，生活·读书·新知三联书店，2010年，第57页。

2. 宫观壁画

宫观壁画，顾名思义，是指绘于道教宫观建筑内的壁画，它是以宫观建筑为载体的。早在宫观壁画出现之前，就已经有了祭祀壁画，《周礼注疏》中载周王于明堂门上画猛虎，曰虎门；《孔子家语·观周》载孔子曾在雒邑观赏东周明堂壁画，其中就有“周公相成王，抱之负斧扆南面以朝诸侯之图”。比较确切的记载是《史记·孝武本纪》载汉武帝“尤敬鬼神之祀”，“又作甘泉宫，中为台室，画天、地、太一诸神”，“郊拜太一”。此外，甘泉宫“非木摩而不雕，墙涂而不画”。[①]《后汉书·孝桓帝纪》所载：延熹八年（165 年）春二月，桓帝派中常侍左悺到苦县祀老子。其中还说桓帝在皇宫内“饰芳林而考濯龙之宫，设华盖以祠浮图、老子”。由于佛教传入之初曾被视为神仙方术的一种，与黄老道家学说相并列，所以在汉魏时期的佛道两教都利用了当时的传统殿堂，配置浮图（佛塔）等各自的祭祀偶像，形成了早期的礼拜场所。而具体到道观壁画，道观建筑这一形式出现在南北朝初期，最早的道观为陆修静的崇虚馆，可见有规模绘于道观的壁画，最早也应是南北朝时期才可能出现的，而唐宋是其鼎盛时期。严格地讲，唐代和唐代以前纯粹的道观壁画，没有遗迹保存下来，隋朝宇文恺规划设计的长安城（隋称大兴城），特别给予释、道二教以相应的空间，道观作为道教徒修行之地，也是都城坊里规划中的重要构成单元。有一些记载的名家如隋朝的画家展子虔、董伯仁和杨契丹、田僧亮、郑法士等为许多寺院创作过宗教内容为题材的壁画，我们也能推测当时可能存在有道观壁画，因为隋代大兴城中颇有影响的道观玄都观一直延续到唐代。史料记

① 伏雪芹：《汉武帝与甘泉宫“图画”之事》，《中国社会科学报》2020 年 12 月 4 日。

载玄都观的大殿中，有唐初著名画家范长寿绘制的精美壁画。唐代崇奉道教，在统治者的大力支持下，道观数量达一千六百余所，“佛道二教之流行，寺观建筑之盛，故壁画为当时流行品”[1]。据《历代名画记》所载，唐时两京及外州寺观壁画就有近 70 处之多，寺观壁画创作进入中国古代最为壮丽辉煌的时期。绘塑名家云集，涌现出吴道子、范长寿等壁画大师，他们为道观创作了道教图像，如玄元真、天师真和龙虎君明真经变等，还出现了“画圣”吴道子在东都洛阳弘道观所绘的“满壁风动”的唐玄宗东封泰山归来图和五圣千官图等大型作品。[2] 据目前留下的相关资料整理当时道教壁画如下：

道观	壁画内容	壁画作者	出处
太清宫	玄元真（殿内）	吴道子	《历代名画记·西京寺观等画壁》
龙兴观	神（大门内） 明真经变（殿内东壁） 不详（北面从西第二门）	吴道子 董谔白	同上
玄真观	乐天、神（殿内玄元及侍真座上） 不详（殿内外）	陈静心 陈雅	同上
万安观	山水（公主影堂东北小院南行屋门外北壁）	李昭道	同上
开元观	龙虎君明真经变（西廊院天尊殿前） 不详（西壁、门西窗上下）	杨廷光 杨仙乔	同上

① 陈师曾：《中国绘画史》，商务印书馆国际有限公司，2015 年，第 32 页。

② 周成：《佛道天国的人间范本——论中国古代寺观壁画》，《世纪美术》2016 年 5 月 20 日，006 版。

续 表

道观	壁画内容	壁画作者	出处
咸宜观	真人（殿上窗间） 神（殿前、殿外、西头东西壁） 窗间写真、明皇帝、上佛公主等图	吴道子 解倩 杨廷光 陈闳	同上
玄都观	不详（殿内）	范长寿	同上
弘道观	东封图	吴道子	同上
城北老君庙	不详 杜甫诗	吴道子	同上
龙兴观（蜀）	龙虎（百子堂板龛内门）	张素卿	益州名画录
青城山丈人观	五岳四渎 十二溪女 山林树木（丈人真君殿）神 岳渎曹吏	张素卿	益州名画录
简州开元观	十二仙君像	张素卿	益州名画录
玉局化	道门尊像	常粲	益州名画录

晚唐五代藩镇割据，社会动荡分裂，特别是“会昌灭佛”后寺庙多毁，壁画名家星散各地，中原寺观壁画传统也因此流布各地。当时西蜀、南唐建有专门的画院，管辖区域内的寺观壁画有所复兴。后蜀的蒲师训，就奉当时蜀王之命，在张素卿的基础上为青城山丈人观重修壁画。道教在两宋时期由于统治者的提倡也极为流行，在汴京等地修建了许多道观，北宋初年专门设立翰林图画院，来自中原、南唐、西蜀的道释名家众多，在宫廷画师和名流的共同创作下，两宋时期的道观壁画也保持了一定的规模和艺术水平。北宋的上清太平宫、玉清昭应宫、景灵宫、太一宫、上清宫、宝箓宫和五岳观、北邙山老子庙内都有名家所制壁画，颇为宏伟，其中尤其以宋真宗

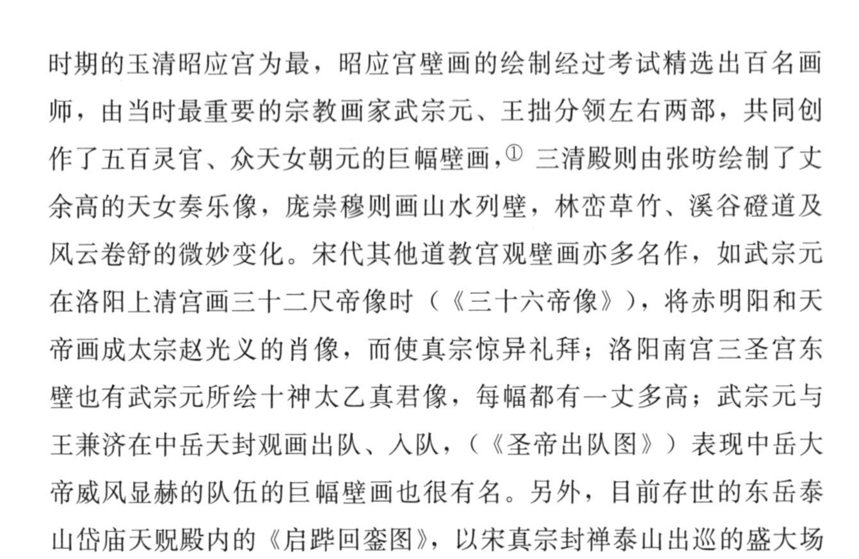
时期的玉清昭应宫为最，昭应宫壁画的绘制经过考试精选出百名画师，由当时最重要的宗教画家武宗元、王拙分领左右两部，共同创作了五百灵官、众天女朝元的巨幅壁画，[①] 三清殿则由张昉绘制了丈余高的天女奏乐像，庞崇穆则画山水列壁，林峦草竹、溪谷磴道及风云卷舒的微妙变化。宋代其他道教宫观壁画亦多名作，如武宗元在洛阳上清宫画三十二尺帝像时（《三十六帝像》），将赤明阳和天帝画成太宗赵光义的肖像，而使真宗惊异礼拜；洛阳南宫三圣宫东壁也有武宗元所绘十神太乙真君像，每幅都有一丈多高；武宗元与王兼济在中岳天封观画出队、入队，（《圣帝出队图》）表现中岳大帝威风显赫的队伍的巨幅壁画也很有名。另外，目前存世的东岳泰山岱庙天贶殿内的《启跸回銮图》，以宋真宗封禅泰山出巡的盛大场面为历史背景，画东岳大帝出巡像，传初为宋代绘制，大殿屡遭火灾和地震破坏，原画早毁，现存画面为清初画家在保留原貌的基础上重新绘制，整幅壁画可以说是宋绘清修，有宋之遗风。

虽然唐、宋鼎盛时期的道观壁画实物没有留存，但现有唐宋传世作品《朝元仙仗图卷》，以白描技法描绘了道教的神仙人物东华帝君、南极帝君、扶桑大帝在侍者、仪仗、乐队的陪同下，率领真人、神仙、金童、玉女、神将等八十七位神仙前去朝谒道教三位天尊的情景，被认为是可能的道教壁画稿本，以卷轴画形式流传至今，从中我们也可以一窥鼎盛时期的道观壁画之风采。[②]

元代是一个多宗教并存的朝代，统治者信奉藏传佛教，对之前汉人尤其是前朝文人信奉的道教既尊重又打压，这一时期壁画盛行，从宫廷、住宅及寺观都以壁画为装饰，但此时的壁画的绘制逐渐变

---

① 周成：《佛道天国的人间范本——论中国古代寺观壁画》，《世纪美术》2016 年 5 月 20 日，006 版。

② 张眠溪：《朝元仙仗图考释》，《中国书画》，2014 年第 1 期。

为民间画师的行业，画师被卑为“画匠”“工匠”，致使许多壁画及其创作者，很少见诸记载而湮没无闻，道观壁画也不再像之前一样由专门的宫廷画师负责描绘，而多数是由民间画工完成，在继承唐宋和辽金壁画传统基础上亦有新变化，设色浑厚艳丽，甚至吸收了一些外来风格，呈现出民间工笔画的特点，而这一时期儒释道的融合，壁画也表现出三教交融的场景和一些民间生活场景及连环故事画面。被称作元朝“腹里”的山西和河北地区至今保留了不少元代道教壁画，其中山西芮城永乐宫壁画最为著名。

存世元代道教壁画	壁画内容	作者
河北省毗卢寺	道教神仙图（后殿四壁）	不详
山西省洪洞县水神庙	祈雨图、行雨图、尚食图、杂戏图等（明应王殿内）	王彦远、胡天祥、赵国祥、商君锡等
山西高平县圣姑庙	仙女拜见图（三教殿内）	不详
山西稷山县青龙寺	道教神仙图（中殿西壁及北壁）	郭思齐、刘鼎新、刘士通等
山西南部某寺观（现藏加拿大安省皇家博物馆）	神仙赴会图	不详
山西芮城永乐宫	仙吏图（龙虎殿） 朝元图（三清殿） 吕祖得道画传图、八仙过海图、斋供图、醮乐图（纯阳殿） 重阳祖师成仙画传图（重阳殿）	马君祥、张遵礼、田德新、曹敏德、李弘宜、王士彦、王椿、张秀实等

及至明清，道教不再像之前那样兴盛，现存明代道教内容的壁画虽然多，但像宋元时代那种杰作并不多。此时的壁画已非宫廷画师，而是大多由不知名画工所作，作品的生活气息十分浓厚，具有

乡土风味，其艺术风格也受明代画风的影响，人物重工笔重彩，追求工丽细致，在艺术想象、绘画技巧和整体气魄上就差了一些，并且随着社会上水陆法会的流行，道教水陆道场画尤其兴盛，各地都有流传。这一时期，比较优秀的明代道教壁画主要有山西省汾阳县后土庙壁画和新绛县稷益庙壁画，以及云南省丽江道教壁画等。此外，在甘肃、北京、天津、福建、江苏等地均有明清时期道教壁画留存。

3. 石窟壁画

绘于石窟中道教壁画较为少见，目前有甘肃民乐县上天乐石窟壁画留存，以儒释道三教和民间信仰为题材，年代为明末清初，上天乐石窟又名“朝阳洞”，是河西走廊一处罕见的道教石窟，现存洞窟 17 个，仅存壁画、题记。壁画以道教及民间信仰题材为主，其中的“《朝元图》《百子图》与《敕封平天仙姑圣迹图》具有一定的艺术价值。”[1] 另敦煌莫高窟第 249 窟壁画被认为是融汇佛教道教文化所绘，其窟顶上部北披为乘坐四龙车的东王公，南披为乘坐三凤车的西王母，描绘了佛教与道教同处的神佛世界，此外，莫高窟第 285、296、305……等洞窟中，也尚存有一些道教内容的壁画。[2]

二、道教壁画艺术常见的符号及主题

1. 升仙图

先秦道家很早就论述了生与死的问题，道家把生死看作一个循环往复的过程，《庄子·知北游》：“生也死之徒，死也生之始。”并且认为人有可能超越生死而得道，在《庄子》《楚辞》等中已有一些

① 李慧国：《甘肃民乐上天乐石窟内容总录》，《华夏考古》2020 年第 5 期。

② 李凇：《莫高窟第 249 窟窟顶图像新解》，《敦煌学国际研讨会文集（石窟考古卷）》，1994 年版，第 96—113 页。

长生不死的途径和仙人世界的存在，在后期战国时代方士对成仙理论的完善下，认为可以通过药物等无限维持人的生命而达到现世就长生成仙的目的，到了两汉时期，则认为人即使在短暂的现世中无法成仙，但还可以通过某些仪式和方法在去世后维持灵魂不灭进而升仙，这种死后成仙的理念，本质上也是一种长生不死的观念，这一观念的形成，显然受到了道家、方士、神仙家的思想的影响，先秦两汉道家思想和神仙信仰的关系非常密切，道教思想吸收和兼容了一些神仙信仰的因素，神仙信仰整合和系统化又主要得以道家思想的理论支持，道家所持有的养生之道、超越生死的人格理想及其哲学体系无疑对神仙信仰的发展和繁荣产生了广泛而深刻的影响。同时，道家超越生死的精神境界与当时灵魂不朽观念以及来世信仰具有相似的一面，因此道家思想还通过神仙信仰对汉代丧葬观念产生了重要影响。而这一理念表现在两汉时期，即形成了一种升仙图式。

升仙图广泛存在于两汉时期的墓葬壁画中，表现了生命不朽、引魂升天的渴望，这种图式一般按照墓室本身的空间架构，以各种意象排列组合，构成宇宙自然景观，形成不同的升仙图，通常这些意象有日月、星宿、北斗、云气等天象图，西王母、伏羲女娲、东王公等神仙图，玉兔、蟾蜍、九尾狐、赤乌、仙鹤、龙虎、鹿、仙草等祥瑞图，墓主图、仙山图以及引导墓主升仙、沟通仙界的持节或乘神蹻的方士、羽人图等。这些图像，反映了早期道教的一些成仙观念，即期望做到天人合一、抱神守静、或认为通过服食丹药、灵芝、甘露等神药可以成仙以及借助祥禽瑞兽作为助人升仙的脚力，如龙、马、虎、鹿等神性动物作为运载工具而升仙等方式。[1] 这些图

---

① 葛洪：《抱朴子·内篇》卷十六云："若能乘蹻者，可以周流天下，不拘山河。凡乘蹻，道有三法：一曰龙蹻，二曰虎蹻，三曰鹿卢蹻。"

案还延续至了魏晋南北朝、唐朝、宋朝等朝代的墓室壁画中。

2. 孔子见老子图

汉初黄老道流行，黄老道学有一部分阴阳五行和神仙修养的思想，而老子就被认为是一位得道的真人，《列仙传》就记载老子“好养精气”“仲尼至周见老子，知其圣人，乃师之……关令尹喜待而迎之，知真人也……作《道德经》上下卷”。[①] 道教尊奉老子为教祖，是认为老子把这些道理传给了世人，早期原始道教组织的创始人张道陵所著的《老子想尔注》，就是对《道德经》如何修道成仙进行的注解。而对老子的崇拜在汉代壁画墓中以“孔子见老子”图像得以体现。据统计，在内蒙古、陕西、山东一带发现的 9 座汉墓壁画中，就有 5 座有“孔子见老子”图，对于这一图像会进入墓葬壁画，学者研究认为根本原因在于当时的宗教，在于宗教中用之于墓葬的仪式。“这种画像的出现所反映的历史逻辑是，老子已成为大神‘老君’，包括孔子及其众弟子在内所有死者必须前往拜见，因为见老子受道书乃是得道成仙的关键一步；而得道成仙乃是汉唐之际本土最神圣的崇高方式。老子在汉代道教信仰结构中占有关键地位。按照当时道教信仰的逻辑，老子是死者为获得升仙资格所必须朝见的大神，汉墓画像孔子见老子图乃是汉代道教墓葬仪式的重要组成部分。汉代道教经典和仪式文本可提供相当明朗的解释。孔子见老子图在汉墓中所暗示的是，死者在地下世界将如孔子及其弟子们一样，拜见老君得道受书，免鬼官之考谪，接着赴昆仑朝西王母而成仙。此乃汉代道教所提供的死者于冥界转变成仙的仪式逻辑。”[②]

---

① 王叔岷：《列仙传校笺》，中华书局，2007 年，第 18—19 页。

② 姜生：《汉画孔子见老子与汉代道教仪式》，《文史哲》2011 年 2 期。

3. 朝元图

"朝元"一词其意指事物归元集中，初指古代诸侯和臣属在每年元旦贺见帝王，唐初，追号老子李耳为太上玄元皇帝，朝元又指道教徒朝拜老子。朝元也是一个内丹术语，唐施肩吾在《钟吕传道集》卷下《论朝元》称："一阳始生，而五脏之气朝于中元……心神以返天宫，是皆朝元者也。"所以"朝元"也被比喻为道士修道成仙。而这一题材也经常被用在道教壁画之中，如传世的永乐宫三清殿内的朝元图、现藏加拿大安省皇家博物馆的神仙赴会图和陕西耀县南庵的朝元图均属朝元题材。

总的来说，朝元图的场景由朝礼者和主神所组成，朝礼者可以是世俗信众、道士或者是一些道教神祇，而主神通常根据殿堂、壁画内容以及壁画所在的方位次序配以相应的神主。例如永乐宫三清殿的朝元图，围绕三清殿供奉的三清尊神，分别在其后檐墙和东西扇面墙以及东西山墙绘有紫薇大帝、玉皇上帝、后土皇地祇、勾陈大帝、东极清华太乙救苦和南极长生大帝、木公青童道君、金母元君等 8 个主神像，并随带青龙、白虎二星君，天蓬、天犹二元帅，周置仙曹、仙官、天丁、力士、太乙、侍臣、金童、玉女、二十八宿，三十二帝君等共同拱卫于端坐在斗心扇面墙内的三清周围，从而构建起一个完整的三清四御三界诸神体系。

4. 老子八十一化图

老子八十一化图，又名《太上八十一显化图》、《金阙玄元太上老君八十一化图说》等，形成于宋末元初，是一套以历史人物老子为原型，以《老子化胡经》为蓝本构建的关于神化老子故事的叙事性图像。这套图在元代由于佛道争辩和对全真道的打压被元廷禁毁，明代以后，它又重现于世，间有流传，以至于今。全国遗存的老子八十一化壁画有五处，分别是甘肃庄浪紫荆山老君庙壁画、甘肃平

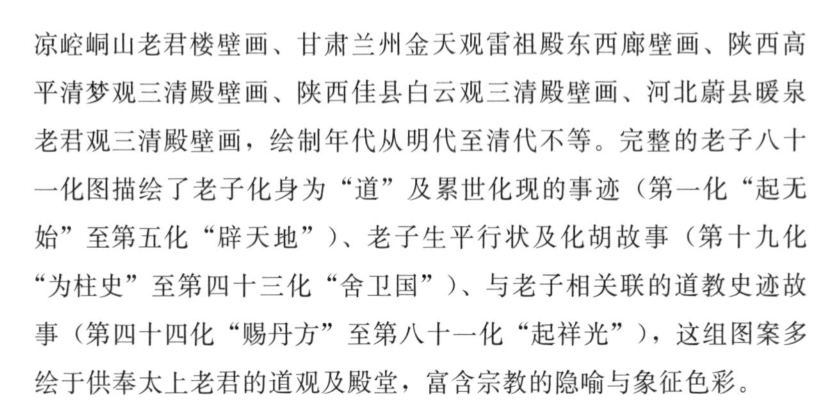

凉崆峒山老君楼壁画、甘肃兰州金天观雷祖殿东西廊壁画、陕西高平清梦观三清殿壁画、陕西佳县白云观三清殿壁画、河北蔚县暖泉老君观三清殿壁画，绘制年代从明代至清代不等。完整的老子八十一化图描绘了老子化身为“道”及累世化现的事迹（第一化“起无始”至第五化“辟天地”）、老子生平行状及化胡故事（第十九化“为柱史”至第四十三化“舍卫国”）、与老子相关联的道教史迹故事（第四十四化“赐丹方”至第八十一化“起祥光”），这组图案多绘于供奉太上老君的道观及殿堂，富含宗教的隐喻与象征色彩。

5. 岳渎神祇图

世界很多地方都有对山岳的崇拜，认为在一些山是通往上天的通路，或者山中有神灵存在并加以祭祀和沟通，在我国秦汉之际的《周礼》、《尔雅》中已经有文字记载对山岳的祭祀，而将原来山岳所具有的区域性预防天灾的功能与国家社稷、疆域紧密联系在一起而形成“五岳”这个非常重要的地理及文化标志大约是在汉朝，在祭祀传统及汉初的神仙信仰的影响之下，汉武帝至泰山封禅，逐渐形成了对五岳祭祀的国家规制。而五岳的具体形象并没有正式进入到绘画中，汉唐数百年间，《五岳真形图》是现存最早把五岳放到一起的图文资料，现存最早的《洞玄灵宝五岳古本真形图并序》则明确记载着五岳山神名称、部众、服饰、职权等相关信息，与后来壁画中所绘的五岳山神形象也比较接近。①

而唐代已有张素卿等人在青城山丈人观中画五岳四渎及部属诸神壁画的记载了，此外在北岳庙、中岳庙也有记载曾有壁画的存在。据《宋朝名画评》载：时中岳天封观东西壁有《圣帝出队入队图》，分别出自著名画师武宗元、王兼济的手笔。岳渎图是以五岳神为主神，围

---

① 赵伟：《道教壁画五岳神祇图像谱系研究》，文化艺术出版社，2013 年。

绕主神绘制五岳部属之神，并描绘一些相应功能的场景。例如现存河北曲阳的北岳庙壁画，以北岳庙为主神绘制，还绘有隶属北岳神的风伯雨师、雷公电母共同行云布雨之景象，以表现出北岳主掌江河淮济等与水相关之功能。而在山东泰安东岳庙中的《启跸回銮图》，则绘东岳神坐于四轮六马大辇之上，旁有其隶属神炳灵公与司命真君，各乘轿侍行。大辇四周文武百官及鬼吏等前簇后拥，表现了东岳治鬼赐福，保国安民，为五岳之尊的功能形象。而由五岳衍生的一些祭祀，如隶属南岳衡山祭祀体系的火神庙，则多绘火府王灵官甲马兵戈图案，如敦煌火神庙大殿壁画、北京延庆和平街火神庙壁画等。

6. 其他和道教有关的叙事图像

叙事类图像多描绘故事类图，有以修道成仙为主要内容的如永乐宫吕祖和重阳成仙图、武当山真武修真图等，还有一些民间神话故事类的“麻姑献寿图”“五老弈棋图”“八仙过海”图等，此外还有一些表现市井生活的“百工图”等图像，在清朝时也出现在道教宫观壁画中。

三、道教壁画的艺术文化价值

1. 道教壁画的艺术审美价值。道教壁画艺术作为道教艺术的重要组成部分，是道家、道教的文化理念及思想的现实反映，它持续时间长，自汉代开始至明清，贯穿了整个道教的历程，亦体现了道教由死至生，由神仙世界至世俗社会的发展和审美的变化。

(1) 道教壁画体现了道教的生命之美。道教以得道成仙为一种生命的追求和境界，道教认为先天神是存在的，神仙世界是一种美的理想与代表，而人也可以通过修炼而得道成仙达到这种境界，这本身就体现了生命对美的追求和品格之完善，是人的生命之本性能趋向“道”的具体体现。所以道教不仅推崇生命本身，并且还将生命

本身看成与“道”相联系的“美”。生命的完善需要通过和谐，而死亡本身也是人的生命历程的一部分，死与生亦是互相和谐的，这不仅是说人在活着的时候如果对生命珍惜并加以修养，既有可能把握好即身成仙的机会，也可以在死亡，即形灭的阶段，也仍然有另一种超越的可能，如陶弘景说：“凡质象所结，不过形神。形神合时，则是人是物；形神若离，则是灵是鬼。其非离非合，佛法所摄；亦离亦合，仙道所依。”[①] 道教墓葬壁画中的“登仙羽化”等图像，就表现了一种对有形生命的自控自主，讲究修炼之方法，同时又在无形阶段对生命的扬弃，以达到长生久视的神仙世界，获得永恒的生命，这是一种超越生死形神，或几于“道”的生命之美。在道教中，这种生命之美是可学可致的，并且还能通过壁画这一形式以意象造型和符号所展现出来，以不同与一般绘画的形式和题材而形成了独特的艺术风格，使我们在几千年后仍然能感受到当时人的精神世界，这正是一种道教的生命之美。

（2）道教壁画体现了神仙世界之美。从庄子对姑射山神仙的想象，居于昆仑山的西王母、东王公等形象的出现，再到陶弘景整理的《真灵位业图》，确立神仙的名称、秩序位级和所处之天界，道教一直以来就有对神仙形象和仙境予以审美化的表达，并且这一表达随着道教的时间推移而不断被细化，在道教的一些典籍之中出现了不少对神仙形象的具体描绘。如在《三洞珠囊》卷八《相好品》中就集合了很多道经中对神仙形象的许多叙述，如：“《上真始生变化元录》曰：元始皇上丈人，头戴九色之云丹锦、百变之光丹紫二色之云，坐九色之龙也。又云：皇老三天丈人，项负十二相轮，身有黄金之色也。”还描述了具体的老子七十二相以及神仙三品二十四相等，

① 陶弘景：《华阳陶隐居集》，《正统道藏》第39册。

我们在今天的一些道教神仙宝诰中亦能看到类似的描述，这种艺术化的描写，能够使道教教理教义和信仰体系得到审美化的表达，而道教壁画通过构图、线条、色彩等力求更直观地展现出这种审美，特别是一些道教精品壁画中的神仙的创作表现，其构图布局协调，设色典雅，线条流畅，人物面貌生动，细节勾勒生动，有一些壁画还加以人物形象与自然山水的融合以及情节叙述，通过互相作用和融合，表现出神仙形象之超脱与神圣性，烘托出整体的庄严威仪之气氛，以构造身处金阙仙宫、玄都圣境之感。

道教壁画中的神仙形象的绘制依据，并不完全是和道教经籍中的描述一致的，相对来说，两汉时期的壁画线条质朴奔放，造型写意，比较富有想象力与抽象、超现实感，自唐宋时期以来线条勾勒精细，人像造型风格、服饰冠带、道具细节等更多的就是取自于当时所处的朝代之写实，而到了后期则更加入了一些世俗社会场景和意识，这也反映出道教发展之历程，反映出神仙世界与世俗社会之矛盾以及神圣与世俗之间的调适。

（3）道教壁画体现了仪式之美。道教壁画作为一种宗教艺术，不能忽略的是它在宗教环境中创作出来是具有宗教仪式功能的。虽然我们现在很难推测出早期丧葬仪式的过程，但墓葬壁画中的升仙图等亦可看做参与为当时丧葬仪式中的一部分，表现墓主人在临终后所需要借助某些仪式和符号来完成最终的升仙。有研究认为刘家岭宋墓壁画所出现的南斗、北斗等图像，与墓室共同构成了神圣空间，从而完成让死者超凡入圣的转化，此类图像与宋代水火炼度仪有密切关联。[①] 而绘于道教宫观之中的壁画，除了具有装饰功能外，亦具

---

① 庄程恒：《桂阳刘家岭宋墓的南北二斗图像与宋代炼度观念》，《宗教学研究》，2020 年第 3 期。

有仪式之功能。以永乐宫壁画朝元图为例，壁画是围绕大殿中间供奉的三清雕像展开绘制的，“朝元图是道教法仪特别是所谓“朝礼”的再现，他使道士展现出天上而非皇宫中朝礼诸位神仙的场面。”朝礼即是道教斋醮活动中常用的一种朝拜神仙的科仪。考虑到这些宫观在当时建好后是承担有进行祭祀活动的场所，我们更不难理解在进行相关科仪活动时，这些壁画即化为一种仪式之象征，也不难理解在一些岳庙中绘制如祈雨图等岳渎神祇，在进行一些祭祀活动时成为一种祈愿感应之灵验表现。当壁画参与到仪式之中时，它便通过其特有的空间结构关系和艺术表现力以完成人神沟通感应的需求，引发观者透过图画感受其背后所表达的空间和想象，达到产生切实宗教体验之目的。“宗教美术的艺术效果是由宗教体验的指引而产生并在信徒的共鸣中达到情感高潮，这一过程要借助于仪式，仪式也因此成为宗教审美经验的一部分。”[①]

2. 道教壁画的文化价值。道教壁画兼容并蓄多种文化元素，呈现出多元性文化特征，透显了道教文化的源远流长以及它所具有的开放性与包容性品质，蕴含了丰厚的文化意蕴。[②]

道教至今已有数千年的历史，它的发展过程吸收和融合了多种传统文化及思想，作为实物的留存，道教也是道教文化的载体，随着时代的变迁，道教壁画的一些元素逐渐出现在了一些非中原地区，位于吉林集安及周边地区的万余座高句丽古墓壁画绘制于魏晋南北朝时期，其中在高句丽族王室和贵族墓葬中常绘有大型壁画，在这些壁画中已经包含有星宿、升仙图、羽人、祥禽瑞兽、四神图等富

---

① 汪小洋:《论宗教美术的审美经验》,《南京艺术学院院报》, 2009 年第 2 期。

② 程群、涂敏华:《道教壁画之传统文化意蕴寻踪》,《新疆艺术学院学报》, 2011 年第 1 期

含道教文化的图案，可以看出早期道教在高句丽民族中传播的影子。[①] 魏晋时期，中原地区承自汉墓壁画的壁画墓几乎绝迹，但在河西与辽东地区得以留存，这些地区以汉文化为主体，位于丝路关口，同时融汇了西域及北方的少数民族文化，尤其是河西地区，是保存和发扬汉、魏、晋文化的一个重要据点。[②] 这一地区的墓室壁画，仍然有着道教色彩，比较有名的有位于甘肃酒泉的丁家闸墓室壁画、河西走廊魏晋壁画等，均有东王公、西王母、羽人等元素的出现，这些内容是后来北朝墓壁画的来源之一，而北朝墓壁画是在多元文化因素影响下发展的，至东魏末北齐形成了一种新的成熟的壁画体系，并对隋唐后世产生了深远的影响。[③] 道教壁画正是反映了这一文化交融过程。

明洪武十四年（1381 年），结束了元朝在云南的统治，纳西族木氏土司与明王朝建立了密切的政治关系，明清时期，在中原壁画衰落的局势下，中原地区壁画师也相继南下至西南少数民族地区，在这一地区发展壮大，来自中原的画师把道教传入了丽江地区，据记载，参与丽江壁画制作的就有来自江南汉族画家马肖仙和中原道家画家张道士等。这些画师将道教信仰绘制于丽江白沙的壁画中，体现了各民族间的相互包容与进步，也为我们了解这一地区的民族融合、宗教构成留下了珍贵的记录。

道教壁画也同时反映了多种传统文化元素的融合，尤其是在后期道教壁画中，有不少对当时道场之写实场景，融汇了儒、佛及民俗、市井、戏曲等场面，是当时社会生活之展现，虽然反映的是宗

① 曾分良：《论道教在高句丽壁画中的存在》，《美术大观》，2007 年第 8 期。
② 王仲荦：《魏晋南北朝史》，上海人民出版社，1979 年，第 307—314 页。
③ 韩小囡：《北朝墓壁画渊源探讨》，《东岳论丛》2005 年第 4 期。

教内容，但同时也展现了当时的世俗生活，是研究当时朝代人物、风土人情的直观物。另外，壁画中有一些作为背景的“山水画”，亦是对自然山水甚至可能是早期洞天福地的描摹，作为一种早期“山水画”，其绘制手法、构图方式等都对后世山水画的兴起产生了影响，这也是非常值得关注的。

综上所述，道教壁画集合建筑、美术于一体，起于汉、盛于唐宋、延至明清，不仅是道教艺术、宗教艺术的组成部分，也是我国历史文化遗产中的宝贵财富。这些壁画本身有传承道教文化的功能，同时又具有艺术审美功能。在适当保护的前提下，对古代壁画的保存，在防止自然损毁的同时，防止人为造成的破坏也是非常迫切和重要的。只有加以充分挖掘、研究，才能真正诠释其意义。在当代，对于道教宫观来说，壁画仍然有着重要的神学意义和仪式功能，而对古代道教壁画的元素和符号的提炼和艺术创作，亦可以成为当代艺术创新与文化发展的灵感来源。

道教洞天福地的文化意蕴

宇汝松*

摘　要：洞天福地是道教传统山居习俗与谷神信仰不断融合、演进的产物。东晋的葛洪具有肇始之功，其后，在陶弘景、司马承祯及杜光庭等上清派高道的接续推动下，洞天福地至唐朝时，基本定型为“十大洞天”“三十六小洞天”及“七十二福地”，成为一个较为完整的仙道理论体系。洞天福地将道教的神仙世界落实到人间的名山洞府，并为其注入深厚的道教人文内涵，使其成为道教真正的人间仙境。洞天福地亦因此成了道教融合神话与现实、自然与人文、宗教与生态的一张文化名片。

关键词：洞天福地；仙境；道教文化

洞天福地是道教神仙信仰的核心构件，意指各级仙真居游、休憩的非凡处所，也是道门士众修仙养性、通灵接真之圣地。洞天福地根源于远古人类的自然崇拜，进而发展为上古穴居而野处、吉地而受福的择地信仰。其形成经历了十洲三岛等仙境的幻想，到不断落实人间名山洞府的发展过程。洞天福地常有广狭之分：广义的洞天

* 宇汝松，山东大学历史文化学院副教授，哲学博士。

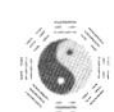

福地包括云海绝域的飘渺仙境，甚至人身之中一些关涉修仙的重要部位。而狭义的洞天福地是指晋唐期间道教所形成的十大洞天、三十六小洞天及七十二福地等 118 处人间仙境。历经道门长期不懈的演绎与营建，这些人间的神仙家园已成为道教融神话与现实、自然与人文、宗教与生态等多种思想文化于一炉的丰厚历史文化遗产。

一、洞天福地的缘起与形成过程

人类早期与自然浑然不分，天然洞穴一度成为主要的居所；随着生产能力及认知水平的提升，先觉的人群开始走出原始穴居而择地营构心仪之所。《周易·系辞下》云：“上古穴居而野处，后世圣人易之以宫室，上栋下宇，以待风雨。”就早期修道方士而言，他们秉持道家自然思想及修仙意识，筑室旷野山林，潜心修道。《太平经》云：“古者穴居云何乎？同贼地形耳。多就依山谷，作其岩穴，因地中又少木梁柱于地中，地中少柱，又多倚流水，其病地少微，故其人少病也。”①

道教于东汉顺帝年间创建以后，道士因袭传统，多居山而修。如道教创始人张道陵就曾在诸多山中修道，并最终依山创教。“据《汉天师世家》记载，张陵曾在洛阳北邙山修炼，后居桐柏太平山，又入云锦山炼九天神丹；后来入蜀，先后居阳平山、西城山、葛瑨山等诸山，并且在鹤鸣山创五斗米道。”② 道教依山修仙不是凭空爱好，而是自有其思想根源。《说文解字》云：“山，宣也。宣气散，生万物，有石而高。”“老而不死曰仙。仙，迁也，迁入山也。故制

① 王明：《太平经合校》，中华书局，1960 年，第 120 页。
② 乐爱国：《道教生态学》，社会科学文献出版社，2005 年，第 249 页。

其字，人旁作山也。”[1] 道教重要经典《道德经》还赋予山谷、洞穴具有同于“道”的特殊意义。《道德经·第六章》云：“谷神不死，是谓玄牝。玄牝之门，是谓天地根，绵绵若存，用之不勤。”山谷为天地阴阳灵气交汇之地，蕴含着取之不尽的灵动活力。在道家看来，山谷岩穴高峻幽秘，物产丰富，灵气四散，深藏若虚，令人叹为观止。山具有“仙”的意象，居此修行自然易于仙成，至少亦会有荣登仙境的神仙般体验。所以，长期以来道门一直视名山洞穴为颐养心性的理想之所，并由此形成居山修仙的传统。

《抱朴子内篇·登涉》云：“道士山居，栖岩庇岫”。其《道意》篇亦云：“吴大帝时，蜀中有李阿者，穴居不食，传世见之，号为八百岁公。”[2] 栖岩庇岫意指入山修道者乐居石室、洞穴，李阿就是穴居修道而成为长寿的“八百岁公”。道教有关仙传对穴居修道留有大量记载。《云笈七签》卷一百八《列仙传》云：

赤松子者，神农时雨师也。服水玉以教神农，能入火自烧。往往至昆仑山上，常止西王母石室中，随风雨上下。炎帝少女追之，亦得仙，俱去。

《神仙传》亦云：

广成子者，古之仙人也。居崆峒山石室之中。黄帝闻而造焉。

---

① 汤可敬：《说文解字今释》，岳麓书社 1997 年，第 1254、1112 页。
② 王明：《抱朴子内篇校释》，中华书局 1985 年，第 307、173 页。

《洞仙传》亦云：

> 王嘉，字子年，陇西安阳人也。久在于东阳谷口，携弟子登崖穴处。御六炁，守三一，冬夏不改其服，颜色日少。符坚累徵不就。①

早期道士山居岩穴的修道传统对后来的道团治所及道教宫观，都有重要影响。所谓治所，实指早期五斗米道团传布大道，治教理民的宗教圣地和管理机构。《云笈七签》卷二十八载《二十四治并序》云：

> 二十四化，各有一大洞，或方千里、五百、三百里。其中皆有日月飞精，谓之伏神之根，下照洞中，与世间无异。其中皆有仙王、仙官、仙卿，辅相佑之，如世之职司。有得道之人及积功迁神反生之者，皆居其中，以为民庶。每年三元大节，诸天有上真下游洞天，以观其所理善恶，人世死生兴废，水旱风雨，预关于洞中焉。其龙神祠庙血食之司，皆为洞府所统也。②

二十四化依山而建，各有一大洞，洞中皆有日月飞精、仙王、仙官、仙卿管理者，以及得道及积功迁神反生之民庶，表明道教初始治所的营建与名山洞府有着密切的关联。道教后来的宫观即是由早期道教穴居和依山而建的靖室、馆舍演变而来的。陈国符指出：道

① 张君房：《云笈七签》，中华书局 2003 年，第 2333、2359、2411 页。
② 张君房：《云笈七签》，中华书局 2003 年，第 635 页。

教山居修道者起先皆居山洞（张天师诸治，亦多在山中），然后于其洞旁修筑馆舍，此即后世道馆之始。[①]

道教依山穴居修行为洞天福地的应运而生建立了稳固的基础。洞天福地既是道教义理的自然演进，亦是中古众多高道合力推进、不断完善的产物，其中东晋葛洪肇其始，南梁陶弘景绍其续，唐宋司马承祯、杜光庭及李思聪等总其成。

在道教初期的理论建设上，葛洪可谓功勋卓著。针对道教居山修仙的传统，受《史记·封禅书》所列儒家五岳及涉仙名山的启发，葛洪首先整理出道教的天下名山为：

> 华山、泰山、霍山、桓山、高山、少室山、长山、太白、终南山、女几山、地肺山、王屋山、抱犊山、安丘山、潜山、青城山、娥眉山、矮山、云台山、罗浮山、阳驾山、黄金山、鳖祖山、大小天台山、四望山、盖竹山、括苍山。[②]

其次，葛洪明确了道教名山与道教仙班品秩的关系。《抱朴子内篇·论仙》云："上士举形升虚，谓之天仙；中士游于名山，谓之地仙；下士先死后蜕，谓之尸解仙。"[③]"中士"显然是指有别于两极的最广大信众，他们入名山修道即可位列比上不足比下有余的地仙班列，从而脱离俗世凡尘，而游仙于神山胜境。《抱朴子内篇·金丹》云："上士得道，升为天官；中士得道，栖集昆仑；下士得道，长生世间。"[④] 至此，大多数人可以借助名山修道成仙，成为道教的基本

① 陈国符：《道藏源流考》（下），中华书局1963年，第266页。
② 王明：《抱朴子内篇校释》，中华书局1985年，第85页。
③ 王明：《抱朴子内篇校释》，第20页。
④ 王明：《抱朴子内篇校释》，第76页。

义理和广大信众的主要共识。

最后，葛洪认为名山为修道者提供了仙药、仙经以及通达仙真等，诸多便利。《抱朴子内篇·登涉》云："山无大小，皆有神灵，山大则神大，山小即神小也。"至于上述名山，葛洪指出："此皆是正神在其山中，其中或有地仙之人。上皆生芝草，可以避大兵大难，不但于中以合药也。若有道者登之，则此山神必助之为福，药必成。"[①] 名山洞室还藏有道教许多秘不外宣的真经。《抱朴子内篇·遐览》云："道书之重者，莫过于《三皇内文》《五岳真形图》也。……诸名山五岳，皆有此书，但藏之于石室幽隐之地，应得道者，入山精诚思之，则山神自开山，令人见之。"[②] 名山中的仙真、仙药、仙经，自然为入山修道者提供了成仙的难得资源和终南捷径。

葛洪的名山仙道效应开启了道教对洞天福地的思考和探寻，并最终促进其应运而生。在其开列的28座名山（大小天台山应视为2山）主要是汉晋时期，尤其是东晋衣冠南渡后，南方道士（包括葛洪自己）活跃的地区。被儒家尊崇备至的"五岳"已被葛洪转化为道教名山，并被纳入道教次等"洞天"之中；随后产生的道教"十大洞天"已有半数以上赫然在列，如王屋山、青城山、罗浮山、天台山、括苍山；地肺山实指第八洞天句曲山。其它的名山亦多在"三十六小洞天"，或"七十二福地"之中。

葛洪虽未直言"洞天""福地"等概念，但他关于名山、地仙的教义思想已经开启了道教洞天福地的文化之旅。南梁时期，陶弘景所撰的《真诰》频繁出现了"洞天""福地"的术语。关于"洞天"，该经所引《茅君内传》云："大天之内，有地中之洞天三十六所，其

---

① 王明:《抱朴子内篇校释》，第85页。
② 王明:《抱朴子内篇校释》，第336页。

第八是句曲山之洞，周回一百五十里，名曰金坛华阳之天。”陶弘景自注曰：“《传》中所载至第十天，并及酆都、五岳，八海神仙，远方夷狄之洞，既非此限，并不获疏出。”① 根据这一记载，《茅君内传》已经明确提出了三十六洞天，其中确载的是十洞天。据此，张广保认为：“早期道书先有三十六洞天概念，然而却只详细列出十洞天之名号、次序、及地理情况。至于其余二十六天则似乎尚未坐实。”②

《真诰·稽神枢》还大赞金陵福地，并引用两则“福地”文献来证明之。其引《名山内经福地志》曰：“伏龙之地，在柳谷之西，金坛之右，可以高栖，正金陵之福地也。”金陵福地，上古名为岗山。又引《孔子福地记》云：“岗山之间有伏龙之乡，可以避水，辟病长生，本所以名为岗者，亦金坛之质也。”③

葛洪肇始的道教名山理念，在陶弘景《真诰》里得到了进一步演绎，形成了便于推广的“洞天”“福地”之术语。同时，洞天福地的体系建构亦在不断推进之中，出现了“三十六洞天”，其中“十大洞天”已经得到了基本确认。陶弘景虽然不能确定是“洞天”“福地”术语的缔造者，但他肯定是此术语及其意旨较早的集中使用和推广者。在洞天福地文化的发展中，陶弘景具有绍续之功。

陶弘景三传弟子，初唐高道司马承祯最先将道教洞天、福地这两个宗教地理系统合称并用。在其所撰的《天地宫府图》中，分别为“十大洞天”“三十六小洞天”“七十二福地”配备相应的名山洞墟、标明确切的方位范围，载录相关的历史仙迹以及主治仙真，并

① 《道藏》第20册，第555页。

② 张广保：《唐以前道教洞天福地思想研究——从生态学视角》，载郭武主编《道教教义与现代社会国际学术研讨会论文集》，上海古籍出版社2003年，第298页。

③ 《道藏》第20册，第554—555页。

进而形成道教“洞天福地”的文化体系。唐末五代的杜光庭及北宋李思聪，沿袭了司马承祯的洞天福地说，亦各自集有“洞天福地”的版本。

综上可知，道教洞天福地大致经历了三个重要发展阶段，即肇端于东晋，赓续于南朝，而终成于唐宋。在此过程中，葛洪、陶弘景、司马承祯等高道对道教洞天福地理论的形成和发展贡献卓著。

二、洞天福地内蕴的仙道思想与文化

洞天福地是道教修道成仙思想的自然演绎和内在要求，旨在将道教玄奥的义理、修行与解脱，整合为一个简明的信仰系统。在此系统的建构中，自然的洞天福地内蕴“道”的意象，注入了丰富的人文内涵。洞天福地在为道教修仙提供方便法门的同时，亦充实和提升了自身的内涵，为诸多文化建设，尤其是生态环保领域，贡献了道教智慧。

（一）洞天福地构建的仙道思想体系

“气生万物”是道教宇宙观及教义理论的基础。《庄子·知北游》认为，万物的生灭，本质上表现为“元气”的聚散，因此，“气”为宇宙万物之根本，即“通天下一气耳。”《混元混洞开辟劫运部》云：“元气运行而天地立焉，造化施张而万物用焉。”“元气于眇莽之内，幽冥之外，生乎空洞。空洞之内，生乎太无，太无变而三气明焉。三气混沌，生乎太虚而立洞，因洞而立无，因无而生有，因有而立空。空无之化，虚生自然。……气清成天，滓凝成地，中气为和以成于人。三气分判，万化禀生。”①

元气即是化生万物的大道，洞天福地为大道（元气）的产物。

① 张君房:《云笈七签》，中华书局 2003 年，第 16—17 页。

《天地宫府图·并序》云："夫道本虚无，因恍惚而有物气，气元冲始，乘运化而分形。精象玄著，列宫阙于清景；幽质潜凝，开洞府于名山。"[①]《洞天福地岳读名山记·序》曰："乾坤既辟，清浊肇分，融为江河，结为山岳。或上配辰宿，或下藏洞天，皆大圣上真，主宰其事。则有灵宫閟府，玉宇金台。或结气所成，凝云虚构。"[②] 司马承祯认为，虚无之道为元气，名山洞府是元气（即道）运化的结果。杜光庭亦认为洞天福地乃"结气所成"，与辰宿相配，而各由圣真主宰。

洞天福地潜蕴"道"的意象，因禀气精粗而有了不等的阶次，对应不同的仙真。但它们都与大道感应通达，仙灵可期，因而成为修道登仙的理想场所。《太上洞玄灵宝天尊说救苦妙经注解》云：

> 洞者通也，上通于天，下通于地，中有神仙，幽相往来。天下十大洞、三十六小洞，居乎太虚磅礴之中，莫不洞洞相通，惟仙圣聚则成形，散则为气，自然往来虚通，而无窒碍。[③]

《天地宫府图·并序》又曰：

> 元皇先乎象帝，独化卓然，真宰湛尔冥寂，感而通焉。故得琼简紫文，方传代学；琅函丹诀，下济浮生。诚志攸勤，则神仙应而可接；修炼克著，则龙鹤升而有期。至于天洞区畛，高卑乃异；真灵班级，上下不同。[④]

---

① 张君房：《云笈七签》，第608页。
② 《道藏》，第11册，第55页。
③ 《道藏》，第6册，第488—489页。
④ 张君房：《云笈七签》，中华书局2003年版，第608页。

在司马承祯看来，洞天福地虽有高卑之异，主治的真灵亦有上下不同，但它们都与大道感而通焉！因此，值此修道，“神仙应而可接”，“龙鹤升而有期”。

道教崇尚自然，清静恬淡，素有择地养性修道的传统。《丹房须知·择地》曰：“将欲修炼，必先择地。惟选福德之地、年月吉利、洁净之地，方可修炼。……阴真君曰：‘不得地，不可为也。’”[①]《诸家神品丹法·修丹择地仪式》亦曰：“夫修金丹，先须择地名山，结伴侣三人，须要同心合意，近甘泉之水，得年月日时吉。”[②] 而洞天福地契合阴阳、饱蕴道意、通灵接真、远离尘嚣、滋养富足，无疑是道门修炼的首选宝地。《太平经》曾对类似洞天福地的修道环境给予了明确的肯定。其《件古文名书诀第五十五》云：“洞者，其道德善恶，洞洽天地阴阳，表里六方，莫不响应也。皆为慎善，凡物莫不各得其所者。”[③]《太上大道玉清经》卷八曾指出洞天福地土气调良、水药宜人、秘藏真经、多有神人，栖此修炼，仙道易成。

> 欲学道者，志远人世，隔诸尘浊，愿栖福地，入诸名山，寻求真经，采服灵芝。千年万岁，不为凶害之所侵损。地多善神，土气调良，水药宜人。昆仑四方，元过东南王屋山南玉洞，上应诸天，日月星辰亦如上界，无有异也。地道十通，千径万路，真仙攸往。亦有宫室，天经备足，不减上界。
>
> 洞天之中，多有神人，时出登山，眄诸后学。地多黄精、白木、上中下芝，甘泉玉液，饮之不衰。常有神香，自熏钟磬。

---

① 《道藏》，第19册，第57页。
② 《道藏》，第19册，第219页。
③ 王明：《太平经合校》，中华书局1960年版，第87页。

恒鸣天乐，在虚神唱天经。能栖此山，真道易成。[1]

洞天福地之所以被道门奉为修道的天堂，首先是由于道教洞天福地大多位于人迹罕至，远离尘世扰攘的僻静之地，适宜静心修炼。其次，洞天福地多为物产丰富的名山大川，能为修道者提供必要的生活日用、修炼丹药和真经秘籍等资源。再次，洞天福地都是神仙游治之所，是通灵接真最为便捷的路径。最后，值此修道可以使修炼者融入自然、回归本然、实现天人合一，从而达到“天地与我并生，而万物与我为一”，“独与天地精神往来”的宁神境界和登仙体验。[2]

据此可知，洞天福地是自然与人文的有机结合，是天人合一的产物。通过洞天福地人间仙境的打造，道教最终实现了将“气化万物”的义理、“感而相通”的修行，以及“值此可仙”的解脱等诸多信仰思想融为一体，形成了道教较为完整的仙道思想体系。

（二）洞天福地承载的道教地理学内涵

洞天福地产生之前，道教神仙世界基本上都在传说的十洲三岛等海天绝域。它们往往天地跨界，天文、地理所属不清，位置不辨。即如《洞天福地岳渎名山记·序》所言：“或回踈于天中，或弱水之所萦，或洪涛之所隔，或日景所不照，人迹所不及。”[3] 洞天福地则将这些虚玄浩渺、遥不可及的神仙家园坐实为尘世的清秀名山，使其有了专属地理的身份，以及具体位置和范围等地理信息。《太上洞玄灵宝天关经》云：“分别元气，清者为天，浊者为地，太阳之精为

① 《道藏》，第33册，第361页。
② 宇汝松：《道教洞天福地的文化意蕴》，《世界宗教文化》2006年第2期。
③ 《道藏》，第11册，第55页。

日，太阴之精为月。复分日月之精为星辰，……复立三百六十名山、七十二福地，以镇地理。”①

从前述道教洞天福地产生的过程来看，洞天福地的成型既与其独特的地理景观有关，也离不开有识高道的慧识遴选。其入选的标准，首先应该是地理环境与道教义理的契合；其次是相关高道，如葛洪、陶弘景、司马承祯等，于此修炼的经历与经验；最后则是该地广泛流传的历史文化，尤其是与仙道有关的仙话遗迹。因此，洞天福地一方面具有奇异秀丽的自然风光，另一方面也具备古朴厚重的人文积淀，是天地自然与人心营构高度默契的产物。尤为重要的是，洞天福地还附有修道成仙的终极价值和意义，具备了宗教地理学的应有要件。自然地理与人文地理的融汇，尤其是终极价值与意义的注入，洞天福地因此成为道教地理学的重要载体。

道教地理学隶属宗教地理学，而宗教地理学是近50年才发展起来的一门新兴学科，内容涵盖文化地理学、宗教研究以及历史研究等广泛领域。美国地理学家大卫·索菲（David Sopher）曾对宗教地理学的研究范围提出过明确规定，即环境对宗教及其特殊制度的发展所拥有的意义；宗教及其制度改变环境的途径；宗教占领和构筑地理空间的不同方式；宗教的地理分布情况和宗教传播及相互影响的方式。② 道教地理学是道教在法道成仙宗旨下，对相对天文而存在的地理现象进行深入考察、探究而形成的兼有科学与神学思想内涵的一门学问。《太上洞玄宝元上经》对道教天文、地理都有明确的指示。关于“地理”，该经曰：

① 《道藏》，第19册，第925页。

② 安乐哲等主编：《道教与生态》，江苏教育出版社，2008年，第176页。

察地理者，依吾下经。地理者，三色也。名为察者，候三色也。三色者，土、山、水也。历览五方干支位次，甲乙丙丁戊己庚辛壬癸，子丑寅卯辰巳午未申酉戌亥。此二十有二，以为秋咏，严明分段，不相参杂也。

次豫兖青徐扬荆梁雍冀九州也，太山、衡山、华山、恒山、嵩高山五岳也，江河准济四渎也。四海环回，州土山水，分支干二十二，又二十二章以为冬咏，昆仑极中镇四序之际，四十五章是为属地。①

洞天福既是道教地理学的研究对象，也是其研究的旨归，内容几乎涉及宗教地理学研究的所有要目。盖建民在谈洞天福地与道教地理学的密切关系时，指出："道教洞天福地的名山志和宫观志中包含有丰富的地理学知识。……道教徒出于自身宗教修行的需要，绘制了大量符图，其中有相当多是刻画道教五岳名山地形地貌的山脉图及描绘道教洞天福地地理信息的图谱。"② 李丰楙则明确肯定洞天福地为道教地理学的重要组成部分：

洞天福地说的形成实与道教教理的发展相一致，即魏晋道教中人在实际修行的经验中，将纬书的地理观吸收并加以组织化，其中包括舆内名山、洞穴潜通、道治设置等，并选择一种神秘数字以结构洞天说，此即为三十六洞天说，至迟东晋末已形成。

道教洞天之说，乃是道教在六朝初期既已结构完成的宗教

---

①《道藏》，第6册，第254页。

② 盖建民:《道教科学思想发凡》，社会科学文献出版社，2005年，第425页。

性地理观，属于一种混合宗教神话与拟科学的古地理说，其原始形态为古中国人将宇宙神秘化、组织化，视宇宙为一神秘有机体，有如人体，故地中气脉交通，成为一整体。①

作为一个新兴知识领域，洞天福地所承载的道教地理学，无疑拓宽了道教的文化空间，为道教思想文化的发展注入了新鲜活力。

（三）洞天福地蕴涵的道教生态智慧

历经二千余年的发展，道教虚幻缥缈的神仙世界，最终演绎为尘世间环境秀美、人文厚重、天人和谐、神秘通灵的洞天福地。素灵真人《登极真洞天颂》曾赞叹华山西玄洞天的自然与人文景观云："异果奇花不可名，寻真何用到蓬瀛。碧云天地洞中列，白玉楼台象外生。万壑芝兰盘峭拔，千峰岚霭耸峥嵘。八公曾此分金液，服尽全家上太清。"② 如今，这些人间仙境多为国家及省级著名风景名胜区，有的甚至还被列入世界非物质文化遗产名录。

道教因修道成仙而开发的洞天福地，显然已经超越其宗教本身的意趣，成为其历史上环保贡献的重要见证，对当下日趋紧迫的生态危机和生态文明建设，具有重要的启示。诚如李远国所言：

洞天福地，是指存在于名山胜地之间的供人们修道安养的一个祥和世界，是道教理想中的真仙管理、太平至乐的人间仙境。

道教的洞天福地，正是天地间最灵秀的地方，是沟通天地和仙凡两界的地方，最宜于道者修炼、万物自然长育的地方。

---

① 李丰楙：《仙境与游历：神仙世界的想象》，中华书局，2010年，第294、323页。
② 《道藏》，第5册，第752页。

从生态保护角度来说，道教的洞天福地就是最早的生态自然保护区，这是道教为保护人类生态环境所作的贡献。在遍布中华大地的洞天福地，生长、繁殖着大量的生物、植物，而身居其境的历代道士们始终关心着山山水水、动物植物的保护，并把他们自己的观察、研究心得写进了各种各样的名山志、宫观志及相关的道书中，从而为今人留下了一大笔宝贵的文化遗产。在许多名山宫观中，留下了历代道士亲手种植的奇花异木，并且还制订了道规法令，以道教的戒律及法令来监督对环境与物种的保护。①

洞天福地蕴涵的生态智慧，一是将虚渺的仙境落实到尘世的自然之中，实现“仙境人间化”“人间仙境化”，拉近了凡夫与神仙的距离，实现了二者理论上的便利切换。洞天福地因此融入了人的价值追求和终极目标，成为人文关怀不可分割的一部分。洞天福地的维护与建设既是道门修仙的组成部分，也是道门应有的责任与担当。

二是注重人与自然的和谐共生，自然生态与人文生态的合一。洞天福地既是道门实现超越、解脱的圣所，也是道门安身立命、日常生活的居所。善待自然，与自然和谐共生，成为道门不言而喻的共识。在遵循自然的同时，道门还对洞天福地进行匠心独具的营造，从而使得洞天福地的背后，涵养着道教丰富的仙道传说和珍贵的文化遗迹。

最后，洞天福地还借助宗教的特殊身份和神圣力量加强对生态环境的积极保护和建设。据《茅山志》记载，高道李玄静曾利用唐

① 李远国：《洞天福地：道教理想的人居环境及其科学价值》，《西南民族大学学报》2006 年第 12 期。

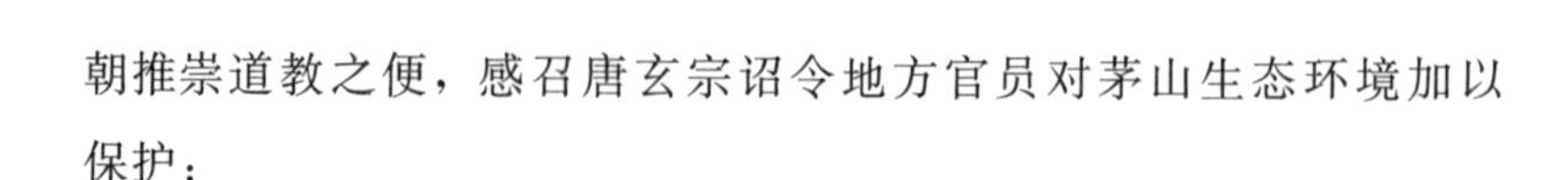
朝推崇道教之便，感召唐玄宗诏令地方官员对茅山生态环境加以保护：

> 敕江东道采访处置使晋陵郡太守董琬。山岳上疏分野，下镇方隅，降福佑于人，施云雨之惠。且茅山神秀，华阳洞天，法教之所源，群仙之所宅，固望秩之礼虽有典常，而崇敬之心宜增精洁。自今以后，茅山中令断采捕及渔猎。①

由于道教自身法自然的根本旨趣以及洞天福地在道教终极价值中的重要地位，道教还为洞天福地的环境保护制定了严格的教规与戒条，从而在常规的生态保护与建设上，植入了超乎寻常的神圣法力。施舟人（Kristofer Schipper）在《道教生态学：内在转化——早期道教戒律研究》一文中指出："早在公元最初几个世纪，道教就制定了教制、教规（如《一百八十戒》等），旨在保护环境，确保自然平衡不被破坏。""在《一百八十戒》中，直接与自然环境保护有关的不下二十条，其他很多也间接地与环境有关。"②

生态问题是人类正在面临的重大而又紧迫的问题，环境恶化导致人类自我毁灭已经成为高悬人类头顶的达摩克利斯之剑。洞天福地的生态智慧对于化解当下生态危机，高效指导人类的生态文明建设，具有重要的启示和意义。张广保指出：

> 从生态环境的角度来评判，道教的洞天具有近乎完美的生态结构。几乎所有有关洞天福地文献提到的洞天，其自然环境

① 《道藏》，第5册，第555页。
② 安乐哲等主编：《道教与生态》，第73、75页。

都一无例外是异香芬芳，绿树成行，井泉甘美，气候宜人，灵凤翱翔，神龙飞舞，五灾不侵，百病不生。

今天当我们面临着全权环境危机，大千世界的生态环境陷入极度困境时，研究道教洞天福地思想就不再只是游谈无根，而是有着紧迫的现实意义。①

洞天福地以其成功的历史经验和特有的生态智慧，不仅化解了人类自然活动过程中可能出现的一些环境问题，而且还为当下生态文明建设提供了可借鉴、可复制的模板。

综上所述，洞天福地是道教修仙义理与传统名山洞府信仰相结合的产物。受儒家岳渎名山思想的启发，葛洪率先拟定了道教名山信仰的思想和名录，为洞天福地落实到尘世间，奠定了理论和实践的基础。

上清派是赓续葛洪肇始之功的主要力量。"洞天""福地"的术语最早出现在上清派的经书中。《中国道教》指出："洞天福地"的观念大约形成于东晋以前，因为编集上清派仙人本业的《道迹经》《真诰》均已提到"十大洞天""地中洞天三十六所"等大小洞天说，其中《道迹经》还称引道书《福地志》和《孔丘福地》。②

洞天福地理论体系的建构者亦都是中古时期上清派的重要领袖或著名传人。《茅君传》是较早提及洞天三十六所，以及坐实后世"十大洞天"名录和位置的上清派经典。《太平御览》卷678引《茅君传》曰：

① 张广保：《唐以前道教洞天福地思想研究——从生态学视角》，载郭武主编《道教教义与现代社会（国际学术研讨会论文集）》，上海古籍出版社，2003年，第312、286页。

② 卿希泰主编：《中国道教》，第四卷，知识出版社，1994年，第136页。

> 至于地中洞天有三十六所：王屋、委羽、西城、西玄、青城、赤城、罗浮、句曲、林屋、括苍、昆仑、蓬莱、瀛州、方丈、沧浪、白山、八停之属也。五岳及诸名山皆有洞室，或三十里，二十里、十里，岳洞方百里也。①

《茅君传》属于葛洪以后洞天福地体系初创阶段的道经，其所列的三十六洞天，一方面尚不够完全，另一方面还与后来的“十大洞天”相混杂。尤其重要的是，其中还可以看到早期方仙道士们所幻想的西方昆仑、海中三岛等虚渺的神仙世界。张广保“推测其作者很可能就是杨、许一辈的上清道士。”② 杨、许即上清派第二、三代嗣主杨曦和许谧。从洞天福地体系建构的整个过程来看，上清派高道陶弘景、司马承祯、杜光庭及其分别编撰的《真诰》《天地宫府图》《洞天福地岳渎名山记》，堪称为其中代表性的人物和经籍。

从洞天福地的主要分布地区来看，它们亦与此间上清派的活动轨迹相吻合。至唐代时，上清派成为道教的主流而传布全国各地，除茅山大本营外，还建有嵩山、王屋山、天台山、京畿、蜀中等几大传教据点。潘雨廷指出：“综合（洞天福地）一百十八处，以今日的分省观之，尤可明确唐代上清派道教的所在地。”③ 此即表明，道教“十大洞天”“三十六小洞天”“七十二福地”这一百一十八处神仙家园，当时基本上都处在上清派的主要传教范围。

上清派借助洞天福地将飘渺云海、绝域天地的神仙世界落实到

① 李昉等：《太平御览》（七），上海古籍出版社，2008年，第163页。

② 郭武主编：《道教教义与现代社会国际学术研讨会论文集》，上海古籍出版社，2003年，第302页。

③ 潘雨廷：《道教史发微》，上海社会科学院出版社，2003年，第254页。

尘世的名山洞府，并为之注入厚重的人文内涵，自此，仙境即在人间，人间就是仙境。洞天福地在完善道教义理、修行和解脱等系统修仙文化的同时，使得成仙的解脱不再虚幻渺茫，可望而不可即。洞天福地成为触手可及的神仙家园，值此修行，凡夫即可成仙。即如司马承祯《天隐子·神仙》所言："人生时禀得虚气，精明通悟，学无滞塞，则谓之神。宅神于内，遗照于外，自然异于俗人，则谓之神仙。故神仙亦人也，在于修我虚气。"① 洞天福地的仙境人间化、人间仙境化，无疑为凡俗修仙提供了理论上和实践上的极大便利。

此外，洞天福地落实到世间的名山洞府，促进了道教地理学的发展，拓宽了道教文化的生存空间。道门对洞天福地人间理想仙境的打造，一方面为历史上的环境保护作出了重要贡献；另一方面亦为当下的生态文明建设提供了宝贵的经验和智慧。

①《道藏》第21册，第699页。

第三章
道教文化助力道德重建

道教文化与生态文明建设

丁常云*

摘　要：道教是中华传统文化的重要组成部分，道教文化中蕴含着丰富的生态伦理思想，无论是从“道法自然”到“天人合一”，还是从“重生贵德”到“和合共生”，无不彰显着道教尊重生命、关爱生命的普世情怀，是一种具有中国特色的生态伦理精神，强调的是一种自然之道、和谐之道，是一种人与自然和合共生的生存之道。道教的这种生态伦理思想，正是人类社会必须要大力提倡和加以推广的，是当代社会环境保护重要的文化资源。因此，我们要善用道教的生态伦理思想，助力增强环境保护的责任意识，不断提升环境保护的自觉行动，全力推进新时代生态文明建设，努力化解全球范围的生态危机，继续传承道教生态文化的时代担当。

关键词：道教文化；生态伦理；生态危机；生态文明

人类生活在自然界中，自然环境是人们赖以生存的物质基础，人与自然应和谐相处，保持自然界的生态平衡，这是千百年来永恒

* 丁常云，中国道教协会咨议委员会副主席，中国宗教学会理事，《上海道教》杂志主编，上海市道教协会副会长，浦东新区道教协会会长，上海太清宫住持。

不变的自然规律。但是，自20世纪以来，随着人类对自然控制与支配能力的急剧增强，以及自我意识的极度膨胀，人类开始一味地对自然强取豪夺，从而破坏了自然环境与生态和谐，激化了人与自然之间的矛盾。随之而来的则是：环境污染、气候异常、水源枯竭、生物灭绝、生态失衡，等等，严重影响了人类文明的进程和人类的生活质量，当今人类的生存与发展遭遇了前所未有的生态危机。人们在享受现代物质文明成果的同时，却不得不咽下生态失衡这颗苦果。早在20世纪70年代，《联合国人类环境宣言》就明确指出："现代人类改造其环境的能力，如果明智地加以使用的话，就可以给各国人民带来开发的利益和提高生活质量的机会。如果使用不当，或轻率地使用，这种能力就会给人类和人类环境造成无法估量的损失。"[①]特别是近十多年来，全球性生态危机的不断加剧，以及全球气候的变暖，已经直接影响到人类社会的生存环境，威胁到世界人类的生命安全。[②] 当人类以为自己可凭借先进技术肆无忌惮地控制、征服自然的时候，自然也在以自己的方式默默对抗甚至报复人类。比如，禽流感在全球蔓延、印度洋大海啸、美国的"卡特里娜"飓风、突如其来的南亚大地震、传播快速的非典，以及蔓延全球的疫情等，再次给人类社会敲响了生命的警钟，也给当代社会环境保护工作提出了新要求和新挑战。

中国是有着五千年历史的文明古国，中华传统文化一直把人与自然的关系看着一个整体，一个休戚与共的生命共同体。人的活动

① 中国环境报社编译：《迈向21世纪》，中国环境科学出版社，1992年，第156页。

② 有证据表明，地球生态系统和地球气候系统已经达到甚至突破了重要的临界点，可能导致不可逆转的变化。同时，气候变化的趋势还在发展，南北极冰川的融化、喜马拉雅山冰川融化，气候极端化的加剧所造成的影响将会进一步凸显，未来的气候变化实在令人担忧。

应该与自然环境相协调，不能为所欲为，否则就会遭到自然的惩罚。道教作为中国土生土长的传统宗教，继承并发展了先秦以来的天人和谐与共生思想。在老子《道德经》中就明确提出了“道法自然”的生态伦理，强调“自然之道不可违”。早期道教经典《太平经》也明确提出“天人一体”的生态伦理，肯定了人对自然环境的依赖关系，形成一种生态整体意识。同时，《太上洞玄灵宝中和经》中还提出了“和合共生”的生态理念，要求人们尊重自然、保护自然，促进人与自然和谐发展。道教的这些生态伦理思想，蕴涵着深邃的生态智慧，是中华传统文化的瑰宝，是人类社会的宝贵财富，对于促进现代生态文明建设和化解全球生态危机皆具有十分重要的积极作用。本文就道教文化中的生态伦理思想作一简要分析，并对道教生态伦理助力现代生态文明建设问题提出一些思考与建议。

一、道教传统文化中的生态伦理思想

道教从保护自然环境、维护生态和谐的思想出发，积极倡导人与自然的和谐发展，形成诸多环保理念和生态伦理思想。道教的生态伦理思想内容十分丰富，涉及到天、地、人各个方面，其和谐、自然、文明、人文的生态思想随处可见，朴素的生态伦理充满了睿智，发出耀眼的光芒，是当今人类社会生态文明建设重要的文化资源。

第一，道法自然的生态伦理思想。所谓“道法自然”，本意是指“道”就是“自然而然”，自己如此的。河上公注“道性自然，无所法也”。道法自然揭示了整个宇宙的特性，囊括了天地间所有事物的根本属性，宇宙天地间万事万物均效法或遵循“自然而然”的规律。《道德经》称“人法地，地法天，天法道，道法自然”，意为道生万

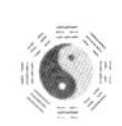

物以及天、地、人的活动过程都是“自然无为”的，不受任何外物所制约。“道法自然”的生态伦理就是一种主张天、地、人三者之间自然共生，共同遵循“自然”法则的天人和谐。要求人类在自然面前“辅万物之自然”，而不能“逆万物之自然”，更不能破坏自然、胡作非为。因为，自然界万事万物的存在和发展，都有其自身固有的规律性，无不遵从一定的自然法则。任何人都不能违背，也无力违背。否则，就会导致灾难，形成生态危机。人类社会，凡事必须符合自然规律，必须“守道而行”，才能达到人与自然的和谐。

道法自然是一种充满“自然智慧”的生态伦理。老子认为，“道”虽是生长万物的，却是无目的、无意识的，它“生而不有，为而不恃，长而不宰”。即不把万物据为己有，不夸耀自己的功劳，不主宰和支配万物，而是听任万物自然而然发展着。道法自然的生态伦理，蕴涵着“道生万物”“道通万物”与“道贵中和”的生态思想。所谓“道生万物”，是指人与自然都是“道”的化生。万物都是按照“道”赋予它的秉性，有自然生存、发展的权利。人类没有权利、也没有任何理由去干扰它，更不应该随意对它进行伤害或杀戮。人类要对万物“利而不害”，辅助万物自然生长。只有这样，才能达到和谐共生的目的。所谓“道通万物”，是指道化生万物，自然与万物相通。人是道的中和之气所化生，是万物之中最有灵气、最有智慧的生物。人类负有管理和爱护万物的责任。人的行为要符合“天道”，人应该“助天生物”，“助地养形”。使自然更加完美，人与自然更加和谐。所谓“道贵中和”，是指人类社会与自然要维持一种和谐的平衡。《太平经》说：“夫人命乃在天地，欲安者，乃当先安其天地，然后可得长安也。”[1] 这里所谓的“安天地”，就是要认识和掌

① 王明：《太平经合校》，中华书局，1960 年，第 124 页。

握自然规律，按照自然规律去办事，达到与自然和谐。道教认为人安身立命的天地间，要想得到好的生存和发展，必须使我们赖以生存的地球得到和谐安宁，然后人类才能长久安宁。

第二，天人合一的生态伦理思想。所谓“天人合一”，就是指人类社会与自然世界之间的协调统一关系。这里的“天”，可以理解为世界万物、自然规律。“合一”既指人与自然是一个整体，也指人与自然界遵循着同样的法则。在中国传统文化中，人们对于“天”总是敬畏的，人与天是相生相应的。这与前面所说过的“道法自然”是一脉相承的，效法自然即是天道，效法天道即是人道。天之道则是万物运行的规律，人之道则是人类社会的规律。只有人道对应了天道，才符合自然发展之道。在人与自然关系问题上，道教主张并倡导“天人合一”说，指出人与天地万物本来就是合一的，而且也是应该合一的。《庄子·齐物论》说“天地与我并生，而万物与我为一”，万物与人是同一的。天人合一就是要求人和天都必须遵守自然规律原则，按照自然规律办事。《洞玄灵宝中和经》又说“天地合和，万物萌芽”“天地不和，阴阳失度”[①]，讲的就是一种天、地、人和谐共生的理念。道教天人合一的生态观认为，人的一切都不是独立于自然界的，而是与自然万物相互依存的，所谓“一荣俱荣，一损俱损”。人与自然万物是平等的，人类应当认识自然，尊重自然，保护自然，而不能破坏自然。明确反对一味地向自然界索取，反对过度地利用自然与征服自然。道教认为，人与自然是相互感应、相互影响的。维护整个自然界的和谐与安宁，是人类社会生存和发展的必然要求。

天人合一是一种充满“和谐智慧”的生态伦理，强调的是“人”

---

①《太上洞玄灵宝中和经》，《道藏》第 24 册，694 页。

必须与“天”一致，相互和谐、相互协调。道教认为，天人是相互感应的，也是相互影响的，人必须要顺天道而行，否则必将会遭到上天的惩罚。事实上，天人合一本身就是一种自然规律，是人类社会应该顺应与遵守的。其中，蕴涵着人与自然“和谐共生”“和谐共存”与“和谐共处”的生态理念。所谓“和谐共生”，指的是一种人与自然共生共长的过程。《太平经》指出，人是自然万物的一部分，也是自然中和之气所生，即“天、地、人本同一元气，分为三体”，又说“天、地、人、万物，本共治一事，善则俱乐，凶则俱苦，故同尤也”[1]，也就是说，天、地、人同为自然界中一部分，本身就有着共生、共荣的关系。因此，必须要互相尊重、和谐共处。所谓“和谐共存”，指天地是人类赖以生存的基础，自然万物是人类的朋友，也是人类生存必需的条件，如果没有自然万物与人和谐共生，人类也不可能独立存在下去。这是自然万物生存和发展的客观规律，所谓“天地不和，阴阳错谬，灾及万民”。[2] 就是说自然生态的失衡，直接影响到人类世界的生存，自然环境的好坏直接关系到人类社会的生存与发展。所谓“和谐共处”，是指自然宇宙间没有孤立发生的现象，一切都处在相生相克、相互依赖、相互制约之中，一切都处在一个统一的整体背景的制约之下，一切都是整体关联的。这就是说，人与自然是互惠互利，彼此促进、共同生存的。道教“天人合一”的生态伦理思想，强调人与自然万物必须要和睦相处，才能共生共荣。人类社会要主张关心爱护万物生命，以谦下的精神与自然万物和谐共处，要求人类必须要尊重自然规律，并按照自然规律或利用自然规律去安排人类的生产和生活，从而达到与自然和谐共处

① 王明:《太平经合校》，第 53 卷，中华书局，1960 年，第 200 页。
②《太上洞玄灵宝中和经》，《道藏》，第 24 册，694 页。

的目的。

第三，重生贵德的生态伦理思想。道教是重视生命、关爱生命的宗教。所谓“仙道贵生，无量度人”①，就明确指出了道教的“贵生”思想。强调要尊重人类自身的生命，尊重动物的生命，尊重万物的生命，更要尊重人类和万物赖以生存的自然环境。《道德经》说“道生之，德蓄之，物形之，势成之。是以万物莫不尊道而贵德”②，讲的就是一种“贵德”思想。即自然万物的生长皆由“道”和“德”而成，人类的一切活动必须遵守“道”和“德”的规律，万物的生存发展皆要“尊道贵德”，否则就要受到自然的惩罚。道教这种“重生贵德”的生态伦理，具有强烈的道德责任意识，它要求人类主动关心和关爱自然界，自觉保护和维护自然生态环境，积极为自然界承担道德义务，从而树立起尊重生命、善待自然的生态观。

重生贵德是一种充满“生命智慧”的生态伦理，强调人类社会要尊重生命、提升道德素养。因为，一切生命皆有灵性，皆有道性，包括动物和植物，人类必须要给予尊重与爱护，对待自然生命要有好生之德。其中，蕴涵着“慈心于物”的生态情怀、“少私寡欲”的生态原则与“奉道而行”的生态方式。所谓“慈心于物”，就是指人类要善待万物、敬重生命。道教是贵生的宗教，《太平经》说：“夫天道恶杀而好生，蠕动之属皆有知，无轻杀伤用之也。”③ 即蠕动的小生命都有知觉，皆不能轻易杀伤。《感应篇》中也有：不得“无故杀龟打蛇”的禁忌，有“昆虫草木犹不可伤”④ 的规定。充分体现了道教对生命的尊重和关爱。从宇宙伦理的角度来看，人类凭借自己

① 《灵宝无量度人上品妙经》，卷一，《道藏》第 1 册，第 5 页。
② 《道德真经》卷上，《道藏》第 11 册，478 页。
③ 王明：《太平经合校》，中华书局，1960 年，第 174 页。
④ 《太上感应篇》，《道藏》第 27 册，第 41 页。

的强权，残杀众生，显然是不道德的，也是违背天道的。道教要求人类把慈悲之心扩大到自然界万物之中，不要随意杀戮众生，要自觉维护自然生态的平衡与和谐。所谓“少私寡欲”，就是要求为人心地纯洁，行事真诚朴实，少存私心和过分的欲望。“少私寡欲”是老子关于治国、修身的教诫和嘱托。“寡欲”是对物欲虚名的一种克制和超越，是从道德层面来关注自然生态环境的。事实上，生态环境的破坏与人类的贪欲密切相关。“人类若不尽快从欲望的魔掌中挣脱出来，并还身为人，等待人类的只能是一条不归之路”。[①] 为了维护个人、社会与自然的和谐，保持人类社会持续发展，人类必须抛弃消费型、掠夺型价值观，树立适度消费观念和健康的心态。所谓“奉道而行”，就是要求人类尊重万物之道性，顺应物性而行。主张对自然进行最小的干涉，要充分尊重自然规律，最大限度地维护自然生态的和谐。《太平经》说：“天地之性，万物各自有宜。当任其所长，所能为。所不能为者，而不可强也。”[②] 要求人类要遵循“天道无为，任物自然”的原则，让宇宙万物“任性自在”，自然发展。一切万物，才能自然昌盛。可见，重生贵德的生态伦理思想，强调的是一种对生命的尊重和对道德的遵循，具有积极的时代价值。

第四，和合共生的生态伦理思想。和合文化的普世价值，不仅体现在人与人的和谐、人与身心的和谐，而且还体现在人与自然的和谐。和合共生是充满哲理的发展思想。“和”表示不同事物（生命）相互补充，是新事物（生命）生成的规律。和、合互通，是相异相补、相反相成、协调统一、和谐共进的意思。和合共生是一种自然规律，也是一种生态法则，人与万物是相互依存的，只有“和

① 曹孟勤：《人性与自然：生态伦理哲学基础反思》，南京师范大学出版社，2004 年，第 181 页。

②《太平经》第 54 卷，《道藏》第 24 册，438 页。

合”才能共生，必须要珍视生物共同体。人与自然之间需要和合共生，只有和生才能共荣，否则只能是自我毁灭。《洞玄灵宝中和经》说：“道以中和为德，以不和相克。是以天地合和，万物萌芽，华果熟成。”[①] 这就是说，“道”的本性是“中和”的，是自然和谐的，只有天地自然的和谐，才会有万物的生长和成熟。《太平经》还说“自然者，乃万物之自然也”，[②] 明确指出了大自然是万物众生的自然，是众生共享、共生的生存家园。人类历史发展的经验教训告诉我们，当代社会的人类既要关注和追求自身的生存和发展权利，也要尊重自然界其他生物的生存权利，在享有对自然的权利的同时，应主动承担起保护生态环境的责任。

和合共生是一种充满“人文智慧”的生态伦理，阐述了人与自然和谐共生的人文思想，强调的是一种“和”文化。道教“和合”思想旨在寻求人与自然、社会和自身的内在平衡，具有丰富的生态伦理内涵。其中蕴涵着“和合万物”“共生共荣”的生态伦理。所谓“和合万物”，就是指人与万物是一个不可分割的整体，相互影响，共同生长。道教认为“人与物类，皆禀一元之气而得生成”。[③] 因此，“天地与我同根，万物与我同体”。[④] 人与天地万物在本原上是同一的。世间万物互相依存，和谐共处，不可分离。生命与环境在共同进化过程中和睦共处，生命与环境相互影响、融为一体。《太平经》说：“圣人亦当和合万物，成天心，顺阴阳而行”。[⑤] “和合万物”，“顺阴阳而行”，是一种天道法则，维持自然界的循环系统，恢复自

---

① 《太上洞玄灵宝中和经》，《道藏》第 24 册，694 页。
② 王明：《太平经合校》，第 16 页。
③ 《云笈七签》卷五十六，《道藏》第 22 册，第 383 页。
④ 《海琼白真人语录》卷三，《道藏》第 33 册，第 129 页。
⑤ 王明：《太平经合校》，第 222 页。

然界应具有的生态环境美是人类的共同责任。所谓“共生共荣”，就是指天、地、人三气是相互协调、共生共长的整体。《太平经》说：天、地、人及万物不仅应合于自然之道，而且三者需要“相爱相通，无复有害者”，方能“并力同心，共生万物”。[①] 现代生态学也明确告诉我们，在这个地球上，还“没有一种生物可以完全独立生存，所有生物都会受到周围环境和其他生物的影响”。[②] 人必须依赖自然界以生存，自然界的每一个物种都是处在它特有的生物链中的一个环节上，破坏了其中的任何一个环节，这条链就会慢慢被瓦解，慢慢毁灭掉，最终影响到人类。尽管人们认为，大自然具有无上的威力，人们破坏了自然界的生态平衡，就会遭受大自然的严厉处罚和报复，但是大自然的这种威力也是直接来自人类对自然界的破坏。因此，保护自然生态环境已经成为当代社会发展的必然选择。

二、道教生态伦理助力现代生态文明建设

近现代以来，随着人类对生态危机的认同，生态意识开始觉醒，生态文明开始受到人类社会的广泛关注，生态学也成为新时期的显学。面对当代社会环境的破坏和生态危机问题，人们开始意识到“生态危机的实质是人性危机”。[③] 人性危机“使人类文明失去了道德和智慧的指引”。[④] 人性危机所释放出来的贪欲，直接导致了人类对自然界的掠夺与破坏。这就是说，解决人性危机才是化解生态危机

---

① 《太平经》第48卷，《道藏》第24册，419页。

② 陈霞主编：《道教生态思想研究》，四川出版集团巴蜀书社，2010年，第101页。

③ 曹孟勤：《人性与自然：生态伦理哲学基础反思》，南京师范大学出版社，2004年，第132页。

④ 卢风：《伦理、宗教与终结关怀》，见《清华大学年鉴（2001）》，河北大学出版社，2002年，第36页。

的有效途径。道教的生态伦理，是中华传统文化的瑰宝，是解决人性危机的良方，是化解生态危机的良药。因此，我们要善用道教的生态伦理，助力现代生态文明建设，要不断增强环境保护的责任意识，全力推进生态观念的根本转变，积极开展环境保护的自觉行动，努力化解全球范围的生态危机，这是时代赋予当代道教的使命与责任，也是道教中国化进程中的时代担当。

第一，善用道教生态伦理，助力增强环境保护的责任意识。现实告诉我们，生态文明最终是人的文明，生态文明建设关系到人类的生存与发展，这就要求我们人类为了共同的命运承担起自己的责任。道教认为，人与万物一样是天地的子嗣，但人又与万物不同，是万物之师长。人类必须要展现人之为人的本质，自觉承担起环境保护的责任意识。从道教的生态伦理出发，我们认为要保持人与自然的和谐发展，实现现代生态文明的有序推进，必须要大力弘扬道教的生态伦理思想，不断增强环境保护的公民责任、道德责任和社会责任，从而更好地促进现代生态文明建设。

1. 助力增强环境保护的公民责任。所谓“公民责任”，就是指公民应当承担的法定责任，比如遵守宪法和法律的责任，等等。近年来，生态环境恶化的趋势未能从根本上得到遏制，一个深层次的原因，就是人类生态环保责任意识的严重缺失，这就是说“生态危机的发生与人的生活方式、行为方式、精神追求密切相关”。[①]《太平经》说：“人者，乃理万物之长也。”[②] 这种思想就赋予人更多的责任，包括对大自然的责任。要求人类必须履行“理万物之长”和“辅万物之自然”的职责。强调人类对自然保护的责任。《太平经》

① 陈霞主编：《道教生态思想研究》，第 3 页。
② 王明：《太平经合校》，第 88 页。

还说“天地，人之父母也，子反共害其父母而贼伤病之。非小罪也”,[1] 这里道教以神学方式提醒人类负有保护环境的责任。道教生态伦理告诉我们：人类只是宇宙中的一种生命体，人与自然界的一切生命体都是平等的，没有高低贵贱之分，人类没有任何理由，也没有任何权利来破坏自然环境。同时，人类本身就负有保护自然环境的职责，必须要主动担负起公民的责任。当代《环境保护法》也明确要求公民应当增强环境保护意识，采取低碳、节俭的生活方式，自觉履行环境保护义务。这就是说，现代社会公民应该有保护环境的责任和义务。

2. 助力增强环境保护的道德责任。当代社会“正是人类对自然生态环境缺乏责任意识，对自然存在物少有道德关怀，才导致了生态危机的发生”。[2] 全球性的生态危机所反映出来的人与自然的对立，“实际上是人类不同利益主体拼命争夺有限的自然资源和生存空间，只从经济效益考虑而不顾及生态效益所造成的恶果”。[3] 现代生态文明建设与人类的追求、理念、文化、道德、价值观相关。道教生态伦理告诉我们，人类应该把道德关怀扩展到自然界，对自然界或其他自然存在物承担起社会道德责任。一方面，要通过建构与弘扬生态伦理道德，唤醒人们的生态良知、生态道德自觉，增强人们的生态正义感和生态责任感，促进人与自然和谐相处。另一方面，要牢固树立“尊重自然、顺应自然、保护自然”的生态文明理念，树立“崇尚自然、热爱生态”的道德情操，唤起关爱生物、善待生命的道德良知，不断增强生态环境保护的道德责任和自觉行动。

---

① 王明：《太平经合校》，第 116 页。

② 曹孟勤：《人性与自然：生态伦理哲学基础反思》，南京师范大学出版社，2004 年，第 130 页。

③ 曹孟勤：《人性与自然：生态伦理哲学基础反思》，第 44 页。

3. 助力增强环境保护的社会责任。工业化引发了经济前所未有的发展，但同时也带来了经济和社会发展的不可持续的风险，其结果是“自然生态环境日趋萎缩、衰败和恶化，再生能力和平衡状态遭受巨大破坏”。[①] 党的十九大报告指出：要“完善生态环境管理制度，统一行使全民所有自然资源资产所有者职责”，要“坚决制止和惩罚破坏生态环境行为”。[②] 强调了环境保护的社会责任。事实上，道教自古以来就有治疗个人、社会、天地疾病的传统，它向往“天长地久”的人和自然的可持续性，反映了道教对生态环境的关注和强烈的社会责任。道教生态伦理告诉我们，要化解人类面临的生态危机，必须要从思想上高度重视，从行动上落到实处，必须要进一步强化环境保护的社会责任。一方面，要在全社会倡导适度消费、勤俭节约的生活方式，逐步形成以资源节约型、科技先导型、质量效益型为基础的可持续的文明发展观。坚持可持续发展，就是要求我们既着眼当前，又考虑未来，实现经济社会和人口、资源、环境的协调发展。另一方面，要将生态文明的理念渗透到生产、生活各个层面，不断增强人们自觉维护生态环境的责任感和使命感，使环境保护成为公民个人的自觉行为，从而推动人与自然的和谐发展。当代《环境保护法》也明确规定：一切单位和个人都有保护环境的义务。地方各级人民政府应当对本行政区域的环境质量负责。企业事业单位和其他生产经营者应当防止、减少环境污染和生态破坏，对所造成的损害依法承担责任。明确要求全社会积极行动起来，共同来承担生态环境保护的责任。

第二，善用道教生态伦理，助力推进生态观念的根本转变。生

---

① 曹孟勤：《人性与自然：生态伦理哲学基础反思》，第 178 页。

② 习近平：《在中国共产党第十九次全国代表大会上的报告》，载《党的十九大报告学习辅导报告》，学习出版社、党建读物出版社，2017 年，第 41 页。

态文明最终解决的是经济社会的发展问题，这就需要我们全面推进现代生态文明建设，正确处理好经济发展同环境保护的关系。道教认为，人的作用是帮助天地抚育万物，要做到“辅万物之自然而不敢为”。从道教的生态伦理出发，我们认为要保持人与自然的和谐发展，实现现代生态文明的有序推进，必须要坚持实现自然观念、价值观念、伦理观念和生产观念的根本转变。

1. 助力推进自然观念的根本转变。所谓“观念”，是指人类支配行为的主观意识。观念的产生与所处的客观环境关系密切，正确的的观念就是人的大脑对客观环境的正确反映。人类的行为都是受行为执行者的观念支配的，观念正确与否直接影响到行为的结果。自然观念，则是人类对自然世界的一种主观意识，这种主观意识直接影响着人们对自然的态度和行为。传统的自然观念是建立在人类社会与自然界对抗的基础上，这种观念必然导致人类对自然无穷无尽的掠夺，使可利用资源日益枯竭，生态环境日趋恶化。这就是说，人对自然的观念直接影响着自然生态环境保护。道教认为：人应当顺乎天道、和于自然。世间万物皆具有“道性”，都有其存在的价值和运行的规律。人并不是自然界的主宰，而是自然有机的一部分。人与自然之间并不是一种驾驭与被驾驭的关系，而应当是一种和谐共生的关系。道教生态伦理告诉我们，现代生态文明建设必须要实现自然观念的根本转变。既要达到人与自然的和谐相处，促进人与自然和谐发展，又要懂得尊重和保护自然，对自然的索取保持一种理性的节制和合理的需求。这就是说，人对自然界认识的基础是人所引起的自然界的变化。

2. 助力推进价值观念的根本转变。一般来说，个人价值观念是后天形成的，是通过社会化培养起来的。家庭、学校等群体对个人价值观念的形成起着关键的作用，其他社会环境也有重要的影响。

个人的价值观念一旦确立，便具有相对的稳定性，形成一定的价值取向和行为定式，是不易改变的。在人与自然关系方面，不同的价值观念就会产生不同的社会行为，正确的价值观就会产生对自然环境的尊重与保护，不正确的价值观必然会产生对自然环境破坏与掠夺。在现代社会经济快速发展进程中，由于生产能力迅速提高，物质财富急剧增加，人类开始出现了消费主义和享乐主义的价值观，其结果自然是生态环境的严重破坏。道教生态伦理告诉我们，现代生态文明建设必须要实现价值观念的根本转变。即人类社会要树立正确的人生价值观，要用道德伦理去约束无限消费的欲望，就是将自身的幸福体现在和谐的、合理的消费之中，寻找消费行为与理性需要的平衡点，最终也将有利于人类更大利益的实现。

3. 助力推进伦理观念的根本转变。一般来说，任何社会形态都有与之相适应的伦理支持系统。传统伦理观念所指向的是人与人之间的关系、个人与社会之间的关系，其目的是维护社会秩序。生态伦理则是人们对生命存在与生态环境关系的道德观念、基本规范和道德实践。在伦理认识上，道教以其重视生命、关爱生命为特色，关注自我与自然的协调。在对自然生态和人的关系的认识上，表现出开发生命活力的自觉能动性、与自然对象的同一性以及伦理认识的整体系统性。道教伦理追求的是“顺乎自然之道”，强调“自然之道不可违”。《太平经》提出：“天地中和同心，共生万物”。认为理想的太平世界是人与各个层次的自然事物和谐相处、共生共荣的世界。道教生态伦理告诉我们：现代生态文明建设必须要实现伦理观念的根本转变。即建设社会主义和谐社会、实现人与自然之间的和谐相处，要求我们把伦理的指向扩大到人与自然的关系上来，把人与自然的关系确立为一种道德关系，要求人类尊重自然、爱护自然环境，确立人与自然之间和谐相处的新的伦理观念。

4. 助力推进生产观念的根本转变。在生产力极度低下的远古社会，人们往往畏惧自然界的变迁与灾害。于是，敬天、顺天，一切顺应自然，就成为这一时期的人们对待自然生态环境的基本态度。但是，随着现代科技的迅速发展，人类破坏自然的能力也快速提升，再加上人类中心主义的影响，以及对自然界的无限索取。所以，现代生产观念，就会把人类视为自然界的征服者和统治者，这种观念必然产生征服和统治自然界的态度和行为，而“人类的思想与行为活动，乃是影响自然生态秩序的关键因素”。① 道教提出“恬静无为，清心寡欲”的思想，要求人类的生产活动以不能破坏自然环境为原则，其生活方式要以简约、不争为目标，做到尊重自然、顺应自然和保护自然。道教生态伦理告诉我们，现代生态文明建设必须要实现生产观念的根本转变。即人类要在认识自然、尊重自然、保护自然和关爱万物的前提下合理利用自然，要正确处理好经济发展同环境保护的关系，牢固树立保护生态环境就是保护生产力，改善生态环境就是发展生产力的理念，更加自觉地推动绿色发展、循环发展、低碳发展，最终实现人类与整个自然生态系统的和谐发展。

第三，善用道教生态伦理，助力开展环境保护的自觉行动。所谓“自觉行动”，是一种发自内心的、主动作为的过程。像所有的认知过程一样，人们对环境保护和生态建设的认识，也有一个由表及里、由浅入深、由自然自发到自觉自为的过程。现实社会中，“只要金山银山，不管绿水青山”，只要经济，只重发展，不考虑环境，不考虑长远，“吃了祖宗饭，断了子孙路”而不自知的人很多。正因为

① 蔡林波：《助天生物—道教生态观与现代文明》，上海辞书出版社，2007 年，第 52 页。

如此，生态危机依然存在，生态环境问题并没有得到根本解决。面对环境污染、生态系统恶化的严峻形势，如何推动开展环境保护的自觉行动就成了当前重要而紧迫的任务。这就需要我们善用道教生态伦理，助力现代生态建设，要努力使广大人民群众从被动到主动，从自发到自觉，主动担当起应尽的责任，齐心协力走可持续发展之路。

1. 助力开展生态道观建设的自觉行动。自1995年开始，中国道教协会参加在英国召开的世界与环境保护会议，发表了《中国道教协会关于生态环境保护的宣言》。2003年，中国道教协会在甘肃省民勤县建立"中国道教生态林建设基地"。2006年至2008年，中国道教协会先后召开三次"中国道教宫观生态保护论坛"，提出了"生态道观"项目，此举得到联合国开发署的关注，并得到有关国际环境组织的支持。2009年，中国道教协会专门制定了《中国道教界保护环境的八年规划（2010—2017）纲要意见》，要求将生态保护纳入创建和谐宫观目标。[1] 然而，这么多年过去了，生态道观建设依然是进展缓慢，成绩并不明显，其主要原因还是没有引起真正重视，没有成为道教界的自觉行动。道教生态伦理告知我们：建设生态道观，保护好我们赖以生存的自然环境，既是道教生态伦理的传承发展，也是道教精神风貌的当代展现。因此，我们当代道教徒必须要遵循"道法自然"的思想宗旨，以追求天人和谐为己任。从我做起，从一言一行做起，努力推进"生态道观"建设。各地道教组织与道观要建立健全生态保护和宣传教育的规章制度，全面提升住观道众的生态环保意识，使生态道观建设真正成为广大道教徒的一种自觉行动。

---

①《中国道教》2009年第6期，第5页。

2. 助力开展生态环保建设的自觉行动。当代社会，经济的快速发展，给人类生活带来了极大的改善，物质生活也得到快速提高。但是，人类社会在享受物质生活的同时，也造成了对自然环境的破坏。究其原因，主要是人类过度“欲望”所造成的。道经称：“欲者，凶害之根；无者，天地之源”。道教追求宇宙、身心、自然的和谐有序，认为欲望是扰乱生态秩序之源，是引起生态混乱之端。道教生态伦理告诉我们，必须要积极倡导“少私寡欲”的生活理念，节制过度的消费欲望。在加快物质生活改善的同时，必须要严格控制好以破坏自然环境为代价的过度消费问题，加强对生态环境污染的治理和对生态文明的保护。从环保角度来看“人类不节制欲望，环境就不可能从根本上得到改善”。[1] 现代生态学强调的是一种生态自觉意识与自觉行动。人类社会只有真正认识到生态问题无边界，认识到人类只有一个地球，地球是我们的共同家园，保护环境是全人类的共同责任，生态建设才能成为一种自觉行动。

3. 助力开展美丽中国建设的自觉行动。党的十九大报告指出：“加快生态文明体制改革，建设美丽中国”。强调“必须坚持节约优先、保护优先、自然恢复为主的方针，形成节约资源和保护环境的空间格局、产业结构、生产方式、生活方式，还自然以宁静、和谐、美丽”。[2] 成为建设美丽中国的基本路径和重要任务。道教生态伦理告诉我们，人因自然而生，人与自然是一种共生关系，对于自然的尊重就是对人类自身的尊重，自然的和谐也会影响到人类自身的和谐。因此，建设美丽中国既是对生态文明建设的高度重视，也是对人类自身的一种关爱。根据道教生态伦理与建设美丽中国的要求：一

---

① 尹志华：《道教与环保》，香港青松出版社，2010 年，第 39 页。

② 习近平：《在中国共产党第十九次全国代表大会上的报告》，载《党的十九大报告学习辅导报告》，学习出版社，2017 年，第 40 页。

是要坚持做到尊重自然、顺应自然、保护自然，保护自然生态系统，维护人与自然之间形成的生命共同体。二是要树立和践行绿水青山就是金山银山的理念。三是要坚持节约资源和保护环境的基本国策，实行最严格的生态环境保护制度。建设美丽中国，努力开创社会主义生态文明新时代。

第四，善用道教生态伦理，助力化解全球范围的生态危机。近现代以来，由于世界人口的快速增长，工业革命的高速发展，加上战争和社会动乱，人类干预自然界的规模和强度不断地扩大和深化，全球多处出现森林覆盖面积缩小、草原退化、水土流失、沙漠扩大、水源枯竭、环境污染、环境质量恶化、气候异常、生态平衡失调等等现象。生态环境的破坏，已经直接引起环境质量下降、生态秩序紊乱、生命维持系统瓦解，从而危害人的利益、威胁人类生存和发展。道教生态伦理告诉我们，人类应该正确处理人与自然的关系，在发展生产和提高生活水平的同时，注重保持生态系统结构和功能的稳定与平衡，促进人与自然的和谐发展。要善用道教的生态伦理智慧，助力化解全球范围的生态危机，从而实现人类社会的可持续发展。

1. 助力改善人类社会的生活方式。生活方式是人类对美好生活共同的追求，是人类社会进步与发展的标志。从人与自然的关系看，人类的生活与自然环境密切相关，人类的生活方式决定着生态文明，这就表明我们每个人都是生态文明建设的主体。如果我们一直秉承落后的、不文明的，甚至是愚昧的生活方式，我们必然会受到生态环境的惩罚；如果我们每个人对生活方式的选择和参与，都是先进的、文明的、科学的，那么我们就能够直接影响或推动生态文明建设的进程。道教生态伦理的规范、准则，把“清虚自守”作为人生价值追求，在生活方式上力求“返朴归真”，保持人与自然的和谐相处。道教的生态伦理告诉我们：为了从根本上保护自然生态环境，人类必须要改变自身的生活方式，建立起节约资源、人与自然和谐相处的新的生活方式。要化解全球生态危机问题，就必须要正确处理好人与环境的关系，积极“倡导简约适度、绿色低碳的生活方式”。[①]因为，生态危机的始作俑者是人类自己，只有建立起人与自然和谐相处的、健康的、文明的生活方式，人类社会才能真正美好，生态危机才能真正化解。

2. 助力推进生态环境的补偿制度。生态补偿机制是以保护生态环境、促进人与自然和谐为目的，根据生态系统服务价值、生态保护成本、发展机会成本，综合运用行政和市场手段，调整生态环境保护和建设相关各方之间利益关系的一种制度安排。建立生态补偿机制是贯彻落实科学发展观的重要举措，有利于推动环境保护工作实现从以行政手段为主向综合运用法律、经济、技术和行政手段的转变，有利于推进资源的可持续利用，加快环境友好型社会建设，实现不同地区、不同利益群体的和谐发展。党的十九大报告指出：要“建立市场化、多元化生态补偿机制”。[②] 党的十九届四中全会又进一步提出：要“严明生态环境保护责任制度”，落实生态补偿和生态环境损害赔偿制度，实行生态环境损害责任终身追究制。[③] 从制度层面进行了严格规范。道教生态伦理告诉我们：人与自然是生命共同体，人类必须尊重自然、顺应自然、保护自然。人类只有遵循自然规律，才能有效防止在开放利用自然上走弯路，人类对自然的伤害最终会

① 《党的十九大报告学习辅导百问》，学习出版社、党建读物出版社，2017 年版，第 164 页。

② 习近平：《在中国共产党第十九次全国代表大会上的报告》，载《党的十九大报告学习辅导报告》，学习出版社，2017 年，第 40 页。

③ 《中共中央关于坚持和完善中国特色社会主义制度，推进国家治理体系和治理能力现代化若干重大问题的决定》，2019 年 11 月 5 日，央视网新闻。

伤及人类自身，这是无法抗拒的规律。这就要求我们人类要在大力发展经济、利用自然资源的过程中，坚决摒弃所谓的“人类中心主义”思想，决不能采取耗竭资源、破坏生态和污染环境的生产方式，而是应当合理利用自然资源，及时修复由于人为或自然原因造成的对自然环境的破坏，共同维护自然生态的和谐发展。

3. 助力推进生态环境可持续发展。可持续发展是人类社会发展的必然要求，也是人类赖以生存与传承的基本条件。现实社会中，人的生活方式决定着人的消费模式，消费模式又影响着自然环境，而非理性的消费行为模式是导致环境恶化、生态破坏和不可持续的一个重要原因。面对资源约束趋紧、环境污染严重、生态系统退化的严峻形势，我国政府高度重视生态环保工作，强调必须要树立尊重自然、顺应自然、保护自然的生态文明理念，努力建设美丽中国，实现中华民族永续发展。事实上，道教历来就以节俭为荣，以攀比奢侈为耻，明确主张“见素抱朴、少私寡欲”，不让永无止境的物质欲望来扰乱个人内心的安宁。道教在生活上采取“少私寡欲”“知足常乐”的态度，要求道教徒始终保持一种“安时而处顺”的高尚情操，对于促进自然资源可持续发展具有重要的意义。道教生态伦理告诉我们，要化解全球生态危机问题，就必须要正确处理好人与自然环境的关系，坚持可持续发展的消费模式。因此，我们要通过生活方式的转变来协调人与自然的关系，在充分考虑环境承载力的前提下，追求人与自然和谐的可持续的生存方式，建立资源节约型、环境保护型、生活简约型的消费模式，实现消费、生活与生态的平衡，促进经济社会和生态文明的持续发展。

4. 助力推进化解全球性生态危机。当今社会，倡导以人为本，这是社会的发展与进步，但是我们必须要清楚地认识到“以人为本”并非“人类中心主义”，而“传统的人类中心主义”观念，“已经造

成了当今的严重生态危机”。[1] 道教在审视人与自然环境的关系时，表现出深邃的生态智慧，成为现代生态文明建设宝贵的文化资源，是中华文化对世界文明的一大贡献。面对全球生态危机，道教的生态伦理受到世界的广泛关注。人们纷纷到中国传统文化中去寻找“智慧”，用传统道教的“生态智慧”来化解全球性“生态危机”。美国环境伦理学家霍尔姆斯·罗尔斯顿（Holmes Rolston）认为：“西方人也许应该到东方去寻求人与自然协调发展的模式”。[2] 美国科学家卡普拉（F. Capra）则认为：“在伟大的宗教传统中，道教提供了最深刻和最美妙的生态智慧的表达之一”。[3] 法国著名道教学者索安（Anna Seidel）也指出：今天的生态学家知道，作为东方传统之一的道教，可以帮助我们找到一种生存方式，使我们被毁坏的星球更加和谐。[4] 因此，我们要大力弘扬道教优秀文化，积极倡导道教生态伦理，助力化解全球性生态危机，共同维护世界人类与自然环境的和谐与安宁。

综上所述，道教文化中蕴含着丰富的生态伦理思想，是当代社会环境保护重要的文化资源。在人与自然的关系方面，道教认识到万物的价值以及人和环境的相互依赖关系，从而确立了人有保护环境的职责。当代社会，我们有责任将道教的生态伦理思想，转变成人们践行生态文明实践的行动指南。道教的生态伦理，强调的是一种自然之道、和谐之道，是一种人与自然和合共生的生存之道。这种生态伦理思想，是道教助力生态文明建设的重要内容，也是人类

---

① 曹孟勤：《人性与自然：生态伦理哲学基础反思》，第 28 页。

② 霍尔姆斯·罗尔斯顿：《环境伦理学——大自然的价值以及人对大自然的义务》，杨通进译，中国社会科学出版社，2000 年，第 7 页。

③ 卡普拉：《转折点》，中国人民大学出版社，1989 年，第 310 页。

④ 索安：《西方道教研究编年史》，吕鹏志、陈平等译，中华书局，2002 年，第 125 页。

社会必须要大力提倡和加以推广的。当代道教，我们要积极传扬道教的生态伦理思想，充分发挥道教生态伦理的时代价值，关注社会生态和谐与人类美丽家园建设，促进人与社会、人与自然的和谐发展，不断开创社会主义生态文明建设的新境界。

道教文化与社会和谐建设

何春生*

摘　要： 道教文化是中国传统文化的重要组成部分，道教的终结追求是得道成仙，在此过程中道教也祈求生活美好、社会和谐与世界大同。道教倡导的人与人、人与家庭、人与社会、人与自然之间的和谐，以及所形成的和谐文化思想，是和谐社会建设宝贵的文化资源，对于促进当代社会家庭和谐、社会和谐、自然和谐皆有着重要的借鉴作用。

关键词： 道教文化；家庭和谐；社会和谐；自然和谐

道教文化中的和谐思想是构建社会主义和谐社会的重要内容之一，在当代构建社会主义和谐社会的大环境下，要充分运用道教文化中的和谐思想，助力人与家庭、人与社会、人与自然之间的和谐，为社会稳定和发展发挥其应有的作用。

一、道教文化助力人与家庭关系的和谐

家庭是社会组成的分子单位。家庭是由夫妇、父母、子女、兄

* 何春生，句容市道教协会道教文化研究中心编辑室主任。

弟、姐妹等姻亲和血缘关系所组成的一个共同生活体，是构成社会的最小单位，家庭伦理主要围绕家庭里的人与人之间的关系展开。家庭矛盾处理得好坏，宏观说会影响社会和谐，微观而言有碍家庭和睦相处。这就要求社会管理者和家庭成员要有清醒的认识，善于处理好家庭成员之间的关系。

在家庭关系中，夫妻关系是一切家庭关系的关键。中国传统夫妻伦理规范主要集中体现在礼制中，儒家经典《礼记》中指出："婚礼者，合二姓之好，上以事宗庙，而下以继后世也，故君子重之。"[①]如果没有婚姻也就是没有祖先从后世的过度，也同样没有子孙的延续。夫妇关系的融洽，夫唱妇随，可用"琴瑟和鸣"这四个字来形容。所谓琴瑟和鸣是古人对幸福夫妻生活的美好描述。中国古代《诗经》中对夫妻之间和睦幸福的家庭生活描述为"妻子好合，如鼓琴瑟"，夫妻的幸福与融洽，是乐音悦耳，也是心灵的契合，这种描述也被当作古代中国社会夫妻关系的最高境界。

道教认为男女夫妻的思想源于阴阳，"男女者，乃阴阳之本也。夫治事乃失其本，安得吉哉?"[②]"一阴一阳，天使其有一男一女，色相好，然后能生也。"[③] 因为"阴阳所以多隔绝者，本由男女不和"。[④] 所以"男女夫妇者，主传统天地阴阳之两手也。"[⑤] 道教经典《太平经》明确讲到"女之就夫家，乃当相与并力，同心治生，乃共传天地统。"[⑥] 具体来说"男者乃承天统，女者承地统"，[⑦] 在自然生

① 陈戍国点校:《周礼·仪礼·礼记》，岳麓书社，1989年，第536页。
② 王明:《太平经合校》，第38页。
③ 王明:《太平经合校》，第43页。
④ 王明:《太平经合校》，第38页。
⑤ 王明:《太平经合校》，第518页。
⑥ 王明:《太平经合校》，第35页。
⑦ 王明:《太平经合校》，第36页。

育方面，男女有着不同的作用。《太平经》认为人、事、社会渊源于天地自然，“男者，天也；女者，地也”。[①] “男者，乃天之精神也；女者，乃地之精神也。”[②]《太平经》认为，男女结合成为夫妻生育后代是传承天地之统和保持天地精神永恒不灭的一种必要手段，是天人和谐的一种途径。从上述的描述可以体现出道教文化中关于夫妻关系和谐的重要性，关系到天地、阴阳、自然和人类的延续。

夫妻关系的和谐体现的是人之道，道教从养生的角度出发，认为男不可无女，女不可无男。许多道书都表达了这样一个观点：男女居室，人之大伦，独阳不生，独阴不成，人道不可废。”[③] 由此可以看出，道教认识到了家庭对于人类繁衍的重要性，而夫妻关系的和谐是阴阳调和的前提，反过来说只有男女阴阳平衡，才能达到夫妻关系的和谐。

道祖老子认为，“万物负阴而抱阳，冲气以为和”，[④] 认为人类生命的存在不可男女偏废，强调阴阳平衡。道教认为“天统阴阳，当见传，不得中断天地之统也，传之当像天地，一阴一阳，故天使其有男女，色相好，然后能生也。何乃正使一阴一阳，夫阳极者能生阴，阴极者能生阳，此两者相传，比若寒尽反热，热尽反寒，自然之术也。”[⑤] 道教认为，阴阳乃是天地的道统，人类社会的婚姻男女要像阴阳一样和合，你中有我，我中有你。男女乃是阴阳的配合，阴阳的协调，这是天经地义的存在，强调作为夫妻关系的饮食男女要和谐合拍。

---

① 王明:《太平经合校》，第 44 页。

② 王明:《太平经合校》，第 34 页。

③ 李鹏飞:《三元延寿参赞书》卷一，见《正统道藏》第 31 册，台湾新文丰版出版社，第 166 页。

④ 陈鼓应:《老子今注今译》，第 233 页。

⑤ 王明:《太平经合校》，第 43 页。

在婚姻家庭方面，道教认为男女是平等的，要维护婚姻的和谐，必须要尊重妇女，平等地对待妇女。一旦婚姻关系成立，夫妻就应当共同努力生产劳作，创造美好生活。良好的夫妻伦理道德是家庭和谐的重要保证，是夫妻相处的坚实基础。《道德经》强调“贵阴守雌”，并说“谷神不死，是谓玄牝。玄牝之门，是谓天地根。绵绵若存，用之不勤”，[①] 这是把女性看成生命之源，重视女性美德，强调男女地位平等，二者缺一不可。只有男女和睦和谐，和合阴阳，才能传承天地精神，实现人类可持续发展。当今社会，物欲横流，人心浮躁，家庭关系不和谐因素频出，给社会稳定造成了一些不良影响，如现在的离婚率呈上升之势。而道教文化中这些关于婚姻、和谐、阴阳平衡观念有助于人与家庭关系的和谐。

父母的严慈，子女的孝顺是古代父母子女关系最基本的原则。父母子女关系是重要的家庭关系，从古至今就是我们中华民族的优秀传统美德。中国人强调孝，强调尊敬父母、孝顺父母，要使父母老有所养、老有所依。道教提倡“慈心于物，忠孝友悌，正己化人，矜孤恤寡，敬老怀幼，昆虫草木，犹不可伤。宜悯人之凶，乐人之善，济人之急，救人之危。遏恶扬善，推多取少。施恩不求报，与人不追悔”[②]。可与当代精神文明建设做“有理想、有道德、有文化、有纪律”作为互补完美。道教把修道与积德并重，而积德的重点首先是孝道。道教认为“道用时，家家孝慈”，“道用时，臣忠子孝，国则易治”。[③]

茅山九霄万福宫有副对联：在家不孝双父母，何别灵山见世尊。父母亲就是活着的神仙你都不孝敬，又何别到我这里祈求什么呢？

---

① 陈鼓应：《老子今注今译》，第98页。
② 丁常云：《太上感应篇注释》，上海辞书出版社，2005年，第39页。
③ 饶宗颐：《老子想尔注校证》，上海古籍出版社，1991年，第23页。

九霄万福宫的灵官殿内也有一副对联：十万朝山非是别，忤逆子孙休见我，一半进香也有功，孝顺儿女皆为你。对那些不孝顺的人直接拒之以庙门之外。茅山的开山祖师茅盈，为了得道成仙，十八岁就出家修道，四十九岁道成之时还不忘回家尽孝。据《茅山志》记载：君既辞师，带索混迹，不矫于世……时年四十九，君父母尚存，父见怒曰：为子不孝，不亲供养，游走四方，吾当喻汝为不生之子。欲杖责罚之。君长跪谢曰：盈乃受命，应当得道，道法循世，事不两济。虽违远供养，无旦夕之益，能使家门平安，父母老寿……[①]这是对得道与孝顺最好的阐释。试想，一个家庭如果父母慈祥，儿女孝顺，这样一个家庭连带他们的家族，再影响到他们的左右邻居，再扩大到更大的范围，这种父母子女关系的和谐将会对社会产生多大的影响力？

赡养父母是孝的第一要义，“居常善养，旦夕存其亲”[②]，作为子女应当尽心尽力地善养父母。让父母安享晚年生活。道教认为赡养父母，使父母感到平安快乐、老有所依，这是孝的基本准则。其次是尊敬和顺从父母，“为子乃当敬事其父而爱其母”[③]，尊敬爱护父母是为人子女应尽的道德义务。道教所倡导的孝道伦理，将其与道教的长生之道相结合，形成道教劝孝的特点。顺从父母、听从父母的教诲、不得忤逆父母是孝子时时遵守的道德规范。

当今社会，人与人之间的关系大多建立在利益关系之上，家庭之间，为了分财产，争夺继承权，夫妻之间，兄弟姐妹之间，弃父母的生死存亡于不顾，大打出手的现象是常常发生。虽然，我们也一直在倡导孝敬父母，慈爱子女的良好风气，但是由于这样的说教

① 王岗点校：《茅山志》上，上海古籍出版社，2018 年，第 122 页。
② 王明：《太平经合校》，第 131 页。
③ 王明：《太平经合校》，第 587 页。

约束性不强，更主要的还是因为世俗道德缺乏神圣性和威慑性，使得其效果不太理想。而道教的孝道思想则不同于一般的空洞的说教，因为它和人们的日常生活联系在一起，尤其是结合了人们的普遍愿望。现如今道教名山宫观与旅游紧密地联系在一起，走进道教宫观的人越来越多，道教也因时制宜，与时俱进，弘扬道教文化，发挥传统文化的积极作用。

一个家庭除了父母、夫妻，还有兄弟姐妹，家庭是个人自我发展的第一个学校，同时也是人生观、价值观、世界观、道德修养、行为习惯形成的重要环境。一个家庭的和睦与否关系到每一个成员的幸福，同时也关系到整个社会健康稳定的发展。只有家庭和谐、整个社会才会和谐。父母慈爱，夫妻和睦，兄弟姐妹更要团结一致。家庭是社会的细胞，家庭道德是社会道德的重要组成部分。孝敬父母的忠孝之德、家庭和睦的和谐之德、兄弟姐妹的手足情义等，有助于促进家庭关系的稳定，增进家庭生活的幸福，增强家庭的凝聚力，有助于人们树立正确的道德观念，培养良好的道德品质，促进家庭和睦，营造良好的社会风气。

二、道教文化助力人与社会关系的和谐

马克思说人的本质是“一切社会关系的总和”，任何人都不能脱离社会而单独存在，人只有在与他人的交往过程中即在社会中才能找到其存在的价值。因此，不同的人通过组成不同的社会组织，结成一定的经济关系、政治关系和文化关系，来参与经济生活过程、政治生活过程和文化生活过程，从而体现人自身的价值。社会生活中存在的人与人之间的各种不和谐关系，抛开非正常的因素，是社会发展进程中的必然现象。

道教文化有助于人与社会关系的和谐，从政治层面，老子对为政者或社会治理者提出不言教令，尽量少以声教法令干扰人民的和谐生活是合乎自然的。天地所施的暴风骤雨都终究是一瞬，何况人类的种种冲突，和谐是永久的，冲突对立只是暂时的。老子还强烈谴责社会不公，希望社会和谐、平衡、平均。他说：“天之道，损有余而补不足。人之道，损不足以奉有余。孰能有余以奉天下，唯有道者。”① 老子指出“人之道”，盘剥不足者以供奉有余者，强调“人道”要效法“天道”，调整多寡的不均，“有余以奉天下”，从而实现社会的公平和谐。和谐社会是老子提出一系列社会政治思想要达到的目的：“小国寡民。使有什伯之器而不用，使民重死而不远徙。虽有舟舆，无所乘之；虽有甲兵，无所陈之。使民复结绳而用之。甘其食，美其服，安其居，乐其俗。邻国相望，鸡犬之声相闻，民至老死不相往来。”② 他极力反对社会冲突战乱，直言道：“夫兵院者，不祥之器，物或恶之，故有道者不处。”③“有道者”的任务是消弭战乱及其根源，恢复或保持社会的安定和谐。作为为政者治理社会的理想境界就是和谐的境界。只有在这样的境界里，百姓才能安居乐业，天下才能升平祥和。当然，老子小国寡民的理想只是他所处时代的一种追求。

老子在强调统治阶级应该自然无为来治理国家，使国家内部达到和谐的同时，还注重现实生活中人与人之间的和谐关系。在老子看来，人世间所以会出现种种背离人性的祸患，直接的根源即是人与人之间频繁的争斗、争端。因此，消除祸患，重在消除各种争斗、

---

① 陈鼓应：《老子今注今译》，第 336 页。
② 陈鼓应：《老子今注今译》，第 345 页。
③ 陈鼓应：《老子今注今译》，第 195 页。

争端，而要消除各种争斗、争端，唯取“为而不争”[1] 的态度和立场。“为而不争”乃是人类和平相处、和平发展的先决条件。所谓“不争”则指摒弃争强斗胜，不与人争名争功争利。“夫唯不争，故无忧”。[2] 不争不仅可以保持自身心灵的和谐，亦可以消除人世间的各种矛盾和争端。

在社会不同地位不同阶层的人际关系的处理上，老子力图冲破等级制度，主张人与人之间平等相处。他虽未彻底否定上下、尊卑、贵贱之社会差异的存在，但他竭力反对居上示尊、以贵欺贱，提倡居上而谦下、贵以贱为本的交往原则。老子自己也一再讲“虚其心”“致虚极”[3]。如何“取虚”？老子又说：“心善渊”，“上德若谷”，“古之善为道者……其若谷”[4]。就是要求人们修养到像山谷那样幽深空阔、豁达大度，从而应而不藏，应世自如。在现实生活中，人与人之间、阶层与阶层之间、不同阶层内部都有可能发生这样或者那样的冲突，比如政治冲突、经济冲突，道德冲突、价值冲突、观念冲突等等。如何解决这种种冲突，特别是解决日常人际交往中的冲突，世俗之人往往讲求以德报德，以怨报怨，而道教欲将人引入和平、和谐境界，讲求宽以待人，提倡“报怨以德”[5]，“不责与人”。《老子道德经河上公章句》注云：“修道行善，绝祸于未生也”。用老子自己的话说，以德报怨也就是要做到“善者吾善之，不善者吾亦善之”“信者吾信之，不信者吾亦信之”[6]。与“报怨以德”相关，老子又提

① 陈鼓应：《老子今注今译》，第 349 页。
② 陈鼓应：《老子今注今译》，第 102 页。
③ 陈鼓应：《老子今注今译》，第 134 页。
④ 陈鼓应：《老子今注今译》，第 129 页。
⑤ 陈鼓应：《老子今注今译》，第 298 页。
⑥ 陈鼓应：《老子今注今译》，第 253 页。

倡："不责于人"[1]。所谓"不责于人"即是着力于自身涵养的提高，而不是苛求于别人，抓住别人的过失不放。用现在的话说，这叫"得饶人处且饶人"。

一个人的个人行为会直接对社会产生一定的影响，道教注重个人的修行，因此也有很多的戒律来规范道教徒在社会生活中各种思想言行，对道徒的约束强大而深刻，这种引导与威慑并行的方式有利于教徒形成内在自我控制，从而加强个人道德素质、塑造理想人格，不仅促进教团的稳定，也有益于形成良好的社会风气。"为善亦神自知之，恶亦神自知之"[2]。"寿孝者，神灵所爱好也。不寿孝者，百祸所趋也"[3]。道教中，众多神灵都起着监督信徒言行的作用，进而要求教徒们普遍遵守。将人们长生成仙与善恶紧密联合起来，极力劝人向善，"善自命长，恶自命短，何所可疑可怨乎？"[4]，"天者常佑善人"。"行善正，则得天心而生；行恶，失天心，则凶死"[5]，"凡人受命得寿，自有本数，数本多者，则纪算难尽而迟死，若所禀本少，而所犯者多，则纪算速尽而早死"[6]。又云："人欲地仙，当立三百善；欲天仙，立千二百善，若有千一百九十九善，而忽复中行一恶，则尽失前善，乃当复更起善数耳。故善不在大，恶不在小……织善事未满，虽服仙药，亦无益也"[7]。不仅要求信徒们做到勤奋、好学、宽容等，还进一步训导教徒处理好与他人的人际关系，应做到父慈子孝、师徒之间要尊师爱徒、人与人之间要做到诚实守信、

---

① 陈鼓应：《老子今注今译》，第341页。
② 王明：《太平经合校》，第12页。
③ 王明：《太平经合校》，第592页。
④ 王明：《太平经合校》，第525页。
⑤ 王明：《太平经合校》，第158页。
⑥ 王明：《抱朴子内篇校释（增订本）》卷三，中华书局，1980年，第53—54页。
⑦ 王明：《抱朴子内篇校释（增订本）》卷三，第53—54页。

乐仁好施、互帮互助等. 这些用于规范道教徒的戒律对于规范当今社会如何严格要求自己，正确处理好人与人之间的关系和构建和谐社会依然有很好的借鉴作用。

承负思想是道教关于善恶报应的学说，意思是说一人今世的福祸是由先人的善恶行为所决定的，同样，今人行为的善恶与否不仅影响着自己本身，也影响着后世子孙。《老子想尔注》称："伤煞不应度，其殃祸反还人身及子孙。"[1] 承负说反复强调一个人的恶行给子孙后代带来恶果，以宗教的手段来劝导人们向善止恶。这种思想对当今世人依然有着警示作用。

如何处理好纷繁复杂的人际关系，道教提倡曲成思想和功成身退，"曲成万物而不遗"[2]。试看宇宙万物，完满的只有圆，那些直仅是曲的一小段，"曲成万物"才是宇宙固有的法则。老子说"大直若屈，大巧若拙，大辩若讷"[3]，这里的"大直若屈"与"大直若曲"是一个意思，即最正直的人，表面上好像委曲求全一样。老子告诉我们这样一个道理：完满的只有曲线，走弯路才能完满，要想成功，为人处世要学会随机应变。

老子提倡功成身退，根据阴阳转化之理，凡事达到顶峰，随之而来的就可能是停滞或退步。功成身"退"是为了使自己不盈满，"退"是为了"进"。从而继续新的征程、新的功业，只有如此，才能取得长久成功。正如老子所说"夫唯不争，故天下莫能与之争，古之所谓曲则全者，岂虚言哉?"[4] 人之所以会有痛苦、烦恼和灾祸等，皆是因为争的欲望太强烈，若一个人真的能够做到什么都不争，

① 王明:《抱朴子内篇校释（增订本）》卷三，第 53—54 页。
② 周振甫:《周易译注》，江苏教育出版社，2006 年，第 268 页。
③ 陈鼓应:《老子今注今译》，第 243 页。
④ 陈鼓应:《老子今注今译》，第 161 页。

什么都不要，别人还怎么和你争呢？在此，老子强调委屈（弯曲）才能求全（保全），这是道教文化的智慧，也是达到人与人之间和谐的处世之道。

而庄子认为，要实现“人与社会的和谐”，就必须改变只重视物质追求而忽视道德建构的社会现象。基于这种目的，庄子主张通过宣扬“一而不党，名曰天放”[①] 的人格独立精神，加强人们的道德自律，以克服社会的物欲横流，顺应天性，最终促进社会的和谐发展。

可见，道教文化以其聪慧而独特的视角来解读人与天地万物的和谐关系。其关于人与社会关系应该和谐的思想与当下我们构建和谐社会的价值观是相吻合的，为我们今天构建和谐社会提供了丰富的文化滋养和价值观的支撑。

三、道教文化有助于人与自然关系的和谐

人与自然的关系是道教文化的主题。“道法自然”是道教的中心思想，道教认为，“道”既是宇宙之本体，也是自然运动变化的规律。道教十分强调热爱自然，尊重客观自然规律，道教坚持主张人应当顺应自然，而不可侵害自然，人与自然应和谐共存。

道教经典《西升经》称“道非独我在，万物皆有之”，所以，世间万物是互相依存、不可分离的，“天地与我同根，万物与我同体”。“自然无为”是道教的宗旨。人类在利用和改造自然的过程中，要遵循自然规律，不能对自然无节制地恣意妄为，破坏自然，道教认为，宇宙、自然与人类自身是一个和谐的有机统一体。人体不过是相对于自然界这个大宇宙的小宇宙。人只有处在自然、社会环境和心理环境相协调统一状态之中才能获得正常的生存。

① 陈鼓应：《庄子今注今译》，第246页。

道教认为人应该“视天地当复长，共传其先人统，助天生物出，助地养形也”[1]，主张“任物自然”“因应物性”“天道自然无为”，让所有的自然物“自给其性”，使生物的多样性得以维持，道教的这种思想对当今世界片面追求征服自然所带来的空前的生态危机是当头棒喝。

道教追求人与自然的和谐相处，“人法地，地法天，天法道，道法自然。”[2] 这是说人道的法则要效法天地运行之道，天地之道的法则是自然的，所以人道也是自然而然的。《老子》说，“道大，天大，地大，人亦大”，“域中有四大，而人居其一焉”。[3] 这就清楚地说明，人和万物是平等的、人并不比其他万物具有更高的地位。从人到自然的整个过程就是一个完整的和谐过程，不容拆解、剥离、破坏和否定，这是道教以人合天以达到自然和谐境界的“天人合一”思想。“天人合一”思想强调人与自然的和谐统一，人与自然是和谐共生的一个完整的系统，趋向在合，不在分；天人共生共荣，人应遵循自然规律，效法自然，因为只有自然生态和谐，人类才能和谐。“天地相合，以降甘露，民莫之令而自均。”[4] 天地之间，自然和谐，就能风调雨顺，人类必须按自然规律办事。同时，老子指出“有物混成，先天地生，寂兮寥兮，独立而不改，周行而不殆。可以为天地母”。[5] 道教崇尚自然，主张遵循客观规律，人应法天、法地、法自然，即“道法自然”。“道法自然”揭示了整个宇宙的特性以及生生不息的流行规律。“道”又通过“德”的外化作用，把天地间这些包罗万象的

① 王明:《太平经合校》，第 36 页。
② 陈鼓应:《老子今注今译》，第 169 页。
③ 陈鼓应:《老子今注今译》，第 169 页。
④ 陈鼓应:《老子今注今译》，第 198 页。
⑤ 陈鼓应:《老子今注今译》，第 169 页。

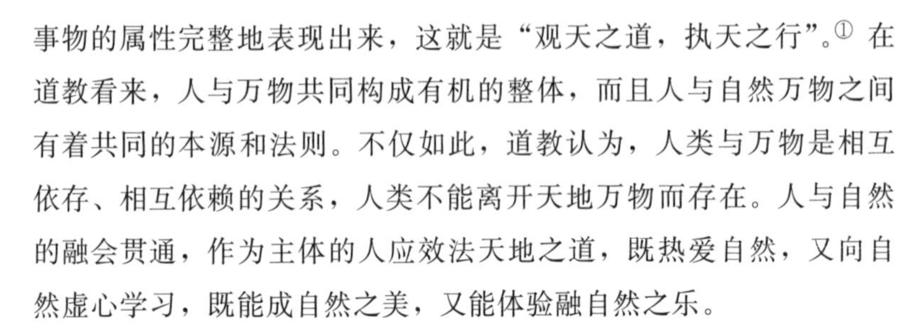

事物的属性完整地表现出来，这就是“观天之道，执天之行”。[①] 在道教看来，人与万物共同构成有机的整体，而且人与自然万物之间有着共同的本源和法则。不仅如此，道教认为，人类与万物是相互依存、相互依赖的关系，人类不能离开天地万物而存在。人与自然的融会贯通，作为主体的人应效法天地之道，既热爱自然，又向自然虚心学习，既能成自然之美，又能体验融自然之乐。

庄子认为“有人，天也，有天，亦天也”[②]。又说“天地与我共生，而万物与我为一”。[③] 庄子认为，作为自然之天，无论有人与否，天地万物都是融为一体的，人与万物也不例外。庄子进一步提出：“与人和者，谓之人乐，与天和者，谓之天乐。”庄子还提出“至乐”“人利”“天和”的观点，要求人们“顺之天理，应之以自然，然后调理四时，太和万物”。[④] “人利”就是保持人际关系的和谐，“天和”就是保持人与客观世界的自然和谐。“至乐”就是保持人与客观世界最高境界的“和”——太和。道教文化中所体现的“天人合一”的思想是人与自然的和谐观，对于我们今天正确处理人与自然的关系，致力于人类与自然的和谐共存、社会经济与环境保护的协调发展，具有理性的启示与积极意义。

道教所说的人与自然的和谐落实到日常生活的层面则是要求人们对于自然环境以及自然界，动、植物的保护。人与自然、万物同出一源“道”，皆含有“道性”，自然界其他生命与人类一样具有情感、礼义、与语言思维，因此，人与自然万物具有平等性。这一观点构成了人与自然和谐相处的理论依据。道教认为，人与自然、万

① 《黄帝阴符经》，载《道藏》第2册，第737页。
② 陈鼓应：《庄子今注今译》，第518页。
③ 陈鼓应：《庄子今注今译》，第340页。
④ 陈鼓应：《庄子今注今译》，第367页。

物有着共同的本源"道"或"气"，自然万物与人一样，都是由"道""气"这一本体派生而来，具有同一性。"人与物类，皆禀一元之气而得生为成。"《悟真篇》也说："道自虚无生一气，便从一气产阴阳。阴阳再合成三体，三体重生万物昌"。世界上的万事万物皆由"道"演化而来，万物皆以"道"为源泉和存在依据，"道"先天地而存在，由于"道"的运化，产生了人类以及自然万物。人与自然万物不仅源出于"道"，而且又都蕴涵着"道性"。"一切有形，皆含道性。"① "一切含识，乃至畜生果木石者，皆有道性。"② 道教认为一切有形体的事物，不论有识还是无识，甚至包括畜生、木石等都蕴含有"道性"，"道性"普遍存在于一切事物之中。人类与自然万物都是由"道"所派生，都蕴涵有"道性"的观点，实际上就是直接把人还原为整个天地自然系统中的普通要素之一，将人放置到了与自然万物同等的地位上。道教又认为，自然中的种种生命如同人类一样，是有情感、有礼义、有血性的，"夫禽兽之于人也何异？……鸟反哺，仁也；隼悯胎，义也；蜂有君，礼也；羊跪乳，智也；雉不再接，信也"。③ 甚至它们也拥有自己的语言思维和社会性的行为，所谓"夫自鸟兽迨乎蠢蠕，皆好生避死，营其巢穴，谋其饮啄，生育乳养其类而护之；与人之好生避死，营其宫室、谋其衣食，生育乳养其男女而私之，无所异也。何可谓之无智虑耶？夫自鸟兽迨乎蠢蠕者，号鸣啅噪，皆有其音……其号鸣啅噪之音，必语言尔。又何可谓之不能语言耶？智虑语言，人与虫一也，所以异

①《道教经法相承次序》卷上，《道藏》第 24 册，第 791 页。

②《道教义枢》，载王宗昱《〈道教义枢〉研究》附录《〈道教义枢〉校勘》，第 345—346 页。

③ 李似珍、金玉博译注：《化书・无能子》，第 84 页，中华书局，2020 年。

者形质尔。”[①] 既然如此，人就没有任何特权凌驾在自然之上作威作福，随心所欲；人与自然之间就不应该是对立冲突、你死我活的关系，自然万物并不是为了人的掠取而存在的，人不能无休止地奴役物种，蹂躏自然，人与自然应当共存共荣，融化为一个生命体。“天生天杀，道之理也。天地，万物之盗；万物，人之盗；人，万物之盗。三盗既宜，三才既安。”[②] 这里所说的“三才”“三盗”，就是讲天地、人或人与自然之间的关系。这种关系是相互依存的生态链，一环套一环，环环相扣。道教将人类所生存的环境视作为自己的父母，要求人们像善待自己的父母一样善待自己所生存的环境。道经说：“天者，乃父也；地者，乃母……天者养人命，地者养人形。”[③] 这就是将天地自然与人类视作父母与子女的关系，作为子女应该像敬事其父而爱其母那样对待天地自然，人类就会从自然那里获得恩惠。

纵观人类历史，我们可以认识到自然是不可战胜的，人类在自然面前是太渺小了，人们企图征服自然是愚蠢的。道教文化中的自然观警示人类不能过度地向大自然索取，人类恶意对待自然必然会受到自然的惩罚，类似的事件举不胜举。人类只有顺应自然，善待自然，人类社会才能可持续健康发展，人类只有与自然和谐相处才能天下太平、社会和谐。

---

① 李似珍、金玉博译注：《化书 · 无能子》，第 160 页。
② 《黄帝阴符经》，《道藏》第 2 册，第 740 页。
③ 王明：《太平经合校》，第 113 页。

道教文化与社会公德建设

冯静武*

摘　要：道教是中华民族的本土宗教，在发展过程中融入了医学、文学、天文学、地理、阴阳、五行等内容，深刻地影响了中国文化的发展，同时对中国人的心理、科技、社会建设、人文精神都产生了深远的影响。今天我们充分挖掘道教文化的积极因素，对于新时代的社会道德建设有一定的启示意义，研究道教文化中的智慧与精华，揭示其中的道德内涵，探讨其人生信仰、善恶观、价值追求等，对于社会道德建设有着积极的影响。

关键词：道教；新时代；公民；道德建设

一、道教文化中的"道德"资源

道教文化中有很多有益于当代社会公德建设的因素，经过梳理发现至少有以下相关内容：

1. 诚实守信

诚信是中国社会的一种传统美德，也是道教伦理的重要内容之

* 冯静武，中国浦东干部学院副教授。

一，它包含着“诚”和“信”两部分的内容，两者互相联系，是人际交往和社会和谐的基础。《太平经合校》称：“一言为百言，百言为千言，千言为万言，供往供来，口舌云乱，无有真实。”《抱朴子内篇》称：“天下之事，不可尽知，而一臆断之，不可任也。”《太平经合校》：“动作言顺，无失诚信。”从中我们都可以看得出道教对待诚信的重视。

《虚皇天尊初真十戒文》称：“盖诚为入道之门。语者，心之声也。语之妄，由心不诚也。心既不诚而谓之道，是谓背道求道，无由是处。”在道教信徒的视域中，“诚”是道士学道的基本要求，如果“心不诚”，那学道修行是永远不可能成功的。“不诚”不仅仅是欺骗了别人，同时也是欺骗自己。尤其是后者情况更为复杂，如果说欺骗别人，别人可能短时间内无法察觉的话，那么欺骗自己，自己是在“妄言妄行”的瞬间就知晓自己的“不诚”之事。无论是“欺人”还是“自欺”，在道教看来，都是严格禁止的，也都逃不过天师的法眼，最终也是无法得道成仙的。所以道教徒的一言一行，都要十分谨慎。

《关圣帝君觉世宝训》要旨是使世人醒悟，知道改过迁善，其中也有不少讲诚信的内容。开首两句强调忠孝节义为立身之本，要人们遵行：“帝君曰：人生在世，贵尽忠孝节义之事”。其中有诫曰：“凡人心即神，神即心；无愧心，无愧神；若是欺心，便是欺神。故君子三畏（君子畏天命、畏大人、畏圣人之言）四知（天知、神知、我知、子知），以慎其独。勿谓暗室可欺，屋漏可愧，一动一静，神明鉴察；十目十手，理所必至。况报应昭昭，不爽（不差）毫发。淫为诸恶首，孝为百行原。但有逆理、于心有愧者，勿谓有利而行之；凡有合理、于心无愧者，勿谓无利而不行。”道教文化用这样的戒律约束人们追求财富的过程，并且认为只有以真善之心求财、用财，才能广种福田，由此得到福报。

2. 忠信孝悌

道教在初创之时就主动将“忠孝”等传统经学伦理思想融入其体系中，并视其为修仙实践的重要内容和成仙途径。我们以现存最早的道书之一《太平经》为例，其中有言：“故人生之时，为子当孝，为臣当忠，为弟子当顺；孝忠顺不离其身，然后死魂魄神精不见对也。”[①] 在《太平经》看来，作为子女就应该孝顺，作为人臣就应该忠义，作为弟子就应该和顺。《太平经》还宣扬做人要懂得感恩，提出人要报天、地、君、亲、师“五重恩”，不能做不忠君、不孝亲、不尊师的“三行不顺善之人”。[②] 可见，《太平经》把“子孝臣忠”看作天经地义。晋末南北朝出现的天师道之教戒经典《正一法文天师教戒科经》也说：“道以冲和为德，以不和相克。是以天地合和，万物萌生，华英熟成；国家合和，天下太平，万姓安宁；室家合和，父慈子孝，天垂福庆……奉道不可不勤，事师不可不敬，事亲不可不孝，事君不可不忠……仁义不可不行，施惠不可不作。”[③] 这里明显就是把“天地之道”与“忠孝仁义”进行叠构，进而为“忠孝仁义”作理论上的辩护和论证。对于《正一法文天师教戒科经》中的这种论证的逻辑进路，我们可以用下图来表示：

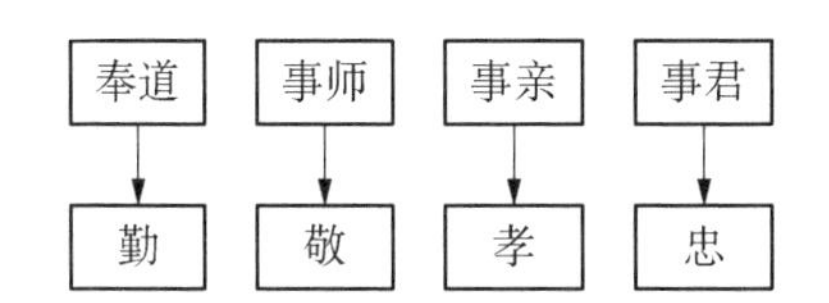

《净明忠孝书》也是道教阐释“忠孝”思想的重要代表作，是书

① 王明：《太平经合校》，第408页。
② 王明：《太平经合校》，第409页。
③《道藏》第18册，第232页。

卷二曰："太上设忠孝大道之门……要不在参禅问道，入山炼形，贵在乎忠孝立本，方寸净明，四明俱备，神渐通灵，不用修炼，自然道成。"[①] 所谓"净明"，是指净明道修炼的一种理想境界，即"何谓净，不染物；何为明，不触物；物不染不触，忠孝自得"[②]。"净明"道的修炼重在修心，贵在忠孝。《净明忠孝书》还认为"忠孝"乃是"大道之门"，净明道是以忠孝立本，把它当成是修道成仙的根本途径，在这个意义上讲，"忠孝"的重要性比道教其他的成仙方法更为重要。《净明忠孝书》还指出，"道者性所有，固非外而烁；孝悌道之本，固非强而为。得孝道而推之忠，故积而成行，行备而道日充，是以尚士学道，忠孝以立本也。本立而道生也矣。"[③] 净明道把忠孝作为"道之本"的高度，道即孝，孝即道。修道即在修忠孝，忠孝为成仙法门。也只有忠孝，才能正性，才能净明，才能成仙。"忠孝则无罪戾，去祸远矣；服炼则无妄为，无妄为则身安"[④]，从而"以心达心，以性化性。性止于一，心止于神，心性圆融而自长生。"[⑤]

北宋末金初兴起的全真道，把是否尽忠尽孝作为成仙的标准之一。谭处端《水云集》卷一《游怀川》中写道："为官清政同修道，忠孝仁慈胜出家，行尽这般功德路，定将归去步云霞。"[⑥] 刘处玄在《仙乐集》卷之三《述怀》中说："为官清正，真无罪病。上有四恩，积行善敬。忠孝治民，静心养性。意不外游，自然神定。掩恶扬善，非言莫听。去除憎爱，常行平等。弗恋世华，闲步松径。绿水青山，

---

①《道藏》第24册，第633—634页。
②《道藏》第24册，第615页。
③《道藏》第24册，第614页。
④《道藏》第24册，第614页。
⑤《道藏》第24册，第615页。
⑥ 谭处端等著，白如祥辑校：《谭处端、刘处玄、王处一、郝大通、孙不二集》，齐鲁书社，2005年，第17页。

洞天仙景。本来面目，炼磨如镜。明今照古，守道自省。功德周圆，大罗朝圣。”[①]《上敬奉三教道众并述怀》中也说：“行政清通，为官忠孝，而欲身安，他年蓬岛。”[②] 这些都是把忠孝作为“即身即国”的成仙方法，这已超越了一般的宗教修持方式，而成为成仙的途径之一。

这种倾向在内丹派南宗中也有。白玉蟾在《道法九要·继袭》中云：“当知感天地阴阳生育之恩，国王父母劬劳抚养之德，度师传道度法之惠，则天地国王父母师友不可不敬，稍有不敬，则真道不成，神明不佑！”修心治身即是要忠孝，如此才能得道。

3. 敬天畏神

中国古代对天道非常敬畏，孔子说君子有三畏，其中最重要的就是畏天命，孔子说：“君子有三畏，畏天命，畏大人，畏圣人之言。小人不知天命而不畏也，狎大人，侮圣人之言。”（《论语·季氏》）。《中庸》亦讲“思知人，不可以不知天。”《易传》曰：“天垂象，见吉凶，圣人象之。何出图，洛出书，圣人则之。”（《易传·系辞上》）

道教从产生之初就确立了“敬”的规矩，《太平经》说：“其失天神意者，皆不能平其治也。是故谨顺四时，慎五行，无使九神战也。故当敬其行而事其神。”[③] 之后随着道教组织的发展，戒律也由之兴起。在道教的各种戒律中，敬神也是基本的要求，在道教科仪相关活动中，对神灵的敬重就更不用赘言，尤其相关戒律，甚至对

① 谭处端等著，白如祥辑校：《谭处端　刘处玄　王处一　郝大通　孙不二集》，第111页。
② 谭处端等著，白如祥辑校：《谭处端　刘处玄　王处一　郝大通　孙不二集》，第126页。
③ 王明：《太平经合校》，第400页。

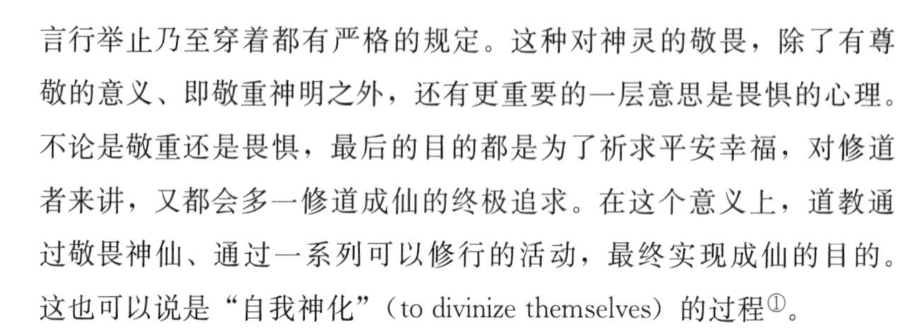

言行举止乃至穿着都有严格的规定。这种对神灵的敬畏，除了有尊敬的意义、即敬重神明之外，还有更重要的一层意思是畏惧的心理。不论是敬重还是畏惧，最后的目的都是为了祈求平安幸福，对修道者来讲，又都会多一修道成仙的终极追求。在这个意义上，道教通过敬畏神仙、通过一系列可以修行的活动，最终实现成仙的目的。这也可以说是“自我神化”（to divinize themselves）的过程[①]。

4. 天人合一

一般认为，中国传统文化的一个突出特征之一，就在于它内在的蕴含着天人合一的基本理念，儒、释、道概莫能外，钱穆说过：“中国文化的特质，可以‘一天人’，‘合内外’六字尽之。”[②] 道教也十分强调“天人合一”，《黄帝阴符经》开篇就说：“观天之道，执天之行，尽矣。”观察大自然的运行规律，掌握大自然的运行法则，人所能做的事情也就尽在此了，“是故圣人知自然之道不可违，因以制之”。（《黄帝阴符经集注》）

天人合一的一个重要阐释维度就是境界意义上展开，人们通常认为道家是消极无为，而儒家是积极有为的，所以后者强调并鼓励人为性，但实际上是一种误解。道家的经典《庄子》，被道教奉为《南华真经》，其中记载，何伯曰：“何为天？何为人？”北海若曰：“牛马四足，是谓天；落马首，穿牛鼻，是谓人。”（《庄子·秋水》），这里面就涉及境界意义上的天和人，天就是自然而然的，不是人为的，而人不是天然的，是人为性的。道教理解天人合一，更多的是把其视为一种“德”。

---

① 参看普鸣：《成神：早期中国的宇宙论、祭祀与自我神化》，张常煊、李健芸译，李震校，生活·读书·新知三联书店，2020年，第3—4页。

② 钱穆：《中国文化特质》，《中国文化与中国哲学1987》，生活·读书·新知三联书店，1988年，第29页。

道教有一种修行的方法，是向内而求，即通过内修体内之神，达到内外相通，这也是达到“天人合一”的重要途径和方法。用修心的方法完成修性，用修性保证无心，从而心与性达到一致：“学仙之法，欲得恬愉淡泊，涤除嗜欲，内视反听，尸居无心”。① 这里的“恬愉淡泊”“涤除嗜欲”正是同道教戒律中提倡宁静淡泊，反对贪婪嫉妒等律条吻合。

5. 提倡节俭

道教还主张节俭，《老子》将俭啬奉为治国和养生的法则，“治人事天，莫若啬。夫为啬，是以早服；早服谓之重积德；重积德则无不克；无不克则莫知其极；莫知其极，可以有国；有国之母，可以长久；是谓深根固柢，长生久视之道”。（《老子》第五十九章）这里的啬主要指的是简约不奢、爱惜财物。道教主张节制过分的物质享受的欲望。在道教看来，节俭不光是为政之德，亦是全身之道，持守俭啬之德就能在一定程度上避免灾祸。除此之外，道家还主张寡欲，这里的“寡欲”不是不加区别的禁止一切的欲望，人的欲望是多种多样的，其中有着正常的合理的欲望，也有过分的“恶欲”，对后者人们应该能过各种修道的方法来摒弃。

为了强调节俭、反对奢侈，《老子》甚至使用了极为偏激的语言表述方式。《老子》讲：“五色令人目盲，五音令人耳聋，五味令人口爽，驰骋畋猎令人心发狂，难得之货令人行妨。是以圣人为腹不为目，故去彼取此。”（《老子》第二十章）《老子》还讲“我有三宝，持而宝之：一曰慈，二曰俭，三曰不敢为天下先。慈，故能勇；俭，故能广；不敢为天下先，故能为成器长。”（《老子》第六十七章）

在老子看来，人的生理需要是有限的，而物质欲望是无穷的。

① 王明：《抱朴子内篇校释》，第 17 页。

对于一般的人来讲，如果不注重道德修养，任凭物质欲望控制自己的心性，让这种欲望不断地膨胀，欲壑难平，最后必然招致痛苦，遭到各种各样的惩罚和灾祸。《老子》的这种想法到《庄子》那里得到了一定程度上的调整。《庄子》在《盗跖篇》中借无足与知和的辩论，一方面肯定了人们对于声色滋味等感官享受的追求，认为“声色滋味”乃是“人之性也”，“孰能辞之”[①]？保养身体离不开基本的衣食等物质条件，所谓的“养形必先之以物”，但是庄子又认为不能够背离和超越养性的这一个尺度和标准，庄子认为过度的物质享受和过度的欲望是会损害身体的，如果沉溺于声色犬马，放纵自己的欲望，则会扰乱心性。庄子告诫人们对于饮食色欲的事情要有所节制。庄子还认为外在的欲望会影响人的生理平衡和心理平衡，最后影响到身心健康。整体来讲，庄子倡导的是一种平和适度的物质生活。

6. 为善去恶

道教从创立之时就把劝善作为宗教教义的基本内容，比如《太平经》就吸纳并且发展了《周易》关于“积善之家必有余庆，积不善之家必有余殃”的思想，提出了“承负”伦理教义：

承者，乃谓先人本承天心而行，小小失之，不自知，用日积久，相聚为多，今后生人反无辜蒙其过谪，连传被其灾，故前为承，后为负也。负者，流灾亦不由一人之治，比连不平，前后更相负，故名之为负。负者，乃先人负于后生者也，病更相承负也，言灾害未当能善绝也。[②]

《太平经》虽然不是专门讨论善恶教化，但是却确立了劝善的思想观念。

① 郭庆藩撰，王孝鱼点校：《庄子集释》，北京：中华书局 2016 年，第 1013 页。
② 王明：《太平经合校》，第 70 页。

道教主张为善去恶，与之相关的一个重要理论就是承负理论。这个理论使得道教和其他哲学学派和宗教流派得以区分开来。儒家认为如果说是人们有了过失、做了恶事，上天将会以灾异或者惩罚来警告他，佛教也相信人在因果轮回中接受报应，但这种报应更多是针对现实世俗世界中的人来讲。但是道教不一样，道教讲的报应不仅会报应到人的寿命，而且还能传导给子孙。在这个意义上讲，道教的报应理论程度更为强烈、结果也更为严厉。在《太平经》中多次提到“天道无亲，唯善是与”①。《太平经》说：

善自命长，恶自命短，何可所疑所怨乎？……以为人无状邪，天使然也。天同欲使为善耳，不欲令为恶也。如善恶同其苦乐耳。富贵寿老，天在上为，不能分别好丑，使无知人得气扬声，言我与汝曹等耳，行善何至用？是故进益善，令久生；其人薄者，念之等耳。比恶亡命，乃欲正悔过，见善与从事，见恶退止。日夜克躬思省，所负既复，小生得与人等，虽不仙度，可竟所受，不中亡年，是为可矣。②

上天派神监督人的行为，清楚地知道每一个人的所有过失、缺点和错误。每日、每月、每年，神都要计算人们的罪过和善行，如果一个人行了善，他或她的寿命将延长，反之这将缩短。《太平经》还言道：

凡人之行，或有力行善，反常得恶，或有力行恶，反得善。因自言贤者非也。力行善反得恶者，是承负先人之过，流灾前后积来害此人也。其行恶反得善者，是先人深有积蓄大功，来流及此人也。能行大功万万倍之，先人虽有余殃，不能及此人也。因复过去，流其后世，成承五祖。③

---

① 王明：《太平经合校》，第4页。

② 王明：《太平经合校》，第525—526页。

③ 王明：《太平经合校》，第22页。

也即是说，如果某人做了许多善事，却比做坏事的人死得早，那是因为要承负“先人之过”。其范围是承负前五代，流及后五代。但是，自己能行大功，就可避免先人的余殃。这就不仅回答了力行善者反得恶，力行恶者反得善问题，而且还指明了行善积功可免余殃的行动方向。

“承负说”“承”的字面意义就是接受，“负”的字面意义就是“负担”。也就是说一个人要承担父母及先辈行为的后果，并将这些后果传导给他的子孙后代。从理论上讲，承负说只是传递负担，可以传递善行，也可以传递恶行。从祖辈传递给子孙，但实际上“承负”强调的是罪过的传递，由此来约束世俗世间人们的行为。按照陈观圣的观点，承负报应理论不同于佛教的轮回报应，承负报应强调的是一个人的善恶行为，不是由他本人在来世来承担，而是由他的子孙来承担①。而在中国人的生活世界中，由于父母祖辈对子女及子孙的爱，由于这种亲缘关系，他们很难选择让自己的罪行传导给自己的子孙，也就由此在实践世界里对世俗生活的人们进行了约束。

此外在两宋时期出现的道教劝善书、功过格等等，较为完整地反映了道教的为善去恶的主张。比如劝善书告诫人们，要想长生成仙，首先必须广行善事，遵守现实伦理规范。

二、道教文化对社会公德建设的影响

党的十八大以后，中国特色社会主义进入了新时代，经济迅速发展，人民生活水平不断提高，但是由于受到外来文化和市场经济

① Kenneth Ch'en（陈观圣），*Buddhism in China*：*A Historical Survey*，Princeton：Princeton University Press，1973，PP476. 转引自刘笑敢：《道教》，陈静译，上海古籍出版社，2008 年，第 51 页。

的冲击，加上意识形态领域斗争的长期性和复杂性，人们传统的思想和道德准则也受到相当程度的影响。一些地方、一些领域不同程度存在道德失范现象，拜金主义、享乐主义、极端个人主义仍然比较突出，是非、善恶、美丑不分，见利忘义、唯利是图，损人利己、损公肥私等现象有之，造假欺诈、不讲信用的现象久治不绝。在这个意义上，我们应该积极倡导道教优秀文化，反对搬弄是非、说谎等不良的社会风气，促进社会积极向上，弘扬正气，促进社会健康和谐地发展。

从内容上讲，道家信仰中不少内容有利于净化人们的心灵，提升人们的道德境界，有利于维护社会稳定，也有利于国家的长治久安。道教大力宣扬勤劳俭朴、反对奢侈浪费；主张为官清正廉洁，反对贪污腐败；主张买卖公平，禁止行业欺骗；主张修炼身心，反对任意纵情；提倡仗义疏财、周穷救急，反对见死不救、袖手旁观。这些都是符合社会主义核心价值观的重要内容，对社会道德建设大有裨益，也是我们今天要大力提倡的。具体来讲：

（一）个人：身与心

道教文化在个人道德修养方面主张清虚守静，倡导加强个人的道德修养以济世利人为重要责任，认为不可以为了一己之私而触犯戒律。具体而言，道教对个人的生活上要求简朴节约，反对奢侈浪费，尤其是反对拜金主义、享乐主义、极端个人主义，这些对新时代的公民道德建设有重要影响。

第一，新时代要挖掘道教文化中的忠孝之德，并给予其充分重视。特别是其中对于孝道的推崇，这是道教崇尚道德的重要标示。道教把“孝”作为自己的宗教道德的重要内容，以神道设教的方式为社会的稳定提供了信仰的依据。这主要表现在其进一步强化了道德的神圣性。道教主张的“忠孝”是以“以德养生”为基础展开的，

也就是说在道教的理论中，“尽忠行效”的最终目的是养生全身，进而达到羽化升仙的终极目标。在这个意义上讲，道教的“忠孝”理论是以修行主体的贵生本能为出发点的，再加上其具体内容和操作方式都相对比较容易，在现实生活中也容易被人们接受，是一种比较容易将观念变为自我的实践活动的理论。如前文所述，全真道的王重阳在传道时，要求学道之人必须先读《孝经》，把孝道作为学道修炼的基础。进入新时代，在道教中国化的大背景下，我们提倡把忠孝思想进行创造性转化和创新性发展：一方面就家庭道德来讲，可以教育子女和晚辈，孝敬自己的父母和自己的长辈，这有利于家庭的和谐和社会的稳定。关于“忠”的思想，我们可以把其转化为忠于祖国，忠于人民，提倡人们要热爱祖国，热爱人民。

第二，就个人而言，道教的“为善去恶”等道德规范和道教相关教规宣传忠孝伦理道德和友爱亲情，倡导慈爱之心，主张帮助社会上的穷困之人，这些对于整个社会崇尚向善都有积极的作用，同时有助于化解人与人之间紧张的社会关系，在促进社会和谐上也有很大的作用。

第三，道教中“守静”“节俭”等思想对今天的公民道德建设有重要意义。当然道教提倡的节俭并不否定世俗世界中人们合理的欲望，对于世俗社会人们正常的合理的欲望道教是承认的，也是保护的。但道教反对过度的贪欲，提倡节俭，主张人们要淡泊名利，不生贪欲之心，要追求恬淡清静的人生理想，抛弃不正当的贪欲和私心，道教的这些思想有利于世人众善奉行、诸恶莫作，有利于促进社会稳定，对当今社会的治理也有积极的作用。我们要把这些思想资源进行创造性转化和创新性发展，为国家治理体系和治理能力现代化助力，同时也为良好的社会道德的弘扬助力。

（二）社会：人与人

道教文化中的很多积极的因素都可以起到促进社会和谐的作用，对于推动和促进社会道德的完善具有重要的指导意义。尤其是道教的戒律，虽然是以规范和劝导为主，但却要求人们在实践中自觉遵循这些道德规范，这种思想主张与现代精神文明是相符合的。不管是对道教徒来说，还是对于社会信众来讲，这些内容都可以从正面积极引导人们从善去恶，加强道德修养，做到守正、清静。

道教认为要想修炼成仙，必须遵守那些合乎生命大道的社会公德，尤其是主张不偷盗、不取非己之财，不得苟和邪淫，不得妄语诽谤他人等等①。在道教文化中涉及社会道德的内容大量存在，如《要修科仪戒律钞》《正一义法文天师教戒科经》《虚皇天尊初真十戒》《太上老君戒经》《上清洞真智慧观身大戒文》等数十种。《太上感应篇》将行善和成仙联系在一起，提出所谓的“功德成神“观，认为在修仙的道路上，众生是平等的，人可以修炼成仙，自然界一切生物皆可修炼成仙，这就充分体现了道教的众生平等观。道教文化有利于弘扬公平公正的理念，让人们正确地对待富贵和财富。《道德经》说：“金玉满堂，莫之能守；富贵而骄，自遗其咎。”让人们正确地看待荣誉和地位。《道德经》还说：“宠辱若惊，贵大患若身。”正确利用好这些传统文化的精华，对社会的健康发展是十分有益的。

葛洪把提升自身德行的修养作为对“道”的一种追求，他在《抱朴子·内篇》中说：“为道者以救人危使免祸，护人疾病，令不枉死，为上功也。欲求仙者，要当以忠孝和顺仁信为本。若德行不

① 参看《太上二十四品飞天法轮劝戒妙经》《太极真人说二十四门戒经》，《道藏》第3册，第409—414页。

修，而但务方术，皆不得长生也。”① 在葛洪看来，只有加强自身道德修养，提升内在的“德”才有可能达到长生久视、修身成仙的目标。葛洪用他一生的实践来践行这种理念，他在很早就立下了济世救人的志向，精研医术，成为一代医学大家。道教史上像葛洪这样的道人还有许多，他们都为社会的发展做出了巨大的贡献。

道教在处理人与人之间的关系上，主张济世利人，以“入世”的态度来对待人和人之间的关系。道教认为人们应该心存善念、知善行善，还要慈心于物。这种“入世”的人生态度表现在积极地追求得道成仙的过程之中，而在追求得道成仙的过程中又主张要去修身，要以“忠孝”为本，而“忠孝”首先就是要对国家忠诚，对父母长辈孝顺。这些思想都有助于缓解在现代社会中人与人之间紧张的社会关系，有利于社会主义核心价值观的实践。

具体而言，在社会层面，道教文化对调节个人和个人之间的关系有重要的作用。作为一种道德规范体系，道教文化对调整个人之间的关系的内容也比较多，比如在言谈举止上要严格要求自己，不搬弄是非、不欺骗、不偷盗、不说谎、不破坏他人之间的关系，再比如对长辈要尊敬，对恶人和有道德缺陷的人，要与之疏远；主张人和人之间平等相待，相互尊重，对弱势群体和社会底层的劳动人民要给予关心和帮助。

此外，道教文化引导人们积极从事社会公益事业，一方面是修道之人要身体力行，要做好事做善事，提倡为善去恶；另一方面积极引导社会上的人们学善从善，希望能够形成风俗淳美，道德高尚的社会风气。事实上，每一次遇到自然灾害以及国家危难之际，道教教众都率先垂范，在社会公益事业方面做出过不小的贡献。比如

① 王明:《抱朴子内篇校释》，第 53 页。

2008 年汶川地震，道教界积极捐款、捐物，献身公益，为弘扬新时代社会美德，帮助灾区群众和社会困难群体做出了重要贡献。

习近平总书记讲，社会主义核心价值观也是一种德。新时代的道教文化对践行社会主义核心价值观方面也有不少有益的启示。从这个意义上讲，弘扬道教文化中的精华，本身就是在践行一种德。道教追求和谐，社会责任和道德高尚的个人人格完善，这些追求和主张与社会主义核心价值观所倡导的富强、民主、文明、和谐，自由、平等、公正、法治，爱国、敬业、诚信、友善的内涵，在一定程度上是相吻合的，可以为社会主义核心价值观助力。

（三）国家：身与国

道教把学道和“入世”的社会态度紧密地联系在一起，把遵守和践行良好的社会道德规范作为道教徒“治身”之法的重要内容，这也是道教徒所特有的“入世”之道。这种“入世”在相当程度上表现为“身国共治”的思想。实际上在老子那里，已经有了“内圣”与“外王”的思想旨趣，老子心目中的“圣人”，一方面具有“体道合真““效法自然”的象征意蕴，另一方面则包含着“理身治国”的基本精神。如果说“理身”是“内圣的必然要求，那么“治国”则是“外王”的功德走向。……《道德经》通篇几乎把圣人的理身与治国统一起来。[①]

道教认为身体与国家结构相类，葛洪就说：“一人之身，一国之象也……故至人能治其身亦如明主能治其国。”[②] 按照这个逻辑可以推导出，身体修养的原则可以用之于国家的治理，“治身断念则神安，治国去烦则国平”[③]。在道教的理论中，君王如果可以对欲望有

① 詹石窗：《道教人格完善思想及其现代价值》，《哲学研究》2006 年第 4 期。
②《抱朴子养生论》，《道藏》第 18 册，第 492 页。
③《太上妙法本相经》，《道藏》第 24 册，第 873 页。

所节制，其利益极大。一方面有利于个人的身心健康，另外一方面可以避免君王为满足私欲而“厚赋敛、烦徭役，益一人之爱好，损万人之性命”[1]。对此《洞灵真经》也有相关的论述，其中有言：“天下之人得其欲则乐，乐则安；不得其欲则苦，苦则危若人主放其欲，则百吏庶夫具展其欲；百吏庶夫具展其欲，则天下之人，贫者竭其力，富者竭其财。”[2]

需要特别注意的是，按身国共治的思维将之直接地作为治国行政的现实过程本身这种方式“会导致人治的弊端”[3]，所以我们既要发挥“身国共治”理论中的积极因素，也就是说，国家的治理者要合理地控制自己的欲望，要怀有敬畏之心，讲规矩、守规矩。正如习近平指出，讲规矩、守底线，首先要有敬畏心。心有所畏，方能言有所戒、行有所止。我们一定要知敬畏、存戒惧、守底线，敬畏党、敬畏人民、敬畏法纪。严以修身，才能严以律己。一个干部只有把世界观、人生观、价值观的总开关拧紧了，把思想觉悟、精神境界提高了，才能从不敢腐到不想腐。[4] 另外一方面社会的治理者不能像封建的统治者一样搞人治，而要真正认识到新时代的中国，人民是国家真正的主人。国家的治理者要时刻牢记自己是人民的公仆。也就是说我们要从这些理论中提取精华，要旗帜鲜明地主张法治，反对人治，真正做到以人民为中心的发展观，实现全过程民主。

① 罗隐：《太平两同书》，《道藏》第 24 册，第 914 页。
② 何璨注：《洞灵真经》，《道藏》第 16 册，第 736—737 页。
③ 郑长青：《道教的治国观及其当代启示》，《中州学刊》，2018 年第 1 期。
④ http：//www. news. cn/politics/leaders/2021-09/01/c _ 1127818076. htm。

道教教育与社会伦理建设

丁常云*

摘　要： 当代道教教育，已经实现从传统教育向现代教育的转型，其教育方式与影响也不断扩大。其中，道教院校教育对于教职人员信仰伦理的培育，将全面提升教职人员的信仰修持与道德修为，使其自觉成为社会道德伦理建设的倡导者和引领者。道教宫观教育对于信教群众道教伦理的培育，为广大信教群众提供普世的伦理价值，为践行社会主义核心价值观提供有力保障。还有道教的形象教育对于社会伦理秩序的影响，是一种悄无声息的、潜移默化的影响，对于当代社会伦理秩序建设具有不可替代的积极作用。

关键词： 道教；院校教育；宫观教育；形象教育；伦理建设

宗教教育是西方学校教育的一部分。广义的宗教教育是指一切与宗教有关的教育制度和活动；狭义的宗教教育指直接由宗教组织承办、以培养宗教神职人员为目的、以宗教神学知识为内容的教育制度。在人类社会的历史发展进程中，宗教的影响始终是广泛而深

---

* 丁常云，中国道教协会咨议委员会副主席，中国宗教学会理事，《上海道教》杂志主编，上海市道教协会副会长，浦东新区道教协会会长，上海太清宫住持。

远的，宗教的积极作用也主要在于它的道德教化。《西方文化史》说："宗教在中世纪社会占据的主导地位，使得中世纪的文学以教会为主体成为自然。文学的作者以基督教的教士居多。教会文学的宗旨单一且明确：普及宗教教义和教化民众道德"。① 这种道德教化正是宗教所特有的一种社会伦理功能，是宗教教育服务社会伦理建设的重要途径。

道教是中国固有的传统宗教。"在长期的发展过程中，道教对我国古代的思想文化和社会生活的各个领域都产生过巨大而复杂的辐射作用，留下了深刻的影响。直到今天，道教依然在中国人的生活方式和文化构成中显示出独特的生命力。"② 道教教育是一种有别于学校教育和家庭教育的社会教育，这种教育又与学校教育、家庭教育并行，共同影响着民众个体的人生观、世界观和身心发展。当前，我国社会繁荣稳定，经济持续发展，人民生活水平得到了极大的提高，中国人民多年来憧憬的国富民安的景象，已经成为现实。但是，我们也要注意到，在改革开放、实行市场经济给社会带来经济繁荣和思想解放的新局面的同时，由于我国社会从计划经济到市场经济体制的转轨，引起人们的思想观念、组织体制、生活方式、人际关系、道德意识等多方面的变化。社会上有些人，逐渐滋长了拜金主义、享乐主义、极端名利思想。这些社会消极因素，不仅影响和破坏了社会的稳定，干扰着和谐社会建设，而且还直接影响着当代社会的健康发展。这就需要我们大力弘扬社会主义核心价值观，用社会主义核心价值观影响个人价值选择，引领社会风尚和社会发展方向，为中国特色社会主义事业提供强大的精神动力。同时，我们还

① 徐新编著：《西方文化史》，北京大学出版社，2002 年，第 141 页。

② 卿希泰主编：《中国道教思想史》第一卷，《导论》，人民出版社，2009 年，第 1 页。

要充分发挥当今中国道教教育的特殊优势和作用，教育广大道教徒牢固树立正确的人生观与世界观，自觉抵制各种错误思潮和腐朽思想的影响和侵腐，引导广大道教徒积极向上向善，向往和追求讲道德、遵法纪、讲诚信、有品行的生活，共同维护和谐的社会环境与和睦的家庭氛围，从而促进社会繁荣稳定和健康发展。

一、道教传统教育及其现代教育的兴起

在中国古代文献中，教育一词最早见于《孟子·尽心上》："得天下英才而教育之"。《说文解字》释"教，上所施下所效"；"育，养子使作善也"，教育就是教诲培育的意思。道教是中国传统文化的重要组成部分，不仅对我国社会影响深刻而久远，而且还传播到海外，受到国际汉学界的高度重视。道教之所以能广泛传播，这就说明道教本身就是十分重视教育工作的。

首先，道教传统教育的形成与发展。在传统道教教育中，统治阶层的推动是起主导作用的。当然，这种推动主要还是得益于统治者对道教的喜好。根据詹石窗教授的研究，道教教育的起源可以追溯到先秦时期的黄老学派教育。西汉初期，统治者推崇黄老，要求诵习黄老道家经典。东汉顺帝时，黄老之学大盛。《册府元龟·尚黄老》称，杨厚不愿做官，称病归家，修黄老秘学，教授门生，上名录者三千余人。这种私人创办的教育组织，无疑对后来的道教教育有很大影响。唐代帝王崇奉道教，自然也重视道教的文化教育。唐高宗在仪凤三年（678年）就昭示天下，"自今已后，《道德经》并为上经，贡举人皆须兼通"。[1] 明确规定，以《道德经》列为科举考试之"上经"。唐玄宗即位后，在玄元皇帝庙设立"崇玄学"，招生学

①《旧唐书·礼仪志》，中华书局，1977年，第918页。

生，学习道教经典，以“四子真经”[1] 开科取士。宋代时，开创对道士的学业考核，设置“教阶”，提倡学习道经，健全道学制度，并设立道学博士，还准许道士入州县学授课或学习，每年试经，依成绩授予道教职称。这些举措，使道教的文化教育得以快速形成与发展。

在传统道教教育中，道教自身发展所形成的道教教育，应该才是真正的道教教育。道教自东汉时期正式创立之后，开始有了自己的组织和信徒，有了组织之后便面临一个新的问题，那就是培养教徒的问题，也就是道教组织的接班人问题，同样，有了信徒之后也有一个新的问题，那就是如何把信徒组织起来，并对他们经常宗教化的教育。根据有关历史记载，早期道教虽然还没有什么完整的教育思想和教育体系，但对信徒进行一定的教育是客观存在的，主要是采用师徒问答、口口相传的形式进行教育、传播思想。当然，古代的道教信徒与教徒是很难区分的，对于教徒和信徒的教育基本都是采用这种形式进行的。除此之外，道教传统教育还有一种形式，那就是“讲经说戒”，并以此来传道收徒。清代王常月祖师曾率弟子詹椿、邵守善等人长途跋涉，南下至江苏的茅山、南山、浙江的杭州、湖州金盖山和湖北的武当山等地开坛说戒，收得了大批弟子。这种说戒方式其实也是一种道教教育，对于培养教徒和传承起到重要的积极作用。当然，在道教内部传承方面，大多还是以“师徒相授”的模式为主导，其教育活动多在道教宫观内部进行，且主要为师徒个体之间进行。这种教育模式，也有道教自身教育的特点，那就是道教诸多“方术”以及仪式中的“内秘”，一般不会随便外出，必须在师徒之间传承，这种教育模式一直延续至现代。

其次，道教现代教育的兴起与繁荣。相对传统道教教育而言，

---

① 唐代规定，道举考试测试《老子》《文子》《列子》《庄子》等道教经典。

道教现代教育主要是院校式教育。道教院校式教育则是近现代社会发展的产物。特别是随着我国现代教育的兴起，道门有识之士也开始积极探索道教的教育问题。早在20世纪40年代初，著名道教学者陈撄宁先生在《复兴道教计划书》中，就提出举办“道学研究院”、培养道教知识分子的设想，开始了道教院校式教育的探索。由于当时条件所限，诸多计划未能付诸实施。但是，这种有益的探索与思考，却为当代道教院校式教育的创立与发展奠定了重要的思想基础。

中国道教协会正式成立后，在陈撄宁先生的积极倡导下，于1962年正式开办了“道教徒进修班”，打破了传统的师徒授受、口口相传的教学模式，采用现代教育新模式，在教学方式上跟上了时代的步伐。这是道教历史上第一次开办学校，为培养现代道教接班人积累了宝贵经验。此后，中国道教协会又相继举办了五期“道教知识进修班”，为道教培养了250余名实用型道教徒，对于做好道教恢复开放初期工作发挥了重要作用。但是，随着我国改革开放的进一步深化，随着党的宗教信仰自由政策的全面贯彻落实，特别是道教宫观的相继恢复与开放，培养道教接班人问题就成了当务之急。于是，地方道协也开始探索道教的办学问题。1986年，上海市道教协会创办了首届“上海道学班”，开创了地方道教办学的先河。道学班的办学宗旨和任务，就是培养爱国爱教的青年道教徒，要求既能通晓道教历史和文化、教理教义，又能诵经礼忏，从事斋醮仪范和参加庙观管理。[①] 上海道学班的创办及成功举办，为各地道教组织因地制宜培养自己所需要的道教人才做出了榜样，也为中国道协创办道

① 《弘道传法，后继有人——上海办道学班的经验体会》，载《中国道教》1989年第4期，第51页。

教学院提供了可借鉴的经验。

1990年，中国道教协会正式成立了“中国道教学院”，道教教育和道教界的人才培养从此迈上了一个新台阶。时任国家宗教事务局局长任务之指出：“办学院的目的是要培养出一批热爱祖国、拥护党的领导和社会主义制度，又有较高宗教造诣的中青年道教职业人员”。[①] 中国道教学院是道教教育的最高学府，它的正式成立，全面提升了道教教育的办学层次，有力地推动了道教教育工作的开展。此后，各地道协也积极行动起来，开始创造条件办学，培养各类道教人才。湖南南岳坤道院、四川青城山道教学院、湖北武当山道教学院、浙江道教学院、广东道教学院、福建道教学院、陕西道教学院等相继开办，江苏道教学院、江西道教学院已在筹备之中。与此同时，中国道教学院也开始招收并培养研究生，到目前为止已经有三届学员毕业，并顺利通过论文答辩，为道教培养了高素质的教职人员，道教教育工作取得了可喜成绩，并呈现出繁荣发展的新气象。

二、道教教育对教职人员信仰伦理的培育

从当前道教教育情况来看，道教对于教职人员的信仰伦理教育，主要还是依靠道教院校和道教宫观来完成。相对一般社会人员而言，宗教教职人员的身份比较特殊。一方面，宗教教职人员可以在宗教场所内主持正常宗教活动。同时，按我国某些宗教的传统习惯，宗教教职人员也可以到信教群众家里或者其他特定场所为信教群众举行传统宗教仪式。另一方面，宗教教职人员有权利担任宗教活动场所主要教职，可以参与宗教团体和宗教场所的管理。可见，对于宗

① 《任务之局长在中国道教学院开学典礼上的讲话》，《中国道教》1990年第3期，第9页。

教教职人员的教育培养是非常重要的，尤其是信仰伦理的教育尤为重要。所谓信仰，就是道教徒对“道”的信奉和对“神”的敬畏。道教院校的教育，就是要注重培育教职人员的信仰修持和戒律修为。对于道教教职人员的信仰伦理教育，直接影响其自身的行为规范，直接影响其对信教群众的教化引导作用的发挥。

首先，道教院校教育对教职人员信仰伦理的培育。道教院校教育是现代道教教育的新模式，也是道教与时俱进发展的新方法。这种教育有别于传统的“师徒相授”的个体教育方式，使道教教育的受众面更加宽广，教学方法更加科学合理。道教学院对教职人员的教育，除了历史文化、道教知识的教育外，主要是信仰伦理的教育，这是道教院校教育的一个显著特点。道教院校教育就是要培养合格的道教教职人员，而合格教职人员的重要标志就是要有虔诚的信仰和坚定的戒律修持。当今的道教院校，都十分注重信仰伦理的教育，具体教育途径主要通过开设道教神学课程和道教戒律课程来完成。一方面，道教神学课传授的就是一种有神论思想，强调的是对于道教神仙的信仰与崇拜。道教有神仙信仰，就说明道教有自己的教义思想。道教的教义思想，就是指从道教特有的有神论观念出发，对于宇宙、社会以及人际关系的理解、说明和感情。正因为是从有神论观念出发，因此道教教职人员对于世界和社会以及人际关系的理解、说明和感情，与一般持无神论的人的理解、说明和感情必然有所不同。道教的神学教育自然就确立了道教教职人员的人生观和世界观，以及对于社会、人生和世界的认识。道教教职人员都持有神论观点，相信神仙能主宰人间的生死祸福，是一种超自然的力量，使道教徒从内心产生对神仙的敬畏与崇拜。另一方面，道教戒律课传授的则是一种戒律思想，强调道教教职人员必须要持戒修行。历代以来，道教戒律都是约束道教教职人员的思想言行，防止“恶心邪欲”，“乖言戾行”的条规。简单说，道教戒律就是道教内部的法律，具有至上性、神圣性和权威性。现代道教学院大多会安排有一定修行的道长来讲解道教戒律，通过自身的言传身教和戒律内容的讲解，使教职人员明白道教戒律的历史发展过程，以及戒律在道教历史发展中的重要性，以更好地提高自身的戒律修持。道教戒律内容非常丰富，涉及到道士生活的各个方面，其目的是教诫、劝诫教徒们止恶从善、舍妄归真，道教一直将其视为修德理身之规范、积功累行之路径。通过道教院校的系统学习教育，促进道教徒从“无神”向“有神”的转变，从“无序”向“有序”的转变，从“他律”向“自律”的转变，全面提升道教教职人员的信仰伦理，规范教职人员的戒律修为，使广大道教徒自觉成为社会道德伦理建设的倡导者和引领者。

其次，道教宫观教育对教职人员信仰伦理的培育。道教宫观是道教教职人员学习、修道和举行宗教活动的主要场所，当然也是教职人员提升信仰伦理的重要场所，或者说是道教院校信仰伦理教育的延伸。道教宫观的教育对于教职人员信仰伦理的培育，主要是通过自身的戒律制度和授箓、传戒制度来完成。一方面，加强自身戒律制度建设是道观管理制度的重要内容，也是道观信仰伦理教育的重要抓手。一般来说，传统道观管理主要依靠规戒制度，比较注重信仰伦理建设，这是道门的优良传统。当代道教宫观管理强调民主管理制度，但是也不能离开戒律制度，道教徒同样需要遵守清规戒律。事实上，当代道教宫观教育已经开始重视自身戒律建设了，并希望通过戒律建设来提升信仰伦理。比如，上海太清宫、上海城隍庙、江西天师府、南岳大庙等组织学习传统戒律经典，提升道教徒的戒律理论水平。上海太清宫、湖南南岳大庙先后制定了《清规榜》，在道观内开始贯彻实施，对于规范道教徒的戒律修持起到了积极促进作用。另一方面，道教的授箓、传戒制度，也是道观信仰伦理教育的有效途径。授箓是正一派道士入道的重要标志，也是道门内部十分重要的传承制度。历史上，就有“三山符箓”的传承，即龙虎山正一符箓、閤皂山灵宝符箓、茅山上清符箓，成为影响深远的三大符箓道派。道教授箓规定必须要同时持戒，凡初授箓须持“九真妙戒”，升授、加授皆须持相应的规戒。所谓“学道不持戒，无缘登真箓”。规定初授箓后，要持戒修行、积功累德，方可升授。受戒是全真派道士入道的标志，按等级分为初真戒、中级戒、天仙戒。全真派传戒尤为注重戒律建设，以三皈、五戒、十戒、女真九戒为基础，戒律内容丰富而严格。正一派授箓、全真派传戒，都是道教宫观教育的重要内容。通过道教宫观延伸教育，进一步促进道教徒的持戒修行，有效提升道教教职人员的信仰伦理，使广大道教徒自觉成为践行社会主义核心价值观的倡导者与实践者。

三、道教教育对信教群众道德伦理的培育

当今社会，正处于一个剧变时代，人们的道德观念不断地受到社会剧变所产生的冲击。当今社会，又是一个信息爆炸的时代，信息时代也正深入地影响着中国社会。对于社会上产生的一些道德问题的影响，由于网络媒体的传播而不断放大。随着一个又一个与道德相关的事件曝光，引起社会各界的广泛关注。这种道德问题的无限放大，所释放出来的基本都是负能量，自然会影响社会主义道德体系建设，影响社会的和谐发展，必须要引起高度重视。当前，在我国各大宗教中，信教群众数量众多，影响广泛。宗教教育完全可以发挥对信教群众的道德伦理教化作用，对于社会道德伦理建设发挥出积极作用。从目前情况来看，道教对于信教群众道德伦理的教

育，已经开始得到道教界人士的高度重视，无论是道教院校教育，还是道教宫观教育，都把道德伦理教育作为一项重要工作内容来抓，并贯穿到院校教学和道观日常管理工作之中，成为道教教育的常态化工作。

首先，道教院校教育对信教群众道德伦理的培育。一般来说，道教院校的主要职责是培养教职人员，为道教团体、道教宫观培养合格的接班人。但是，随着社会多元文化的快速发展，以及民众信仰多元的需求，道教文化受到社会各界的关注，他们希望通过短期的培训班学习道教知识、了解道教文化。于是，道教院校教育居士学习班就应运而生。道教居士班在传播道教文化的同时，也发挥出道德伦理的教育引导功能。比如，我国香港道教学院就是以道教居士班为主的学校，其教学目的主要是开展道教信徒教育。1991 年香港道教学院由香港青松观创办，该学院开办了各种居士课程班，举办了很多学术研讨会，出版了《弘道》、《道家文化研究》两种刊物和百余种书籍，为培养道教居士人才、传播道教知识、弘扬道教文化作出了重要贡献。同样，新加坡道教学院也是以举办道教居士班为主的学校，该院于 2008 年正式创办，致力于弘扬道教，面向社会人士定期举办道教知识讲座及道教课程班，至今已成功举办 70 多期短期课程班和 30 余场“文化大讲堂”。目前，学院拥有学生 500 余人，全部为兼职修读。可见，道教居士班深受新加坡华人的喜爱。近年来，我国各地道教学院也开始举办各类居士班，为培养道教高端信徒进行了有益的探索。比如，上海道教学院举办的道教居士班，主要是面向皈依道教的信徒招生，以普及道教文化知识为目的。学制为一年，主要研修：史籍仙传类、义理思想类、戒规术法类、医药养生类等诸多道经。教学方式为大众面授，暑假期间安排修学实践、云游参访、公益慈善等活动课程，受到广大道教信徒的欢迎。与此同时，中国道教学院还专门举办海外留学生进修班，招收国外道教信徒参加学习。有一位比利时学员深有感慨地说："我的一生花了很多时间去学习道教，但总是在迷茫的探索之中，不得要领，这些天学习的东西给了我很大触动，在内心占据了非常大的位置"。[①] 这就是说，道教教育对于信徒来说其影响是很大的，有时甚至会起到意想不到的效果。通过道教学院式的系统教育，虽然只是短期学习班，但却是道教信徒接受道教文化的重要平台，也是接受道教道德伦理教育的有效途径。

其次，道教宫观教育对信教群众道德伦理的培育。道教宫观是道士举行宗教活动的重要场所，也是道教联系信教群众的重要窗口。但是，道教宫观还有一项十分重要的职能，那就是对信徒的教化引导功能，这是道观道士的本职工作，也是道教服务信徒的重要内容。道观的道士要主动担负起对信教群众解疑释惑的工作责任，要主动对本教的教义思想作出符合时代进步要求的新阐释。在具体工作中，要主动解答信教群众所遇到的自身信仰问题、社会困惑问题，引领信教群众树立正确的人生观和世界观。信教群众是道教活动的主体，做好信教群众的教育引导工作，既是我们道教界人士的本职工作，也是当前道教工作的重要任务。从道教对信徒的教育现状来看，要实现对信教群众的常态化教育，主要还是依靠道教宫观式教育。道教院校教育主要是培养教职人员，道教教职人员分配到道观之后，自然就要担负起教育引导信教群众的责任。因此，道教院校的教育直接关系到道观的教育，也只有合格的教职人员才能做好信教群众的教育工作。

从目前道教宫观现状来看，道观对信教群众的教育主要是通过

① 玄墨:《道教学院里的西方求道者》，载《中国道教》2012 年第 6 期，第 45 页。

“讲经讲道”来引导，通过道教经典智慧和历代祖师的阐述来教化。从历史看，道教历来就有讲经布道的传统，只是明清以来日趋荒废。改革开放后，开始得到道门重视，特别是中国道教协会自 2008 年在崂山举办首次“玄门将经”后，每年都要举办一次全国性的讲经交流活动，旨在推动全国道教宫观讲经工作的开展。目前，此项工作已经取得明显成绩，玄门讲经工作已经在全国各地道教宫观有序开展。教职人员在道观通过讲经讲道，传播道教优秀文化，阐扬道教教义思想，发挥着教化引导信教群众的积极功能。同时，许多道教宫观还定期举办各类道教学习班，传播道教文化知识，弘扬道教优秀文化，提升道德伦理思想，为促进社会繁荣稳定与构建和谐社会发挥积极作用。通过道教宫观的常态化教育，为广大信教群众提供普世的伦理价值观，为践行社会主义核心价值观提供有力保障。特别是在道教中国化进程中，重塑道教的普世精神和价值伦理体系，传承道教的历史责任与担当，发挥道教道德伦理在当代社会伦理建设中的积极作用。

四、道教形象教育对社会伦理秩序的影响

宗教作为一种人类社会历史现象，它始终对人类的历史进程和社会生活发挥着不可忽视的影响。《西方文化史》指出：中世纪的欧洲，“在规范人的思想、伦理、道德方面，基督教思想是当时无可替代的权威”。[①] 这就是宗教对人类社会所产生的重要影响。同样，道教是中国本土宗教，具有悠久的历史与文化，“在长期的发展过程中，对我国社会的政治、经济、哲学、文学、艺术、音乐、化学、医学、药物学、养生学、气功学、天文学以及社会习俗、民族心理、

① 徐新编著:《西方文化史》第 137 页。

民族性格、民族关系和民族凝聚力等各个方面，都产生过深刻的影响”。[1] 清末以来，道教渐趋衰落，道教的社会影响力也逐步下降。改革开放以来，“随着宗教信仰自由政策的不断落实，随着道教新一代骨干人士的成长，道教已经走出低谷，恢复生气，逐渐兴盛，进入它近代以来最好的发展时期”。[2] 当代道教，随着自身建设的不断加强以及社会影响力的不断提高，道教自身的形象教育对社会伦理秩序的影响也将会不断彰显。

首先，道教自身形象教育对社会伦理秩序的影响。道教的形象教育主要表现在道教自身形象对社会伦理秩序的影响。道教自身的形象主要通过道教文化、思想、伦理等，对信教群众与社会民众产生“潜移默化”的影响，影响着他们在世俗社会中的道德伦理思想，这种悄无声息的影响则是道教教育的高境界。比如，道教“尊道贵德”的伦理思想对民众人格修养的培育。道教尊“道”为最高信仰，强调修道应以“德”为根基。对于广大道教信徒来说，修道的先决条件就是立德，立德就要在日常生活中不断积累功德，要求人们清净无为、淡泊名利，强调个人的道德品质和内在修养，是一种积极向善的社会人生观，自然有利于社会伦理秩序的建设。又比如，道教“少私寡欲”的伦理思想对民众健康心态的培育。少私寡欲是指保持纯洁朴实的本性，减少私欲杂念。语出《道德经·第十九章》：“见素抱朴，少私寡欲”。要求世人少私欲、远贪欲，保持内心平静、阴阳平和，做到善待自然、善待人生，常怀感恩之心。倡导少私寡欲、见素抱朴的生活方式，全面提升社会民众感恩、宽容的健康心态，促进社会伦理秩序的健康发展。还比如，道教“济世利人”的

① 卿希泰主编:《中国道教史》，第 1 页。

② 牟钟鉴:《道教要当社会发展的促进派》，《宗教学研究》2014 年第 3 期，第 7 页。

伦理思想对民众社会道德的培育。济世利人的伦理思想，本身就是一种社会道德，它要求社会民众必须遵守“利益人群”的道德规范，奉行“乐于助人”的传统美德。这是当今社会值得大力提倡的，当然也是当今社会伦理秩序建设的重要内容。

其次，道教教职人员的形象教育对社会伦理秩序的影响。道教的形象教育还表现在道教教职人员对社会伦理秩序的影响。国家宗教事务局王作安局长指出：“随着宗教在社会生活中的影响有所扩大，一些宗教人士进入了公众视野，开始受到社会的广泛关注。面对这种情况，宗教教职人员不仅要不断加强学习，更加注意自律，还要增强社会责任意识，维护良好的社会形象”。[①] 这就是说，宗教教职人员的外在形象是十分重要的。从某种意义上来说，教职人员的外在形象其实就是一种教风的显现，教风建设也直接关系到教职人员的品德修养。当今社会，道教教职人员的形象，在某种程度上就代表着道教的形象，代表着广大信教群众对道教的期盼。道教教职人员的形象教育，在一定程度上可以直接影响着信教群众，尤其是对信教群众自身修持的影响。比如，道教教职人员有良好的品德修养，自然会成为社会道德伦理的引领者。道教教职人员要有超越自我的精神境界和清静无为的良好心态，坚持虔心奉道、利益人群，坚持持戒修行、淡泊名利，做到内强素质、外树形象。这样的教职人员就会在不知不觉中感染、影响着信教群众的思想与性格，进而也会使信教群众周围的人接受到教化。这种悄无声息、潜移默化的教育，就是教职人员的自身形象教育，从影响信教群众延伸到社会民众的伦理建设。又比如，道教教职人员有渊博的道教学识，自然

---

① 2010年8月18日，王作安在《第二期中青年爱国宗教界代表人士研讨会上的讲话》，载中国政府网。

会成为社会伦理文化的引领者。在信教群众的心目中，道教徒是道教文化的传播者，道教神圣信仰的捍卫者，信教群众的开示者。教职人员高雅的内在气质和丰富的道教学识，自然就成为信教群众的精神领袖，成为信教群众的追随者和崇拜者。信教群众有困难会找教职人员求帮助，信教群众有疑惑会找教职人员求解答。道教教职人员的这种特殊的榜样作用，就是一种无形的形象教育，对于当代社会伦理秩序建设具有不可替代的积极作用。

综上所述，道教教育是一种家庭教育和学校教育之外的思想教育，属于一种社会教育。这种教育又是一种不可替代的，并且会长期存在的社会教育，至今仍然影响着信教群众与中国社会，是中国社会教育中一支积极力量。当代道教，我们要积极加强道教自身建设，努力提高广大教职人员的综合素质，充分发挥道教院校教育和道教宫观教育的优势，通过道教和道教徒潜移默化的形象教育，为践行社会主义核心价值观，引导健康和谐的社会伦理新秩序作出积极贡献。

道教文化与社会诚信建设

俞俊骅*

摘　要：诚信是中华传统美德之一，现代社会经济大发展浪潮下，人们在逐利的同时，暴露出社会诚信缺失问题，导致诚信问题面临严峻挑战。道教文化作为中国传统文化的三大支柱之一，在道教经典、斋法、戒律中无不体现出道教诚信观对社会生活的影响和教化作用，对于现代物质文明建设、精神文明建设、政治文明建设和社会主义核心价值观建设仍然有着积极的促进作用。

关键词：道教文化；道教诚信观；物质文明；精神文明；核心价值观

中华民族是一个有着悠久历史的民族，“诚信”作为众多传统美德之中的一种，古往今来，无数仁人先贤用他们的实际行动给我们做出了最好的诠释。在我国的古代典籍中，早就出现了“诚信”一词。《商君书·靳令》把诚信贞廉与礼乐、诗书、修善孝悌、仁义、非兵羞战并称为“六虱”。诚信是我们中华民族引以为荣的美德之一。一诺千金的意义也正是如此。《史记·季布栾布列传》记载：秦

* 俞俊骅，上海市道教协会文化研究室研究人员，《上海道教》杂志编辑。

朝末年，在楚国有一个叫季布的人，性情耿直，为人侠义好助。只要是他答应过的事情，无论有多大困难，都设法办到，受到大家的赞扬。因此，后人常说"得黄金千两，不如得季布一诺"，古人把得诺言与千两黄金相比，由此可见我国古人对诚信的推崇。

时代在进步，传统美德依然得到继承和发扬，当今社会我们依旧推崇诚信。近年来，国家出台的有关加强诚信的法律、法规是比较多的，像"社会主义荣辱观"等。"社会主义荣辱观"中有一条就是"以诚实守信为荣，以损人利己为耻"，这就是告诫我们要坚持将诚信作为自己的行为准则和道德标准，作为自己的立人之本、成事之基、成功之源。由此也可以看出我国对加强诚信教育的重视性。在我们日常的人际交往中，诚信对待身边的每一个人，才会赢得他人的尊重与信任。可以说诚信是人与人之间互相联系与合作的桥梁。同样的，国与国之间的交流与协作更要建立在诚信的环境中。当今尖锐的国际矛盾、战争悲剧的演绎，从一定程度上反映出了国与国之间诚信缺失导致的世界格局动荡问题。

一、当今社会面临的诚信问题

诚信是中华民族的传统美德，是社会主义核心价值观的重要内容，同时也是公民基本道德规范，是社会主义市场经济的基本要素，更是社会和谐的基本要求。无论对个人、企业，还是对社会、国家，诚信都是无价之宝。在现代经济飞速发展的今天，我们不可回避地看到一些诚信缺失暴露的社会问题，随着社会经济发展的加快，拜金主义、实用主义、功利主义等不良思想也不断冲击着社会各个阶层，对物欲的追求而弄虚作假、欺诈舞弊等现象在社会上蔓延滋长。自 1991 年开始每年举办的央视《3・15 晚会》所反映的各行各业的

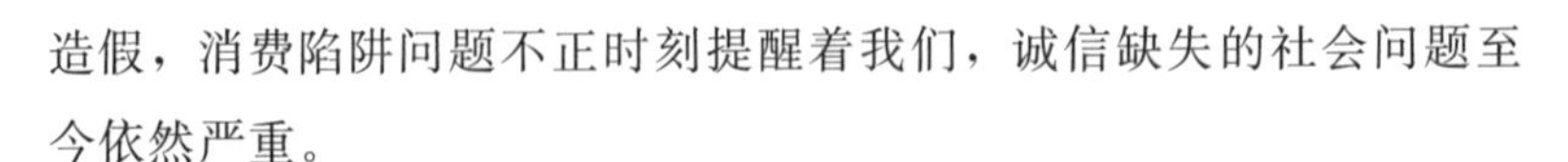
造假，消费陷阱问题不正时刻提醒着我们，诚信缺失的社会问题至今依然严重。

（一）社会生产领域的诚信问题

最近“特斯拉”刹车失灵维权的话题，占据了各大新闻平台的热榜热度持续不退。各地特斯拉车主通过视频反馈的刹车失灵，主控屏死机黑屏，充电异常问题在抖音、微博等平台持续受到关注。与此相对的特斯拉官方在美国进行事件调查并召回，而在中国采取甩锅国家电网，车主的双标处理态度，无疑暴露了企业诚信缺失的严重问题。可以说是近期企业诚信问题负面公关案例的典型代表。而在其他生产领域，如“毒大米”“地沟油”“黑心月饼”“瘦肉精”“三聚氰胺奶粉”“假烟假酒”……各种假冒伪劣产品充斥市场，各种制假售假手法花样百出，在央视《3·15晚会》高频率曝光的问题，反映了在社会生产领域，诚信的缺失，乃至藐视法律的违法犯罪问题依然存在。

（二）在社会金融领域暴露的诚信问题

P2P互联网金融连环爆雷。42天内全国共有108家P2P平台爆雷，到最后就是为了贪婪付出代价，谁都无力回天。一场场金融庞氏骗局的全面崩盘无疑是近几年来金融领域的特大危机。一家家P2P互联网金融企业，以超现实的高额回报率吸引投资者，以“汝之本金还汝之利息”，在吸筹足够大的资金池后抽空资金池卷款爆雷，让千万投资者血本无归。这不但是诚信问题，更涉及金融诈骗的犯罪问题，而细微处都是从诚信缺失开始，优厚的投资回报承诺，无疑无法满足诚信合同解释。已经爆雷的“聪明投、奶瓶儿、早点儿、火牛财富、玩儿家、钱罐儿、乐行理财、海新金服、云联惠、信和财富、信和大金融、金信网、善林金融、多融财富、银票网、钱爸爸、多多理财、唐小僧、抓钱猫、联璧金融、钱宝网、普资金服”等 P2P 平台当年无不以高额利息为诱饵，甚至请明星名人代言，麻痹诱惑群众纷纷踏入陷阱。

而在个人金融诚信方面，伴随着互联网借款平台的大发展，不少以撸遍借款平台，恶意欠款的白嫖党也时常见于各大媒体的新闻报道中。曾经有个有意思的新闻，讲一个女子，将各网络借款 App 借了个遍，借完就删除 App，根本没有打算还款。其非但自己借款不还，还发动全村的父老乡亲，全面参与网络借款不还以此发家致富的违法行径。导致出现各借款平台的讨债人员只要敢进村讨债，就会被全村村民打出去的荒唐局面。这与 P2P 爆雷一是平台坑群众，一是个人骗平台的金融犯罪活动，都源于诚信缺失的社会问题。

（三）个人生活领域暴露的诚信问题

许多人在市场经济的大潮中迷失了自己，急功近利，言而无信，各种形形色色的假婚姻、假文凭、假招聘、假唱等，这些不诚信社会现象的空前泛滥，使得社会信用正面临严峻的危机考验。为了房屋动迁多得国家动迁利益的分配而出现的假结婚、假离婚现象，在近几十年的城市化进程中屡屡出现。为了破解房产限购政策，中介小伙与七十岁大妈假结婚的新闻见于报端。一次次在媒体上上热搜引起热议的同时，也反映出了当今社会，个人诚信建设问题急需得到重视。个人是社会的细胞，只有个人诚信的建立，才有社会诚信的建立。

从个人到社会的诚信建设，一方面需要法制建设的健全完善为诚信建设拔高立意。诚信是构建法治国家的精神基石，是现代民商法律的“帝王条款”，也是社会主义道德的基本规范。随着我国改革开放的步步深入和现代化建设事业的不断发展，诚信与法治越来越

成为领导重视、社会关注的热点问题。[①] 另一方面需要文化信仰建设为诚信建设提供文化依凭。诚信，是中华民族的传统美德，亦是我们评判事物道德的基准。自古及今，诚信仍为整个中华民族、整个社会的支柱，支撑着中华民族不断发展的文明历程。

二、道教文化中的诚信建设思想

儒家、道家、佛家作为中国传统文化的三大支柱，在其各自的文化传承中都不乏关于诚信的名言金句典籍。道教文化作为道家文化的传承践行者，在诚信建设方面有自己的文化特色。

（一）道经中的诚信思想

道教最高经典《道德经》一书为老子所著，五千真言，言简意赅，含义隽永。老子以深邃的智慧，富有诗韵的语言，探讨了宇宙的形成、自然的规律、国家的治理、身心的修养等一系列重要问题，提出了"道""自然""无为"等著名的哲学概念，在中国思想史上产生了巨大的影响。《道德经》中有关诚信的名言章节亦多次出现。

例如《道德经》第一十七章："太上，下知有之。其次，亲而誉之。其次，畏之。其次，侮之。信不足焉，有不信焉。悠兮其贵言，功成事遂，百姓皆谓我自然。"经文大意是上古时候，有德的圣君，行不言之教，处无为之事，使天下百姓不知不觉地得到感化，如此人民承受圣君的恩赐，却不知道有圣君的存在。次一等的贤明国君，虽然不能像上古的圣君一样淳朴无为，但尚能以德教化百姓和亲近百姓，如此仁德的国君，还能得到天下百姓的称赞。再其次的国君，专以刑政与赏罚去治理人民，这时候的人民，就只知道畏惧国君了。最差一等的国君，无道无德，只会以权术愚弄民，所以人民也就开

---

① 《诚信与法治》，中国工商出版社，2002年，第6页。

始轻视侮辱他。这是什么原因呢？就是因为这种国君本身的诚信不足，所以人民也就不相信他。因此想要达到上古淳朴的治世风气，首先要慎重他的号令，诚信他的语言。使人民都能安居乐业，日出而作，日入而息，凿井而饮，耕田而食，人人都能顺利地将自己的事做好，这种国君这样治世，才可算是大功告成了。而在他大功告成之后，人民还不知道这是国君的功劳，反而说“这是很自然的事呢!”这样治世的国君，才是最上等的称得上“无为”的国君呀。此章节不正是说的君王（政府）诚信治国之道吗。

又如《道德经》十九章云：“绝巧弃利，盗贼无有。”就是指人人都不以奸巧的手段去骗人，那么其他的人就不会起盗贼之心了。这是道教对社会的要求，希望人人都能讲诚守信，这样社会就会太平，人与人之间就会和谐相处。

又如《道德经》第三十八章：“大丈夫处其厚，不居其薄；处其实，不居其华。”意思：大丈夫立身敦厚，存心朴实，不居于虚华。所以要舍弃浇薄虚华而采取朴实敦厚。就是说要实实在在的，不要搞些虚华的东西，虚华的东西没有生命力。简单来说就是做人要多讲诚信少点套路。

又如《道德经》第四十九章：“信者吾信之，不信者吾亦信之；德信。”说的是圣人在待人接物方面，都以诚信待人。无论是守信的人，或是没有诚信的人，他也一样以诚信对待他们。使那些不诚信的人，因受到圣人德性的感召，而终能归于诚信，这样就获得了诚信。

再如《道德经》第八十一章：“信言不美，美言不信。”说的是“信言”，是真话，由衷之言，“美言”，是华美之巧言，造作之言。信实的言辞不是花言巧语，所以听到耳朵里，总是不悦耳，不动听。花言巧语，虽然动听，可是不一定是从心里讲出来的，因此这种话，

总是缺乏信用，不够实在。

除了《道德经》，其他道教典籍中亦不乏诚信方面的规定。

在早期道教太平道的经典《太平经》中，祖师爷就把诚信作为维系人类社会和谐的基础，要求大家严格遵守奉行。如："夫天地之性，自古到今，善者致善，恶者致恶，正者致正，邪者致邪，此自然之术，无可怪也。故人心端正清净，至诚感天，无有恶意，瑞应善物为其出。"① 同时，天道也不容许人世间有奸邪欺妄之言行，反对违背天道的虚伪和残害生命的恶行。并指出，下古之世之所以天灾频发，阴阳不和，生养万物不成，这些灾祸，皆为人世间不能至诚守信所带来的后果。如果要想天地恢复常态，社会恢复和谐，人类必须至诚不欺，"取信于天，取信于地，取信于中和，取信于四时，取信于五行，是皆天所得报信矣"。② 天道真实无妄，人性得于天道而守其正，亦真实无妄。由此可见，诚信是维系天、地、人之间和谐的关键，也是社会和谐的基础所在。

如出自《淮南子》的"言而必有信，期而必当，天下之高行也。"③、"马先驯而后求良，人先信而后求能。"④ 告诉世人说话要讲信用，要诚实。以后必能有所作为，即使天下再大也能行之无阻。马先看是否驯服，而后看是否优良；人应当先看是否讲信用，然后再看他的能力如何。

在《太上三十六部尊经》中则有"人尽习虚伪之行，以欺于我，我则以诚信待人，必获善报。"⑤ 说的是日常为人处世，即便他人对

---

①《太平经钞》卷七，《道藏》第 24 册，第 351 頁

②《太平经钞》卷 112，《道藏》第 24 册，第 565 页。

③《淮南子集释》，中华书局，1998 年，第 952 页。

④《淮南子集释》，第 1229 页

⑤《太上三十六部尊经》，《道藏》第 1 册，第 596 页。

自己不够诚信，也要以诚信待人，最终必然能以德服人，用诚信获得好的回报。

出自《汉天师世家》的“其来学道者，授以道业，已信，号祭酒，皆教以诚信不欺诈”，①指出修道者都要以诚信不欺诈为基本的品格底线，才能授以道业，担任道官官职。

出自《玉清无极总真文昌大洞仙经注》的“以《大洞仙经》开化引导，又使得入大定信，实无妄之根本，与物无违之谓信。盖信属土，土成数十，亦河图之数也，此卷十章，有十回十善十方十华十德十仙十真十通等语，皆以足格言之，缺一不能成生化之道，盖十为地数，取喻土能长养化有之义，信者诚而已，故以诚信为根本”。②

出自《太上玄灵北斗本命延生真经注》的“人禀忠正诚信之资，则具智慧圆明之性，正则出群迷之径，信可入希夷之门，了悟真宗，开弘大道，岂不超达於长生之荣界也哉”，③是说人有了忠正诚信的品格，则就具备了智慧圆明的底子，忠正是出离群迷困惑的途径使人不再迷失本性，具备诚信则可入虚寂玄妙、清静无为的修行境界。

出自《道德真经指归》的“是以明王圣主之治大国也，若柄纤微，若通小水，若察秋毫，如听无有若亡若存，若非若是，如行如留，如为如休，为在为不为之域，化在有无有之野，福微利鲜，言希禁寡，动于无形，功流四海。夫得其要者，动少而益多。失其机者，为多而益少。故知机微万夫之望，如无如有，不可示人也。夫何故哉？以道为父，以德为母，神明为师，太和为友，清静为常，平易为主，天地为法，阴阳为象，日月为仪，万物为表，因应为元，

---

①《汉天师世家》，《道藏》第34册，第815页。

②《大洞仙经》，《道藏》第2册，第626页。

③《太上玄灵北斗本命延生真经注》，《道藏》第17册，第24页。

诚信为首”[1]。此句意在评述《道德经》治大国章，治大国若烹小鲜，无论是推崇道德，效法神明，太和太平，效法天地日月，都是表象，随机应变是小术，而诚信治国是放在首要位置的。

道士日常修持的早晚功课经《功课经》对诚信也提出了要求，如全真派《功课经》早课“二十四愿”中有“愿言无狂妄，行贵纯真”。要求道士平日修行中说话的分寸必须坚持四条原则：一是不妄语；二是不绮语；三是不恶口；四是不两舌。其中，不得妄语就是不得“以术愚人，以言诈人，喜说谎话，是说不是，不是说是”。妄语就是说话不诚实，说虚伪诳骗的话。如能远离妄语，便能做到诚实不欺，则父母、兄弟、亲属、朋友，以及人事的接触，彼此都能互相信任，实为得乐之道。不得绮语就是不得“花言巧语，轻浮无礼，说不正经的话，导人生诸邪念，或出言戏弄，胡乱开口，以为取乐”。说此绮语者，不唯无益自己，且能加害他人，业报所在，死堕恶道，生而为人，永遭轻贱。故要说合于礼仪，不乖违真实的正经话，便叫做不绮语。如能远离绮语，则心正言顺，彬彬有礼，庄严威仪，也必为人敬仰。不妄语、不绮语，正是诚信待人的说话艺术。

（二）道教斋法中的诚信要求

道教斋法科仪是道士沟通天地鬼神的仪式，要求行法者诚信不欺。《清微斋法》云：“盖行持以正心诚意为主。心不正，则不足以感物；意不诚，则不足以通神。神运于此，物应于彼，故虽万里，可呼吸于咫尺之间。非至诚孰能与于此？”此处之“诚”，不仅被赋予了伦理道德的意义，更具有了沟通天道的超越意义。于是，在清微雷法中极具宗教神灵色彩的“请神召将”，也能与“诚”的思想紧密关联起来。《清微道法枢纽》认为：“鬼神之情状无穷，精神之变

---

①《道德真经指归》，《道藏》第12册，第372页。

化有限。《关尹子》曰：有诵咒者，有事神者，有朱墨者，有变神者，皆可以役神驭炁，变化万物。惟不诚之人，难以自信，而易于信物，故假此为之。苟知尽诚，有不期然而然者。”因此，清微法师坚信“大道无私善，似光中之影；至诚有感应，如谷里之声。”故各类清微雷法的修习和行持，其实都是至诚之道的外在流露。天界雷部诸神能否听从法师驱役，是取决于法师本身的心性诚意，在每一个环节皆如此。

（三）道教戒律重视的诚信

道教十分重视诚信，这就是道教对待诚信的社会观。这种诚信的思想不仅表现在道教的信仰仪式中，也体现在道教的戒律之中，《老君五戒》第三戒“不得口是心非”。《积功归根》第五戒“不得妄语”。《虚皇天尊初真十戒文》称：“盖诚为入道之门。语者，心之声也。语之妄，由心不诚也。心既不诚而谓之道，是谓背道求道，无由是处。”诚信是入道修心的前提条件。说话言语是内心的外在表达，语有妄言，是内心的不诚信。一个内心不诚信的人修道，必是背道而驰，不会有所成就的。

在道教信仰方面，就是要求道教徒要坚定信仰、诚实守信。所谓“道戒要严守，信仰要虔诚”，就是对道教徒的信仰要求。《西升经集注》称：“道以无为上，德以仁为主，礼以义为谦，施以恩为友，惠以利为先，信以诚为首。”① 强调了信与诚在道教信仰中的重要地位。同时，道教还对人类社会提出了诚信的要求。

三、道教诚信思想的时代价值

诚信思想是道教教义之一，是道教教化民众自觉行善的道德律

① 《西升经集注》，《道藏》第14册，第579页。

令。诸如前文提到道教诸多经典重视的诚信思想在小到个人的修持，大到国家的治理方面的作用，在道教伦理学发展中留下了独特的篇章。人类社会要维持和谐有序的状态，就需要每一个人诚实守信，不欺诈奸猾，对现代中国社会公民道德建设也有一定的启示意义。现在国家提倡推进文化改革发展的重要性和紧迫性，道教诚信观应更加自觉、更加主动地加入到推进社会主义文化大发展大繁荣的进程中去。

道教诚信思想在现代社会的各个领域可以提供更多的参考和启迪。

第一，道教诚信思想是推进物质文明建设的重要力量之一。诚信是经济发展的基础，社会无论发展到哪个程度，诚信两个字不能丢。道教《太上感应篇》警示商业经营过程中不可“短尺狭度，轻秤小升，以伪杂真，采取奸利”。要促进经济的发展和社会各项事业的进步，必须要有一个良好的诚信环境。好的发展环境是人创造的，人的诚信至关重要。诚信是市场发展的灵魂，市场诚信已经成了一个地方经济繁荣、腾飞的必由之路。道教将诚信思想融入到信仰层面，警示世人诚信经营才是经济健康发展的座右铭。世人将诚信转化为信仰，才能在经营中不唯利是图、不忘初心。通过道教诚信观的教化，使世人知道诚信经营与不诚信经营所能受到的福报或惩罚，知道举头三尺有神明，什么可为，什么不可为，起敬畏心。

第二，道教诚信观为建设我国社会主义精神文明添砖加瓦。精神文明建设的根本任务就是，培养有理想、有道德、有文化、有纪律的社会主义公民，提高整个中华民族的伦理道德素质和科学文化素质，建立起具有中国特色的社会主义新文化体系。道教诚信观的道德教化功能，对协调家庭关系，维护社会稳定，培养人们对国家，对社会，对家庭的义务感，责任心等方面都有积极的促进作用，是精神文明建设的需要。重塑道德理念，关键是树立正确的诚信观念，处理好个人利益与他人利益、集体利益、社会利益的关系，处理好眼前利益与长远利益的关系。要让所有社会成员、经济主体认识到，只有讲求信誉，不损害他人利益，才能实现共赢，获取长远利益和持续发展，以此推动诚信道德建设，使人际关系和谐、诚实守信，整个社会风气良好，精神文明程度不断提高。

第三，道教诚信观为政治文明建设、培育和践行社会主义核心价值观提供助力。政治文明表现为人类社会政治生活的进步状态，也表现出诚信这个基本要素。全面推进社会主义现代化建设，必须加强政治文明建设，并与物质文明和精神文明协调发展。这就要求以诚信为基础，造就良好的诚信环境，遵循诚信原则行事，共同建设诚信社会。党的十八大首次以 24 个字概括了社会主义核心价值观，表述为“倡导富强、民主、文明、和谐；倡导自由、平等、公平、法治；倡导爱国、敬业、诚信、友善”。这 24 个字从 3 个层面分别提出了国家、社会、公民追求与持守的道德规范。道教诚信的伦理道德思想以及由此生发的热爱祖国、诚信不欺等优秀品格，与倡导“爱国、敬业、诚信、友善”的社会主义核心价值观高度契合，为我们今天建立中国特色社会主义核心价值观打下了坚实基础，提供了丰富底蕴。道教经典中朴素的诚信治国理念，也为现代治国提供了宝贵的参考依据。

第四，道教诚信观为社会主义法治建设提供理论依据。诚信这一中国传统的道德理念在社会主义现代化建设中被赋予了法律的意义，在新的历史时期具有了新的内涵和效力。正所谓“诚者，信也。信者，专一不移也”[①]。诚信，讲的就是诚实和信用，“守者，遵循

①《白虎通疏证》，《新编诸子集成》第一辑，中华书局 1994 年，第 382 页。

也。法者，规章也。”守法，讲的就是遵章守纪。诚信和守法相辅相成、密不可分。社会诚信建设是一项系统工程，需要动员多方力量、形成联动机制，才能真正取得实效。当前，应高度重视法治建设在社会诚信建设中的积极作用，从立法、司法、执法、普法等各个环节、各个层面推动社会诚信建设。道教清规戒律是古老又朴素的律法雏形，虽然只在道教信教群众中修持执行，但是道教信教群众作为社会群众的组成部分，道教清规戒律中的诚信条目，也为这些信众在社会上更好地讲诚信，知法守法提供了一定的警示。

国有诚信则兴，家有诚信则和，人有诚信则贤。正如中国社会科学院世界宗教研究所所长卓新平所言：宗教界应“以‘出世之境’来为‘入世之事’，以‘社会关怀’来表达‘终极关怀’，以人的努力来体现‘神’的恩典和关爱”。① 当代道教界人士应注重用道教固有的诚信思想去教化引导广大信教群众，充分发挥道教诚信观的社会教化作用。可将道观文化窗口作为载体，引导和教化信教群众诚实守信。道教在各个历史时期制作了大量劝善书传扬诚信理念，如《太上感应篇》、《文昌帝君功过格》等，其中包含了丰富的诚信理念。《文昌帝君功过格》把“与人言不欺一字”视为功，把“造低银假银私钱”“设阱诈骗”等视为大过；净明道《太微仙君功过格》言：“着斯功格三十六条，过律三十九条，各分四门，以明功过之数……即使聪明之士，明然顿悟罪福因缘，善恶门户，知之减半，慎之全无。依此行持，远恶迁善，诚为真诚，去仙不远矣。”② 道观和道教界人士应重视劝善书的作用，把道教的诚信观内化为信教群众的道德情操。此外，道观还可用积极宣传“诚信为善，欺诈为恶”

---

① 参见卓新平 2014 年 2 月 21 日在“宗教慈善与社会关爱”学术研讨会上的致辞。

②《太微仙君功过格》，《道藏》第 3 册，第 449 页。

“善有善报，恶有恶报”的因果报应观念。如王灵官形象为三目圆睁，手执钢鞭，惩罚不诚心向善之人。财神赵公明形象为一手持钢鞭，一手持元宝，意为财富的获得要取之有道。道观内悬挂的匾额楹联也蕴含着劝人诚信向善的意涵。如上海城隍庙大殿前的楹联“做个好人，心正身安魂梦稳；行些善事，天知地鉴鬼神钦”，心正就是要讲诚信不欺心，才能让自己身体安康睡得安稳。

道教界希望为社会贡献自己的一份力量，那么，让我们从最基本的——讲诚信做起，做诚信人、办诚信事，也让它成为我们每个人成长、成材的根基！相信只要通过社会各界上下齐心努力，我们一定可以创造出一个和谐、美好、诚信的新社会。

道教文化与职业道德建设

张 欣*

摘 要： 道教文化构成了我国传统文化的重要组成部分。当代职业道德建设，既需要社会主义核心价值观的引领，也需要从道教知行观、道教律己观、道教人本思想中汲取智慧。在建设社会主义现代化强国的新时代，道教要适应社会发展需要，积极创新道教教义思想体系、道教戒律体系、道教服务社会模式，提高服务当代社会能力，发挥教化引导作用，推动社会主义职业道德建设。

关键词： 道德建设；知行观；律己观；人本思想；创新发展

“道德”一词，在汉语中最早可追溯到先秦思想家老子所著《道德经》中的“道”与“德”。《道德经》曰：“道生之，德畜之，物形之，势成之。是以万物莫不尊道而贵德。”在《道德经》中，“道”与“德”虽有对举，但并未出现“道德”一词。“道”“德”二字连用始于《荀子·劝学》篇：“故学至乎礼而止矣，夫是之谓道德之极。”现代社会，道德是社会意识形态之一，是人们共同生活及其行

* 张欣，厦门大学哲学博士，《上海道教》执行编辑，上海市道教协会文化研究室副主任。

为的准则和规范。道德通过社会的或一定阶级的舆论对社会生活起约束作用。

职业道德是社会道德的组成部分，是同人们的职业活动紧密联系的，符合职业特点所要求的道德准则、道德情操与道德品质的总和，它既是对本职人员在职业活动中行为的要求，同时又是职业对社会所负的道德责任与义务。

道教是我国土生土长的传统宗教，经历数千年的发展，逐渐形成了独特的道教文化。道教文化深邃而博大，构成了我国传统文化的重要组成部分。当代职业道德建设，既需要社会主义核心价值观的引领，也需要从不断与时俱进的道教文化中汲取智慧。

一、职业道德的内涵

从事某一职业不仅要求从业者具备相应的知识和技能，而且要求从业者具备一定的道德品质和职业情操，这就是职业道德。德国著名社会学家、思想家马克斯·韦伯认为，职业道德本质上是“理性而有系统地追求利润的态度”。[①] 2001 年 9 月 20 日中共中央颁发的《公民道德建设实施纲要》中规定：职业道德是所有从业人员在职业活动中应该遵循的行为准则，涵盖了从业人员与服务对象、职业与职工、职业与职业之间的关系。

职业道德规范是在长期的职业实践过程中形成并不断完善的。1996 年，中共中央十四届六中全会通过的《中共中央关于加强社会主义精神文明建设若干重要问题的决议》明确提出了社会主义职业道德的行为准则：爱岗敬业、诚实守信、办事公道、服务群众、奉献

① 马克斯·韦伯：《新教伦理与资本主义精神》，上海译文出版社，2019 年，第 64 页。

社会。2019 年 10 月，中共中央、国务院发布了《新时代公民道德建设实施纲要》，要求“推动践行以爱岗敬业、诚实守信、办事公道、热情服务、奉献社会为主要内容的职业道德”。《新时代公民道德建设实施纲要》指出，积极践行职业道德是培育和践行社会主义核心价值观、弘扬民族精神和时代精神的内在要求，从而进一步明确了职业道德的内涵。

二、道教文化的传承与职业道德建设

作为中华优秀传统文化重要组成部分的道教文化，在其发展过程中对我国社会和民众生活产生了深刻的影响。道教祖师葛洪所著《抱朴子》言：“若德行不修，而但务方术，皆不得长生也。”[①] 明确指出，修行应以道为指引，以德为根基。早在周代，《周礼》就对当时各种职业实践的重要价值作了总结。《周礼·考工记》曰：“国有六职，百工与居一焉。或坐而论道，或作而行之，或审曲面执，以饬五材，以辨民器，或通四方之珍异以资之，或饬力以长地财，或治丝麻以成之。”[②] 今天，继承和弘扬道教优秀文化，赋予道教文化以时代精神和时代价值，对于服务当代社会，推动社会主义职业道德建设具有积极的意义。

（一）道教的知行观与职业道德建设

中国哲学很早就对知行关系展开讨论，《左传·昭公十年》曰：“非知之实难，将在行之。”《古文尚书·说命》曰：“非知之艰，行之唯艰。”道教在看重“坐而论道”的同时，同样重视“行道”。老

① 王明：《抱朴子内篇校释》，第 53 页。
②《考工记译注》，闻大军译注，上海古籍出版社，2008 年，总序第 1 页。

子曰："使我介然有知，行于大道，唯施是畏。"[1] 又曰："吾言甚易知，甚易行。天下莫能知，莫能行。言有宗，事有君。夫唯无知，是以不我知。"[2]

道教的宗教修行活动，一方面需要"真功真行"的不断累积，具有实践价值，另一方面道教修行过程中对不可言说的"道"的顿悟或渐悟又具有认识论意义。因此，道教是主张知行合一的。道教经典《太平经·力行博学诀》曰："今大命可知与未乎？虽然可知矣，见明师比言，大迷惑已解，唯加不得已，愿复丁宁之。然吾道可睹意矣，得书读之，常苦其不熟，熟者自悉知之。不善思其至意，不精读之，虽得吾书，亦无益也。得而不力行，与不得何异也。见食不食，与无五谷何异。见浆不饮，渴犹不可救，此者非能愁他人也，还自害，可不详哉？"[3] 指出，离开了知行合一，道教的宗教修行便无法真正进行。采撷道教知行观的智慧，现代职业道德建设要坚持"慎终如始，爱岗敬业"。通过爱岗敬业，不断提升自身能力，不断完善自身道德修养，爱岗敬业的工作过程也是职业从事者个人立德的过程。

爱岗敬业需要慎终如始。《道德经》曰："慎终如始，则无败事。""慎终如始"，首先在于"慎始"，明代抗倭英雄、经学家王樵在其所著《尚书日记》中述曰："欲慎其终，于始即须慎之，故传云于始虑终。传以将终戒惰，故又云于终思始，言终始皆当慎也"。明朝御史张瀚所撰《松窗梦语》中记录了一则"新鞋踩泥"的故事。张瀚初任御史时，曾去参见都台长官王廷相。王廷相给张瀚讲了自

---

①《道德经》第53章。

②《道德经》第70章。

③《道藏》第24册，第440页。

己的一次乘轿见闻：一天他乘轿进城，路遇大雨，轿夫恰好穿了一双新鞋，开始时轿夫小心翼翼，择地而行，生怕弄脏新鞋。后来轿夫不小心踏进泥水里，把鞋弄脏了，由此轿夫便高一脚低一脚地在泥水之中随意踩踏，“不复顾惜”。这个故事提醒我们，“慎始”才能把握职业道德建设的正确方向。《道德经》曰：“合抱之木，生于毫末；九层之台，起于累土；千里之行，始于足下。”职业道德建设是一个长期的过程，把“慎始”融入职业道德建设，不忘初心，才能始终保持干事创业的积极性。做事，难能可贵之处在于坚持。爱岗敬业不仅需要“慎始”，而且需要“慎终”。明梁潜曾谓：“极盛之时，当思持盈之不易。遇亨嘉之运，当思保泰之为难。先事而忧，则无可忧之事矣。思患而防，则无可防之患矣。慎终如始，敬之敬之。”① 道出其中意蕴。

常存忧患之心，才可“慎终”。做到一时的勤奋工作、严格操守不难，难的是久久为之，无论顺境、逆境，都严格要求自己始终如一保持爱岗敬业的态度。能否慎终如始，往往事关工作的成败。经学家陈经有言：“慎终如始，太甲此心，兢业战惧之于终，亦当如其始。未改过之时，自怨自艾，处仁迁善，如此则可。若言逆汝心而遂拒之，言逊汝志而遂受之，岂慎终如始之道哉！”② “慎终如始，爱岗敬业”的本质在于忠于职守，只有始终担负起社会责任，始终谨遵职业操守，才能做到爱岗敬业。

爱岗敬业需要“执事以敬”。《荀子·议兵》曰：“虑必先事而申之以敬，慎终如始，终始如一，夫是之谓大吉。”只有“执事以敬”，才能恪守职业本分、干好本职工作，才能无愧于心；“敬”业之品德

---

① 梁潜（1366—1418），字用之，江西泰和人。明洪武二十九年（1396）丙子科举人。有著作《泊庵集》16卷行世。

② 陈经：《陈氏尚书详解》，卷14。

不仅引领物质财富的创造，更是一笔宝贵的精神财富，对于职业道德建设有着重要意义。在今天倡导“劳动光荣”的新时代，职业道德建设的一个重要内容就在于培育高尚的职业情操和敬业精神，从而为经济高质量发展提供道德支持。道德源于每个人的精神与内心，道教认为，包括人在内的万物皆产生于“道”，因此，人人先天具足完善的道德，只是由于后天的熏染和外境的蒙蔽，才丧失了本心。《关圣帝君觉世宝训》曰：“凡人心即神，神即心，无愧心，无愧神，若是欺心，便是欺神，故君子三畏、四知，以慎其独。”

“执事以敬”的目的就是要复归本心。复归纯洁无瑕的本心，需要抵御形形色色的外部诱惑，使良好的道德情操成为每一位就业者的精神追求。当崇高的职业道德内化于具体的职业行为，每一位就业者就能从工作中领略到崇高的人生价值和意义。《庄子·养生主》中“庖丁解牛”的故事所体现的虽然是古代的工匠精神，但它与今天所倡导的追求卓越、敬业爱岗的当代工匠精神和职业道德是一脉相承的，不论何时，只有敬业，才能在岗位实践中逐步达到得心应手、游刃有余的境界。

（二）道教的律己观与职业道德建设

1. 诚实守信，不履邪径

诚实守信是当代社会主义职业道德建设的重要内容之一。诚”即诚实、真诚。《礼记·中庸》有言：诚者，自成也。宋代朱熹解释说：诚者，真实无妄之谓，天理之本然也。[①] “信”指信用、守信。《墨子·经上》曰：信，言合于意也。“诚”强调的是人的内在品性，“信”强调的是人的外在修养。“诚”和“信”在涵义上虽有所区别，但从道德的角度考察，却具有内涵的同一性。《说文解字》云：“诚，

① 宋朱熹：《中庸集注》，《朱子全书》第6册，第48页。

信也”，“信，诚也”。[1]《白虎通·性情》说：“信者，诚也，专一不移也。”[2]

诚实守信是道教律己思想的重要内容，《老子想尔注》曰：“人当常相教为善，有诚信。”交往处世、待人接物，都应该诚信无欺。舍弃了诚信，便是虚伪、欺诈，便可能步入歧途邪径。《太上感应篇》曰：“不履邪径，不欺暗室。”“邪径”，不仅仅指造业之行为，也包括了不合乎道德的思想和念头。在“暗室”，人虽看不见，但是神灵却在时时监察，因此，任何时候都要保持堂堂正正之心，不起邪思、恶念。任何昧良心的苟且行事，都将把自己引入邪径，最终受到神灵的惩罚或现实法律的制裁。“不履邪径，不欺暗室”，然后积功累德，通过行善积德以遣除“妄心”恶念，时时反省，就能减少外境的侵扰，逐步升华道德精神，最终实现正心诚意，回归自然道德本性，通达逍遥之境界。《太上感应篇》曰：“积德累功，慈心於物。忠孝友悌，正己化人，矜孤恤寡，敬老怀幼。昆虫草木，犹不可伤。宜悯人之凶，乐人之善，济人之急，救人之危。见人之得，如己之得。见人之失，如己之失。不彰人短，不炫己长。遏恶扬善，推多取少。受辱不怨，受宠若惊。施恩不求报，与人不追悔。所谓善人，人皆敬之，天道佑之，福禄随之。众邪远之，神灵卫之，所作必成，神仙可冀。”[3]《张三丰先生全集·大道论》说：“不拘贵贱贤愚，老衰少壮，只要素行阴德，仁慈悲悯，忠孝信诚，全于人道，仙道自然不远也。”

挖掘道教律己思想的时代价值，与社会主义核心价值观中的诚

---

① 汉许慎：《说文解字》卷三上，中华书局，1985年，第70页。
② 清陈立：《新编诸子集成：白虎通疏证》卷八，中华书局，1994年，第382页。
③《道藏》第27册，第14—33页。

信道德要求相结合，倡导诚实无欺，信守诺言的职业道德，不仅有利于职业道德建设，而且有利于使“诚实守信”成为人们普遍的立世道德追求。

2. 正己化人，办事公道

道教历来重视正念的树立和对正气、正行的追求，《道德经》曰：“清静以为天下正。”《太上感应篇》言：“积德累功，慈心於物。忠孝友悌，正己化人。”① 后天的贪婪欲望侵扰着人的纯净本心，“正己”就是顺应自然，在修行中不断强化道德修养，遣除不符合道德本心的世俗欲望，使人心回归本然的清净状态。

“正己”在于践行道教太上道祖“不言之教”的垂训。在现实中，“正己”就是树立正念，培养正气，实践正行。在道德修养上，“正己”需要修行者的道德自觉和道德内省。《孟子·离娄上》曰：“礼人不答，反其敬。行有不得者皆反求诸已，其身正而天下归之。”《清静经》说：“众生所以不得真道者，为有妄心，既有妄心，既生贪求，既是烦恼，永失真道。”强调了修养身心和遣除“妄心”对于“正己”的必要意义。时时反省，减少欲望，不被外境所染，才能实现“正己”的目标。《历世真仙体道通鉴》曰：“于以公评论於道德，于以揭仙圣之范模，用显真宗，赞扬大化。”② 人若是能够正己，则没有不能够正物的。

颜真卿在《送福建观察使高宽仁序》言：“所以尽职者无他，正己格物而已。”虽然时代背景已经有所不同，但社会主义职业道德建设仍需要“正己格物”。通过“正己”，在工作中树立道德榜样，才能劝化教导其他人，推动职业道德建设。《太平经·六罪十治诀》

---

①《道藏》第27册，第14—16页。

②《历世真仙体通鉴》序，《道藏》第5册，第101页。

说："人积道无极，不肯教人开蒙求生，罪不除也……断天生道，与天为怨。人积德无极，不肯力教人守德养性为谨，其罪不除也……断地养德，与地为怨，大咎人也。"[①] 积有无量道德，若不尽心教化他人，就是与天地结怨。因此，不仅要"正己"，在提高自身职业道德修养的同时还要努力"化人"，促进其他职业者道德水平的提高。唐代李翱《答侯高第二书》曰："君子正己而须之尔，虽圣人不能取其容焉。"通过"正己化人"，才能关照内在的本性，提升自身心灵品质，才能克制世俗欲望，依循自然之理去做事，才能在工作过程中保持客观和实事求是。

（三）道教的人本思想与职业道德建设

道教的价值取向是贵生、乐生。《度人经》说"仙道贵生，无量度人"，"天生万物，人为最贵"。《坐忘论》开篇说："夫人之所贵者生，生之所贵者道。"[②] 道教贵生、乐生的人本思想是在人与神的关系中，对人的生命存在价值的肯定和弘扬。挖掘道教的人本思想，有助于最大程度地发挥作为主体的人在社会主义职业道德建设过程中的价值。

1. 积德累功，热情服务

在道教的思想体系中，道生万物。因此，道教认为，人人皆有道性。但这种道性，只有通过修炼，才能在返璞归真后得以展现。《吕氏春秋·贵生》说："三元养育，九气结形，故九月神布气满能声。声尚神具，九天称庆，太一执符，帝君品命，主录勒籍，司命定算，五帝监生，圣母卫房，天神地只，三界各守。"又说："夫人得还生于人道，濯形太阳，惊天骇地，贵亦难胜，天真地神，三界

---

①《太平经》卷 67，《道藏》第 24 册，第 447 页。

②《坐忘论》，《道藏》第 22 册，第 892 页。

齐临，亦不轻也。”修炼的过程就是逐步体悟真道的过程，也是积德累功的过程。修炼非一朝一夕所能完成，功德也要在“真行”的磨砺中慢慢积累。《太上感应篇》曰：“积德累功，慈心于物。”[①] 慈爱之心是百善之根。只有积仁聚德，功业才会不断增加，福报才能逐渐积累。《抱朴子内篇·对俗》说：“立功为上，除过次之，为道者以救人危使免祸，护人疾病令不枉死，为上功也。”[②]

道教中有许多积功累德之法门。《太上老君外日用妙经》详细垂示了积功累德的具体方法，其文曰：“敬天地，重日月。惧国法，依王道，孝父母。上谦让，下和睦。好事行，恶事止。成人学，破人断。高知危，满知溢。静常安，俭常足。慎无忧，忍无辱。去奢华，务真实。掩人非，扬人德。行方便，和邻里。亲贤善，远声色。贫守分，富施惠。行平等，休倚势。长克己，莫嫉妬。少悭贪，除狡猾。逢冤解，积人行。许不违，话有信。念孤寡，济贫困。救危难，积阴德。行慈惠，休杀生。听忠言，莫欺心。”[③]

积德累功的动力源自修道者的发心。学习借鉴修道者积德累功的发心，真诚地投入工作和服务，有助于树立崇高的职业理想，不断提高自身职业道德修养和职业道德品质。近年来，强化服务意识的各项政策相继出台，只有发心，坚持职业道德操守，才能使工作服务高效，让工作热情感染更多的人。心里怀着虔诚，在尽心为社会创造财富、为世人谋福祉的同时，也是为自己积累功德和福报。“积德累功，热情服务”将心性修炼与道德修养相结合，将内修与外行相融通，通过“功行两全”使形而上的“道”落实于形而下的职业道德建设。

---

① 《道藏》第 27 册，第 14 页。

② 葛洪：《抱朴子》，上海古籍出版社，1990 年，第 14 页。

③ 《老君外日用妙经》，《道藏》第 11 册，第 447 页。

2. 济世利人，奉献社会

《太上洞渊神咒经》曰：“道性本来清，救护一切人，普济于众生，太上布大慈。”① 道教倡导修道者力结善缘，广积阴功。《太上感应篇》曰：“欲求天仙者，当立一千三百善，欲求地仙者，当立三百善。”② 因此，道教在践行信仰，出世修行的同时，也以济世利人、奉献社会为己任。道教在创教之初就设置“义米”，救济难民。《抱朴子·微旨》曰：“必欲积善立功，慈心于物，恕己及人，仁逮昆虫，乐人之吉，愍人之苦，赒人之急，救人之穷，见人之得如己之得，见人之失如己之失，不自贵，不自誉，不嫉妒胜己，不妄陷阴贼，如此乃为有德。”③ 劝诫修道者要胸怀广阔，遣除妄心，无私奉献。今天，道教各宫观继承传统，不论自养状况如何，都积极投身社会慈善事业，通过资助贫困学生、关爱孤寡老人、救灾捐款、祝愿祈福等各种方式，努力服务社会大众，推动道教慈善公益事业持续深入发展。

道教不仅济世利人、奉献社会，还教化和引导世人行善止恶。《太平经》中说：“夫一人教导如此百愚人，百人俱归，各教万人，万人俱教，已化亿人，亿人俱教，教无极矣。”又说：“夫德以教人，比若临大水而饮之也。少人往学，德亦不伤其本；无极之人往学，德亦不伤其本也。如力教教之，皆使凡人知守柔抱德，各自爱养其身……凡人莫不俱好德化而为善者也。为教如是，乃上有益於天，下有益於地，即大化之根本，助帝王养人民……其功着大，天地爱之。”④ 引导世人见贤思齐，学善明善，使高尚的道德不断传递。当

① 《太上洞渊神咒经》，《道藏》第6册，第12页。

② 《太上感应篇》，《道藏》第27册，第34页。

③ 葛洪：《抱朴子》，第45页。

④ 《太平经》，《道藏》第24册，第448页。

亿万人俱受教益，利他行善就成为人们的发心的行为习惯，整个社会的道德就能淳美、高尚。

道教丰富的济世理论，是与社会道德建设相贯通的，通过济世利人，实现个人修养的提升和他人利益的满足，具有积极的社会功能和现实价值，将其贯彻于当代职业道德建设过程中，必将对人们的道德精神和社会生活产生积极影响。

三、道教文化的创新发展与职业道德建设

《老子想尔注》曰："道普德溢，天下太平也。"今天，在建设社会主义现代化强国的新时代，道教要适应社会发展需要，积极创新道教文化，将道教发展融入到社会主义现代化建设中来，在发挥道教伦理道德化解矛盾、促进和睦作用的过程中，不断提高道教服务当代社会能力，推动职业道德建设。

（一）以道教教义思想体系的现代建构为契机，发挥道教文化和道德伦理的教化作用，推动职业道德建设。

历史上，道教文化和道德伦理的教化作用，为其所处当时社会的稳定和谐发挥了积极作用。《太上灵宝首入净明四规明鉴经·章本章》曰："学道以致仙，仙道非难也。忠孝者先之，不忠不孝而求乎道，而冀乎仙，未之有也。"[①]《真诠·大道敦本章》则说："净明之玄妙，不外人心忠孝，出忠入孝，即是修身之径，存诚居敬，乃为入道之门。"提出了以"忠、孝、廉、谨、宽、裕、容、忍"为内容的"八极"之说。净明道倡行"忠孝立本，忠孝建功"在教内外产生了深远的影响，为社会的稳定和谐起到积极作用。

在人类绵长的历史发展历程中，客观物质基础决定了人的精神

① 《太上灵宝首入净明四规明鉴经》，《道藏》第24册，第614页。

信仰状况，因此社会的发展推动着道教教义思想随着和时代的进步而不断发展变化。对于传统的道教教义思想，必须要在继承的基础上，汲取现代文化思想和科学思维方式，适应当代社会状况，努力发挥道教的时代价值，服务当代社会发展。

面对当代科技社会，道教必须对包罗万象的道教教义进行体系化的整合阐释，厘清新时代道教主体教义思想，大力加强教义思想体系的创新发展，以社会主义现代文化引领道教发展，努力催生道教文化的新内容。把道教教义思想的创新发展与现代文化精神结合起来，发挥道教文化和道德伦理的教化作用，不断丰富职业道德建设的方式与途径。

当代道教徒，要在坚持信仰和推动道教事业发展的同时，进一步提高文化素养，为当代社会发展与精神文明建设作贡献。道教文化在积极与现代文化互动的同时要强化文明教化作用，推动社会主义精神文明建设和道德建设不断进步。职业道德建设是一个双向的过程，一方面，它需要对职业从事者实施德育，另一方面它是职业从事者对德育接受的过程。把道教道德伦理教化与和职业道德建设结合起来，推动职业人员对于职业道德从“知道”到“体道”的有效转化。

（二）以构建新时代道教戒律体系为契机，融合现代法治精神和社会主义核心价值观，推动职业道德建设。

道教戒律是道教徒修行和成就道业的重要保障。道教戒律虽有一定的强制性，但更注重于引导。通过引导，使信徒在修行中不断提高道德修养，逐渐形成遵循戒律的自觉性。在道教发展过程中，道教戒律不断适应所处社会的状况并通过服务信众和服务社会而逐渐成为世俗道德的组成部分。以构建适应社会主义新时代的道教戒律体系为契机，对传统道教戒律进行整理和研究，挖掘其时代价值，将道教戒律与现代法制和社会主义核心价值观相融合，对于社会主义道德建设，有着积极的推动作用。

将新时代的道教戒律建设与职业道德建设联系起来，是推动职业道德建设的重要途径。良好的习惯构成了人的道德资本，持续强化就业者遵守基本道德规范的自觉性，将职业道德内化于心、外化于行。全真派宗师王常月在《龙门心法》中说："万法千门，修心为上。"[1] 让遵守职业道德规范成为习惯，心有所畏，行有所止。坚持与时俱进，正念正行，用职业道德规范唤醒各行各业就业者的初心，为职业道德建设提供有力的道德支持。

（三）以构建道教服务社会新模式为契机，推动职业道德建设。

构建道教服务社会新模式，是道教适应当代社会发展需要，服务社会的重要内容，是道教主动担当社会责任的重要体现。以上海道教界为例，近年来，上海道教界积极探索服务社会的新方法、新途径，为广大信众和现代白领开设了琴棋书画、中医养生等 20 余门公益课程，组织开展读经会、抄经班。在服务社会的过程中，树立"身教"示范，积极履行教化引导社会各阶层信众的责任，引导信众提高道德修养，培养勇于担当和乐于奉献的精神，在潜移默化中教化引导信众的道义责任和道德担当。

适应时代进步，探索和构建道教服务社会新模式，通过教化引导，提升就业者的道德品质，使就业者以坚守职业道德、奋斗职业理想、多做职业贡献为荣，推动职业道德建设。

---

① 《龙门心法》（或《碧苑坛经》），清王常月述，经弟子整理成书。

道教文化与家庭美德建设

李宏利*

摘　要：道教在融摄儒家仁、义、礼、智、信等伦理纲常的同时，强化并保证了“家文化”的地位和实施。本文从道教伦理观念与家庭美德、道教戒律对家训族规及其家庭美德的塑造以及道教善书与家庭美德三个方面，论述了如何将传统文化中固有的家庭美德就与道教本身的宗教精神相结合，熔铸成系统的伦理规范，从而能够促进家庭美德的塑造。

关键词：道教；伦理；戒律；家训；家庭

中华传统文化源远流长、历久弥新，其“家、国、天下”的理念奠定了中华文明的基础，并护佑着华夏文明延续至今。其中“家文化”中所涉及的家庭美德对传统文化的绵延功不可没。家连接着个人与天下，家的稳定决定了天下的稳定。中华文明之所以能历经五千年而不断，与传统“家国情怀”密不可分。道教作为本土宗教，其创立发展皆植根于中华传统文化，与主流儒家文化融合渗透、水乳交融。它在融摄儒家仁、义、礼、智、信等伦理纲常的同时，把

---

* 李宏利，法学博士，上海社会科学院民俗与非遗保护研究中心研究员。

道教神灵作为人们行为的监控者，强化并保证了“家文化”的地位和实施。因此，传统文化中固有的家庭美德就与道教本身的宗教精神相结合，熔铸成系统的伦理规范，从而促进了家庭美德的塑造。

一、道教伦理观念与家庭美德

传统家庭美德，是指人们在家庭生活中调整家庭成员关系、处理家庭问题时所遵循的道德规范。家庭美德的内容主要包括尊老爱幼、男女平等、夫妻和睦、勤俭持家、邻里团结等。一般而言，道教通常将得道成仙的终极追求，与儒家的纲常伦理道德相结合，并将恪守后者视为达到前者的必由之路。如“父母之命，不可不从，宜先从之。人道既备，余可投身。违父之教，仙无由成”[①]。寇谦之在《老君音诵戒经》中提出“臣忠子孝，夫信妇贞，兄敬弟顺”的科诫，并针对当时道德沦丧的社会现实，提出：“我今以世人作恶者多，父不慈，子不孝，臣不忠，运数应然；当疫毒临之，恶人死尽。”[②] 在此，道教伦理规范与儒家伦理观念实现了有机融合。因宗教神圣性，道教戒律比儒家伦理更具约束性和久远性，对促进和理顺家庭关系，塑造良善的家庭美德更具影响力。除了与儒家文化相一致的家庭伦理道德外，道教文化中最重核心的观念“道法自然”也有助于家庭美德的形成。《道德经》言：“人法地，地法天，天法道，道法自然”[③]。天地自然作为人与道的效法对象，为建立和谐融洽的家庭关系提供了榜样。

首先，“重阴阳，等男女”的道教观念为“夫妻平等”这一家庭

---

① 《道藏要籍选刊》第十册，上海古籍出版社，1989年，第35页。

② 《道藏要籍选刊》第八册，上海古籍出版社，1989年，第378页。

③ 陈鼓应：《老子今注今译》，第169页。

美德提供了理论基础。道教文化将男女、阴阳、天地相比附，认为天地有阴阳，人有男女，阴阳相合则能养育生命、滋生万物，自然界由此充满生机、循环往复。如《道德经》言"道生一，一生二，二生三，三生万物。万物负阴而抱阳，冲气以为和"，道教认为，万物生化都需要"负阴而抱阳，冲气以为和"，因此主张阴阳平衡，以阴阳比附的夫妻关系自然应该具有平等地位，只有夫妻平等，互相尊重，关系和谐，家庭才能开枝散叶，兴旺发达。如战国时期列子学道不成回家帮妻子做饭的事迹："然后列子自以为未始学而归，三年不出，为其妻爨。"① 可见，道家并没有认为家务只是女性分内的事，而是主张夫妻平等履行家庭义务。再如《太平经》记载："女之就夫家，乃当相与并力同心治生，乃共传天地统，到死尚复骨肉同处，当相与并力，而因得衣食之。"② 意思是说，一旦成立家庭，夫妻双方就应该共同努力生产劳作、共创美好生活。这种夫妻关系的设立对现代家庭的夫妻关系也极具启发意义。

在"重阴阳、等男女"的基础上，道教文化还提倡家庭成员间要自然融合，父、母、子组成家庭的三个基本要素，要相互依存、相互联结、相互作用，即如《太平经》所言，"三合相通，并力同心，共为一家也"。③ 一方面，父母应承担生儿育女的义务，这是他们的职责。老子以隐语的形式表达了这一观点："道生之，德畜之，长之育之。"④ 对于父母在养育子女过程中所付出的艰辛劳动，道教是大加肯定和赞美的。另一方面，儿女应该孝顺父母，报答父母的养育之恩。至于儿女怎样做才算孝顺，《太平经》如此云："然上善

① 陈鼓应：《庄子今注今译》，第 221 页。
② 王明：《太平经合校》，第 35 页。
③ 王明：《太平经合校》，第 150 页。
④ 陈鼓应：《老子今注今译》，第 260 页。

孝子之为行也，常守道不敢为父母致忧，居常善养，旦夕存其亲，从已生之后，有可知以来，未尝有重过罪名也，此为上孝子也。”①意思是说，孝子行为是常守道而不敢招惹父母生气，在一生中了解父母的一切，未曾有过大的罪名。父母、子女正是通过遵循上述伦理规范，形成一种和谐互动的关系，从而实现家庭的和睦。

二、道教戒律对家训族规及其家庭美德的塑造

我们知道，传统家庭美德的塑造除了父母言传身教外，另一个极其重要的因素是家训族规。家训族规的产生是在重视家庭教育和约束宗族成员的需求下产生的，源于古代父祖对子孙、家长对族众训示教诲的传统，其总体上是以悟守和宣扬儒家伦理纲常为思想特点的，与传统主流意识形态高度一致。传统宗法社会环境是家训族规产生的温润土壤。我国历史上产生了许多非常著名的家训族规，北齐颜之推所作《颜氏家训》最为突出，它对修身、治家、处世等问题进行了系统的论述，是历代家训典范之一，流传广泛。此后，著名的家训层出不已，如唐柳玭的《家训》、司马光的《家范》、陆游的《放翁家训》、元郑泳的《郑氏家仪》、庞尚鹏的《庞氏家训》、高攀龙的《家训》、孙奇逢的《孝友堂家规》、朱柏庐的《治家格言》、蒋伊的《蒋氏家训》《王士晋宗规》，等等。除士大夫、地方宗族与普通家庭积极制定家规外，封建君主也借用此种形式教育皇族，君王、皇后制规垂训者不乏其例，如唐太宗的《帝范》、明仁孝文皇后的《内训》、清康熙的《圣谕广训》《庭训格言》，等等。

家训族规以大家庭内的所有成员为对象，突出持身、治家、接世方面的内容。作为一家一族的自我规范，其制定和施行可以有

① 王明：《太平经合校》，第131页。

自己的个性和选择，都会旁取诸多其他方面的思想养分，其中的一个重要来源就是道教戒律。道教戒律对传统家规存在过深刻影响，通过家规这样一个重要而独特的接受系统，道教戒律的伦理规范一定程度地融入了民众的价值观念，并对其生活方式产生影响。戒律对家规的影响，在本质上乃是宗教道德对家族伦理的涉入，无论是封建君主所作的帝王家训，封建官僚、知识分子所作的仕宦家训，还是一般家族所作的平民家训，它们有很多都曾不同程度地受到道教戒律这一特殊伦理规范的影响。通过家规对戒律善恶、报应等思想的引入，对戒律内容与约束方式的借鉴，宗教戒律深刻地影响了传统社会里民众的思想与生活方式，塑造了传统家庭美德的形成。

道教戒律初生于汉末三国，全面兴起于六朝，北魏寇谦之以新造《云中音诵新科之戒》等为依据的戒律创设，南朝宋陆修静所撰《陆先生道门科略》等系列斋戒仪范之书，都对促进道教戒律的系统化建设起到了极重要的作用。至北周时期，道教戒律已基本成熟，各派系的戒律体系相对形成，集道教戒律建设之大成的《观身大戒》等已被撰成。数世同堂的大家庭在汉魏六朝迅速增多，促使源于古代家庭教育传统的家训族规在此时酝酿成熟，以《颜氏家训》等为代表的家规类作品明显增多，家规日渐成为传统伦理规范的重要部分。

早期道教已将积功行善视为修道成仙的前提，主张通过道德的提升来完成宗教修行，实现成仙不朽的信仰追求，因此，道教戒律要求诸恶莫作，众善奉行。如《太平经》言："凡人所以有过责者，皆由不能善自养，悉失其纲纪，故有承负之责也。比若父母失至道德，有过于邻里，后生其子孙反为邻里所害，是即明承负之责也。今先王为治，不得天地心意，非一人共乱天也。天大怒不悦喜，故病灾万端，后在位者复承负之。”[①] 这里，“承负”论成为道教戒律善恶报应思想的直接源头，后来在佛教轮回说的影响下而形成了道教的承负报应论，并贯彻于戒律之中。《赤松子中诫经》中的善恶报应思想也明显地有天人感应论的影响，如文中说“天虽高其应在下，后土虽卑其应在上。天不言而四时行，地不言而万物生，人处其中态心情欲。凡人动息，天地皆知”，“鬼神不欺物，示之以祸福桩异，灾祥是鬼神之信也”。[②]

道教戒律的劝善与报应思想对家规的影响很大，许多家规都引入了这一道德劝说方式。如《颜氏家训》称“好杀之人，临死报验，子孙殃祸，其数甚多”，“夫信谤之征，有如影响耳闻目见，其事已多，或乃精诚不深，业缘未感，时搅差阑，终当获报耳。善恶之行，祸福所归。九流百氏，皆同此论”[③]。南宋李邦献《省心杂言》说“为善如负重山，志虽确而力犹恐不及。为恶如乘骏走坂，虽不加鞭策而足亦不能制”积善不是一朝一夕的事，要贯彻在日常生活之中。明高攀龙《家训》说“善须是积，今日积，明日积，积小便大”。清白云上《白公家训》也称“人生不愁无功名，只要真功工不患无福寿，只要常积德。报应循环之理，丝毫不爽也。”可见，善有善报，恶有恶果，这成为家训坚定的伦理价值观。对于现实中存在的一些为恶未受惩、为善不得福的现象，家训指出，这并非是报应论的失灵，而是一种更深的报应。宋李邦献《省心杂言》说：“善恶报缓者，非天网疏，是欲成君子而灭小人也”。[④]《太上洞玄灵宝本行宿缘

① 王明：《太平经合校》，第 54 页。

② 《赤松子中诫经》，《道藏》第 3 册，第 445 页。

③ 《颜氏家训》卷下《归心篇第十六》，影印文渊阁四库全书本。

④ 以上引文见周秀才等《中国历代家训大观》，第 240、419、784、240 页，大连出版社，1997 年。

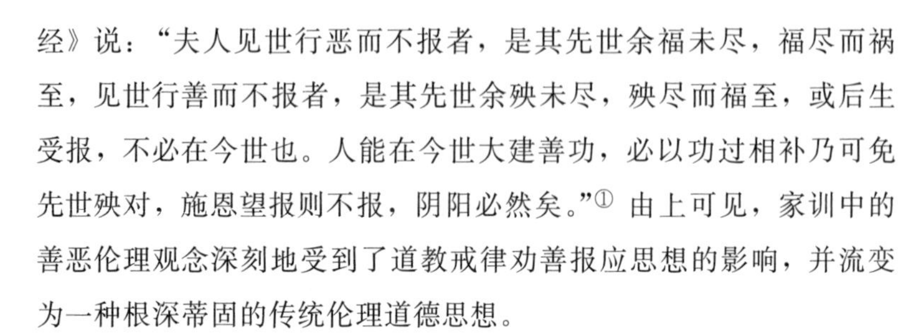
经》说："夫人见世行恶而不报者，是其先世余福未尽，福尽而祸至，见世行善而不报者，是其先世余殃未尽，殃尽而福至，或后生受报，不必在今世也。人能在今世大建善功，必以功过相补乃可免先世殃对，施恩望报则不报，阴阳必然矣。"① 由上可见，家训中的善恶伦理观念深刻地受到了道教戒律劝善报应思想的影响，并流变为一种根深蒂固的传统伦理道德思想。

此外，早期道戒已重视阴德的思想，如约出于南北朝的天师道戒律《百药律》称"阴德树功为一药"②，在以后的道教发展中，阴德思想愈益受到重视和倡导。

约出于唐初的《初真十戒》，为新出家道士所受，此后一直是道教的重要戒律，其第二戒即为"不得阴贼潜谋，害物利己，当行阴德，广济群生"③；宋代道书称"功行周施阴德足，三清自授真天篆"④；约成书于元代的道教善书《文昌帝君阴骘文》尤其倡导暗中积德，行阴功。《阴骘文》以掌管文昌府和人间禄籍的文昌神梓潼帝君口吻劝人行善，广积阴德，声称久之则可得神灵福佑。"帝君曰：吾一十七世为士大夫身，未尝虐民酷吏救人之难，济人之急，悯人之孤，容人之过广行阴骘，上格苍穷人能如我存心，天必赐汝以福……欲广福田，须凭心地行时时之方便，作种种之阴功……诸恶莫作，众善奉行，……常有吉神拥护近报则在自己，远报则在儿孙百福骈臻，千祥云集，岂不从阴嘴中得来者哉。"⑤

《阴骘文》等在明清时期影响很大，几乎家喻户晓，为之注释者

---

①《太上洞玄灵宝本行宿缘经》，《道藏》第24册，第666页。
②《玄都律文·百药律》，《道藏》第3册，第457页。
③《虚皇天尊初真十戒文》，《道藏》第3册，第403页。
④《龙虎中丹诀》，《道藏》第4册，第322页。
⑤《藏外道书》第12册，第402页。

众多，出现《阴骘文圆证》《阴骘文像注》《阴骘文图说》等代表作，以及《为善阴骘》等同类作品，可见明清时期阴骘思想广为流行。

传统家训积极地吸取了道教戒律的阴骘思想，戒律中相关的语句也广为家训所引用。宋代家训《省心杂言》称"为善不求人知者，谓之阴德。故其施广，其惠博，天报必丰"，此正如道戒所言"（十戒之）七者，既已受度，当以慈悯为心，常行阴德。所谓阴德者，不令人知，默然自作方便之事"①。北宋宰相贾昌朝《戒子孙》说"今诲汝等：居家孝，事君忠，与人谦和，临下慈爱。……一有滥谬，伤和气，损阴德，莫甚焉"；明姚舜牧《药言》说："唯利是图，是损阴骘"，"讨便宜处失便宜……盖此念才一思讨便宜，自坏了心术，自损了阴骘，大失便宜即此处矣。"明温以介《温氏母训》指出，不要只简单地将一般着意而为的施恩授惠视为阴德，那些毫不计较名利而在不知觉中给人带来帮助的事迹才真正是积阴德之举："世人眼赤赤，只见黄铜白铁，受了斗米串钱，便声声叫大恩德。至如……这等大济益处，人却埋没不提，才是阴德。"② 家训认为，阴骘既可以积累阴福，也可带来阳报，尤其会遗福子孙，反之则留恶后代。

道教将人们的日常行为都加以神圣化，认为人的一言一行都能感应神天，关乎终极意义，以此使人对自己的任何思想言行都产生重视和责任感。对人之思想行为的善恶属性加以评判，并对其进行差别性决罚的力量也正来自天神。道教戒律称"天地有司过之神"③，人的一言一行时刻都处在神的监视之下，并进行善恶的记录和评价，

① 《无上玄元三天玉堂大法》卷二十《生身受度品第二十一》，《道藏》第4册，第71页。

② 以上引见周秀才等编《中国历代家训大观》，第132、406、435页。

③ 《抱朴子内篇校释》卷六引《易内戒》《赤松子经》及《河图记命符》，中华书局，1985年，第125页。

而这些评价正是在一定时候施行赏罚的根据。

这种天神监控和审判的思想充分调动起精神约束的力量，使得道德说教转化为个体的自我控制，而这种道德控制方式对社会产生过广泛的影响，部分地被吸收转化成了民俗和民间信仰，对家训也产生重要影响，《颜氏家训》即称："世有痴人，不识仁义，不知富贵并由天命。为子娶妇，恨其生资不足，倚作舅姑之尊，蛇尬其性，毒口加诬，不识忌讳，骂辱妇之父母，却成教妇不孝己身，不顾他恨。但怜己之子女，不爱己之儿妇。如此之人，阴纪其过，鬼夺其算。"[1]

道戒称，神明的照察是无时无处不在的，"举头若有神明，暗室屋漏若十手十目之指视"[2]，家规则劝说"报国孝亲，冥冥之中，自有鉴察也"，故不可存在侥幸心理而为恶。《袁氏世范》说"今有人为不善之事，幸其人之不见不闻，安然自肆，无所畏忌。殊不知人之耳目可掩，神之聪明不可掩"。故《药言》称："高明之家，鬼瞰门户，凡事求无愧于神明，庶可承天之佑。否则，不觉昏迷，自陷于危立之辙也。天启其聪，天夺之鉴。二语时宜惕省。"[3]

道教戒律天神监控理论的实质，是要通过神学的方式形成一种超越性力量，以促使人自觉地对自我的思想言行进行理性控制。很多家规都借鉴这种方式，宣扬敬神自律的信仰，以增强道德约束的有效性。道教戒律对世俗伦理的吸收转化使得原有的世俗伦理变得更加易于接受，并增加了宗教神学的解释，赋予了宗教神学的约束力量，增强了原有世俗伦理的渗透力、说服力。这也是世俗家规能够与戒律融合的主要原因所在。

---

① 《颜氏家训》卷下《归心篇第十六》，影印文渊阁四库全书本。
② 元陈坚：《太上感应篇图说》，《藏外道书》第十二册，第99页。
③ 周秀才等编：《中国历代家训大观》，第185、407页。

三、道教善书与家庭美德

道教善书是道教戒律泛华和世俗化的结果，它以道教戒律的伦理规条为核心，通过文学化的表现形式来宣传从善自律的道德观念。道教善书从北宋末日渐流行，并迅速对家规产生深刻影响，家规对善书的认同、借鉴甚为普遍，二者之间出现了一定程度的融合。这是道教戒律与传统家规关系深度发展，在伦理价值观上不断趋同、在内容上日益相互借鉴吸取的结果。

很多家规采纳道教善书，将其正式延列为家规的内容，要求家族成员日常必读，言行谨遵。如宋代范仲淹的家戒中说“多著工夫看道书，见寿而康者，问其所以，则有所得矣”。清代蒋伊在《蒋氏家训》中规定“子孙有出仕者，宜常看感应、劝善诸书，及《臣鉴录》。慎刑察狱，宁郑重，勿轻忽严宽厚，匆刻薄，并不必好名，此事关系阴骘不小”。《资敬堂家训》也提到“近时最服膺者，袁了凡《了凡四训》、张文端《聪训斋语》”，“天气晴朗，以袁了凡四训付侄孙辈观看”[①]。《了凡四训》正是明清时期最重要的善书之一。

南宋大臣、名儒真德秀既推崇善书，为《感应篇》作序，又作有家训《教子斋规》。后来更有人既制作家规又制作善书，使家规与善书相辅而行，形成家规与善书融合的一种形式，明成祖仁孝徐皇后《内训》《劝善书》即是一个突出的例子。

明成祖仁孝皇后徐氏乃中山王徐达长女，她自幼聪颖，“幼时诵书史，一过不忘”，而且心性贤善，于修身劝善的内容尤为留意，“每观书，得一善事，必一再思曰`奈何效之”[②]。仁孝皇后于永乐三

① 周秀才等编：《中国历代家训大观》，第135、697、830、832页。
② 毛奇龄：《胜朝彤史拾遗记》，香艳丛书本，人民文学出版社，1992年。

年“采《女宪》《女诫》作《内训》二十篇”[1]，以加强内宫教育。因“平日喜读《女宪》《女戒》书”[2]，又有很好的内宫管理经验，因此《内训》能补《女戒》之简略，去《女宪》之浅陋，成为一部出色的女教书，清初与《女诫》《女论语》《女范捷录》一起被合编为“女四书”。其书包括《德性》、《修身》、《积善》、《迁善》等二十篇，虽以儒家伦理为本，却深含报应、阴骘的思想，修德劝善的意识突出，如其《积善》篇称“吉凶灾祥匪由天作，善恶之应各以其类。善德彼积，天降阴骘。……天之阴骘不爽，于德昭若明鉴”[3]。

在道教伦理影响增强的情况下，与民间流行善书相呼应，明清士大夫很重视善书，宫廷中也形成读、抄、刻印、编写善书风气，明永乐帝曾编刊《为善阴骘》等，明后宫所编家训善书更多，“仁孝皇后著《内训》，又有《女诫》，至章圣皇太后又有《女训》，今俱刻之内府，颁在宇内。今上圣母慈圣皇太后所撰述《女鉴》一书，尤为详明典要”[4]。又据《清史稿·艺文志》载：“《劝善要言》一卷，世祖御撰。《内则衍义》十六卷，顺治十三年，世祖御定。《圣谕广训》一卷。《圣谕》，圣祖御撰；《广训》，世宗推绎。《庭训格言》一卷，雍正八年，世宗御纂。”[5] 可见，在明清宫廷，善书与家训成为相辅而行的教育材料，清康熙《圣谕十六条》、雍正《圣谕广训》等家训更都被视为善书而在社会上广为流传[6]。明代时，皇家日常教育中引入善书的做法甚至被制度化，明中叶后设宗学，凡宗室之子年

① 《明史·后妃传》，中华书局，1974年，第3510页。
② 吕毖辑：《明朝小史》，卷四《永乐纪》，江苏广陵古籍刻印社影印玄览堂丛书本，1986年。
③ 仁孝文皇后徐氏：《内训》，影印文渊阁四库全书本。
④ 沈德符：《万历野获编》，卷三“母后圣制”条，中华书局，2012年，第71页。
⑤ 《清史稿·艺文志》，中华书局，1976年，第4325页。
⑥ 道书《起生丹》中收入了《圣祖仁皇帝圣谕十六条》。

十岁以上俱入宗学，“诵习《皇明祖训》《孝顺事实》《为善阴骘》诸书，而《四书》《五经》《通鉴》性理亦相兼诵读”[1]，家训与善书是首要的学习内容，儒经尚为之次。

劝善禁恶乃是道教制戒的基本目的之一，以成仙不死为信仰的道教戒律将善德看得比生命价值更高，要求人们“不为恶而生，宁守善而死”，这彰显出了中华文化的道德理性特征。

① 《明史·选举志》，中华书局，1974年，第1689页。

道教文化与社会公益慈善建设

侯 程*

摘 要：宗教是社会慈善之母，深刻地影响着人类社会公益慈善观念的产生和发展，是慈善的原动力。道教文化纷繁绚烂，包罗万象，其教义中蕴含着丰富的慈善思想，对中国慈善伦理思想产生独特而又深远的影响。在社会的不断发展中，道教慈善文化很好地发挥了社会公益慈善领域的引领性作用，对社会公益慈善事业健康发展大有裨益。

关键词：道教文化；慈善思想；社会公益；慈善建设；慈善引领

慈善作为一种公益事业的观念来自西方，但是作为一种社会思想，各国、各民族、各宗教都有源远流长的历史。中国的慈善思想由来已久，宗教慈善是不可或缺的内容。宗教与慈善有着高度的关联，现代意义上的公益慈善事业，如基金会、民办非营利组织、志愿者服务等，其发展均与宗教有关，要么起源宗教，要么深受宗教的影响。② 可见，宗教乃社会慈善之母，深刻地影响着人类社会公益慈善观念的产生与发展，是慈善的原动力。

---

* 侯程，上海市浦东新区道教协会副秘书长、办公室主任。

② 张道成：《宗教慈善与社会发展》序言，卓新平、郑筱筠主编，中国社会科学出版社，2015 年，第 3 页。

道教作为本土宗教，文化纷繁绚烂，包罗万象，是中华优秀传统文化的重要组成部分。其教义思想中蕴含着丰富的慈善思想，对中国慈善伦理思想产生过独特而又深远的影响。在社会的不断发展中，道教慈善文化很好地发挥了社会公益慈善领域的引领性作用，对社会公益慈善事业健康发展大有裨益。

一、道教文化中的慈善思想

道教文化是中华传统文化中的重要一脉，深刻影响着中华慈善观念的形成与发展。《道德经》《度人经》《太平经》等道教经典中，蕴涵了十分丰富的慈善伦理思想，诸如“齐同慈爱”的劝善观，“周穷救急”的救助观，“无量度人”的功德观，“损有余以补不足”的践行观等思想，可为当今社会公益慈善建设提供理论源泉，对促进当代中国慈善事业的发展有着十分重要的意义。

（一）“齐同慈爱”的劝善观。“齐同慈爱”思想出自于道教经典《度人经》。所谓齐同，即同等、一样，没有任何差别。慈，即慈悲，以慈祥和善的心去对待他物，同等地慈祥对待他们，也同等地关爱他们。在道教产生之初，就已经有了“齐同慈爱”思想的萌芽，劝人一同为善，成为道教教义思想的核心内容。正一盟威道系师张鲁“置义米肉悬于义舍，行路者量腹区足，若过多，鬼道辄病之”[①]，并发布《月令》，命令在春夏两季万物生长之时禁止屠杀。因此，道教是慈悲的，是劝人为善。一方面，“齐同慈爱”思想体现的是“至善”的慈善思想。从传统文化来说，“爱”并非道门一家主张。儒家强调“仁”，提出了“仁者爱人”的主张。但这种“爱”是有等级观念的，即是以“亲亲”的原则为前提，即凡是有亲缘关系的，要爱

① 卿希泰主编:《中国道教史》第一卷，四川人民出版社，1996 年，第 187 页。

得深一点，亲缘越近的爱得越深，尤其是生身父母与同胞兄弟，爱得最深。墨家主张“兼爱”，即共同地、广泛地爱一切人，但是墨家讲兼爱，往往又同“交相利”联系在一起。唯独道门的“爱”是博爱的、平等的，是属于“至善”的。另一方面，“齐同慈爱”的慈善思想体现普世性。它的思想内容不仅属于过去，而且属于现在和将来。道教以“大道”为旗帜，强调“齐同”之爱，没有任何强制别人信仰的要求，也没有任何的排他性，同时也不是居高临下地将爱与悲天悯人施舍别人，因此十分宽容，包容性极大、普世性极强。所以，“齐同慈爱”体现了人心向善、自然和谐的劝善功能，是道教慈善思想的宣言和旗帜。

（二）“周穷救急”的救助观。公益慈善的本质在于爱与利他，用自己博爱的慈悲，去帮助他人，利益众生。当然，这其中也是有原则的，即帮助什么样的人和什么样的事？“周穷救急”则是中华传统文化对其最好的回应，出自道教早期经典《太平经》。经文中针对社会上贫富不均、以强凌弱、以智诈愚等现象，怀着对民众的关爱和对弱者的同情，要求社会上层的统治者和富人们慈善布施，广散余财，从而构建一个和谐的社会。《太平经》中对于社会救助的主体主要有两个：君主与富人；而对于社会救济的主要对象是那些“饥者”“寒者”，即处于生死线上的贫民。这种“救穷”“救急”的慈善观念是公益慈善思想行善的基本原则，是合理的、人性化的。经文中通过多个方面论述，认为国家和富裕者有“济贫善施”的社会责任，是利国利民的慈善之举。并指出“积财亿万，不肯救穷周急，使人饥寒而死”，不仅是“天地之间大不仁人”[1]，而且“罪不除也”[2]。

---

① 王明:《太平经合校》，第 247 页。
② 王明:《太平经合校》，第 242 页。

这里从道德救助伦理的角度，来教化人们符合“利他”条件的人都应积极参与社会救助活动，以应天道，以得善终。所以，“周穷救急”即济人之急、救人之危，体现的是慈善的救助观念，是社会公益慈善思想的重要内容。

（三）“无量度人”的功德观。“仙道贵生，无量度人”出自《度人经》，并且是经文的要旨，要求信士“斋戒诵经，功德甚重，上消天灾，保镇帝王，下禳毒害，以度兆民。”[①] 道教认为度人是功德无量的事情，可以帮助人成就仙道，引导人们奉道行事，是道教徒的修行目标。这其中，不断度化人们行善则是莫大功德，更是成为社会慈善思想的重要内容。《云笈七签》称：“古之学道为己，今之学道为人。”[②] 这句经典则是指出了学道目的在古今的区别和道教核心教义思想。当代正一派高道陈莲笙道长在《道风集》“学道为人”一文中说：“学道为人是我们道教的教义思想规定的。在《道德经》的第八章里，太上训诫我们说：‘上善若水，水善利万物而不争，处众人之所恶，故几于道’。这里，太上用‘水’来比喻‘道’，来要求我们学道的人。”[③] 他还说：“我们学道为人，首先应该是为全社会的人。我们今天的社会是人民当家作主的社会主义社会，因此，学道为人就是要为人民大众，为社会主义。”[④] 所以，道教认为度人度己都是一种功德。首先，度己度人面向全社会，本身就是功德无量。我们对待普天下的人都像对待自己和自己最亲的人一样，本身就是道教提倡的“慈爱”。对于此，道教更是提出“十恶不生”，行为要符合天道，对自身言行提出更高的要求。其次，“度人”更需身体力

①《灵宝无量度人上品妙经》，《道藏》第1册，1988年，第6页。
②《道众》第22册，第303页。
③《陈莲笙文集》上册，上海辞书出版社，2009年，第39页。
④《陈莲笙文集》上册，第40页。

行，度化众人，这亦是种功德。《道德经》49 章云："圣人无常心，以百姓心为心。善者吾善之，不善者吾亦善之，德善。"[1] 帮助善人，自己是行善功，引导恶人从善，则是更大善功。所以，"无量度人"的功德观对社会形成行善思想具有很强的吸引力和教化作用。

（四）"损有余而补不足"的践行观。"损有余而补不足"出自《道德经》第 77 章："天之道，损有余而补不足；人之道则不然，损不足以奉有余。"[2] 意思就是说，天道运行的规律，总是减少有余以补充不足的。可是人间之道就不是这样。世人常常去做些锦上添花一类的虚伪事，而救济贫困这些实质性的工作，却很少有人去做。[3] 所以，如何正确地践行慈善，秉持着怎样的原则，依然是公益慈善建设的关键。从"损有余而补不足"的慈善思想中我们可以得知，践行慈善前提是要"有"，当然这个"有"不仅仅是物质层面的，精神层面也包含在内。在哲学家康德看来："德性的力量，德性的自主性来自意志的自律性，来自意志自由。"[4] 所以，百姓参与慈善事业的目的、动机必须且应该完全出于自愿，否则，慈善事业就失去其本性。并且，在自愿践行慈善事业的过程中，"有钱的出钱、有力的出力、有思想的出理论"的原则依然关键。因此，我们在社会中践行公益慈善时，需秉承"损有余而补不足"的慈善思想。一方面，力行慈善不能是"打肿脸充胖子"的负荷支出，要建立在自身"有余"的前提下行善，做到不攀比、不自卑。同时，力行慈善也不能成为"一毛不拔"的吝啬人，不参与，表现出"与自身无关"的态度，而是要胸怀"广济众生"慈悲，广积善缘。所以，公益慈善事

① 《道藏》第 11 册，第 478 页。

② 《道藏》第 11 册，第 481 页。

③ 詹石窗：《道德经通解》，宗教文化出版社，2017 年版，第 127 页。

④ 康德：《道德形而上学原理》，苗力田译，上海人民出版社，2002 年，第 35 页。

业的建设与发展需要“靠大众，而不是靠大款”①。无论是个人还是组织，无论是贫穷还是富裕，不管在什么条件下，不管做了多少，只要关心、支持慈善事业，积极参与慈善活动，就是践行慈善。当然，慈善更不能成为“激情捐赠”项目，比如重大自然灾害、特大事故等，人们纷纷开始参与，其余时候却不力行慈善。在我们日常生活中，点点滴滴的常态化慈善活动，更应成为常态。所以，践行慈善虽是公民承担的社会责任，但也需要量力而行，切合自身实际情况，遵循“损有余而补不足”的慈善思想。

二、道教慈善文化助力社会公益慈善建设

2005 年 5 月 31 日，习近平总书记在听取“十一五”规划重点调研课题汇报会上说到：“社会事业和公共事业历史欠账较多，公共教育、公共卫生、公共文化等公共设施和公共服务供给长期不足。”②这说明政府不可能为社会提供全面精准的服务，需要更多实践路径、行为导向及慈善思想以助推社会参与社会公益慈善建设。所以，挖掘和整理社会慈善文化，针对弥补公共事业的历史欠账、缓解社会矛盾、回应民众诉求等方面，意义重大而深远。在社会的不断发展中，道教慈善文化很好地发挥了社会公益慈善领域的思想引领性作用。比如：“行善积德”的功德引领，“济世利人”的道德引领，“慈心于物”的爱心引领，“广结善缘”的精神引领，“善行天下”的善行引领等，都可助力社会公益慈善建设。

（一）“行善积德”对公益慈善的功德引领。行善是人类社会的一

① 何忠洲：《慈善立法峰回路转?》，《中国新闻周刊》2007 年第 3 期。

② 习近平：《科学判断形势是做出正确决策的前提》，《干在实处走在前列》，中共中央党校出版社，2006 年，第 40 页。

种美德，是人类前行路上的灯塔。同时，行善能积德更是道教文化里根深蒂固的思想，是人们参与公益慈善最直白的伦理价值观念。道教追求长生成仙，并将行善作为得道成仙的基础。《道德经》中记载："夫天道无亲，常与善人。"[①] 主张人们要效法天道，多做善事，常做善事，是修道人"学道""修道""亲近大道"的首要条件。同时，道教还认为"长生之本，惟善为基也。"[②] 也就是说只有通过多行善积德，才可以达到长生不老，以实现修道的终极目标，充分肯定了行善的重要价值和意义。其次，道教文化还将行善、积善是为自己、家庭及社会积累功德作为社会普遍的教化伦理。道教是以"齐同慈爱，异骨成亲"为宗旨的慈善宗教，在道教的诸多经典中都有明确的记载。比如《太平经》强调"积善之家，必有余庆；积不善之家，必有余殃"[③]。成书于北宋末年的《太上感应篇》，宣扬人要长生多福，必须行善积德，倡导"积德累功，慈心于物；矜孤恤寡，敬老怀幼；悯人之凶，乐人之善；济人之急，救人之危"[④]。认为如果人们笃行善事，"人皆敬之，天道佑之，福禄随之，众邪远之，神灵卫之，所作必成，神仙可冀"[⑤]。道教另一劝善书《文昌帝君阴骘文》也明确要求道众防非止恶，广行善事："措衣食周道路之饥寒，施棺椁免尸骸之暴露"，"家富提携亲戚，岁饥赈济邻朋"，"修数百年崎岖之路，造千万人来往之桥"[⑥] 等要求，以此来积累功德，成为修道成仙的普遍价值。所以，"行善积德"的慈善文化在社会发挥着功德引领的积极作用。

---

①《道藏》第 11 册，第 481 页。
②《墉城集仙录》卷一，《道藏》第 18 册，第 166 页。
③ 黄侃手批白文十三经，上海古籍出版社，1983 年，第 4 页。
④《道藏》第 27 册，第 14—22 页。
⑤《道藏》第 11 册，第 29—32 页。
⑥《藏外道书》地 12 册，第 419、424 页。

（二）“济世利人”对公益慈善的道德引领。参与公益慈善活动是每个公民天然的权利，也是应该承担的义务。同时，慈善是道德的积累，公民在参与公益慈善活动的过程中，既净化了自己的内心，也提升了自身的道德水准。习近平总书记在《在慈善中积累道德》一文中写道：“树立慈善意识、参与慈善活动、发展慈善事业，是一种具有广泛群众性的道德实践。”① 因此，公益慈善的道德引领尤为重要。道教文化认为：道体现在人身上则是德；德者，得也，修道重在修德，德行就是我们修道、行道之人的根本所在。道教慈善文化中，对于人们参与社会慈善的道德引领提出了“济世利人”的观念。“济世利人”的教义思想充分体现了道教齐同慈爱、和光同尘、服务大众的人生祈愿和教义宗旨。简而言之，道教认为：“行道立德”是出世修道的自度法门，而“济世利人”则是入世阐道的度人功德。所以，“济世利人”的慈善观念对民众参与慈善活动有着很强的道德引领作用。同时，“济世利人”也是“感恩善行”的重要道德表现。随着社会日新月异的发展，社会慈善行为已是社会的常态。慈善受助者是否应该对资助者表示感恩？② 已成为中国慈善事业目前遇到的一种伦理困境。道教慈善文化认为受助应该感恩，这是中华民族千年古训。俗语说：“滴水之恩，当涌泉相报”“知恩不报非君子”，体现的都是中华民族深厚的感恩思想。道教神仙信仰、道教经典中充斥着许多很强的报恩、感恩的教诲。因此，在受助之后，学会感恩，并进一步践行善行，践行“济世利人”的传统，帮助他人、帮助社会，成为社会大众普遍的道德认知。

（三）“慈心于物”对公益慈善的爱心引领。爱心是公益慈善的源

① 习近平：《在慈善中积累道德》，《之江新语》，浙江人民出版社 2007 年，第 252 页。

② 刘美玲：《感恩与责任：慈善事业的伦理困境解析》，《郑州大学学报（哲学社会科学版）》2009 年 5 月第 42 卷第 3 期，第 43 页。

泉，爱心传承是公益常态化的基础。近年来，各行各业形式多样、络绎不绝的公益活动相继开展，体现了社会公益行动在不断的扩大与提升。但慈善专家认为，当前我国社会公益事业仍处在快速发展的起步期，原因在于爱心的传承依然没有形成体系。所以，爱心的引领依然是公益慈善事业发展的关键。道教认为人的爱心来源于内心的慈悲，只有对待万物拥有恻隐之心、仁爱之心，才能塑造慈悲之心，即道教第一善书《太上感应篇》提倡的“慈心于物”。慈者，万善的根本，真正的慈悲不仅要爱世上的人，还应兼爱万物。因为物类即使很微小，也是生命。人能怀慈心于微小的生物，拯救保护它们，就不会再生杀机，仁爱之心将慢慢发扬光大，最终形成自身与社会的良性循环。“慈心于物”的爱心观念一方面引领社会从“小爱”走向“大爱”。近些年来，随着人们的生活水不断提高，人们对于自身、自身亲人的“呵护”“爱戴”等已远远超过从前。但中国社会却不断发生的种种道德冷漠现象，使人对社会充满了深深的忧虑。跌倒的老人该不该扶，处于险境的陌生人该不该救等，都成为社会讨论的热点。在热烈的社会大讨论中，折射出社会人文精神的失落，慈爱之心的狭隘。道教慈善文化认为，爱他人和爱自己是一样的，我们需要弘扬“大爱”之精神，促进社会和谐。另一方面，“慈心于物”的爱心思想引领人们爱护自然环境。道教认为，自然万物都是有生命的，而且万物皆有灵性，只有我们与其和平相处，才能获得共存。当今社会，很多人为了个人的私欲，购买大量奢侈品，造成大自然生态严重失衡。国际公益野生救援组织曾提出：“没有买卖就没有杀害”的公益广告，就是为了让人们对待万物都要心怀慈悲，慈心于物，收敛个人的私欲，增强对万物的有爱之心，以杜绝对万物生灵的伤害。

（四）“广结善缘”对公益慈善的精神引领。随着社会的快速发展，社会参与公益慈善事业的队伍越来越庞大，人们积极投身慈善事业的热情度越来越高。近年来，全社会的捐赠额突飞猛进，从2006年的不足100亿元，发展到目前每年1000亿元左右。[①] 这个捐赠数额只能从一个侧面说明当今社会公益慈善的热度，但不能代表当前慈善事业的凝聚力、号召力非常强大及广泛的参与度。习近平总书记在《在慈善中积累道德》一文中写道："人人心怀慈善，人人参与慈善，我们的社会一定会更加文明、更加和谐。"[②] 可见，广泛参与公益慈善，与众人广结善缘依然是公益慈善重要的精神引领，也是社会文明的重要基本条件。人为什么要"广结善缘"呢？俗话说：福缘善庆。一切人生的福禄都是乐善好施的回报。所以，我们要与众生广结善缘，以不断增长自身的福报。同时，道教慈善文化认为"广结善缘"注重行善的积累，结善缘并不是"图大""取巧"，而更强调"善小应为、恶小不为"的人生行善方式和行善行为导向。古人云：勿以恶小而为之，勿以善小而不为。意思就是说：不要因为是件较小的坏事就去做，更不要因为是件较小的善事就不愿意去做。行善是一种积累，不论小善、大善都是一种功德，都是广结善缘的好方式。而且认为行恶是种消耗，"忽复中行一恶，则尽失前善，乃当复更起善数耳"[③]。所以，行善结善缘无攀比、无大小，而是发自内心的去恶向善。《道德经》中强调："九层之台起于累土，合抱之木起于毫末。"[④] 针对公益慈善也需要这种精神引领，人们参与公益慈善应该是尽其所能、从小做起、从身边做起，广结善缘，最终形

① 方圆：《习近平公益慈善思想述论》，《湖南社会科学》2017年第2期，第97页。

② 习近平：《在慈善中积累道德》，《之江新语》，浙江人民出版社，2007年，第253页。

③ 葛洪：《抱朴子内篇·对俗》，《道藏》第28册，第181页。

④《道藏》第11册，第480页。

成慈善的合力。道门祖师吕洞宾更是要求修道者博施济众，扶危济困，多方面地救助他人。经文中记载："或行一善事，以济人之困穷；或出一善言，以解人之怨结；或施一臂力，以扶人之阽危。"[1]所以，"广结善缘"是种行善的精神引领，正所谓：众人拾柴火焰高。

（五）"善行天下"对公益慈善的善行引领。关爱和扶助社会弱势群体是中华民族的优良品德，这其中体现的是中华民族天下一体的博大胸怀，也是社会慈善的目标追求。"善行天下"则是中华文明对如何善行最好的回应。"善行天下"有两种含义解读，其一，善行遍布天下，是社会和谐的一种体现，更是中华传统文化的重要慈善思想。儒家提倡说：天下大同、天下为公，以博爱之精神完成终极教化。而在道教文化中，以"致太平"的教义思想来实现天下平等、安宁的道德教化。所谓"太平"，太就是大，积大行如天，就是太；平，就是平均，没有什么奸私，和而言之，可以说太平世界就是伟大如天的平均世界。[2] 为实现"太平"的慈善目标，道教提出"齐同慈爱、异骨成亲"的互爱、互助理念，以至于善行遍布于天下。其二，行善者能行善于天下，实现人生崇高价值。这是对个人、社会组织参与慈善最高的道德标准，也是社会大众践行慈善最终共同目标。社会大众通过对善行的坚守，让所到之处，都能充满慈爱之心，这就是所谓的"善行天下"。在我国来看，区域发展不平衡，是我国的一个基本国情。从世界角度来看，国家经济、贫富差距在逐渐扩大。所以，"善行天下"的意义深远而重大。同时，在道教慈善文化来看，主动帮助他人、关爱社会弱势群体，是自身道德提升的重要方式。故《道德经》第 81 章提出："既以为人己愈有，既以与人己

①《吕祖全书》卷二十八，《藏外道书》，第 448 页。
② 陆玉林：《中国道家》，宗教文化出版社，1996 年，第 207 页。

愈多。”[①] 所以，这种“善行天下”的慈善观念是弘扬慈善精神的一种诠释，更对推动天下和善、社会文明具有积极的引领性作用。

综上所述，道教文化中蕴含着丰富的公益慈善思想，诸如：“齐同慈爱”“周穷救急”“无量度人”“损有余以补不足”等思想，都可为当今社会公益慈善建设提供理论源泉，引领社会大众积极参与公益慈善活动，助力社会公益慈善建设。继承和弘扬这些思想，对促进新时代我国社会公益慈善事业健康发展具有重要的启迪意义。

① 《道藏》第 11 册，第 481 页。

道教文化与人类命运共同体意识

尹志华*

摘　要：道教文化中包含着“万物一体”的生命共同体意识、“道通为一”的万物平等意识、“齐同慈爱”的互助互利意识、“知和曰常”的和谐共处意识、“佳兵不祥”的反战意识、“大国谦下”的反霸权意识，以及“以天下观天下”的超越自我中心主义的思想。在各国相互依存、休戚与共的当今世界，对于人们树立“命运共同体”意识，可以提供重要的文化支撑。

关键词：道教；共同体；平等互利；和谐

近年来，习近平总书记多次倡导构建“人类命运共同体”，获得国际社会的广泛认同与高度赞赏。在十九大报告中，习近平主席进一步呼吁，各国人民同心协力，构建人类命运共同体，建设持久和平、普遍安全、共同繁荣、开放包容、清洁美丽的世界。

“人类命运共同体”是现实，也是愿景，关键在于凝聚共识、共同构建。这一理念的提出，有着中华文化的深厚滋养，蕴含着传承千年的中国智慧。作为中华传统文化重要组成部分的道教，其教义

* 尹志华，教授、中央民族大学哲学与宗教学学院副院长。

思想中亦蕴含着“命运共同体”意识，值得挖掘和弘扬。

一、万物一体：生命共同体意识

道教的最高理念是“道”，而“道”是感知不到的，“道”的见证就是宇宙间大化流行所体现的永不停息的生命活力。《太上老君内观经》说：“道不可见，因生以明之。”① 道教认为，我们所处的世界是一个生机盎然的生命共同体。《元气论》说：“人与物类，皆禀一元之气而得生成。”② 生生不息的元气将我们与他人、与万物紧密地联系在一起。故庄子说“通天下一气耳”，又说“天地与我并生，而万物与我为一”。宋代高道白玉蟾也说“天地与我同根，万物与我同体”。③

道教从“天人合一”的整体观念出发，十分重视人对环境的依赖关系，认为维护整个自然界的和谐与安宁，是人类本身赖以生存和发展的重要前提。《太平经》说：“夫人命乃在天地，欲安者，乃当先安其天地，然后可得长安也。”“天地不和，不得竟吾年。”④ 人的生命存在与自然环境密不可分，如果生态系统失去平衡，人就不能安然享其天年。所以人必须首先使自然界和谐安宁，方能使自己获得安身立命的良好环境。

为了维护天地人之间的和谐，《太平经》提出了“三合相通”说。《太平经》认为，元气分化为太阳、太阴、中和三种形态，于是宇宙间也就出现了天、地、人这三种最基本的形体。“天地人本同一元气，分为三体。”三者之间是相互依存的：“夫天地人三统，相须

①《云笈七签》卷十七，中华书局 2003 年，第 406 页。
②《云笈七签》卷五十六，第 1216 页。
③《海琼白真人语录》卷三，《道藏》第 33 册，第 129 页。
④ 王明：《太平经合校》，第 124、122 页。

而立，相须而成。比若人有头足腹身，一统凶灭，三统反俱毁败。”三者缺一不可，必须密切配合。“天地人三共同功，其事更相因缘也。无阳不生，无和不成，无阴不杀。此三者相须为一家，共成万二千物。”天地人三者之间“相爱相通”，“并力同心”，方能达致自然界的和谐，人世间的太平。[1]

道教“天人合一”的整体观对于现代人树立生命共同体意识，不无借鉴价值。英国科学家彼得·拉塞尔（Peter Rusel）在《觉醒的地球》中指出：“一种对天地万物其余部分真正的爱来自个人对于和宇宙其余部分同一性的体验，来自这样一种认识，即在最深层次上，自我和世界是一体的。”[2] 通过对世界同一性的体验，人们就会像感觉到自己身体一样感觉到同一切人和一切事物的亲密关系，就会自觉形成高度协同的世界观。这样，就能有力地促进从个人到家庭、团体、民族和国家，以至全球的所有层次上的自主性与合作性的综合协调，促进高度协同的社会的形成，从而使全球成为一个有机的整体。

二、道通为一：万物平等意识

道教所说的“道”，既是万物的本原，又是万物的本体。道化生万物之后，也就作为万物的本体内在于万物之中。因而万物都分享了同一个道，以之作为自己存在的根据。这个内在于万物的道，就是“德”，亦称为“道性”。《道门经法相承次序》载道士潘师正对唐高宗说：“一切有形，皆含道性。”[3]

---

① 王明：《太平经合校》，第236、373、676、148页。
② 彼得·拉塞尔：《觉醒的地球》，王国政等译，东方出版社1991年，第153页。
③《道藏》第24册，第786页。

道教以万物皆有道性的观点阐明了万物平等的主张。《庄子·秋水》篇借北海神的话说："以道观之，物无贵贱。"庄子主张从最大的范围来看问题，即"以道观之"，从而看到了所有事物的一致性。从"道"的角度来看，万物都是由道生成的，都是道的无限创造过程中的一个环节，因而万物都有是齐一的。于是庄子得出了一个著名的结论："道通为一"。

认识到"道通为一"，就不能自贵而贱人，要尊重他者，要平等友善地对待他人。

认识到"道通为一"，就应该求同存异，化解矛盾，减少冲突。不能夸大彼此之间的矛盾，而要认识到彼此根本利益的一致性。

三、齐同慈爱：互助互利意识

"慈爱"是道教反复宣扬的重要理念。老子说，"我有三宝，持而保之"，第一宝就是"慈"，即以慈爱之心对待他人。老子又说："知常容。"意即懂得常道的人是无所不包容的。秉承慈爱宽容的理念，老子主张"常善救人，故无弃人；常善救物，故无弃物"。为了不让人们心存分别，心有不容，老子又特别指出："人之不善，何弃之有?"对所有的人都要以慈爱诚信待之："善者吾善之，不善者吾亦善之，德善；信者吾信之，不信者吾亦信之，德信。"老子的言外之意就是不要区分所谓的"善人"和"不善之人"，不要突出人与人之间的差异。"百姓皆注其耳目，圣人皆孩之。"老百姓皆倾注其耳目，以观察圣人的赏罚，而圣人把老百姓都看作自己的孩子，一视同仁，全都关爱。

道教以劝善书等形式对慈爱宽容做了许多宣传。《太上感应篇》说，要"矜孤恤寡，敬老怀幼"；"宜悯人之凶，乐人之善，济人之

急，救人之危”；“见人之得，如己之得，见人之失，如己之失。不彰人短，不炫己长。遏恶扬善，推多取少。受辱不怨，受宠若惊。施恩不求报，与人不追悔”。[①] 这些都是做人应该具有的美德，在今天仍有积极的现实意义。

道教对理想人际关系的描述，是“齐同慈爱，异骨成亲”，[②] 即所有的人，不分亲疏，都互相慈仁友爱，没有血缘关系的人也像血亲骨肉那样亲密。

道教主张人们互助互利，并认为帮助他人的人，自己的事业会获得更大的发展。老子说：“圣人不积，既以为人己愈有，既以与人己愈多。”圣人尽全力为他人服务、尽全力帮助他人，从而获得人们的衷心拥戴，“天下乐推而不厌”，地位会越来越巩固。俗话说，“助人者，人恒助之”，一个互助互利、合作共赢的社会氛围，是构建命运共同体的必要条件。

四、知和曰常：和谐共处意识

老子强调和谐为宇宙万物的根本法则：“万物负阴而抱阳，冲气以为和。”任何事物都包含着阴和阳两个对立面，对立面的和谐统一是事物的常态。所以老子又说：“知和曰常，知常曰明。”人们懂得了和谐，也就是懂得了事物的常理（规律），懂得了事物的常理，就是明智的。

庄子也重视和谐。《庄子·德充符》说：“德者，成和之修也。”人的品德修养，就是以“和”为目标。心中一团和气，外表和蔼可亲，就是有德之人的象征。所以庄子说，“心莫若和”，要“游心于

① 《道藏》第 27 册第 16—28 页。

② 《度人经》卷一，《道藏》第 1 册，第 2 页。

德之和”。人生最大的快乐就是与人和、与天和：“与人和者，谓之人乐；与天和者，谓之天乐。”

道教继承了老、庄以及先秦其他诸子的贵和思想。汉代道经《太平经》即指出，社会太平的出现，从根本上说，就在于阴、阳、和三气的和谐相通：“三气合并为太和也。太和即出太平之气”；“阴阳者，要在中和。中和气得，万物滋生，人民和调，王治太平”。[①] 约出于魏晋时期的《正一法文天师教戒科经》开篇即说：“道以冲和为德，以不和相克。是以天地合和，万物萌生，华英熟成；国家合和，天下太平，万姓安宁；室家合和，父慈子孝，天垂福庆。贤者深思念焉，岂可不和！天地不和，阴阳失度，冬雷夏霜，水旱不调，万物干陆，华叶焦枯；国家不和，君臣相诈，强弱相陵，夷狄侵境，兵锋交错，天下扰禳，民不安居；室家不和，父不慈爱，子无孝心，大小忿错，更相怨望，积怨含毒，鬼乱神错，家致败伤。此三事之怨，皆由不和。”[②] 经中指出，无论是天地自然，还是国家社会、家庭伦理，和则安宁，不和则乱。

不同国家、不同文明之间的人们要能够和谐共处，关键是要彼此尊重，不将自己的价值观念强加于人，像《中庸》所说的“道并行而不相悖”。

五、佳兵不祥：反对战争的意识

中国自古以来主张以德服人，反对以力服人。《国语·周语》中说：“先王耀德不观兵。”道教也明确反对以武力来威服天下。老子说：“以道佐人主者，不以兵强天下”。老子认为，战争是解决问题

---

① 王明：《太平经合校》，第 19—20 页。

②《道藏》第 18 册，第 232 页。

的最后手段，不到万不得已的时候不能使用。老子说：“夫佳兵者，不祥之器，物或恶之，故有道者不处。……兵者不祥之器，非君子之器，不得已而用之，恬淡为上。”老子主张，军事力量是用来自卫的，而非用于侵略。他说：“用兵有言：吾不敢为主而为客，不敢进寸而退尺。”“为主”就是主动进攻，“为客”就是被动防御。强敌压境，不得已而奋起自卫，最后的胜利一定属于正义的一方，“故抗兵相加，哀者胜矣”。而正义一方要取得胜利，关键是统治者要谨守“三宝”之首——“慈”，这样才能上下一心，同仇敌忾，“夫慈，以战则胜，以守则固”。

道教反对赞美战争，主张“胜而不美”。即使是打了胜仗，也不要欣喜，而要想到有很多人在战争中丧失了生命，应该感到悲痛才对。所以打了胜仗，反而要像办丧事一样心情沉重。这充分体现了道教对生命的尊重和热爱和平的思想。

六、大国谦下：反霸权意识

在国际秩序的建构中，大国起主导作用。道教主张，大国应该摒弃霸权意识，要谦让小国，不能处处以自我为中心。老子说：“大国不过欲兼畜人，小国不过欲入事人。夫两者各得其所欲，大者宜为下。”大国不过是想得到小国的拥戴，小国不过是想得到大国的庇护，如果要使两者都达到其目的，关键是大国要谦下。因为小国力量薄弱，在大国面前一般都是谦下的，而大国对小国具有压倒性优势，要有谦下的态度是不容易的。所以老子特别指出，要建立和谐的国际秩序，关键是大国要懂得谦下。大国谦下，就是要听取小国的呼声，尊重小国的利益，让小国有安全感和自由发展的空间。

七、以天下观天下：超越自我中心主义

老子主张“以身观身，以家观家，以乡观乡，以国观国，以天下观天下”。这就是说，处理什么问题，就要站在相应的角度。老子的视野从身、家到乡、国，不断扩展范围，最后指出，处理天下的问题，必须站在整个天下的角度。

个人容易以自我为中心，群体也容易以小团体为中心，国家也往往以本国利益为中心。而事实上，每个人都处在同一个世界中，处理天下问题，必须超越自我中心主义。只以本国利益为出发点，必然会引起纷争，不仅会伤害别国利益，到头来自身利益也会受损。而如果同时考虑到世界各国的共同利益，以协商的态度处理牵涉各国利益的问题，则会得到别国的拥护。国与国之间“兼相爱，交相利”，最后才会有合作共赢的局面。

综上所述，道教秉承大道“生而不有，为而不恃，长而不宰”的“玄德”精神，以及“以天下观天下”的广袤视野，清醒地意识到人类乃至整个生态系统都是一个“命运共同体”。为了保持这个“命运共同体”的和谐与繁荣，每个生命个体都应该具有“利而不害”的和谐共处、互爱互利意识。道教的上述思想，在各国相互依存、休戚与共的当今世界，对于人们树立“命运共同体”意识，可以提供重要的文化支撑。

图书在版编目（CIP）数据

道教文化自信与道德重建/丁常云主编．—上海：上海三联书店，2023.3
ISBN 978-7-5426-7975-8

Ⅰ．①道…　Ⅱ．①丁…　Ⅲ．①道教-宗教文化-研究-中国　Ⅳ．①B958

中国版本图书馆 CIP 数据核字（2022）第 235604 号

道教文化自信与道德重建

主　　编 / 丁常云

责任编辑 / 吴　慧
装帧设计 / 徐　徐
监　　制 / 姚　军
责任校对 / 王凌霄

出版发行 / 上海三联书店
（200030）中国上海市漕溪北路 331 号 A 座 6 楼
邮购电话 / 021-22895540
印　　刷 / 上海展强印刷有限公司

版　　次 / 2023 年 3 月第 1 版
印　　次 / 2023 年 3 月第 1 次印刷
开　　本 / 890 mm × 1240 mm　1/32
字　　数 / 380 千字
印　　张 / 16.25
书　　号 / ISBN 978-7-5426-7975-8/B · 814
定　　价 / 92.00 元

敬启读者，如发现本书有印装质量问题，请与印刷厂联系 021-66366565